肖贵清　车宗凯　著

新时代中国特色社会主义制度创新研究

人民出版社

目　　录

绪　论 ……………………………………………………………… 001

一、中国特色社会主义制度建设是新时代的重要任务 ………… 001

二、新时代中国特色社会主义制度建设的基本思路 …………… 003

三、新时代中国特色社会主义制度建设的主要成就 …………… 006

四、新时代中国特色社会主义制度建设的基本经验 …………… 009

第一章　中国特色社会主义制度的生成逻辑 …………………… 013

一、马克思主义国家学说的中国化奠定制度理论之基 ………… 013

二、中国共产党的百年制度探索一以贯之 ……………………… 023

三、植根于实现中华民族伟大复兴的历史进程 ………………… 032

第二章　新时代中国共产党关于国家制度和国家治理的

基本思路 ………………………………………………… 040

一、把完善和发展中国特色社会主义制度摆在突出位置 ……… 040

二、坚持思想建党和制度治党同向发力 ………………………… 043

三、突出党的领导在制度体系中的根本性和统领性地位 ……… 047

四、明确推进国家治理体系和治理能力现代化 ………………… 050

五、强调树立中国特色社会主义制度自信 ……………………… 051

六、提出建设中国特色社会主义法治体系 ⋯⋯⋯⋯⋯⋯ 055

七、构建系统完备、科学规范、运行有效的制度体系 ⋯⋯ 058

八、中国共产党制度建设理论的新发展 ⋯⋯⋯⋯⋯⋯⋯ 062

第三章 新时代中国特色社会主义制度内涵的拓展 ⋯⋯⋯⋯ 070

一、全面建成小康社会与完善和发展中国特色社会主义制度 ⋯ 070

二、全面深化改革与完善发展中国特色社会主义制度 ⋯⋯⋯ 078

三、全面推进依法治国与完善发展中国特色社会主义制度 ⋯ 088

四、全面从严治党与完善发展中国特色社会主义制度 ⋯⋯ 099

第四章 新时代中国特色社会主义制度体系的完善 ⋯⋯⋯⋯ 111

一、根本领导制度的巩固和发展 ⋯⋯⋯⋯⋯⋯⋯⋯⋯ 111

二、社会主义基本经济制度内涵的丰富和拓展 ⋯⋯⋯⋯ 152

三、繁荣发展社会主义先进文化制度的概括 ⋯⋯⋯⋯⋯ 158

四、生态文明制度体系改革的制度成果 ⋯⋯⋯⋯⋯⋯⋯ 173

五、共建共治共享的社会治理制度的完善 ⋯⋯⋯⋯⋯⋯ 178

第五章 新时代中国特色社会主义制度结构的概括 ⋯⋯⋯⋯ 181

一、中国特色社会主义制度体系及其相关概念辨析 ⋯⋯⋯ 181

二、根本制度、基本制度、重要制度的逻辑层次 ⋯⋯⋯⋯ 185

三、根本制度、基本制度、重要制度的内在关联 ⋯⋯⋯⋯ 190

第六章 新时代中国特色社会主义制度优势的彰显 ⋯⋯⋯⋯ 197

一、中国共产党对制度优势的认识轨迹 ⋯⋯⋯⋯⋯⋯⋯ 198

二、中国共产党阐释制度优势的三重维度 ⋯⋯⋯⋯⋯⋯ 209

三、新冠疫情防控与中西制度之比较 ⋯⋯⋯⋯⋯⋯⋯⋯ 217

四、科学阐释中国特色社会主义制度优势 ⋯⋯⋯⋯⋯⋯ 232

第七章　运用制度威力应对具有新的历史特点的伟大斗争 … 239

一、中国特色社会主义制度在"危"与"机"的辩证转化中发展 …… 239

二、中国特色社会主义制度具有化危为机的独特优势 …………… 245

三、善于运用制度优势应对新时代的各种风险挑战 …………… 250

第八章　新时代中国特色社会主义制度原创价值的凸显 …… 258

一、凸显中国共产党总揽全局、协调各方的领导核心作用 ……… 258

二、坚持马克思主义在意识形态领域的指导地位 …………… 261

三、贯穿以人民至上的价值理念 …………… 263

四、实现社会主义基本制度和市场经济的有机结合 …………… 266

五、中国特色社会主义制度原创价值的内在逻辑 …………… 270

第九章　实现中华民族伟大复兴不可逆转的制度保障 ……… 273

一、党的百年制度探索伴随民族复兴历史进程 …………… 274

二、实现民族复兴的历史进程日益彰显制度优势 …………… 281

三、中国特色社会主义制度为实现民族复兴提供根本保障 …… 288

第十章　新时代中国特色社会主义制度的话语创新 ………… 293

一、建构中国特色社会主义制度话语的基本逻辑 …………… 293

二、中国特色社会主义制度话语的基本特征 …………… 306

三、推进新时代中国特色社会主义制度话语创新 …………… 312

第十一章　新时代中国特色社会主义制度研究探析 ………… 319

一、当代中国发展进步背后的"制度之思" …………… 319

二、中国特色社会主义制度研究的进展 …………… 330

三、深化新时代中国特色社会主义制度研究 …………… 355

后　记 …………… 374

绪　　论

党的二十大报告在总结新时代十年的成就时指出："我们以巨大的政治勇气全面深化改革,打响改革攻坚战,加强改革顶层设计,敢于突进深水区,敢于啃硬骨头,敢于涉险滩,敢于面对新矛盾新挑战,冲破思想观念束缚,突破利益固化藩篱,坚决破除各方面体制机制弊端,各领域基础性制度框架基本建立,许多领域实现历史性变革、系统性重塑、整体性重构,新一轮党和国家机构改革全面完成,中国特色社会主义制度更加成熟更加定型,国家治理体系和治理能力现代化水平明显提高。"①中国特色社会主义新时代,是承前启后、继往开来、在新的历史条件下继续夺取中国特色社会主义伟大胜利的时代,也是一个不断探索具有中国特色的制度体系、不断创造举世瞩目的国家治理成就的时代。

一、中国特色社会主义制度建设是新时代的重要任务

中国共产党十分重视国家制度建设。早在新民主主义革命时期,中国共产党人就开始了政权建设的探索,积累了国家制度建设的初步经验。中华人民共和国成立之初,中国共产党人从一张白纸开始绘制了新中国国家制度的

---

① 《中国共产党第二十次全国代表大会文件汇编》,人民出版社 2022 年版,第 8 页。

蓝图,并逐渐建立起社会主义基本制度。党的十一届三中全会以后,几代中国共产党人围绕国家制度和国家治理体系问题在理论和实践层面展开了持久而深入的探索,积累了许多宝贵的实践经验。从"铲地基"到"起房子"再到成为"高楼大厦",我们的国家制度是几代中国共产党人一以贯之的接力探索成就,是马克思主义国家学说同中国具体实际相结合的制度成果。2011 年,胡锦涛在庆祝中国共产党成立 90 周年大会上的讲话(以下简称胡锦涛"七一"讲话)中指出:"中国特色社会主义制度,是当代中国发展进步的根本制度保障,集中体现了中国特色社会主义的特点和优势。我们推进社会主义制度自我完善和发展,在经济、政治、文化、社会等各个领域形成一整套相互衔接、相互联系的制度体系。"①这一论断,是对中国共产党制度建构经验的系统总结,具有历史性、开创性意义,同时为新时代中国特色社会主义制度建设奠定理论基础。

中国特色社会主义进入新时代,面向实现"两个一百年"奋斗目标、面向建设长期执政的马克思主义政党,回答好建设什么样的国家制度、建设什么样的国家治理体系,成为摆在新时代中国共产党人面前的新课题。

中国特色社会主义进入新时代,我国所处的历史方位发生了新变化,社会主要矛盾已经转化为人民日益增长的美好生活需要和不平衡不充分的发展之间的矛盾。在这个阶段,改革所面对的问题也发生深刻变化,"相比过去,新时代改革开放具有许多新的内涵和特点,其中很重要的一点就是制度建设分量更重,改革更多面对的是深层次体制机制问题,对改革顶层设计的要求更高,对改革的系统性、整体性、协同性要求更强,相应地建章立制、构建体系的任务更重"②。解决新任务新问题,就必须完善和发展中国特色社会主义制度、推进国家治理体系和治理能力现代化,这是新时代推进全面深化改革的总目标。

---

① 《十七大以来重要文献选编》(下),中央文献出版社 2013 年版,第 436 页。
② 《十九大以来重要文献选编》(中),中央文献出版社 2021 年版,第 264 页。

党和国家面临的一系列风险和挑战同样呼唤更加系统的制度体系,更加有效的、现代化的治理体系和治理能力。当今世界正经历百年未有之大变局,实现中华民族伟大复兴已经进入不可逆转的历史进程。在国际上,我们需要面对世界百年未有之大变局下日益复杂多变的国际形势和不稳定的国际环境,需要积极主动参与日益激烈的国际竞争,也需要从容应对依然存在的霸权主义和强权政治;在国内,我们需要面对改革发展稳定、内政外交国防、治党治国治军等各方面的繁重任务。新时代是一个充满风险和挑战的时代,一个需要不断应对各种困难和考验的时代,党和国家所面对的来自国内国际的风险和挑战前所未有,来自经济社会领域和自然界的风险和挑战前所未有。在这样的形势下,以习近平同志为核心的党中央深刻认识到,国与国之间的竞争归根结底是国家制度的竞争,具有巨大优越性的制度同样是国家能够在大变局中立于不败之地的根本保证,要善于“运用制度威力应对风险挑战的冲击”[1]。完善和发展中国特色社会主义制度、推进国家治理体系和治理能力现代化,成为新时代全面深化改革、实现中华民族伟大复兴的应有之义。

二、新时代中国特色社会主义制度建设的基本思路

党的十八大报告提出,全面建成小康社会,必须“坚决破除一切妨碍科学发展的思想观念和体制机制弊端,构建系统完备、科学规范、运行有效的制度体系,使各方面制度更加成熟更加定型”[2]。党的十八大以来,以习近平同志为核心的党中央把完善和发展中国特色社会主义制度作为党和国家各项工作的重中之重,制定一系列重大方针政策,出台多个纲领性文件,形成关于国家制度建设和治理体系、治理能力现代化的整体性思路和系统性蓝图;同时,在实践中,以制度建设和国家治理为抓手,突出上层建筑改革和生产关系调整,

---

[1] 《十九大以来重要文献选编》(中),中央文献出版社 2021 年版,第 264 页。
[2] 《十八大以来重要文献选编》(上),中央文献出版社 2014 年版,第 14 页。

以更好适应新时代经济基础和生产力发展水平的发展变化,推动诸多重点领域和关键环节的改革走深走实。

党的十八届三中全会系统性、全方位谋划中国特色社会主义制度建设蓝图,对经济体制、政治体制、文化体制、社会体制、生态文明体制、国防和军队改革、党的建设制度改革作出部署;党的十八届四中全会提出"坚持走中国特色社会主义法治道路、建设中国特色社会主义法治体系"①,明确了建设社会主义法治国家的性质和方向;党的十八届五中全会擘画了"十三五"规划时期我国的制度建设目标;党的十九大在擘画 2020 年至 21 世纪中叶"两步走"战略安排的同时,提出了"两步走"的制度建设目标;党的十九届二中、三中全会分别围绕党和国家机构改革等制度建设和治理问题作出重要部署;党的十九届四中全会着眼于党长期执政和国家长治久安,通过《中共中央关于坚持和完善中国特色社会主义制度 推进国家治理体系和治理能力现代化若干重大问题的决定》,系统总结制度建设成就,深化关于中国特色社会主义制度概念、优势等问题的认识,重点部署坚持和完善支撑中国特色社会主义制度的根本制度、基本制度、重要制度;党的十九届五中全会则将"国家治理效能得到新提升"②作为"十四五"时期经济社会发展的主要目标之一;党的十九届六中全会总结新时代的制度建设成果指出,"从夯基垒台、立柱架梁到全面推进、积厚成势,再到系统集成、协同高效,各领域基础性制度框架基本确立,许多领域实现历史性变革、系统性重塑、整体性重构"③;党的二十大报告总结了十九大以来的五年和新时代十年的制度建设成就,也擘画了全面建设社会主义现代化国家和未来五年的制度建设目标。中国特色社会主义制度建设是贯穿中国共产党在新时代奋斗历程的重要内容。

---

① 《十八大以来重要文献选编》(中),中央文献出版社 2016 年版,第 155 页。
② 《十九大以来重要文献选编》(中),中央文献出版社 2021 年版,第 793 页。
③ 《中国共产党第十九届中央委员会第六次全体会议文件汇编》,人民出版社 2021 年版,第 62 页。

　　围绕国家制度和国家治理体系问题,习近平总书记在不同场合提出一系列重要论述,形成了关于我国国家制度和国家治理体系的一系列深刻思考、核心原则、前瞻判断、战略部署,主要包括:把完善和发展中国特色社会主义制度摆在突出位置,从当代中国发展进步和实现中华民族伟大复兴的角度看待国家制度和国家治理体系问题;坚持思想建党和制度治党同向发力,重视党内法规体系建设;突出党的领导在制度体系中的根本性和统领性地位,明确党的领导制度是我国的根本领导制度;提出推进国家治理体系和治理能力现代化的重大命题,明确"制度"和"治理"的内在关系;深刻认识中国特色社会主义制度的显著优势,形成体系化的制度优势阐释和科学的制度评价标准;强调要树立中国特色社会主义制度自信、增强制度认同;提出建设中国特色社会主义法治体系的重大命题;强调制度的完善和发展,构建系统完备、科学规范、运行有效的制度体系;等等。

　　这些重要论述和重要观点,是党在新时代关于国家制度和国家治理体系建设的经验总结,凝结着以习近平同志为主要代表的中国共产党人对新时代国家制度和国家治理体系创新发展的深刻思考,既不同于资本主义国家制度建设和社会治理的思路,也有别于苏联等前社会主义国家制度建设和社会治理的途径。党的十九大将"明确全面深化改革总目标是完善和发展中国特色社会主义制度、推进国家治理体系和治理能力现代化"[1]作为习近平新时代中国特色社会主义思想的重要内容;党的十九届六中全会审议通过的《中共中央关于党的百年奋斗重大成就和历史经验的决议》在阐述习近平新时代中国特色社会主义思想内涵时延续了这一表述。党在新时代关于中国特色社会主义制度建设的基本思路,是新时代指导我国国家制度建设和国家治理实践的根本遵循,是确保人民民主专政政权不变色、马克思主义政党不变质的行动纲领,对于保障我国创造出经济快速发展和社会长期稳定的"两大奇迹"、对于

---

① 《十九大以来重要文献选编》(上),中央文献出版社2019年版,第14页。

全面建设社会主义现代化国家进而全面建成社会主义现代化强国具有重大现实意义。

三、新时代中国特色社会主义制度建设的主要成就

制度建设和国家治理体系在实现中华民族伟大复兴的历史进程中具有举足轻重的地位。党的十八大以来,党中央将"完善和发展中国特色社会主义制度,推进国家治理体系和治理能力现代化"作为全面深化改革的总目标①,中国特色社会主义制度不断完善和发展,我国国家治理体系和治理能力日益走向现代化,新时代中国特色社会主义制度建设取得了重大成就。

第一,实现了党的领导和完善中国特色社会主义制度、推进国家治理体系和治理能力现代化的有机统一。党的十八大以来,党的全面领导得到加强和完善,党的领导在中国特色社会主义制度建设实践中得到充分贯彻。其一,党的领导制度体系不断完善、根本领导制度不断巩固。"不忘初心、牢记使命"制度的建立,坚定维护党中央权威和集中统一领导的各项制度的完善和发展,党的全面领导制度的健全,为人民执政、靠人民执政各项制度的完善,提高党的执政水平和领导水平制度的健全,全面从严治党制度的完善,为维护党中央权威和集中统一领导、提高党的领导水平、实现全党思想上政治上行动上的团结统一提供了坚强的制度保障。其二,党的领导在根本制度、基本制度、重要制度以及各领域具体制度之中得到有效贯彻,党的领导与中国特色社会主义法治体系的关系得到明确。其三,全面从严治党纵深推进,党内法规体系日益完善,"形成了一个比较完善的党内法规体系,并以此为主干形成了一套系统完备的党的制度"②"党的建设科学化、制度化、规范化水平明显提高""党的自我净化、自我完善、自我革新、自我提高能力显著增强,管党治党宽松软状况得到根本扭转,反腐败斗争取得压倒性胜利并全面巩固,消除了党、国家、军队

---

① 《十八大以来重要文献选编》(上),中央文献出版社 2014 年版,第 512 页
② 《中国共产党党内法规体系》,《人民日报》2021 年 8 月 4 日。

内部存在的严重隐患,党在革命性锻造中更加坚强"①。中国共产党是中国特色社会主义制度日益完善的领导力量,中国特色社会主义制度是确保党的领导在党和国家各项事业当中得到贯彻、得以实现的重要保障,党的领导制度体系本身也是中国特色社会主义制度和国家治理体系的重要组成部分,具有根本性、统领性地位。

第二,提出了推进国家治理体系和治理能力现代化的重大命题。怎样治理社会主义社会这样全新的社会,是世界社会主义的历史性课题。对于这个问题,无论是马克思主义经典作家,还是以往的世界社会主义先行者都没有给出唯一正确的答案。中国特色社会主义进入新时代,解决我国发展面临的一系列突出矛盾和问题,必须通过全面深化改革。以习近平同志为核心的党中央坚定不移坚持党的十一届三中全会以来的理论和路线方针政策,在科学认识新时代改革的鲜明性质和根本任务的基础上,鲜明提出"完善和发展中国特色社会主义制度,推进国家治理体系和治理能力现代化"这一具有历史和现实意义的重大命题,并将此作为全面深化改革的总目标。习近平总书记指出:"国家治理体系是在党领导下管理国家的制度体系,包括经济、政治、文化、社会、生态文明和党的建设等各领域体制机制、法律法规安排,也就是一整套紧密相连、相互协调的国家制度。"②关于国家治理体系与国家治理能力二者之间的关系,习近平总书记指出:"国家治理体系和治理能力是一个有机整体,相辅相成,有了好的国家治理体系才能提高治理能力,提高国家治理能力才能充分发挥国家治理体系的效能。"③提出推进国家治理体系和治理能力现代化的重大命题,"这是完善和发展中国特色社会主义制度的必然要求,是实

---

① 《中国共产党第十九届中央委员会第六次全体会议文件汇编》,人民出版社 2021 年版,第 56、57 页。

② 《十八大以来重要文献选编》〈上〉,中央文献出版社 2014 年版,第 548 页。

③ 《十八大以来重要文献选编》〈上〉,中央文献出版社 2014 年版,第 548 页。

现社会主义现代化的应有之义"①。

第三,擘画了我国国家制度和国家治理体系建设的发展目标。党的十八大以来,面对新时代国家制度和国家治理体系问题,党中央在确立"总目标"的同时,也进一步明确了制度建设的"时间表"和"路线图"。党的十八届三中全会明确提出,到 2020 年要在重要领域和关键环节改革上取得决定性成果,"形成系统完备、科学规范、运行有效的制度体系,使各方面制度更加成熟更加定型"②。党的十八届五中全会进一步提出,"十三五"时期,要在已经确定的全面建成小康社会目标要求基础上,实现"各方面制度更加成熟更加定型"③的目标。党的十九大基于到 21 世纪中叶建成社会主义现代化强国两个阶段战略安排,提出制度建设和治理能力建设目标:从 2020 年到 2035 年,"各方面制度更加完善,国家治理体系和治理能力现代化基本实现",与基本实现社会主义现代化的总体目标相衔接;从 2035 年到 21 世纪中叶,"实现国家治理体系和治理能力现代化",与建成社会主义现代化强国、实现中华民族伟大复兴的宏伟目标相适应。④ 党的十九届四中全会在此基础上提出:在建党一百年时,"在各方面制度更加成熟更加定型上取得明显成效";到 2035 年,"各方面制度更加完善,基本实现国家治理体系和治理能力现代化";到 21 世纪中叶,即新中国成立一百年时,"全面实现国家治理体系和治理能力现代化,使中国特色社会主义制度更加巩固、优越性充分展现"。⑤ 党的二十大将"基本实现国家治理体系和治理能力现代化,全过程人民民主制度更加健全,基本建成法治国家、法治政府、法治社会"⑥作为 2035 年我国发展的总体目标之一,将"基本实现国家治理体系和治理能力现代化,全过程人民民主制度更加

① 《十八大以来重要文献选编》〈上〉,中央文献出版社 2014 年版,第 547 页。
② 《十八大以来重要文献选编》〈上〉,中央文献出版社 2014 年版,第 514 页。
③ 《十八大以来重要文献选编》(中),中央文献出版社 2016 年版,第 791 页。
④ 《十九大以来重要文献选编》(上),中央文献出版社 2019 年版,第 20 页。
⑤ 《十九大以来重要文献选编》(中),中央文献出版社 2021 年版,第 272 页
⑥ 《中国共产党第二十次全国代表大会文件汇编》,人民出版社 2022 年版,第 20 页。

健全,基本建成法治国家、法治政府、法治社会"①作为未来五年全面建设社会主义现代化国家开局起步的关键时期的主要目标任务之一。新时代中国特色社会主义制度建设的蓝图逐渐清晰。

第四,逐渐形成系统科学的中国特色社会主义制度体系。党的十八大以来,中国特色社会主义制度体系日益成熟并走向定型,根本制度、基本制度、重要制度以及各领域的具体制度不断丰富和完善。党的十九届四中全会结合中国特色社会主义新时代制度建设的特点和目标,对根本制度、基本制度、重要制度科学概念作出系统阐释,标志着中国共产党对中国特色社会主义制度概念和体系的认识得到深化。中国特色社会主义制度体系以根本制度、基本制度、重要制度为"四梁八柱",又辅之以一系列服务于各领域的具体制度,具有鲜明的层次性。根本制度相较于基本制度、重要制度、具体制度而言具有核心地位,在制度设计上体现出中心突出、多点覆盖、多域协同的特点。与此同时,不同制度之间又相互支撑、相互联系,统一于中国特色社会主义制度。在社会主义国家治理过程中,根本制度、基本制度、重要制度以及各方面的具体制度相辅相成、缺一不可,具有紧密的耦合性。同时,中国特色社会主义制度也在不断动态调整、与时俱进,根本制度、基本制度、重要制度以及各方面的具体制度都在新时代的实践中不断丰富其内涵、调整其内容、发挥其效能,逐渐走向巩固、成熟和完善。

四、新时代中国特色社会主义制度建设的基本经验

党的十八大以来,我们正在完善和发展中国特色社会主义制度、推进国家治理体系和治理能力现代化的过程中,这是一篇凝聚着几代中国共产党人心血和智慧的"大文章"。在实践中,以习近平同志为核心的党中央积累了许多宝贵经验。

---

① 《中国共产党第二十次全国代表大会文件汇编》,人民出版社 2022 年版,第 21 页。

一是坚持中国共产党的领导。党的领导是新时代中国特色社会主义制度建设的必然要求和根本保障。党的领导"是党和国家的根本所在、命脉所在，是全国各族人民的利益所系、命运所系"①，中国共产党是中国特色社会主义制度的建构主体，没有党的领导就没有中国特色社会主义制度；党的领导是中国特色社会主义制度的最大优势。党的十八大以来，党中央将国家制度和国家治理体系摆在党和国家各项工作的重要位置，成为贯穿新时代全面深化改革的主轴，党中央领导党和国家各项制度改革、体制创新、机构调整，使新时代中国特色社会主义制度建设有了坚强的主心骨、定盘星。以习近平同志为主要代表的中国共产党人将马克思主义国家学说推向 21 世纪，擘画了新时代中国国家制度和国家治理体系建设的基本方向、主要思路、发展蓝图，从顶层设计层面解决了许多国家制度和国家治理体系领域长期想解决而没有解决的理论和实践难题，为新时代中国特色社会主义制度建设指明了方向。

二是坚持国家制度建设和国家治理协同推进。中国特色社会主义制度和国家治理体系是一个问题的两个方面，国家治理体系是中国特色社会主义制度在国家治理层面的集中体现。国家治理问题既是理论问题，更是实践问题；既是马克思主义发展史上的难题，更是人类制度文明史上的关键问题。党的十八大以来，党中央提出推进国家治理体系和治理能力现代化的重大时代命题，明确国家治理体系和中国特色社会主义制度的内在联系，围绕国家治理体系和治理能力现代化问题作出一系列重大战略部署，党和国家各领域基础性制度框架基本确立，许多领域发生了历史性变革、系统性重塑、整体性重构，党、国家、社会各项事务治理日益制度化、规范化、程序化，中国特色社会主义制度的治理效能在新时代的实践中得到充分检验。从"中国之制"到"中国之治"，彰显的是新时代中国共产党人的认识深化与理论创新。

三是坚持以人民为中心的核心价值。人民是推动历史发展的主体，也是

---

① 习近平：《在庆祝中国共产党成立 100 周年大会上的讲话》，人民出版社 2021 年版，第 11 页。

推动制度建设、参与国家治理的主体。"我国国家制度深深植根于人民之中，能够有效体现人民意志、保障人民权益、激发人民创造力"①，新时代中国特色社会主义制度建设，力量在人民、智慧在人民，制度建设的根本目的也在于更好惠及全体人民。党的十八大以来，党中央切实保障人民主体地位，提出全过程人民民主理念，健全人民当家作主制度体系，坚持和完善我国根本政治制度、基本政治制度、重要政治制度；充分尊重人民主体地位，发挥人民首创精神，及时将人民群众生产生活中的好经验、基层实践中的好做法上升为制度、转化为法律、凝练为治国理政各方面体制机制，将人民群众的智慧融入完善中国特色社会主义制度、推进国家治理体系和治理能力现代化的进程之中。

四是坚持守正与创新相结合。"在我国国家制度和国家治理体系上应该坚持和巩固什么、完善和发展什么"是党的十八大以来党中央着力回答的一个重大政治问题。根本制度、基本制度、重要制度是中国特色社会主义制度的"四梁八柱"，尤其是根本制度和基本制度在中国特色社会主义制度体系中发挥着"地基"和"骨架"的重要作用，应该始终坚持并不断巩固；重要制度以及其他各领域的具体制度，也要根据生产力的发展变化作出适时调整。习近平总书记指出，"要在坚持好、巩固好已经建立起来并经过实践检验的根本制度、基本制度、重要制度的前提下，坚持从我国国情出发，继续加强制度创新，加快建立健全国家治理急需的制度、满足人民日益增长的美好生活需要必备的制度"②。在应对新时代的风险挑战过程中，一些具体制度的短板和弱项得到及时完善，最大程度防范和化解了系统性风险。守正与创新的结合，使新时代中国特色社会主义制度始终适应新时代国家的经济基础、适应新时代生产力发展变化，始终充满生机与活力。

---

① 习近平：《坚持、完善和发展中国特色社会主义国家制度与法律制度》，《求是》2019年第23期。

② 习近平：《坚持、完善和发展中国特色社会主义国家制度与法律制度》，《求是》2019年第23期。

总的来看,新时代中国特色社会主义制度创新历程,是一个理论和实践相结合的过程,是在实践中检验理论并不断创新理论的过程。党的十八大以来,在以习近平同志为核心的党中央坚强领导下,中国特色社会主义制度日益完善,我国国家治理体系和治理能力显著提升,马克思主义国家学说在同新时代中国具体实际相结合的过程中展现出巨大的理论魅力,新时代中国的国家制度建设也从实践维度创新和发展了马克思主义国家学说,丰富了当代中国马克思主义、21 世纪马克思主义的理论内涵,丰富和发展了人类制度文明的新形态。

第一章　中国特色社会主义
制度的生成逻辑

　　"中国特色社会主义制度和国家治理体系不是从天上掉下来的,而是在中国的社会土壤中生长起来的,是经过革命、建设、改革长期实践形成的,是马克思主义基本原理同中国具体实际相结合的产物,是理论创新、实践创新、制度创新相统一的成果。"①研究阐释中国特色社会主义制度,不可绕过和忽视中国共产党这个建构主体。中国特色社会主义制度"是人类制度文明史上的伟大创造"②,是党在百年奋斗历程中创造的具有中国特色的制度形态;中国特色社会主义制度的生成,与马克思主义中国化的百年进程一以贯之,与中国共产党的百年道路探索历程一以贯之,与中华民族伟大复兴的历史进程一以贯之,具有深刻的理论逻辑、历史逻辑和实践逻辑。

一、马克思主义国家学说的中国化奠定制度理论之基

　　马克思主义认为,国家是相对于市民社会而言的一种存在,是阶级矛盾不可调和的产物。恩格斯指出,国家是在社会陷入"不可解决的自我矛盾"之后

---

① 《十九大以来重要文献选编》(中),中央文献出版社2021年版,第300页。
② 习近平:《坚持、完善和发展中国特色社会主义国家制度与法律制度》,《求是》2019年第23期。

产生的"一种表面上凌驾于社会之上的力量"。他把这种"从社会中产生但又自居于社会之上并且日益同社会相异化的力量"称之为"国家"。① 作为马克思主义政党，马克思主义的国家学说是中国共产党制度建构的思想源头。从理论层面看，中国共产党制度建构的历史进程也是马克思主义国家学说中国化的进程，主要体现在以下几个方面。

1. 人民民主专政的国体源于无产阶级专政理论的中国化

无产阶级专政理论是马克思主义国家学说的重要组成部分。在《1848 至 1850 年的法兰西阶级斗争》一文中，马克思第一次提出"无产阶级的阶级专政"这个概念，认为这种专政"是达到消灭一切阶级差别，达到消灭这些差别所由产生的一切生产关系，达到消灭和这些生产关系相适应的一切社会关系，达到改变由这些社会关系产生出来的一切观念的必然的过渡阶段"②。恩格斯在《1891 年社会民主党纲领草案批判》中指出："我们的党和工人阶级只有在民主共和国这种形式下，才能取得统治。民主共和国甚至是无产阶级专政的特殊形式"。③ 在马克思、恩格斯所处的年代，虽然国际无产阶级已经为争取建立无产阶级专政作出了一些努力，但是真正意义上的无产阶级专政的国家政权还没有建立，相关政治思想也未能付诸实践。俄国十月革命胜利后，世界上第一个无产阶级专政的国家建立起来，列宁发展了马克思主义的无产阶级专政理论。《国家与革命》是列宁系统阐述马克思主义国家学说、无产阶级专政理论的重要著作，列宁深刻指出："只有承认阶级斗争、同时也承认无产阶级专政的人，才是马克思主义者。"④列宁还阐述了民主与专政的关系问题，他指出："无产阶级专政，向共产主义过渡的时期，将第一次提供人民享受的、大

---

① 《马克思恩格斯选集》第 4 卷，人民出版社 2012 年版，第 187 页。
② 《马克思恩格斯全集》第 10 卷，人民出版社 1998 年版，第 220 页。
③ 《马克思恩格斯文集》第 4 卷，人民出版社 2009 年版，第 415 页。
④ 《列宁选集》第 3 卷，人民出版社 2012 年版，第 139 页。

多数人享受的民主,同时对少数人即剥削者实行必要的镇压。"①同时,列宁认为,无产阶级专政在俄国的表现形式"就是实行无产阶级专政的苏维埃制度"②。

与俄国不同,近代中国社会并不是一个资本主义国家,也不是一个独立的民主国家,而是一个半殖民地半封建国家。这决定了中国革命的发展进程与具体道路,乃至革命后建立的无产阶级政权都具有特殊性。以毛泽东同志为主要代表的中国共产党人在实践中形成了中国革命必须分为新民主主义革命和社会主义革命两步走的基本思路,并逐步形成了人民民主专政的思想。早在延安时期,毛泽东就曾指出,中国革命的目的就是"打倒帝国主义和封建主义,建立一个人民民主的共和国"③。在《新民主主义论》中,毛泽东进一步描述了"建立一个新中国"的设想。④ 他指出:"现在所要建立的中华民主共和国,只能是在无产阶级领导下的一切反帝反封建的人们联合专政的民主共和国,这就是新民主主义的共和国。"⑤在党的七大上,毛泽东提出:"建立一个以全国绝对大多数人民为基础而在工人阶级领导之下的统一战线的民主联盟的国家制度。"⑥随着解放战争的胜利推进,中国共产党关于革命后无产阶级专政建设的思想也在不断深化。解放战争胜利前夕,1948 年 6 月,中共中央宣传部发出《关于重印〈左派幼稚病〉第二章前言》的通知,通知中提出:"今天在我们中国,则不是建立无产阶级专政,而是建立人民民主专政"⑦——"这是目前查到的最早使用'人民民主专政'这个概念的文件"⑧。在 1948 年 9 月中

---

① 《列宁选集》第 3 卷,人民出版社 2012 年版,第 191—192 页。
② 《列宁全集》第 35 卷,人民出版社 2017 年版,第 483 页。
③ 《毛泽东选集》第 2 卷,人民出版社 1991 年版,第 563 页。
④ 《毛泽东选集》第 2 卷,人民出版社 1991 年版,第 663 页。
⑤ 《毛泽东选集》第 2 卷,人民出版社 1991 年版,第 675 页。
⑥ 《毛泽东选集》第 3 卷,人民出版社 1991 年版,第 1056 页。
⑦ 《建党以来重要文献选编(一九二一——一九四九)》第 25 册,中央文献出版社 2011 年版,第 325—326 页。
⑧ 胡乔木:《胡乔木回忆毛泽东》,人民出版社 2014 年版,第 542 页。

央政治局扩大会议（史称"九月会议"）上的报告中,毛泽东指出:"我们政权的阶级性是这样:无产阶级领导的,以工农联盟为基础,但不是仅仅工农,还有资产阶级民主分子参加的人民民主专政。"①毛泽东还说:"人民民主专政的国家,是以人民代表会议产生的政府来代表它的。"②这为后来人民民主专政概念内涵的形成与深化奠定了理论基础。在党的七届二中全会的报告中,毛泽东明确提出了"无产阶级领导的以工农联盟为基础的人民民主专政"这一概念,③"总结我们的经验,集中到一点,就是工人阶级（经过共产党）领导的以工农联盟为基础的人民民主专政。这个专政必须和国际革命力量团结一致。这就是我们的公式,这就是我们的主要经验,这就是我们的主要纲领"④。体现出新中国成立前夕中国共产党对无产阶级专政问题的深刻认识。新中国成立后,人民民主专政也得到了法理层面的确认。《中国人民政治协商会议共同纲领》载明:中华人民共和国"实行工人阶级领导的,以工农联盟为基础的、团结各民主阶级和国内各民族的人民民主专政"⑤。"五四宪法"对此再次予以明确。⑥ 社会主义改造完成后,我国顺利实现了由新民主主义向社会主义的过渡,但是人民民主专政仍然作为国体继续沿用,这既符合我国"工农联盟"的特殊国情,也有利于社会主义社会的和谐稳定。

2. 党和国家的根本组织活动原则源于民主集中制理论的中国化

马克思主义认为,民主集中制是无产阶级政党的根本组织和活动原则。马克思、恩格斯虽然没有明确提出"民主集中制"这个概念,但却在组织和开展无产阶级斗争的过程中体现出了民主集中制的一些理念。列宁在此基础之

---

① 《毛泽东文集》第5卷,人民出版社1996年版,第135页。
② 《毛泽东文集》第5卷,人民出版社1996年版,第136页。
③ 《毛泽东选集》第4卷,人民出版社1991年版,第1436页。
④ 《毛泽东选集》第4卷,人民出版社1991年版,第1480页。
⑤ 《建国以来重要文献选编》第1册,中央文献出版社2011年版,第2页。
⑥ 《建国以来重要文献选编》第5册,中央文献出版社2011年版,第449页。

上，提出了民主集中制的理论，并将其贯彻到俄国无产阶级政党的建设当中。1905年，"民主集中制"一词第一次见诸俄国社会民主工党的文件中。① 1906年，列宁在《提交俄国社会民主工党统一代表大会的策略纲领》中提出："党内民主集中制的原则是现在一致公认的原则。"② 在俄国革命的实践中，列宁强调无产阶级政党组织的重要性，也着重强调党内民主的重要性。民主集中制原则是列宁无产阶级政党思想的重要组成部分，也是俄国无产阶级政党的重要组织特征。

中国共产党将民主集中制贯穿进党的组织建设中。1927年6月1日，中央政治局会议议决案《中国共产党第三次修正章程决案》中指出："党部的指导原则为民主集中制。"③ 这是中国共产党首次在党内文件中以文字形式明确民主集中制的原则。次年在莫斯科召开的党的六大进一步提出：要"实行真正的民主集中制""秘密条件之下尽可能的保证党内的民主主义；实行集体的讨论和集体的决定主要问题；同时反对极端民主主义的倾向"。④ 同时，党的六大还第一次阐述了民主集中制原则的内涵，提出了"民主集中制的根本原则"。⑤ 此后，民主集中制在革命实践中得到了贯彻实行。毛泽东认为："要党有力量，依靠实行党的民主集中制去发动全党的积极性。"⑥实践证明，将集中制与民主制相结合使党的组织充满力量，又形成了良好的党内政治生态，真正将党锻造成为一个坚强有力的"先锋队"。毛泽东在党的七大上指出："新民主主义的政权组织，应该采取民主集中制，由各级人民代表大会决定大政方

---

① 《苏联共产党代表大会、代表会议和中央全会决议汇编》第1分册，人民出版社1964年版，第119页。

② 《列宁全集》第12卷，人民出版社2017年版，第214页。

③ 《建党以来重要文献选编（一九二一——一九四九）》第4册，中央文献出版社2011年版，第268页。

④ 《建党以来重要文献选编（一九二一——一九四九）》第5册，中央文献出版社2011年版，第395页。

⑤ 《建党以来重要文献选编（一九二一——一九四九）》第5册，中央文献出版社2011年版，第472页。

⑥ 《毛泽东选集》第1卷，人民出版社1991年版，第278页。

针,选举政府。它是民主的,又是集中的,就是说,在民主基础上的集中,在集中指导下的民主。"①这次大会的党章明确了民主集中制的表述:"民主的集中制,即是在民主基础上的集中和在集中领导下的民主。"②

新中国成立后,中国共产党将民主集中制的原则融入国家制度建设中,中国共产党始终将民主集中制作为党和国家的一项重要制度加以坚持和发展。"五四宪法"规定:"全国人民代表大会、地方各级人民代表大会和其他国家机关,一律实行民主集中制。"③新中国成立之初,邓小平提出:"民主集中制是党和国家的最根本的制度,也是我们传统的制度。"④改革开放后,民主集中制作为根本性制度写入了宪法当中。"八二宪法"规定:"中华人民共和国的国家机构实行民主集中制的原则。"⑤民主集中制是新中国政治制度建设的特色与优势,有学者提出,民主集中制是"中国模式"的最好表述,"这一制度在理论上不但具有现代性的民主主义属性,同时也具有基于中国历史文化的内生性变迁的特征,并且克服了后发巨型国家因普遍缺失国家能力而导致的组织化不足的结构性病理。"⑥2019年9月24日,习近平总书记在十九届中央政治局第十七次集体学习时指出:"民主集中制是我国国家组织形式和活动方式的基本原则,是我国国家制度的突出特点。"他认为民主集中制的主要优势体现在:"在党的领导下,各国家机关是一个统一整体,既合理分工,又密切协作,既充分发扬民主,又有效进行集中,克服了议而不决、决而不行、行而不实等不

① 《建党以来重要文献选编(一九二一——一九四九)》第22册,中央文献出版社2011年版,第155页。

② 《建党以来重要文献选编(一九二一——一九四九)》第22册,中央文献出版社2011年版,第538页。

③ 《建国以来重要文献选编》第5册,中央文献出版社2011年版,第451页。

④ 《邓小平文选》第1卷,人民出版社1994年版,第312页。

⑤ 《十二大以来重要文献选编》(上),中央文献出版社2011年版,第187页。

⑥ 杨光斌、乔哲青:《论作为"中国模式"的民主集中制政体》,《政治学研究》2015年第6期。

良现象,避免了相互掣肘、效率低下的弊端。"①

3. 中国共产党的领导核心地位源于无产阶级政党领导理论的中国化

马克思主义认为,无产阶级的革命与政权都离不开无产阶级先锋队——无产阶级政党的领导。《共产党宣言》指出:"在实践方面,共产党人是各国工人政党中最坚决的、始终起推动作用的部分;在理论方面,他们胜过其余无产阶级群众的地方在于他们了解无产阶级运动的条件、进程和一般结果。"②在马克思、恩格斯看来,共产党在无产阶级革命中要发挥先锋和引领的作用。列宁继承和发展了这一思想,他认为,必须由强有力的无产阶级政党来领导无产阶级革命,"无产阶级的自发斗争如果没有坚强的革命家组织的领导,就不能成为无产阶级的真正的'阶级斗争'"③。列宁还认为,坚持共产党的领导是实现无产阶级专政的先决条件。他提出:"没有一些把先锋队和先进阶级群众、把它和劳动群众连结起来的'传动装置',就不能实现专政。"④1920年,列宁在一次讲话中再次指出:"我们的全部经验表明,这个事业十分重要,因此我们要重视承认党的领导作用问题,在讨论工作和组织建设的时候,决不能忽视这一点。"⑤党的领导是俄国革命得以胜利、社会主义政权得以建立的重要保障。

中国共产党自成立起就强调党对革命斗争的领导,并在实践中逐渐形成了党的领导制度体系。1925年,毛泽东在《中国社会各阶级的分析》一文中指

---

① 习近平:《坚持、完善和发展中国特色社会主义国家制度与法律制度》,《求是》2019年第23期。

② 《马克思恩格斯选集》第1卷,人民出版社2012年版,第413页。

③ 《列宁选集》第1卷,人民出版社2012年版,第414页。

④ 《列宁全集》第40卷,人民出版社2017年版,第204页。

⑤ 《列宁选集》第4卷,人民出版社2012年版,第304—305页。

出:"革命党是群众的向导,在革命中未有革命党领错了路而革命不失败的。"①在这里,毛泽东强调了革命党对革命前进方向的引领作用。中国共产党人不断加强党的自身建设,在实践中极大增强了中国共产党对中国革命的领导能力,丰富和发展了无产阶级政党领导的理论。毛泽东认为:"要取得中国民主革命的胜利,必须要有共产党的领导。"②在党的七大上,毛泽东系统阐述了他对无产阶级政党领导的思想。他指出:"所谓无产阶级领导,就是共产党领导。"他认为,共产党就是"无产阶级里头出了那样一部分比较先进的人,组织成一个政治性质的团体"。③ 在这次讲话中,毛泽东通过总结中国革命的历史教训而批判了放弃无产阶级领导权的观点,他强调:"所谓领导权,你总要有一个东西去领导,有被领导者才有领导者,有被领导才发生领导的问题。"④新民主主义革命之所以能够取得胜利,根本原因就在于坚持共产党的领导。

新中国成立后,中国共产党带领中国人民实现了由新民主主义革命向社会主义革命的转变。1957 年 5 月,毛泽东在一次讲话时指出:"中国共产党是全中国人民的领导核心。没有这样一个核心,社会主义事业就不能胜利。"⑤改革开放后,针对社会上一些否定党的领导、否定社会主义的声音,邓小平坚定地指出:"中国没有共产党的领导、不搞社会主义是没有前途的。这个道理已经得到证明,将来还会得到证明。"⑥在谈到社会主义制度的优越性问题时,邓小平还强调"共产党的领导就是我们的优越性"⑦。实践证明,办好中国的事情,关键在党。20 世纪 80 年代末,面对国内一些错误思潮的泛滥,江泽民旗帜鲜明地提出:"要加强党的领导,发挥我们的政治优势。"⑧胡锦涛也曾提

---

① 《毛泽东选集》第 1 卷,人民出版社 1991 年版,第 3 页。
② 《毛泽东文集》第 3 卷,人民出版社 1996 年版,第 59 页。
③ 《毛泽东文集》第 3 卷,人民出版社 1996 年版,第 305 页。
④ 《毛泽东文集》第 3 卷,人民出版社 1996 年版,第 308 页。
⑤ 《毛泽东文集》第 7 卷,人民出版社 1999 年版,第 303 页。
⑥ 《邓小平文选》第 3 卷,人民出版社 1993 年版,第 195 页。
⑦ 《邓小平文选》第 3 卷,人民出版社 1993 年版,第 256 页。
⑧ 《江泽民文选》第 1 卷,人民出版社 2006 年版,第 46 页。

出："要坚持发挥党总揽全局、协调各方的领导核心作用,提高党科学执政、民主执政、依法执政水平,保证党领导人民有效治理国家。"①回望中国共产党的历史进程,正是我们始终坚持中国共产党的领导,中国革命、建设和改革事业才能够始终蓬勃向上,正如习近平总书记所总结的："中国特色社会主义最本质的特征是中国共产党领导,中国特色社会主义制度的最大优势是中国共产党领导。"②

4.马克思主义在意识形态领域的指导地位源于无产阶级意识形态理论的中国化

马克思主义是无产阶级政党进行革命斗争的重要遵循。在马克思、恩格斯亲身参与革命斗争,并在无产阶级阵营内部针对错误思想进行了一次又一次激烈的论战,形成了马克思主义的科学理论。恩格斯指出："工人比起资产阶级来,说的是另一种方言,有不同的思想和观念,不同的习俗和道德原则,不同的宗教和政治。"③在这里,恩格斯强调的是无产阶级和资产阶级在意识形态上的差别。作为俄国无产阶级的领导者,列宁指出："马克思学说具有无限力量,就是因为它正确。"④列宁认为,革命理论对于革命政党而言是极为重要的,他指出："没有革命理论,就不会有坚强的社会党,因为革命理论能使一切社会党人团结起来""我们决不把马克思的理论看做某种一成不变的和神圣不可侵犯的东西;恰恰相反,我们深信:它只是给一种科学奠定了基础,社会党人如果不愿落后于实际生活,就应当在各方面把这门科学推向前进。"⑤同时,他反对教条主义地对待马克思主义的做法,他指出："应当时刻不忘我们的最终目的,随时进行宣传,保卫无产阶级的思想体系——科学社会主义学

---

① 《胡锦涛文选》第3卷,人民出版社2016年版,第538页。
② 《十八大以来重要文献选编》(下),中央文献出版社2018年版,第355页。
③ 《马克思恩格斯文集》第1卷,人民出版社2009年版,第437—438页。
④ 《列宁选集》第2卷,人民出版社2012年版,第309页。
⑤ 《列宁选集》第1卷,人民出版社2012年版,第274页。

说,也就是马克思主义——不被歪曲,并使之继续发展。"①

　　马克思、恩格斯指出:"统治阶级的思想在每一时代都是占统治地位的思想。""支配着物质生产资料的阶级,同时也支配着精神生产资料,因此,那些没有精神生产资料的人的思想,一般地是隶属于这个阶级的。"②中国共产党是在马克思列宁主义指导下成立的政党,高度重视马克思主义的意识形态作用。毛泽东指出:"既要革命,就要有一个革命党。没有一个革命的党,没有一个按照马克思列宁主义的革命理论和革命风格建立起来的革命党,就不可能领导工人阶级和广大人民群众战胜帝国主义及其走狗。"③新中国成立后,毛泽东宣告:"领导我们事业的核心力量是中国共产党。""指导我们思想的理论基础是马克思列宁主义。"④改革开放后,邓小平将"必须坚持马列主义、毛泽东思想"作为四项基本原则之一提出,⑤他指出:"我们坚持的和要当作行动指南的是马列主义、毛泽东思想的基本原理,或者说是由这些基本原理构成的科学体系。"⑥改革开放之后,一些非马克思主义的思潮开始在社会上出现,甚至产生了资产阶级自由化的思潮,导致了严重的政治风波。对此,江泽民认为,要采取有效措施,"使马克思主义始终牢固地占领思想政治阵地,使各种唯心论、非马克思主义和反马克思主义的东西没有可乘之机"⑦。胡锦涛指出:"马克思主义是我们立党立国的根本指导思想。坚持和巩固马克思主义指导地位,是党和人民团结一致、始终沿着正确方向前进的根本思想保证。"⑧党的十八大以来,党中央高度重视马克思主义在意识形态领域的作用。习近平总书记强调:"我们要立足中国,面向现代化、面向世界、面向未来,巩

---

① 《列宁专题文集·论马克思主义》,人民出版社 2009 年版,第 303 页。
② 《马克思恩格斯选集》第 1 卷,人民出版社 2012 年版,第 178 页。
③ 《毛泽东选集》第 4 卷,人民出版社 1991 年版,第 1357 页。
④ 《建国以来重要文献选编》第 5 册,中央文献出版社 2011 年版,第 400 页。
⑤ 《邓小平文选》第 2 卷,人民出版社 1994 年版,第 165 页。
⑥ 《邓小平文选》第 2 卷,人民出版社 1994 年版,第 171 页。
⑦ 《江泽民文选》第 2 卷,人民出版社 2006 年版,第 362 页。
⑧ 《十七大以来重要文献选编》(上),中央文献出版社 2013 年版,第 796 页。

固马克思主义在意识形态领域的指导地位。"①党的十九届四中全会提出"坚持马克思主义在意识形态领域指导地位的根本制度"②,以党和国家"根本制度"的形式对马克思主义在意识形态领域的指导地位予以巩固、强化。

二、中国共产党的百年制度探索一以贯之

近代以来,中华民族面对求得民族独立和人民解放、实现国家富强和人民共同富裕两大历史任务;中国革命胜利之后,"建设什么样的国家""建立什么样的国家制度"是摆在中华民族和中国人民面前的历史性课题。中国共产党对国家制度的探索发端于革命时期、奠基于建设时期、完善于改革时期,是一个一以贯之的探索过程。

1. 中国共产党在新民主主义革命时期就提出了关于未来国家制度的主张

中国共产党自成立之日起,就把实现共产主义作为自己的理想和追求,同时近代中国半殖民地半封建的社会现实也使中国共产党人深刻认识到:"想在旧制度范围内建立新社会的企图是无益的,即使我们试图这样做也是徒劳的。"③在领导中国人民开展革命斗争的过程中,党也在实践中思考未来国家制度建设的问题,进行建立无产阶级政权的探索。1931 年 6 月,党的苏区中央局第一次全国苏维埃代表大会宣言指出:"苏维埃政权是无产阶级领导下的工农民主专政。"④明确了苏维埃政权的性质。同年 11 月通过的《中华苏维埃共和国宪法大纲》规定:"中国苏维埃政权所建设的是工人和农民的民主专

---

① 《十九大以来重要文献选编》(上),中央文献出版社 2019 年版,第 430 页。
② 《十九大以来重要文献选编》(中),中央文献出版社 2021 年版,第 283 页。
③ 《建党以来重要文献选编(一九二一——一九四九)》第 1 册,中央文献出版社 2011 年版,第 23 页。
④ 《建党以来重要文献选编(一九二一——一九四九)》第 8 册,中央文献出版社 2011 年版,第 440 页。

政的国家。苏维埃全政权是属于工人、农民、红军兵士及一切劳苦民众的。"①
这部"宪法"还规定："中华苏维埃共和国之最高政权为全国工农兵会议(苏维埃)的大会"，"在苏维埃政权领域内的工人、农民、红军兵士及一切劳苦民众和他们的家属"，在苏维埃法律面前一律平等。② 同时,这部宪法还对工农权利、中国境内少数民族等问题作出了明确规定。从中我们可以看到,早在新民主主义革命时期中国共产党就将无产阶级专政、民主集中制以及无产阶级政党领导等思想融合进了中国苏维埃政权的建设尝试当中。

新民主主义理论体现了中国共产党对未来国家制度更加成熟的设想。1939年至1940年,毛泽东分别发表了《中国革命与中国共产党》和《新民主主义论》两篇重要文章。在这两篇文章中,毛泽东系统地阐发了他对于革命胜利后国家制度建设的思考与设想。在《中国革命与中国共产党》中,毛泽东区分了中国革命的两个阶段,并提出:"中国革命的终极的前途,不是资本主义的,而是社会主义和共产主义的。"③《新民主主义论》是毛泽东新民主主义理论的系统阐发,对于理想中的"新民主主义共和国",毛泽东设想:"一方面和旧形式的、欧美式的、资产阶级专政的、资本主义的共和国相区别","另一方面,也和苏联式的、无产阶级专政的、社会主义的共和国相区别",所谓新民主主义共和国是"一定历史时期的形式",是"过渡的形式",但也是"不可移易的必要的形式"。④ 同时,对于未来国家的"国体"与"政体",毛泽东也有了自己的设想。毛泽东认为,新民主主义共和国的国体应该是"各革命阶级联合专政",而政体则是"民主集中制"。⑤ 值得一提的是,虽然这一时期毛泽东所说

---

① 《建党以来重要文献选编(一九二一——一九四九)》第8册,中央文献出版社2011年版,第649—650页。

② 《建党以来重要文献选编(一九二一——一九四九)》第8册,中央文献出版社2011年版,第650页。

③ 《毛泽东选集》第2卷,人民出版社1991年版,第650页。

④ 《毛泽东选集》第2卷,人民出版社1991年版,第675页。

⑤ 《毛泽东选集》第2卷,人民出版社1991年版,第677页。

的民主集中制政体与后来形成的人民代表大会制度政体在名称上略有不同，但是，在谈到政体问题时，毛泽东特别提到"中国现在可以采取全国人民代表大会、省人民代表大会、县人民代表大会、区人民代表大会直到乡人民代表大会的系统，并由各级代表大会选举政府"①。这一思想与后来人民代表大会制度的建立有着内在关联。

党的七届二中全会是解放战争胜利前夕召开的一次极其重要的会议，也是中国共产党规划"如何建设一个新世界"的一个节点。在这次会议上，毛泽东以"人民民主专政"代替了过去主张建立的"各革命阶级联合专政"。毛泽东认为，要"认真地团结全体工人阶级、全体农民阶级和广大的革命知识分子，这些是这个专政的领导力量和基础力量。没有这种团结，这个专政就不能巩固"。同时，还需要去尽可能地团结"能够同我们合作的城市小资产阶级和民族资产阶级的代表人物"。② 这体现了中国共产党对于新政权的基础问题有了更为清晰的思路。在《论人民民主专政》中，毛泽东指出了新政权的领导阶级、新政权在国际形势中的阵营等问题。毛泽东在回顾中国国民党一大宣言时指出："只许为一般平民所共有、不许为资产阶级所私有的国家制度，如果加上工人阶级的领导，就是人民民主专政的国家制度了。"③从某种意义上说，新民主主义革命的目的，就在于领导人民建立一套新民主主义进而转变为社会主义的国家制度。中国共产党在新民主主义革命时期对未来国家制度问题的思考、认识与尝试，为新中国成立后国家制度的构建奠定了理论基础，

---

① 1940 年 2 月 15 日，《新民主主义论》最初以《新民主主义的政治和新民主主义的文化》为题在延安《中国文化》创刊号上发表时，该句的最初表述为："中国现在可以采取国民大会、省民大会、县民大会、区民大会直到乡民大会的系统，并由各级大会选举政府。"（毛泽东：《新民主主义的政治和新民主主义的文化》，《中国文化》1940 年 2 月 15 日创刊号）。"中国现在可以采取全国人民代表大会、省人民代表大会、县人民代表大会、区人民代表大会直到乡人民代表大会的系统，并由各级代表大会选举政府"的表述为修改之后的版本。（《毛泽东选集》第 2 卷，人民出版社 1991 年版，第 677 页。）

② 《毛泽东选集》第 4 卷，人民出版社 1991 年版，第 1436—1437 页。

③ 《毛泽东选集》第 4 卷，人民出版社 1991 年版，第 1478 页。

也积累了宝贵经验。

2. 新中国成立后中国共产党领导建立了社会主义基本制度

新中国的成立标志着中国半殖民地半封建历史的结束,开启了一个全新的时代,一个真正的人民当家作主的政权建立起来,"中国人民由被压迫的地位变成为新社会新国家的主人"①。新中国成立后,中国共产党便着手开始领导新中国的制度建设。

一是明确新中国的"国体"与"政体"。1949 年 9 月 21—30 日,中国人民政治协商会议第一届全体会议召开。这次会议明确"以新民主主义即人民民主主义为中华人民共和国建国的政治基础"②,会议通过的《中国人民政治协商会议共同纲领》明确了新中国的国体问题③。相比党的六大提出的"工农联合的政权"④与新民主主义革命时期毛泽东提出的"各革命阶级联合专政",《中国人民政治协商会议共同纲领》对于新中国国体的概括更加适应新中国成立时国内的政治环境,更有利于凝聚和团结最广大的政治力量。毛泽东关于新中国政体的认识在《新民主主义论》中就有表达,他认为,政体"是指的政权构成的形式问题,指的一定的社会阶级取何种形式去组织那反对敌人保护自己的政权机关。没有适当形式的政权机关,就不能代表国家"⑤。按照毛泽东的观点,"政权机关"是决定"政体"的关键。《中国人民政治协商会议共同纲领》指出:"人民行使国家政权的机关为各级人民代表大会和各级人民政府。""国家最高政权机关为全国人民代表大会。"⑥与国体的确立方式不

---

① 《建国以来重要文献选编》第 1 卷,中央文献出版社 2011 年版,第 1 页。
② 《建国以来重要文献选编》第 1 卷,中央文献出版社 2011 年版,第 1 页。
③ 《建国以来重要文献选编》第 1 卷,中央文献出版社 2011 年版,第 2 页。
④ 《建党以来重要文献选编(一九二一——一九四九)》第 5 册,中央文献出版社 2011 年版,第 710 页。
⑤ 《毛泽东选集》第 2 卷,人民出版社 1991 年版,第 677 页。
⑥ 《建国以来重要文献选编》第 1 卷,中央文献出版社 2011 年版,第 3 页。

同,人民代表大会并未在新中国成立时就立刻召开,而是经历了从政协代行人大职权再过渡到人民代表大会制度的过程。"国体"与"政体"的确立,为新中国的制度体系奠定了坚实的基础。

二是确立社会主义经济基础,形成以公有制经济为主的经济体制。《中国人民政治协商会议共同纲领》规定,新中国经济建设的根本方针,"是以公私兼顾、劳资两利、城乡互助、内外交流的政策,达到发展生产、繁荣经济之目的""使各种社会经济成分在国营经济领导之下,分工合作,各得其所,以促进整个社会经济的发展"①。新中国成立后,中国共产党并未立刻着手向社会主义过渡,而是将从 1949 年新中国成立到社会主义改造基本完成这段时间作为一个过渡时期。在过渡时期,社会主义性质、半社会主义性质、国家资本主义性质以及私营经济并行存在,公有制尚未取得在城市和农村中的主体地位。1953 年,随着新中国国民经济基本恢复,国内因内战而导致的混乱局面基本稳定,中国共产党适时提出了向社会主义过渡的总路线:"要在一个相当长的时期内,逐步实现国家的社会主义工业化,并逐步实现国家对农业、对手工业和对资本主义工商业的社会主义改造。"②从 1953 年起,中国共产党逐步引导个体农业、手工业走上合作化道路,通过和平赎买、公私合营等方式实现了对资本主义工商业的社会主义改造,实现了新中国生产资料所有制由私人所有向社会主义公有的转变,形成了以公有制为主体的经济体制,确立了社会主义制度的经济基础。

三是建立新中国基本政治制度。新中国成立后,建立一套什么样的国家政治制度运行体系,同样是摆在中国共产党面前的历史性课题。抗战结束后,国共两党及各民主党派曾为抗战后和平建国在重庆召开过政治协商会议。虽然"旧政协"也曾形成了关于和平建国、民主改革的一些协议,得到各党派、社会团体以及全国人民的拥护和支持,但是由于国民党的破坏与阻碍,使得政协

---

① 《建国以来重要文献选编》第 1 卷,中央文献出版社 2011 年版,第 6 页。
② 《建国以来重要文献选编》第 4 卷,中央文献出版社 2011 年版,第 602 页。

所确定的协议最终都变成了一纸空文,没能付诸实施。1948 年 5 月,中国共产党向全国人民提议召开新的政治协商会议,并迅速得到了全国各界的广泛响应。1949 年 6 月,新政协筹备会召开,毛泽东在会上宣告:"我们召集新的政治协商会议成立民主联合政府的一切条件,均已成熟。"①1949 年 9 月,中国人民政治协商会议第一届全国委员会第一次会议召开,会议通过的《中国人民政治协商会议共同纲领》明确:"中国人民政治协商会议为人民民主统一战线的组织形式。"②1954 年,随着一届全国人大一次会议召开,全国政协执行全国人大职权的任务也宣告结束。同年 12 月,全国政协二届一次会议召开,这次会议通过了在《中国人民政治协商会议组织法》基础上制定的《中国人民政治协商会议章程》,指出中国人民政治协商会议是"团结全国各民族、各民主阶级、各民主党派、各人民团体、国外华侨和其他爱国民主人士的人民民主统一战线的组织",这一组织在中国人民政治协商会议代行全国人民代表大会职权的任务已经结束的情况下"仍然需要存在"③。这为中国共产党领导的多党合作和政治协商制度的确立奠定了坚实的基础。早在 1947 年,中国共产党就已领导建立了内蒙古自治政府,这是中国共产党领导建立的第一个省级少数民族自治政府。按照《中国人民政治协商会议共同纲领》的规定,1952 年《中华人民共和国民族区域自治实施纲要》颁行,全国一些地区先后建立起民族自治地方。"五四宪法"更是明确了自治区、自治州、自治县的三级民族自治地区行政规划,并规定在县以下的少数民族聚居区设置民族乡。④ 此后,新疆维吾尔自治区、广西壮族自治区、宁夏回族自治区与西藏自治区先后建立,民族区域自治制度成为新中国的一项基本政治制度。

四是颁行一系列法律法规,建立社会主义法律体系。建立新型的法律体

---

① 《毛泽东选集》第 4 卷,人民出版社 1991 年版,第 1466 页。
② 《建国以来重要文献选编》第 1 卷,中央文献出版社 2011 年版,第 4 页。
③ 《建国以来重要文献选编》第 5 卷,中央文献出版社 2011 年版,第 607 页。
④ 《建国以来重要文献选编》第 5 卷,中央文献出版社 2011 年版,第 461 页。

系是中国共产党关于政权建设的重要组成部分。1949 年 1 月,毛泽东在《关于时局的声明》中提出了八项和谈条件,其中就包括"废除伪宪法"和"废除伪法统"。① 新中国成立前夕召开的第一届全国政协会议就通过了包括《中国人民政治协商会议共同纲领》《中国人民政治协商会议组织法》《中华人民共和国中央人民政府组织法》这三个奠基性的法律文件。新中国成立后,在中国共产党领导下,《中华人民共和国土地改革法》《中华人民共和国婚姻法》等一系列法律法规先后颁行,涉及人民生产生活的方方面面,更为恢复和发展国民经济、开展广泛而深刻的社会建设提供了法律保障。1954 年 9 月,一届全国人大一次会议通过并颁布了《中华人民共和国宪法》("五四宪法")这部体现社会主义和人民民主两大原则的根本性法律文件。同时,《中华人民共和国全国人民代表大会组织法》《中华人民共和国国务院组织法》《中华人民共和国人民法院组织法》《中华人民共和国人民检察院组织法》等一系列法律文件也先后通过颁行。新中国成立初期的法律体系建设体现了中国共产党在全国执政初期的法律思维,为社会主义法治体系建设奠定了基础,更为依法治国提供了基本依据。

3. 改革开放后中国特色社会主义制度在实践中不断发展和完善

党的十一届三中全会摒弃了"以阶级斗争为纲"的口号,实现了政治上的拨乱反正,开启了改革开放和社会主义现代化建设新时期。改革开放 40 多年来,中国共产党领导中国人民开辟了一条具有中国特色的发展道路。中国特色社会主义制度也在改革开放的伟大实践中不断完善和发展,形成了中国特色社会主义制度体系。

一是完成了国家各项制度的恢复和重建,改革党和国家领导制度。20 世纪 50 年代中后期中国社会主义建设过程中出现的"左"的错误严重破坏了新

---

① 《毛泽东选集》第 4 卷,人民出版社 1991 年版,第 1389 页。

中国的制度建设成果,也给党和国家带来了深重的灾难。党的十一届三中全会后,"左"的错误得到了根本纠正,党也深刻认识到党和国家制度体系存在的弊端和问题。在谈到"文化大革命"教训时,邓小平强调"要从制度方面解决问题"①。叶剑英指出:"一个国家非有法律和制度不可。这种法律和制度要有稳定性、连续性。它们是人民制定的,代表社会主义和无产阶级专政的最高利益,一定要具有极大的权威,只有经过法律程序才能修改,而不能以任何领导人个人的意志为转移。"②1980 年 8 月,邓小平在中共中央政治局扩大会议上作的题为《党和国家领导制度的改革》的重要讲话中指出:"不是说个人没有责任,而是说领导制度、组织制度问题更带有根本性、全局性、稳定性和长期性。""如果不坚决改革现行制度中的弊端,过去出现过的一些严重问题今后就有可能重新出现"③。因此,改革开放后,恢复了一批党和国家领导机构,中央纪委、中央书记处、中央政治局及其常委会先后恢复建立;人民代表大会制度、中国共产党领导的多党合作和政治协商制度、民族区域自治制度也得到了恢复和发展。在此基础上,进行了党和国家领导制度的改革,废除了领导干部职务终身制,恢复了民主集中制的组织和活动原则。国家各项制度的恢复和重建为中国特色社会主义制度体系的完善和发展奠定了基础。

二是形成了以公有制为主体、多种所有制经济共同发展的基本经济制度和以按劳分配为主体、多种分配方式并存的分配制度,建立了社会主义市场经济体制。1956 年完成的三大改造运动确立了生产资料公有制的经济基础,但是在所有制结构问题、经济体制问题等方面还存在一些尚未解决的问题,过分强调全民所有与集体经济,必然导致在社会主义建设过程中出现管得过多、统得过死等问题。20 世纪 50 年代末期的"大跃进"和人民公社化运动就体现出在社会主义经济制度方面还缺乏建设经验。改革开放后,党对单一社会主义

---

① 《邓小平文选》第 2 卷,人民出版社 1994 年版,第 348 页。
② 《叶剑英选集》,人民出版社 1996 年版,第 499 页。
③ 《邓小平文选》第 2 卷,人民出版社 1994 年版,第 333 页。

公有制模式进行了改革,逐步形成了以公有制为主体、多种所有制经济共同发展的模式,党的十五大将这一模式明确为"我国社会主义初级阶段的一项基本经济制度"。① 改革开放后,邓小平明确表示:"贫穷不是社会主义,更不是共产主义。"②在发展社会生产力的过程中,中国共产党逐渐探索形成了以按劳分配为主体、多种分配方式并存的分配制度,这一制度也在党的十五大得到了明确。③ 同时,过去高度集中的计划经济体制也逐步得到了改变,中国共产党在实践中建立了社会主义市场经济体制,实现了社会主义基本制度与市场经济的有机结合,体现了中国特色社会主义制度的创造性、灵活性,在实践中彰显出其显著优势。

三是在实践中完善和发展了中国特色社会主义政治制度。改革开放后,新中国成立初期所建立的根本政治制度、基本政治制度得到了恢复和重建。在此基础上,针对基层社会治理,中国共产党又创造了基层群众自治制度这一基本政治制度。"八二宪法"规定:"城市和农村按居民居住地区设立的居民委员会或者村民委员会是基层群众性自治组织。"④从 1989 年到 1993 年,《中华人民共和国城市居民委员会组织法》和《中华人民共和国村民委员会组织法》的颁布,为基层群众自治制度的运行提供了法制保障。早在新中国成立初期,中国共产党就曾有过和平解决台湾问题的设想。改革开放后,这一设想凝练成为"一个国家,两种制度"的基本国策,并率先在香港和澳门的回归问题上得到了实践。"一国两制"是中国共产党人的伟大政治创造,具有鲜明的中国特色,也体现出巨大的政治智慧。同时,改革开放后,中国共产党还提出了依法治国的基本方略,提出要"发展民主,健全法制,建设社会主义法治国家"⑤。中国特色社会主义法律体系在改革开放和社会主义现代化建设的进

---

① 《十五大以来重要文献选编》(上),中央文献出版社 2011 年版,第 17 页。
② 《邓小平文选》第 3 卷,人民出版社 1993 年版,第 64 页。
③ 《十五大以来重要文献选编》(上),中央文献出版社 2011 年版,第 21 页。
④ 《十二大以来重要文献选编》(上),中央文献出版社 2011 年版,第 210 页。
⑤ 《十五大以来重要文献选编》(上),中央文献出版社 2011 年版,第 16 页。

程中逐步形成完善。

三、植根于实现中华民族伟大复兴的历史进程

中国特色社会主义国家制度和法律制度是在长期实践探索中形成的,具有深厚的历史渊源与实践基础。当前,中华民族比以往任何历史时期都更加接近实现中华民族伟大复兴的宏伟目标,世界也正经历百年未有之大变局,在这样一个时间节点,我们需要从过去、现在与未来三个维度,正确认识中国特色社会主义制度的实践逻辑,在实践中坚持、完善和发展中国特色社会主义制度。

1.中国革命、建设、改革的伟大实践是中国共产党制度构建的实践基础

"一个国家选择什么样的国家制度和国家治理体系,是由这个国家的历史文化、社会性质、经济发展水平决定的。"①近代以来,先进中国人曾针对制度问题进行过多种方案的尝试和探索,但无论是君主立宪制、议会制,还是多党制、总统制,最终都以失败告终。历史证明,这些从西方照搬照抄来的制度模式,并不符合近代中国实际,也注定不能解决近代中国所面临的历史任务。历史告诉我们,马克思主义的指导地位、社会主义制度和中国共产党的领导,不是天上掉下来的,而是历史发展的必然,是中华民族和中国人民的选择。

中国特色社会主义制度形成和发展的实践基础,就是中国共产党探索中国道路的伟大实践。从源流上看,中国特色社会主义制度生发于新中国成立初期的制度探索、完善于改革开放的伟大实践中,是几代中国共产党人接力探索的成果,是中国共产党探索中国道路的重要组成部分。

新中国成立后,中国共产党在探索社会主义建设道路的过程中,建立起社

---

① 《十九大以来重要文献选编》(中),中央文献出版社2021年版,第300页。

会主义基本制度,国体、政体、政党制度、民族区域自治制度均形成于这一时期的制度探索。新中国成立之初中国共产党的制度探索为中国特色社会主义制度的形成和发展奠定了坚实的基础。虽然在新中国成立之初,党曾一度效仿苏联模式建设社会主义,但在制度建设问题上,党进行了许多符合中国国情的探索与尝试,从而为中国特色社会主义制度搭建起基本框架、确立了制度的"四梁八柱"。

20世纪50年代末,社会主义建设道路遭受了挫折,严重影响了国家的制度建设和法治建设。改革开放后,随着党和国家各项工作的拨乱反正,中国特色社会主义制度得到了恢复和重建,并在此基础上进一步发展和完善,符合中国基层特点的基层群众自治制度、中国特色社会主义法律体系均在这一时期形成并不断完善。1987年4月16日,邓小平在会见香港特别行政区基本法起草委员会委员时特别指出:"我们的社会主义制度是有中国特色的社会主义制度"。[1]

2011年,胡锦涛"七一"讲话第一次提出"中国特色社会主义制度"的概念。他指出:"中国特色社会主义制度,是当代中国发展进步的根本制度保障,集中体现了中国特色社会主义的特点和优势。"在这次讲话中,胡锦涛通过"根本政治制度""基本政治制度""中国特色社会主义法律体系""基本经济制度""具体制度"这几个概念系统总结了中国特色社会主义制度体系的基本层次。[2] 这一概念的提出是对新中国成立以来中国共产党探索社会主义国家制度建设经验的总结,体现了中国共产党对社会主义国家制度建设规律的认识又前进了一步,具有深刻的理论意义与实践意义。在这之后,中国特色社会主义制度在实践中不断丰富与发展,形成了中国特色社会主义制度体系。

---

[1] 《邓小平文选》第3卷,人民出版社1993年版,第218页。

[2] 《十七大以来重要文献选编》(下),中央文献出版社2013年版,第436页。

2.中国特色社会主义制度在实践中日益彰显出巨大优势

当今世界正经历百年未有之大变局,"大变局"意味着前所未有的机遇,同时意味着前所未有的风险和挑战。同时,越是在变局中,越是能够检验制度的优劣,越是能够检验制度是否适合一个国家的基本国情。新中国成立70多年来,特别是改革开放40多年来,中国共产党团结带领中国人民在实践中探索出了中国特色社会主义道路,形成具有中国特色的发展模式,指引着中国大踏步地赶上了时代。

但是,这条道路的探索并不是一帆风顺的,而是在克服各种艰难险阻的过程中不断向前推进的。在这些艰难险阻中,既有洪水、地震、疫病等来自自然的灾害,也有政治风波、意识形态渗透、军事威胁等人为产生的危机与挑战。但是无论面对什么样的风险与挑战,中国共产党领导创立的这一套制度体系,总能够化危为机,在风险和挑战中不断前进,在风险和挑战中彰显出中国特色社会主义制度的显著优势,更为世界上其他国家特别是广大发展中国家提供了一条实现国家富强的全新路径。

2020年以来新冠疫情的全球大流行,是第二次世界大战以来人类面临的最严峻的考验。在疫情暴发之初,以习近平同志为核心的党中央统揽全局、果断决策,以非常之举应对非常之事,领导中国人民打响了一场疫情防控的人民战争、总体战、阻击战,广大人民群众积极投身疫情防控,社会各界群策群力,汇聚成了抗击疫情的强大力量,充分彰显了集中力量办大事的显著优势;新冠疫情是一次公共卫生危机,但同时疫情暴露出的法治短板,更促使国家以更大气力加强相关领域法治建设,公共卫生领域成了我国法治建设的重点,这彰显了依法治国切实保障社会公平和人民权利的显著优势;疫情肆虐期间,我国各地经济社会几乎都按下了"暂停键",虽然各地经济遭到了巨大损失,但是中国共产党始终将人民群众的生命安全和身体健康放在第一位,始终坚持"动态清零"总方针不松懈、不动摇,各级党委和政府尽全力保障人民生产生活,彰显了保障和改善民生、增进人民福祉的显著优势,更体现出社会主义制度的核心价值;面对疫病的全球大流行,中国政府和中国人民积极参与全球疫情防控,为各国疫情防控工作贡献中国智慧与中国力量,更在国际舆论场上讲述中国人民的抗疫故事,彰显了积极参与全球治理、构建人类命运共同体的显著优势。中国人民在抗击新冠疫情的伟大斗争中形成了生命至上、举国同心、舍生忘死、尊重科学、命运与共的伟大抗疫精神,这些成就只有社会主义中国才能够做到。

2020 年,在全国抗击新冠肺炎疫情表彰大会上,习近平总书记深刻指出:"衡量一个国家的制度是否成功、是否优越,一个重要方面就是看其在重大风险挑战面前,能不能号令四面、组织八方共同应对。"①新中国 70 多年的历史充分证明,中国共产党所建构的中国特色社会主义制度体系,在各种风险和挑战面前彰显出了相对于其他制度而言更有组织力、更有号召力、更有凝聚力的制度优势,彰显了以人民为中心的制度价值。当前,世界百年未有之大变局加速演进,世界进入新的动荡变革期,这意味着我们所面对的和将要面对的风险考验前所未有。但是,"变局"也给中国特色社会主义制度固根基、扬优势、补短板、强弱项提供了契机,在危机中育新机,在变局中开新局,发展和完善中国特色社会主义。

3. 在新时代坚持和完善中国特色社会主义制度的实践中,推进国家治理体系和治理能力现代化

20 世纪 90 年代初期,邓小平曾预见性地指出:"恐怕再有三十年的时间,我们才会在各方面形成一整套更加成熟、更加定型的制度。"②经过新中国成立以来 70 多年的发展,特别是改革开放 40 多年来的发展,中国特色社会主义制度展现出巨大的政治优势。但是,我们也需要清醒地认识到,中国特色社会

---

①　《十九大以来重要文献选编》(中),中央文献出版社 2021 年版,第 692 页。

②　《邓小平文选》第 3 卷,人民出版社 1993 年版,第 372 页。

主义制度的成熟定型,是一个不断发展的过程。中国特色社会主义进入新时代,形势变化之快、改革发展稳定任务之重、矛盾风险挑战之多,对我们党治国理政考验之大前所未有。习近平总书记指出:"坚持和完善中国特色社会主义制度、推进国家治理体系和治理能力现代化,是关系党和国家事业兴旺发达、国家长治久安、人民幸福安康的重大问题。"①

中国特色社会主义进入新时代,制度建设成为摆在党和国家战略全局中的重要内容。党的十八大以来,党中央高度重视坚持和完善中国特色社会主义制度。党的十八大沿用了 2011 年胡锦涛"七一"讲话对中国特色社会主义制度的表述,提出在中国特色社会主义伟大实践中,"中国特色社会主义制度是根本保障"②。党的十八大刚刚结束,习近平总书记就多次论述发展和完善中国特色社会主义制度,他指出:"中国特色社会主义制度,坚持把根本政治制度、基本政治制度同基本经济制度以及各方面体制机制等具体制度有机结合起来,坚持把国家层面民主制度同基层民主制度有机结合起来,坚持把党的领导、人民当家作主、依法治国有机结合起来,符合我国国情,集中体现了中国特色社会主义的特点和优势,是中国发展进步的根本制度保障。"③

2013 年 11 月,党的十八届三中全会将"完善和发展中国特色社会主义制度,推进国家治理体系和治理能力现代化"作为全面深化改革的总目标,从而进一步将制度建设问题摆在极其重要的位置。④ 对于这次全会提出关于"中国特色社会主义制度"和"国家治理体系现代化"关系问题,习近平总书记曾深刻指出:"党的十八届三中全会提出的全面深化改革总目标,是两句话组成的一个整体,即完善和发展中国特色社会主义制度、推进国家治理体系和治理能力现代化。前一句规定了根本方向,我们的方向就是中国特色社

---

① 《十九大以来重要文献选编》(中),中央文献出版社 2021 年版,第 299 页。
② 《十八大以来重要文献选编》(上),中央文献出版社 2014 年版,第 10 页。
③ 《十八大以来重要文献选编》(上),中央文献出版社 2014 年版,第 75 页。
④ 《十八大以来重要文献选编》(上),中央文献出版社 2014 年版,第 512 页。

会主义道路,而不是其他什么道路。后一句规定了在根本方向指引下完善和发展中国特色社会主义制度的鲜明指向。"①只有两句话都讲,才是完整的。

2017年10月,党的十九大将十八届三中全会所提出的这一目标确定为习近平新时代中国特色社会主义思想的"八个明确"内涵之一,②充分体现出新时代中国共产党人对发展和完善中国特色社会主义制度的高度重视;这一内涵表述在党的十九届六中全会进一步总结概括的"十个明确"中沿用。③党的十九届四中全会在中国特色社会主义制度发展史上具有重要意义,这次全会集中回答了中国特色社会主义制度和国家治理体系、治理能力现代化的一系列重大问题,从13个方面系统总结和概括了我国国家制度和国家治理体系的显著优势,④这是对中国共产党百年制度建设成就的系统总结和充分肯定。在党的十九届四中全会召开之前中央政治局进行集体学习时,习近平总书记指出:"衡量一个社会制度是否科学、是否先进,主要看是否符合国情、是否有效管用、是否得到人民拥护。中国特色社会主义国家制度和法律制度是一套行得通、真管用、有效率的制度体系。"⑤党的十八大以来中国特色社会主义制度和国家治理体系治理能力所发生的变化是历史性的,"中国特色社会主义制度日趋成熟定型,中国特色社会主义法治体系不断完善,为推动党和国家事业取得历史性成就、发生历史性变革发挥了重大作用"⑥。

习近平总书记指出:"当今世界正面临百年未有之大变局,国与国的竞争

①　《十八大以来重要文献选编》(中),中央文献出版社2016年版,第63页。

②　《十九大以来重要文献选编》(上),中央文献出版社2019年版,第14页。

③　《中国共产党第十九届中央委员会第六次全体会议文件汇编》,人民出版社2021年版,第47页。

④　《十九大以来重要文献选编》(中),中央文献出版社2021年版,第270—271页。

⑤　习近平:《坚持、完善和发展中国特色社会主义国家制度与法律制度》,《求是》2019年第23期。

⑥　习近平:《坚持、完善和发展中国特色社会主义国家制度与法律制度》,《求是》2019年第23期。

日益激烈,归根结底是国家制度的竞争。"①因此,国家制度的发展完善也越来越具有国际意义与历史意义。2020 年发生的新冠疫情更将"大变局"的形态与趋势展现在世人面前。虽然在疫情这场"大考"面前,中国特色社会主义制度和我国国家治理体系彰显出了巨大的政治优势。但是,在疫情的巨大冲击面前,我国国家制度和国家治理体系也不可避免地暴露出了一些短板和弱项。2020 年 2 月,习近平总书记主持召开中央全面深化改革委员会第十二次会议时就强调:"要放眼长远,总结经验、吸取教训,针对这次疫情暴露出来的短板和不足,抓紧补短板、堵漏洞、强弱项,该坚持的坚持,该完善的完善,该建立的建立,该落实的落实,完善重大疫情防控体制机制,健全国家公共卫生应急管理体系。"②这也启示我们,制度建设贵在平时用力,贵在短板与弱项处用功,要及时发现制度的短板与漏洞,形成善于查缺补漏的体制机制,完善抗风险的制度性设计,增强精细化的制度性规划。

党的十九大面向未来提出了从 2020 年到 21 世纪中叶分两个阶段来安排的战略部署,其中对国家制度建设的目标予以明确:到 2035 年要达到"各方面制度更加完善,国家治理体系和治理能力现代化基本实现"的阶段性目标,到 21 世纪中叶则要达到"实现国家治理体系和治理能力现代化"的宏伟目标③。党的十九届四中全会进一步提出"坚持和完善中国特色社会主义制度、推进国家治理体系和治理能力现代化的总体目标":"到我们党成立一百年时,在各方面制度更加成熟更加定型上取得明显成效;到二○三五年,各方面制度更加完善,基本实现国家治理体系和治理能力现代化;到新中国成立一百年时,全面实现国家治理体系和治理能力现代化,使中国特色社会主义制度更加巩

---

① 习近平:《坚持、完善和发展中国特色社会主义国家制度与法律制度》,《求是》2019 年第 23 期。

② 《习近平主持召开中央全面深化改革委员会第十二次会议强调 完善重大疫情防控体制机制 健全国家公共卫生应急管理体系》,《人民日报》2020 年 2 月 15 日,第 1 版。

③ 《十九大以来重要文献选编》(上),中央文献出版社 2019 年版,第 20—21 页。

固、优越性充分展现。"①党的二十大将"基本实现国家治理体系和治理能力现代化，全过程人民民主制度更加健全，基本建成法治国家、法治政府、法治社会"②作为2035年我国发展的总体目标之一，这是新时代中国共产党人对国家制度建设和国家治理体系建设擘画的路线图和时间表，展现出党中央前瞻的眼光、深邃的思考。

当前，中国特色社会主义制度和我国国家治理体系已在实践中不断发展完善，显示出了强大的制度比较优势和社会治理效能。但是，制度的关键还在于执行和落实。如果拥有一个完善的制度，但却没能形成一套有效的治理体系来执行，再好的制度也会成为空谈，再完美的制度设计也无法付诸实践、造福人民。因此，必须解决好"制度"与"治理"的关系问题，在实践中实现制度建设与治理体系治理能力的有机统一：努力为治理体系和治理能力现代化提供强有力的制度保障，形成匹配制度建设成果的治理体系与治理能力，将中国特色社会主义制度和国家治理体系、治理能力推向符合社会主义现代化强国和中华民族伟大复兴时代要求的新高度。

---

① 《十九大以来重要文献选编》(中)，中央文献出版社2021年版，第272页。
② 《中国共产党第二十次全国代表大会文件汇编》，人民出版社2022年版，第20页。

第二章　新时代中国共产党关于国家制度和国家治理的基本思路

　　进入新时代,改革开放的内涵和特点相较过去都发生了深刻变化,"其中很重要的一点就是制度建设分量更重,改革更多面对的是深层次体制机制问题,对改革顶层设计的要求更高,对改革的系统性、整体性、协同性要求更强,相应地建章立制、构建体系的任务更重"①。党的十八大以来,党不断推动全面深化改革向广度和深度发展,中国特色社会主义制度更加成熟、更加定型,国家治理体系和治理能力现代化水平不断提高,党和国家事业焕发出新的生机活力。以习近平同志为主要代表的中国共产党人形成一系列关于新时代国家制度和国家治理的重要论述,形成了新时代中国共产党关于国家制度和国家治理的基本思路。这是习近平新时代中国特色社会主义思想的重要内容,是马克思主义国家学说在新时代的创新和发展,是新时代中国共产党人立足新时代制度建设和治理实践的战略思考和经验总结。

一、把完善和发展中国特色社会主义制度摆在突出位置

　　"在当代中国,坚持和发展中国特色社会主义,就是真正坚持社会主

---

　　①　《十九大以来重要文献选编》(中),中央文献出版社 2021 年版,第 264 页。

义。"①作为中国特色社会主义的根本保障,坚持和完善中国特色社会主义制度对于社会主义现代化建设意义重大。对于中国特色社会主义制度问题,党中央首先就是从全面建设社会主义现代化国家、实现中华民族伟大复兴的历史视角来分析和谋划的。

1. 中国特色社会主义制度是中国发展进步的根本制度保障

党的十八大报告在阐述中国特色社会主义的内在联系时曾指出,中国特色社会主义道路是实现途径,中国特色社会主义理论体系是行动指南,中国特色社会主义制度是根本保障。② 习近平总书记在主持十八届中央政治局第一次集体学习时在此基础上指出,中国特色社会主义制度,"集中体现了中国特色社会主义的特点和优势,是中国发展进步的根本制度保障"。③

中国特色社会主义的实践和成就,是中国特色社会主义制度治理效能的体现,也是中国特色社会主义制度优势的证明。习近平总书记指出,中国共产党在全国执政后,不断探索怎样治理社会主义社会的问题,虽然发生过曲折,"但在国家治理体系和治理能力上积累了丰富经验、取得了重大成果,改革开放以来的进展尤为显著"。他指出:"我国政治稳定、经济发展、社会和谐、民族团结,同世界上一些地区和国家不断出现乱局形成了鲜明对照。这说明,我们的国家治理体系和治理能力总体上是好的,是适应我国国情和发展要求的。"④在中国共产党成立95周年之际,习近平总书记在总结党的历史经验时指出:"我们要坚信,中国特色社会主义制度是当代中国发展进步的根本制度保障,是具有鲜明中国特色、明显制度优势、强大自我完善能力的先进制度。"⑤

---

① 《十八大以来重要文献选编》(上),中央文献出版社2014年版,第74—75页。
② 《十八大以来重要文献选编》(上),中央文献出版社2014年版,第10页。
③ 《十八大以来重要文献选编》(上),中央文献出版社2014年版,第75页。
④ 《十八大以来重要文献选编》(上),中央文献出版社2014年版,第548页。
⑤ 《十八大以来重要文献选编》(下),中央文献出版社2018年版,第349页。

正是有中国共产党的领导、有中国特色社会主义制度和国家治理体系的保障,中国大踏步地赶上了时代,用几十年时间走完了发达国家几百年走过的工业化进程,成为世界第二大经济体,综合国力、科技实力、国防实力、文化影响力、国际影响力显著提升,人民生活显著改善,中华民族以崭新姿态屹立于世界的东方。在保持经济快速发展的同时,国家长期保持社会和谐稳定、人民安居乐业,中国成为国际社会公认的最有安全感的国家之一。经济快速发展、社会长期稳定这"两大奇迹",就是中国特色社会主义制度和国家治理体系在中国共产党的领导下所取得的实践成果,是制度优势的生动体现。因此,习近平总书记指出:"在人类文明发展史上,除了中国特色社会主义制度和国家治理体系外,没有任何一种国家制度和国家治理体系能够在这样短的历史时期内创造出我国取得的经济快速发展、社会长期稳定这样的奇迹。"①

2. 中国特色社会主义制度对于实现中华民族伟大复兴的重大意义

实现中华民族伟大复兴是中华民族近代以来最伟大的梦想,是中国共产党百年奋斗的主题。围绕实现中华民族伟大复兴这个主题,党的十八大提出了全面建成小康社会和全面深化改革开放的目标,强调必须以更大的政治勇气和智慧,不失时机深化重要领域改革,坚决破除一切妨碍科学发展的思想观念和体制机制弊端,构建系统完备、科学规范、运行有效的制度体系,使各方面制度更加成熟、更加定型。

党的十八大以来,党中央提出,要坚持和完善中国特色社会主义制度、推进国家治理体系和治理能力现代化,这是全面深化改革的总目标,是一项长期战略任务和重大现实课题。从历史经验和现实需要出发,习近平总书记强调,面对新时代的新形势新任务,"我们必须通过全面深化改革,着力解决我国发

---

① 《十九大以来重要文献选编》(中),中央文献出版社2021年版,第305页。

展面临的一系列突出矛盾和问题,不断推进中国特色社会主义制度自我完善和发展"①"真正实现社会和谐稳定、国家长治久安,还是要靠制度,靠我们在国家治理上的高超能力,靠高素质干部队伍"②。

坚持和完善中国特色社会主义制度、推进国家治理体系和治理能力现代化,是实现中华民族伟大复兴的题中之义——正如习近平总书记在党的十九届四中全会上所强调的:"坚持和完善中国特色社会主义制度、推进国家治理体系和治理能力现代化,是关系党和国家事业兴旺发达、国家长治久安、人民幸福安康的重大问题。"③中国特色社会主义制度,是实现中华民族伟大复兴的根本政治前提和制度基础。换言之,只有坚持和完善中国特色社会主义制度、推进国家治理体系和治理能力现代化,才能实现中华民族伟大复兴;"只要坚持和完善中国特色社会主义制度、推进国家治理体系和治理能力现代化,善于运用制度力量应对风险挑战冲击,我们就一定能够经受住一次次压力测试,不断化危为机、浴火重生"④。

二、坚持思想建党和制度治党同向发力

党的十八大以来,党中央高度重视党的自身建设,推进全面从严治党,党的自我净化、自我完善、自我革新、自我提高能力显著增强,管党治党宽松软状况得到根本扭转,反腐败斗争取得压倒性胜利并全面巩固,党在革命性锻造中更加坚强。在推进全面从严治党的过程中,坚持思想建党和制度治党同向发力,强调"要使加强制度治党的过程成为加强思想建党的过程,也要使加强思想建党的过程成为加强制度治党的过程"⑤。

---

① 《十八大以来重要文献选编》(上),中央文献出版社 2014 年版,第 494 页。
② 《十八大以来重要文献选编》(上),中央文献出版社 2014 年版,第 548 页。
③ 《十九大以来重要文献选编》(中),中央文献出版社 2021 年版,第 299 页。
④ 《十九大以来重要文献选编》(中),中央文献出版社 2021 年版,第 692 页。
⑤ 《十八大以来重要文献选编》(中),中央文献出版社 2016 年版,第 95 页。

1. 党章是总规矩

党章是党的总章程,集中体现了党的性质和宗旨、党的理论和路线方针政策、党的重要主张,规定了党的重要制度和体制机制,是全党必须共同遵守的根本行为规范。习近平总书记指出:"没有规矩,不成方圆。党章就是党的根本大法,是全党必须遵循的总规矩。""认真学习党章、严格遵守党章,是加强党的建设的一项基础性经常性工作,也是全党同志的应尽义务和庄严责任,对强化全党党章意识,增强党的创造力、凝聚力、战斗力具有极为重要的作用。"①

正是因为党章在党内法规体系当中的"根本大法"地位,习近平总书记曾指出:"全面从严治党首先要尊崇党章。"②后来,他在地方调研时又指出党章的重要地位:"党章是党的根本大法,是全面从严治党的总依据和总遵循,也是全体党员言行的总规矩和总遵循。全党学习贯彻党章的水平,决定着党员队伍党性修养的水平,决定着各级党组织凝聚力和战斗力的水平,决定着全面从严治党的水平。"他还指出,学习党章是全体党员的基本功,要经常做。③ 在习近平总书记看来,党章是党的根本遵循,是全体党员干部对照思想和行动的一面"镜子"。他一直要求党员干部:"要经常对照党章党规党纪,检视自己的理想信念和思想言行,不断掸去思想上的灰尘,永葆政治本色。"④

2. 党内法规体系建设的重要性

中国共产党历来重视党内法规制度建设,注重运用党内法规管党治党、提

---

① 习近平:《认真学习党章　严格遵守党章》,《求是》2012 年第 23 期。

② 《习近平关于严明党的纪律和规矩论述摘编》,中央文献出版社、中国方正出版社 2016 年版,第 66 页。

③ 《习近平在安徽调研时强调　全面落实"十三五"规划纲要　加强改革创新开创发展新局面》,《人民日报》2016 年 4 月 28 日。

④ 《习近平关于"不忘初心、牢记使命"论述摘编》,党建读物出版社、中央文献出版社 2019 年版,第 123 页。

高党的执政能力和领导水平。党的十八大以来,党中央高度重视全面从严治党、依规治党,习近平总书记着眼党长期执政和国家长治久安,全面阐述了坚持依规治党、加强党内法规制度建设的基本问题,深化了对党的建设和党长期执政的规律性认识。习近平总书记强调:"加强党内法规制度建设是全面从严治党的长远之策、根本之策。"他指出:"我们党要履行好执政兴国的重大历史使命、赢得具有许多新的历史特点的伟大斗争胜利、实现党和国家的长治久安,必须坚持依法治国与制度治党、依规治党统筹推进、一体建设。"①

"思想理论是灵魂,制度建设是保障。"②习近平总书记特别强调依规治党的重要意义,强调"要增强依规治党的自觉性和坚定性,把牢政治方向,提高政治站位,扛起政治责任,紧紧围绕党和国家工作大局继续推进党内法规制度建设""要发挥好党内法规在维护党中央集中统一领导、保障党长期执政和国家长治久安方面的重大作用,在推进新时代党的建设新的伟大工程、落实全面从严治党方面的重大作用"。③

同时,习近平总书记围绕党内法规体系和国家法律体系之间的关系提出了许多创造性的论述,例如,"要完善党内法规制定体制机制,注重党内法规同国家法律的衔接和协调"④"要发挥依法治国和依规治党的互补性作用"⑤,等等。

习近平总书记关于加强新时代党内法规制度建设的重要论断和深刻论述,既是习近平新时代中国特色社会主义思想的重要组成部分,也是新时代中国共产党人对马克思主义建党理论的新发展。

---

① 《习近平就加强党内法规制度建设作出重要指示强调 坚持依法治国与制度治党、依规治党统筹推进、一体建设》,《人民日报》2016 年 12 月 26 日。
② 《十九大以来重要文献选编》(上),中央文献出版社 2019 年版,第 556 页。
③ 《习近平作出重要指示强调 发挥好党内法规在维护党中央集中统一领导 保障党长期执政和国家长治久安方面的重大作用》,《人民日报》2021 年 12 月 21 日。
④ 《十八大以来重要文献选编》(中),中央文献出版社 2016 年版,第 188 页。
⑤ 习近平:《加强党对全面依法治国的领导》,《求是》2019 年第 4 期。

3.处理好建章立制和落地见效的关系

如果党章党规很多,但是执行不力,那么党章党规的作用就不能有效发挥。关于党内法规体系建设,习近平总书记同样非常重视制度的执行和落地。

习近平总书记在党的群众路线教育实践活动总结时就指出:"要增强制度执行力,制度执行到人到事,做到用制度管权管事管人。"①2019 年 7 月,在中央和国家机关党的建设工作会议上,他强调要处理好建章立制和落地见效的关系,搞好制度"供给侧结构性改革",空白缺位的抓紧建立,不全面的尽快完善,成熟经验及时推广。他要求中央和国家机关党员干部"要带头学习、遵守、执行党章党规,从基本制度严起、从日常规范抓起"②。在"不忘初心、牢记使命"主题教育总结大会上,习近平总书记同样强调制度执行的重要性,他指出:"制度是用来遵守和执行的。全党必须强化制度意识,自觉尊崇制度,严格执行制度,坚决维护制度,健全权威高效的制度执行机制,加强对制度执行的监督。"③

党的十八大以来,党中央先后在全党开展党的群众路线教育实践活动、"三严三实"专题教育、"两学一做"学习教育、"不忘初心、牢记使命"主题教育、党史学习教育、习近平新时代中国特色社会主义思想主题教育等,教育引导广大党员干部特别是领导干部筑牢信仰之基、补足精神之钙、把稳思想之舵。每一次思想教育总结后,党中央总是强调推动教育的制度化、常态化问题,以推动活动的效果走深走实,形成长效机制,正如习近平总书记所言:"思想教育要结合落实制度规定来进行,抓住主要矛盾,不搞空对空。"④

① 《十八大以来重要文献选编》(中),中央文献出版社 2016 年版,第 95 页。
② 《十九大以来重要文献选编》(中),中央文献出版社 2021 年版,第 147 页。
③ 《十九大以来重要文献选编》(中),中央文献出版社 2021 年版,第 381—382 页。
④ 《十八大以来重要文献选编》(中),中央文献出版社 2016 年版,第 95 页。

三、突出党的领导在制度体系中的根本性和统领性地位

党的领导"是党和国家的根本所在、命脉所在,是全国各族人民的利益所系、命运所系"①,中国共产党是中国特色社会主义制度的建构主体。没有中国共产党的领导,就没有中国特色社会主义制度体系,制度优势更是无从谈起。坚持党的领导,是中国特色社会主义制度创新的本质要求。党的十八大以来,党中央高度重视坚持和加强党的全面领导问题,旗帜鲜明地指出:"中国共产党是中国特色社会主义事业的领导核心,所以必须加强和改善党的领导,充分发挥党总揽全局、协调各方的领导核心作用。"②党中央强调要以制度形式确保党始终总揽全局、协调各方,党的领导制度体系在新时代的实践中不断完善巩固。

1. 中国共产党的领导是具有中国特色的制度安排,是中国特色社会主义最本质的特征

2014 年 5 月,习近平总书记在参加河南省兰考县委常委班子专题民主生活会时,曾就中国共产党领导制度问题指出:"一定要认清,中国最大的国情就是中国共产党的领导。什么是中国特色? 这就是中国特色。"他还指出:"中国共产党领导的制度是我们自己的,不是从哪里克隆来的,也不是亦步亦趋效仿别人的。无论我们吸收了什么有益的东西,最后都要本土化。"③党的领导制度不是从哪里照搬照抄来的,而是党带领中国人民在领导革命、建设、改革的过程中逐渐探索、确立、巩固的;党的领导制度就是马克思主义无产阶级政党学说在中国实践的制度成果。

---

① 习近平:《在庆祝中国共产党成立 100 周年大会上的讲话》,人民出版社 2021 年版,第 11 页。

② 《十八大以来重要文献选编》(上),中央文献出版社 2014 年版,第 79 页。

③ 习近平:《中国共产党领导是中国特色社会主义最本质的特征》,《求是》2020 年第 14 期。

中国共产党是国家的最高领导力量、是国家的执政党。这一领导地位是由我国人民民主专政的国家性质所决定的。2013 年 12 月,习近平总书记在中央经济工作会议上指出:"中国特色社会主义有很多特点和特征,但最本质的特征是坚持中国共产党领导。"①只有理解了中国共产党的领导,才能把握中国特色社会主义的本质与核心。党的领导制度,充分彰显出社会主义国家的本质特征。"明确中国特色社会主义最本质的特征是中国共产党领导,中国特色社会主义制度的最大优势是中国共产党领导,中国共产党是最高政治领导力量,全党必须增强'四个意识'、坚定'四个自信'、做到'两个维护'"②,这是习近平新时代中国特色社会主义思想的重要内容。

2. 中国共产党的领导是中国特色社会主义制度的最大优势

党的十八大以来,习近平总书记多次提出:"中国特色社会主义最本质的特征是中国共产党领导,中国特色社会主义制度的最大优势是中国共产党领导。"③从中国特色社会主义制度优势层面,认识坚持党的领导的重要意义。2015 年 2 月,在省部级主要领导干部学习贯彻党的十八届四中全会精神全面推进依法治国专题研讨班上的讲话中,习近平总书记曾形象地指出:"我国社会主义政治制度优越性的一个突出特点是党总揽全局、协调各方的领导核心作用。"④

党的领导核心地位是历史和人民所赋予的,只有坚持党的领导核心地位,中国特色社会主义制度优势才能得到有效彰显。正因为如此,习近平总书记说:"只要我们深入了解中国近代史、中国现代史、中国革命史,就不难发现,

---

① 《习近平关于社会主义经济建设论述摘编》,中央文献出版社 2017 年版,第 318 页。
② 《中国共产党第十九届中央委员会第六次全体会议文件汇编》,人民出版社 2021 年版,第 46 页。
③ 《十八大以来重要文献选编》(下),中央文献出版社 2018 年版,第 355 页。
④ 《习近平关于社会主义政治建设论述摘编》,中央文献出版社 2017 年版,第 31 页。

如果没有中国共产党领导,我们的国家、我们的民族不可能取得今天这样的成就,也不可能具有今天这样的国际地位。"①

3. 中国共产党领导体制在中国特色社会主义制度体系中具有统领作用

党是最高政治领导力量,党的领导是最大制度优势。因此,党的领导制度在中国特色社会主义制度体系当中也有着特殊的地位。党的十八大以来,党中央要求坚决维护党中央权威,健全总揽全局、协调各方的党的领导制度体系,坚决扭转一些地方和部门存在的党的领导弱化、党的建设缺失现象,取得了巨大成效。在党的十九届四中全会上,习近平总书记围绕党的领导制度和中国特色社会主义制度体系的关系指出:"中国特色社会主义制度是一个严密完整的科学制度体系,起四梁八柱作用的是根本制度、基本制度、重要制度,其中具有统领地位的是党的领导制度"②,并且进一步明确党的领导制度是我国的根本领导制度,阐明了党的领导制度在中国特色社会主义制度体系中的地位,明确了党的领导制度这一根本领导制度和其他根本制度、基本制度、重要制度之间的相互关系。

习近平总书记在党的十九大报告中指出:"明确中国特色社会主义最本质的特征是中国共产党领导,中国特色社会主义制度的最大优势是中国共产党领导,党是最高政治领导力量,提出新时代党的建设总要求,突出政治建设在党的建设中的重要地位。"③党的十九届六中全会将这一项内容表述为:"明确中国特色社会主义最本质的特征是中国共产党领导,中国特色社会主义制度的最大优势是中国共产党领导,中国共产党是最高政治领导力量,全党必须

---

①　《习近平关于社会主义政治建设论述摘编》,中央文献出版社 2017 年版,第 32 页。

②　《十九大以来重要文献选编》(中),中央文献出版社 2021 年版,第 305 页。

③　《十九大以来重要文献选编》(上),中央文献出版社 2019 年版,第 14 页。

增强'四个意识'、坚定'四个自信'、做到'两个维护'",①作为"十个明确"之一。突出中国共产党的领导在制度体系中的根本性和统领性地位,是新时代中国共产党关于国家制度和国家治理的基本思路的重要组成部分。

四、明确推进国家治理体系和治理能力现代化

进入新时代,解决我国发展面临的一系列突出矛盾和问题,必须通过全面深化改革。党的十八大以来,党中央坚定不移坚持党的十一届三中全会以来的理论和路线方针政策,在科学认识新时代改革的性质和根本任务的基础上,提出"完善和发展中国特色社会主义制度,推进国家治理体系和治理能力现代化"这一具有历史和现实意义的重大命题,并将此作为全面深化改革的总目标。

1. 明确了国家治理体系和治理能力的概念问题

怎样治理社会主义这样全新的社会,是世界社会主义的历史性课题。对于这个问题,马克思主义经典作家没有给出唯一正确的答案。对于这个问题,中国共产党人在正反两方面历史经验的基础上,逐渐形成了适应我国国情和发展要求的国家治理体系和治理能力。习近平总书记在党的十八届三中全会第二次全体会议上指出:"国家治理体系是在党领导下管理国家的制度体系,包括经济、政治、文化、社会、生态文明和党的建设等各领域体制机制、法律法规安排,也就是一整套紧密相连、相互协调的国家制度。"②换言之,国家治理体系是制度层面的概念,而国家治理能力则是执行层面的概念,即"运用国家制度管理社会各方面事务的能力,包括改革发展稳定、内政外交国防、治党治

---

① 《中国共产党第十九届中央委员会第六次全体会议文件汇编》,人民出版社 2021 年版,第 46 页。

② 《十八大以来重要文献选编》(上),中央文献出版社 2014 年版,第 548 页。

国治军等各个方面"①。关于二者之间的关系,习近平总书记指出:"国家治理体系和治理能力是一个有机整体,相辅相成,有了好的国家治理体系才能提高治理能力,提高国家治理能力才能充分发挥国家治理体系的效能。"②

2.明确了中国特色社会主义制度和国家治理体系的关系问题

作为全面深化改革的总目标的组成部分,中国特色社会主义制度和国家治理体系其实是同一个问题的两个方面,二者是统一的而不是割裂的。党的十八届三中全会提出的要推进国家治理体系和治理能力现代化,标志着新时代中国共产党人对中国特色社会主义制度问题认识的进一步深化。习近平总书记指出:"这是完善和发展中国特色社会主义制度的必然要求,是实现社会主义现代化的应有之义。"他还指出,国家治理体系和治理能力是一个国家制度和制度执行能力的集中体现,"我们要更好发挥中国特色社会主义制度的优越性,必须从各个领域推进国家治理体系和治理能力现代化"③。这是以习近平同志为主要代表的中国共产党人对于"怎样治理社会主义社会这样全新的社会"这一马克思主义发展史上重大问题探索出的新时代答案。

五、强调树立中国特色社会主义制度自信

"中国特色社会主义制度好不好、优越不优越,中国人民最清楚,也最有发言权。"④中国特色社会主义制度在实践中显示出的巨大优势,是全党全社会树立高度的制度自信的底气所在、依据所在。坚定中国特色社会主义制度自信,是党在新时代面向新形势向全党提出的要求。党的十八大以来,党中央始终重视全党全社会对中国特色社会主义制度的自信问题,提出一系列具有

---

①　《十八大以来重要文献选编》(上),中央文献出版社 2014 年版,第 548 页。
②　《十八大以来重要文献选编》(上),中央文献出版社 2014 年版,第 548 页。
③　《十八大以来重要文献选编》(上),中央文献出版社 2014 年版,第 547、548 页。
④　《十九大以来重要文献选编》(中),中央文献出版社 2021 年版,第 305 页。

创造性的观点和论断,对于新时代在全党全社会范围内树立中国特色社会主义制度自信,都具有指导性、方向性的意义。

1. 系统阐释坚定中国特色社会主义制度是适合中国国情的好制度

2013年1月,习近平总书记在新进中央委员会的委员、候补委员学习贯彻党的十八大精神研讨班开班式上指出:"我们坚信,随着中国特色社会主义不断发展,我们的制度必将越来越成熟,我国社会主义制度的优越性必将进一步显现,我们的道路必将越走越宽广,我国发展道路对世界的影响必将越来越大。"他对在场的领导同志说,我们就是要有这样的道路自信、理论自信、制度自信,"真正做到'千磨万击还坚劲,任尔东西南北风'"[1]。习近平总书记在党的十九届四中全会上指出,一个国家选择什么样的国家制度和国家治理体系,是由国家的历史文化、社会性质、经济发展水平决定的,"中国特色社会主义制度和国家治理体系不是从天上掉下来的,而是在中国的社会土壤中生长起来的,是经过革命、建设、改革长期实践形成的,是马克思主义基本原理同中国具体实际相结合的产物,是理论创新、实践创新、制度创新相统一的成果,凝结着党和人民的智慧"[2]。从历史逻辑看,中国特色社会主义制度和国家治理体系具有深厚的历史底蕴;从理论逻辑看,中国特色社会主义制度和国家治理体系是一个科学严密的制度体系,是马克思主义国家学说在21世纪中国的生动实践;从实践逻辑看,中国特色社会主义制度和国家治理体系具有丰富的实践成果,展现出巨大的治理效能和制度优势。因此,习近平总书记指出,中国特色社会主义制度和国家治理体系,"是以马克思主义为指导、植根中国大地、具有深厚中华文化根基、深得人民拥护的制度和治理体系,是党和人民长期奋斗、接力探索、历尽千辛万苦、付出巨大代价取得的根本成就,我们必须倍

---

① 《十八大以来重要文献选编》(上),中央文献出版社2014年版,第111页。
② 《十九大以来重要文献选编》(中),中央文献出版社2021年版,第300页。

加珍惜,毫不动摇坚持、与时俱进发展"①。

2. 制度自信首先要坚定对中国特色社会主义政治制度的自信

一个国家的政治制度决定于这个国家的经济社会基础,同时又反作用于这个国家的经济社会基础,乃至于起到决定性作用。在国家的各种制度当中,政治制度处于关键环节。习近平总书记指出:"以什么样的思路来谋划和推进中国社会主义民主政治建设,在国家政治生活中具有管根本、管全局、管长远的作用。"②因此,习近平总书记特别重视对于政治制度的自信问题。他指出,坚定制度自信,"首先要坚定对中国特色社会主义政治制度的自信,增强走中国特色社会主义政治发展道路的信心和决心"③。

在习近平总书记看来,坚定对中国特色社会主义政治制度的自信,就要建立有中国特色的政治制度评价标准。2014 年,在庆祝全国人民代表大会成立60 周年大会上,习近平总书记提出了"八个能否"的标准来判断"一个国家政治制度是不是民主的、有效的"④。按照这一标准,包括根本领导制度、根本政治制度、基本政治制度在内的一系列具有中国特色的政治制度都是真正"民主的、有效的"。2015 年 5 月,习近平总书记在中央统战工作会议上指出:"讲我们党、我们国家的制度优势和特点,中国共产党领导的多党合作和政治协商制度是很重要的一个方面。几十年的实践证明,这个制度是适合我国国情的,已植根于我国土壤,构成了中国特色社会主义制度的一个鲜明特色。"⑤

3. 加强制度理论研究和制度自信宣传教育

新中国成立以来,党在国家制度和法律制度的探索过程中积累了许多宝

---

① 《十九大以来重要文献选编》(中),中央文献出版社 2021 年版,第 302 页。
② 《十八大以来重要文献选编》(中),中央文献出版社 2016 年版,第 59 页。
③ 《十八大以来重要文献选编》(中),中央文献出版社 2016 年版,第 62 页。
④ 《十八大以来重要文献选编》(中),中央文献出版社 2016 年版,第 60—61 页。
⑤ 《习近平关于社会主义政治建设论述摘编》,中央文献出版社 2017 年版,第 74 页。

贵的历史经验。作为中国特色社会主义制度的重要组成部分,人民代表大会制度是中国共产党人的伟大制度创造。习近平总书记强调:"要按照总结、继承、完善、提高的原则,推进人民代表大会制度理论和实践创新,推动人大工作提高水平。"①2019 年 9 月,在中央政治局集体学习时,习近平总书记特别指出:"要加强对中国特色社会主义国家制度和法律制度的理论研究,总结 70年来我国制度建设的成功经验,构筑中国制度建设理论的学术体系、理论体系、话语体系,为坚定制度自信提供理论支撑。"②

习近平总书记还非常重视制度自信的宣传教育问题。对于党员干部群体,他要求在这个重大政治问题上一定要有定力、有主见,"全党同志特别是各级领导干部做政治上的明白人,很重要的一条就是任何时候任何情况下都要坚定中国特色社会主义道路自信、理论自信、制度自信、文化自信"③。在社会层面,他指出:"要加强制度宣传教育,特别是要加强对青少年的制度教育,引导人们充分认识我们已经走出了建设中国特色社会主义制度的成功之路,只要我们沿着这条道路继续前进,就一定能够实现国家治理体系和治理能力现代化。"④他提出"要把制度自信教育贯穿国民教育全过程,把制度自信的种子播撒进青少年心灵"⑤。在国际层面,他还强调要讲好中国制度故事,"扩大中国制度的影响力和感召力,增进国际社会对我国制度的认识和认同"。⑥

---

① 《十八大以来重要文献选编》(中),中央文献出版社 2016 年版,第 58 页。
② 习近平:《坚持、完善和发展中国特色社会主义国家制度与法律制度》,《求是》2019 年第23 期。
③ 《十九大以来重要文献选编》(中),中央文献出版社 2021 年版,第 305 页。
④ 习近平:《坚持、完善和发展中国特色社会主义国家制度与法律制度》,《求是》2019 年第23 期。
⑤ 《十九大以来重要文献选编》(中),中央文献出版社 2021 年版,第 309 页。
⑥ 习近平:《坚持、完善和发展中国特色社会主义国家制度与法律制度》,《求是》2019 年第23 期。

六、提出建设中国特色社会主义法治体系

"法治是治国理政的基本方式。"①党的十八大以来,党中央高度重视依法治国,强调落实依法治国基本方略,加快建设社会主义法治国家。特别是党的十八届四中全会鲜明提出"坚持走中国特色社会主义法治道路、建设中国特色社会主义法治体系"这一全面推进依法治国的总目标②,符合新时代全面深化改革的要求,有力推进了社会主义法治国家建设。习近平总书记指出:"要推动我国经济社会持续健康发展,不断开拓中国特色社会主义事业更加广阔的发展前景,就必须全面推进社会主义法治国家建设,从法治上为解决这些问题提供制度化方案。"③在这一过程中,围绕建设中国特色社会主义法治体系,以习近平同志为主要代表的中国共产党人形成了一系列重要观点和论断,为中国特色社会主义法治体系建设指明了方向。

1.明确建设中国特色社会主义法治体系是全面推进依法治国的总抓手

党的十九届四中全会在明确全面推进依法治国总目标的同时,在总目标之下明确了全面推进依法治国的总抓手。习近平总书记指出:"全面推进依法治国涉及很多方面,在实际工作中必须有一个总揽全局、牵引各方的总抓手,这个总抓手就是建设中国特色社会主义法治体系。"④2018年8月,习近平总书记在中央全面依法治国委员会第一次会议上指出:"必须抓住建设中国特色社会主义法治体系这个总抓手,努力形成完备的法律规范体系、高效的法治实施体系、严密的法治监督体系、有力的法治保障体系,形成完善的党内法

---

① 《十八大以来重要文献选编》(上),中央文献出版社2014年版,第21页。
② 《十八大以来重要文献选编》(中),中央文献出版社2016年版,第155页。
③ 《十八大以来重要文献选编》(中),中央文献出版社2016年版,第141页。
④ 《十八大以来重要文献选编》(中),中央文献出版社2016年版,第147页。

规体系。"①作为全面推进依法治国的总抓手,依法治国的各项工作都要紧紧围绕建设中国特色社会主义法治体系来谋划、推进、展开。

2. 强调中国特色社会主义法治体系是中国特色社会主义制度的重要组成部分

"法律是治国之重器,法治是国家治理体系和治理能力的重要依托。"②按照 1997 年党的十五大的擘画部署,到 2010 年中国特色社会主义法律体系已经如期形成,这是我国社会主义民主法制建设史上的重要里程碑,是中国特色社会主义制度走向成熟的重要标志。2011 年,胡锦涛"七一"讲话就明确将中国特色社会主义法律体系纳入中国特色社会主义制度的范畴之内。党的十八届四中全会提出建设中国特色社会主义法治体系的命题,是在中国特色社会主义法律体系已经如期形成的基础上、基于中国特色社会主义进入新时代的历史特点作出的重大部署。中国特色社会主义法律体系是中国特色社会主义制度的重要内容,是中国特色社会主义制度的规范表达和文本形式。法治建设以中国特色社会主义法律体系的确立为前提,离开完备的法律规范体系,法治建设将无法进行。中国特色社会主义法治体系是中国特色社会主义制度和国家治理体系中不可或缺的重要组成部分,是"国家治理体系的骨干工程"③。

对于中国特色社会主义法治体系的制度属性,习近平总书记指出:"中国特色社会主义制度是中国特色社会主义法治体系的根本制度基础,是全面推进依法治国的根本制度保障。"④2018 年 8 月,习近平总书记在中央全面依法治国委员会第一次会议上指出:"中国特色社会主义法治体系是中国特色社

---

① 习近平:《加强党对全面依法治国的领导》,《求是》2019 年第 4 期。
② 《十八大以来重要文献选编》(中),中央文献出版社 2016 年版,第 141 页。
③ 《十八大以来重要文献选编》(中),中央文献出版社 2016 年版,第 187 页。
④ 《十八大以来重要文献选编》(中),中央文献出版社 2016 年版,第 146 页。

会主义制度的法律表现形式。"①2021 年 12 月,习近平总书记在十九届中央政治局第三十五次集体学习时再次强调这一问题,他指出:"中国特色社会主义法治体系是中国特色社会主义制度的重要组成部分,必须牢牢把握中国特色社会主义这个定性"。他还强调:"我们要建设的中国特色社会主义法治体系,必须是扎根中国文化、立足中国国情、解决中国问题的法治体系,不能被西方错误思潮所误导。"②中国特色社会主义法治体系的制度属性生动证明,全面推进依法治国、建设中国特色社会主义法治体系,"是完善和发展中国特色社会主义制度、推进国家治理体系和治理能力现代化的重要方面"③。

3.高度重视维护宪法权威,强调要完善以宪法为核心的中国特色社会主义法律体系,坚持依宪治国、依宪执政

宪法是国家的根本大法,具有最高的法律效力。2012 年 12 月,习近平总书记在首都各界纪念现行宪法公布施行 30 周年大会上指出:"我国宪法以国家根本法的形式,确立了中国特色社会主义道路、中国特色社会主义理论体系、中国特色社会主义制度的发展成果,反映了我国各族人民的共同意志和根本利益,成为历史新时期党和国家的中心工作、基本原则、重大方针、重要政策在国家法制上的最高体现。"④在党的十八届四中全会上,习近平总书记又指出:"我国宪法以根本法的形式反映了党带领人民进行革命、建设、改革取得的成果,确立了在历史和人民选择中形成的中国共产党的领导地位。"他强调,对于这一点,"要理直气壮讲、大张旗鼓讲"。⑤ "宪法是国家的根本法。法治权威能不能树立起来,首先要看宪法有没有权威。必须把宣传和树立宪

① 习近平:《加强党对全面依法治国的领导》,《求是》2019 年第 4 期。
② 习近平:《坚持走中国特色社会主义法治道路 更好推进中国特色社会主义法治体系建设》,《求是》2022 年第 4 期。
③ 《十八大以来重要文献选编》(中),中央文献出版社 2016 年版,第 142 页。
④ 《十八大以来重要文献选编》(上),中央文献出版社 2014 年版,第 86 页。
⑤ 《十八大以来重要文献选编》(中),中央文献出版社 2016 年版,第 147 页。

法权威作为全面推进依法治国的重大事项抓紧抓好,切实在宪法实施和监督上下功夫。"①对此,他强调:"要加快建设包括宪法实施和执法、司法、守法等方面的体制机制,坚持依法行政和公正司法,确保宪法法律全面有效实施。"②

习近平总书记非常重视依宪治国、依宪执政的问题,他指出:"坚持依法治国首先要坚持依宪治国,坚持依法执政首先要坚持依宪执政"③"坚持依宪治国、依宪执政,就包括坚持宪法确定的中国共产党领导地位不动摇,坚持宪法确定的人民民主专政的国体和人民代表大会制度的政体不动摇。"习近平总书记还强调要加强宪法实施和监督,"推进合宪性审查工作,对一切违反宪法法律的法规、规范性文件必须坚决予以纠正和撤销"。④ 在党中央的重视和领导之下,党的十八大以来,我国宪法修改与时俱进,国家设立"国家宪法日",建立宪法宣誓制度,宪法实施和监督全面加强,宪法的权威地位在制度上得以巩固,以宪法为核心的中国特色社会主义法律体系在实践中不断完善发展。

七、构建系统完备、科学规范、运行有效的制度体系

邓小平曾指出:"恐怕再有三十年的时间,我们才会在各方面形成一整套更加成熟、更加定型的制度。"⑤邓小平在表达出对于党的制度建设能力自信的同时,也反映出当时党和国家的制度建设正处在恢复和发展阶段,不可避免地还存在不少短板和弱项。事实上,正因为中国共产党人有这样理性的态度和开放的心态,中国特色社会主义制度才能在实践中发展完善,成为适合中国国情的制度体系。党的十八大以来,中国共产党人始终坚持问题导向,在坚定

---

① 《十八大以来重要文献选编》(中),中央文献出版社 2016 年版,第 148 页。
② 《十八大以来重要文献选编》(中),中央文献出版社 2016 年版,第 187—188 页。
③ 《十八大以来重要文献选编》(中),中央文献出版社 2016 年版,第 55 页。
④ 习近平:《坚定不移走中国特色社会主义法治道路 为全面建设社会主义现代化国家提供有力法治保障》,《求是》2021 年第 5 期。
⑤ 《邓小平文选》第 3 卷,人民出版社 1993 年版,第 372 页。

中国特色社会主义制度自信的同时，也强调中国特色社会主义制度的发展完善，以构建系统完备、科学规范、运行有效的制度体系。

1. 始终以理性客观的态度看待中国特色社会主义制度

虽然中国特色社会主义制度具有显著优势，但是这一制度体系并不是完美无缺、尽善尽美的。对此，习近平总书记有着理性的认识。习近平总书记在十八届中央政治局第一次集体学习时就指出："应该看到，中国特色社会主义制度是特色鲜明、富有效率的，但还不是尽善尽美、成熟定型的。中国特色社会主义事业不断发展，中国特色社会主义制度也需要不断完善。"[1]习近平总书记在党的十八届三中全会总结党的国家治理成就时指出，我们的国家治理体系和治理能力总体上是好的，适应我国国情和发展要求，但是也要看到，"相比我国经济社会发展要求，相比人民群众期待，相比当今世界日趋激烈的国际竞争，相比实现国家长治久安，我们在国家治理体系和治理能力方面还有许多不足，有许多亟待改进的地方"。[2] 他强调，不能因为制度自信而自视清高、自我满足，更不能裹足不前、故步自封，"而是要把坚定制度自信和不断改革创新统一起来，在坚持根本政治制度、基本政治制度的基础上，不断推进制度体系完善和发展"[3]。

2. 始终以发展进步的眼光不断完善中国特色社会主义制度

"科学社会主义和空想社会主义的一大区别，就在于它不是一成不变的教条，而是把社会主义看作一个不断完善和发展的实践过程。"[4]党的十八大强调："全面建成小康社会，必须以更大的政治勇气和智慧，不失时机深化重

① 《十八大以来重要文献选编》（上），中央文献出版社 2014 年版，第 75 页。
② 《十八大以来重要文献选编》（上），中央文献出版社 2014 年版，第 548 页。
③ 《十八大以来重要文献选编》（中），中央文献出版社 2016 年版，第 62 页。
④ 《十九大以来重要文献选编》（中），中央文献出版社 2021 年版，第 304 页。

要领域改革,坚决破除一切妨碍科学发展的思想观念和体制机制弊端,构建系统完备、科学规范、运行有效的制度体系,使各方面制度更加成熟更加定型。"①党的十八大以来,党中央从新时代新的历史条件出发,全面深化改革开放。习近平总书记在党的十八届三中全会上指出:"面对新形势新任务,我们必须通过全面深化改革,着力解决我国发展面临的一系列突出矛盾和问题,不断推进中国特色社会主义制度自我完善和发展。"②"推进国家治理体系和治理能力现代化,就是要适应时代变化,既改革不适应实践发展要求的体制机制、法律法规,又不断构建新的体制机制、法律法规,使各方面制度更加科学、更加完善,实现党、国家、社会各项事务治理制度化、规范化、程序化。"③这是新时代改革开放再出发的宣言书,更是新时代中国特色社会主义制度向更加成熟、更加定型目标迈进的宣言书。习近平总书记还指出:"中国特色社会主义国家制度和法律制度需要坚持好、实施好,也需要不断完善和发展""继续加强制度创新,加快建立健全国家治理急需的制度、满足人民日益增长的美好生活需要必备的制度。"④党的十八大以来,党中央提出"着力固根基、扬优势、补短板、强弱项"的制度建设要求⑤,其中体现出的是,党中央在制度建设问题上的马克思主义立场和辩证思维。

3. 始终以开放、包容的胸怀对待人类制度文明先进成果

习近平总书记指出:"每一个国家和民族的文明都扎根于本国本民族的土壤之中,都有自己的本色、长处、优点。"⑥对于其他国家先进的制度成果和

---

① 《十八大以来重要文献选编》(上),中央文献出版社 2014 年版,第 14 页。
② 《十八大以来重要文献选编》(上),中央文献出版社 2014 年版,第 494 页。
③ 《十八大以来重要文献选编》(上),中央文献出版社 2014 年版,第 549 页。
④ 习近平:《坚持、完善和发展中国特色社会主义国家制度与法律制度》,《求是》2019 年第 23 期。
⑤ 《十九大以来重要文献选编》(中),中央文献出版社 2021 年版,第 272 页。
⑥ 习近平:《在纪念孔子诞辰 2565 周年国际学术研讨会暨国际儒学联合会第五届会员大会开幕会上的讲话》,人民出版社 2014 年版,第 8 页。

治理经验,以习近平同志为主要代表的中国共产党人所持的态度始终是开放的、包容的,习近平总书记明确反对对待社会主义的教条主义态度,他指出:"我们从来不排斥任何有利于中国发展进步的他国国家治理经验",但是在学习其他国家制度建设先进成果的同时,习近平总书记十分重视"坚持以我为主、为我所用,去其糟粕、取其精华"①。2013年1月,他在新进中央委员会的委员、候补委员学习贯彻党的十八大精神研讨班开班式上指出:"过去不能搞全盘苏化,现在也不能搞全盘西化或者其他什么化""我们千万不能'邯郸学步,失其故行'。我们就是把马克思主义中国化,就是搞中国特色社会主义。"②

习近平总书记指出:"设计和发展国家政治制度,必须注重历史和现实、理论和实践、形式和内容有机统一。"③在政治制度上,看到别的国家有而我们没有就简单认为有欠缺,要搬过来;或者,看到我们有而别的国家没有就简单认为是多余的,要去除掉。习近平总书记认为"这两种观点都是简单化的、片面的,因而都是不正确的"④。他指出:"我们需要借鉴国外政治文明有益成果,但绝不能放弃中国政治制度的根本。中国有九百六十多万平方公里土地、五十六个民族,我们能照谁的模式办? 谁又能指手画脚告诉我们该怎么办?"在其他国家制度建设先进经验的吸收与运用问题上,正确的态度应该是"对丰富多彩的世界,我们应该秉持兼容并蓄的态度,虚心学习他人的好东西,在独立自主的立场上把他人的好东西加以消化吸收,化成我们自己的好东西,但决不能囫囵吞枣、决不能邯郸学步"。他深刻指出:"只有扎根本国土壤、汲取充沛养分的制度,才最可靠、也最管用。"⑤"我们治国理政的本根,就是中国共产党领导和社会主义制度。我们思想上必须十分明确,推进国家治理体系和

① 《十九大以来重要文献选编》(中),中央文献出版社2021年版,第303页。
② 《十八大以来重要文献选编》(上),中央文献出版社2014年版,第110—111页。
③ 《十八大以来重要文献选编》(中),中央文献出版社2016年版,第59页。
④ 《十八大以来重要文献选编》(中),中央文献出版社2016年版,第59—60页。
⑤ 《十八大以来重要文献选编》(中),中央文献出版社2016年版,第60页。

治理能力现代化,绝不是西方化、资本主义化!"①除此之外,党的十八大以来,党中央还在全球治理体系变革等制度和治理问题层面,提出了一系列具有战略性、前瞻性、原创性的理论观点和实践思考。

以上这些观点和思考,是以习近平同志为主要代表的中国共产党人在运用马克思主义的立场、观点、方法的基础上得出的科学结论,体现了新时代中国共产党人对人类社会发展规律、中国特色社会主义建设规律的准确把握和科学运用,为新时代国家制度建设和国家治理提供了行动指南、指明了正确方向,为推动全球治理体系变革贡献了中国智慧和中国方案。

八、中国共产党制度建设理论的新发展

"习近平新时代中国特色社会主义思想是当代中国马克思主义、二十一世纪马克思主义,是中华文化和中国精神的时代精华,实现了马克思主义中国化新的飞跃。"②党的十九大将"明确全面深化改革总目标是完善和发展中国特色社会主义制度、推进国家治理体系和治理能力现代化"③,作为习近平新时代中国特色社会主义思想的重要内容之一;党的十九届六中全会通过的党的第三个历史决议在阐述习近平新时代中国特色社会主义思想内涵时在"十个明确"中延续了这一表述。作为习近平新时代中国特色社会主义思想的重要内容,新时代中国共产党关于国家制度和国家治理的基本思路,充分体现了新时代中国共产党人推动国家制度建设和国家治理的基本思路、基本方略、基本原则。

1. 中国共产党制度建设理论的新时代形态

中国特色社会主义制度,是中国共产党在实践中把马克思主义基本原理

---

① 《习近平关于社会主义政治建设论述摘编》,中央文献出版社 2017 年版,第 8 页。
② 《中国共产党第十九届中央委员会第六次全体会议文件汇编》,人民出版社 2021 年版,第 48 页。
③ 《十九大以来重要文献选编》(上),中央文献出版社 2019 年版,第 14 页。

同中国具体实际相结合、同中华优秀传统文化相结合,在古老的东方大国建立起的保证亿万人民当家作主的新型国家制度。新时代中国共产党关于国家制度和国家治理的基本思路,是以习近平同志为主要代表的中国共产党人,在继承和发展中国共产党百年制度建构经验基础之上,实现马克思主义国家学说同新时代中国具体实际相结合、同中华优秀传统文化相结合的理论创新成果,是中国共产党制度建设理论的新时代形态。

坚持了科学社会主义的基本原则。我国是工人阶级领导的、以工农联盟为基础的人民民主专政的社会主义国家,马克思主义是我们立党立国的指导思想。党的十八大以来,习近平总书记反复强调:"中国特色社会主义是社会主义而不是其他什么主义,科学社会主义基本原则不能丢,丢了就不是社会主义。我们党始终强调,中国特色社会主义,既坚持了科学社会主义基本原则,又根据时代条件赋予其鲜明的中国特色。这就是说,中国特色社会主义是社会主义,不是别的什么主义。"①在谈到新的历史条件下科学社会主义的基本原则问题时,习近平总书记强调,坚持人民代表大会制度的根本政治制度,中国共产党领导的多党合作和政治协商制度、民族区域自治制度以及基层群众自治制度等基本政治制度,中国特色社会主义法律体系,公有制为主体、多种所有制经济共同发展的基本经济制度,等等,"这些都是在新的历史条件下体现科学社会主义基本原则的内容,如果丢掉了这些,那就不成其为社会主义了"②。2015 年 11 月,习近平总书记在中央政治局集体学习时还特别指出:"我们是在中国共产党领导和社会主义制度的大前提下发展市场经济,什么时候都不能忘了'社会主义'这个定语。"③党的十八大以来,正是在党中央的坚强领导下,中国特色社会主义制度的发展完善、国家治理体系和治理能力的现代化始终都在科学社会主义的原则框架下,始终彰显着社会主义制度属性。

---

① 《十八大以来重要文献选编》(上),中央文献出版社 2014 年版,第 109 页。
② 《十八大以来重要文献选编》(上),中央文献出版社 2014 年版,第 110 页。
③ 习近平:《不断开拓当代中国马克思主义政治经济学新境界》,《求是》2020 年第 16 期。

继承发展了几代中国共产党人关于制度问题的深刻思考与核心观点。新民主主义革命时期,中国共产党人就已经开始了自己的制度建设尝试,致力于建设人民当家作主的新社会,提出了关于未来国家制度的主张,形成人民民主专政的思想。1948年在西柏坡召开的"九月会议"上,毛泽东提出,中国革命胜利后,要建立无产阶级领导的以工农联盟为基础的人民民主专政的国家,"我们政权的阶级性是这样:无产阶级领导的,以工农联盟为基础,但不是仅仅工农,还有资产阶级民主分子参加的人民民主专政"①。新中国成立以来,中国共产党人创造性地运用马克思主义国家学说,为建设社会主义国家制度进行了不懈努力,逐步确立并巩固了人民民主专政的国体、人民代表大会制度的政体、民族区域自治制度和中国共产党领导的多党合作和政治协商制度,搭建起新中国国家制度的基本骨架,将社会主义、人民民主、独立自主等理念原则贯穿进新中国国家制度的设计和安排之中。改革开放之初,邓小平在总结"文化大革命"的教训时,就深刻指出:"领导制度、组织制度问题更带有根本性、全局性、稳定性和长期性"。他说:"这种制度问题,关系到党和国家是否改变颜色,必须引起全党的高度重视。"②邓小平还提出了坚持四项基本原则的要求,即必须坚持社会主义道路,必须坚持无产阶级专政(后改为"人民民主专政"),必须坚持中国共产党的领导,必须坚持马列主义、毛泽东思想。基本政治制度、基本经济制度、中国特色社会主义法律体系等先后在改革开放和社会主义现代化建设的实践当中发展完善。习近平总书记指出:"新中国成立70年来,我们党领导人民不断探索实践,逐步形成了中国特色社会主义国家制度和法律制度,为当代中国发展进步提供了根本保障,也为新时代推进国家制度和法律制度建设提供了重要经验。"③党的十八大以来,以习近平同志

---

① 《毛泽东文集》第5卷,人民出版社1996年版,第135页。

② 《邓小平文选》第2卷,人民出版社1994年版,第333页。

③ 习近平:《坚持、完善和发展中国特色社会主义国家制度与法律制度》,《求是》2019年第23期。

为核心的党中央对坚持和完善中国特色社会主义制度、推进国家治理体系和治理能力现代化作出总体擘画,重点部署坚持和完善支撑中国特色社会主义制度的根本制度、基本制度、重要制度,其基本思路是建立在几代中国共产党人对于制度问题的思考和探索基础之上的,是中国共产党人对于制度体系的接力探索。

适应中国特色社会主义新时代制度建设的新要求。经过新中国70多年特别是改革开放40多年的建设和发展,中国共产党人在执政的实践中对于制度问题的认识不断深化,在制度建设和国家治理方面积累了一些宝贵的经验、取得了显著成就,为新时代全面深化改革、系统整体设计推进改革奠定了基础。"相比过去,新时代改革开放具有许多新的内涵和特点,其中很重要的一点就是制度建设分量更重,改革更多面对的是深层次体制机制问题,对改革顶层设计的要求更高,对改革的系统性、整体性、协同性要求更强,相应地建章立制、构建体系的任务更重。"①解决上述新任务新问题,就必须完善和发展中国特色社会主义制度、推进国家治理体系和治理能力现代化,这是新时代全面深化改革的总目标和主轴。同时,新时代党和国家面临的一系列风险和挑战同样呼唤更加系统的制度体系,更加有效的、现代化的治理体系和治理能力。正是基于上述考虑,党的十八大以来,党中央把完善和发展中国特色社会主义制度作为党和国家各项工作的重中之重,围绕这一问题,制定一系列重大方针政策,出台多个纲领性文件,形成关于国家制度建设和治理体系、治理能力现代化的整体性思路和系统性蓝图;同时,在实践中,以制度建设和国家治理为抓手,突出上层建筑改革和生产关系调整,以更好适应新时代经济基础和生产力发展水平的发展变化,推动诸多重点领域和关键环节的改革走深走实,"从夯基垒台、立柱架梁到全面推进、积厚成势,再到系统集成、协同高效,各领域基础性制度框架基本确立,许多领域实现历史性变革、系统性重

---

① 《十九大以来重要文献选编》(中),中央文献出版社2021年版,第264页。

塑、整体性重构"①。

2. 从制度和治理之维回答中国特色社会主义新时代的重大时代课题

中国特色社会主义进入新时代,面向实现"两个一百年"奋斗目标、面向建设一个长期执政的马克思主义政党,回答好"制度之问"与"治理之问",成为摆在中国共产党人面前的新课题。新时代中国共产党关于国家制度和国家治理的基本思路立足中国特色社会主义进入新时代的新的历史特点,重点回答了三个重大时代课题。

第一,立足"新时代坚持和发展什么样的中国特色社会主义、怎样坚持和发展中国特色社会主义"这一重大时代课题,科学回答了新时代坚持和发展什么样的中国特色社会主义制度、怎样坚持和发展中国特色社会主义制度的问题。进入新时代,党和国家历史方位发生深刻变革,坚决破除一切妨碍科学发展的思想观念和体制机制弊端,构建系统完备、科学规范、运行有效的制度体系,使各方面制度更加成熟、更加定型,成为摆在党和国家面前的重要任务。因此,"必须以强烈的历史使命感,最大限度集中全党全社会智慧,最大限度调动一切积极因素,敢于啃硬骨头,敢于涉险滩,以更大决心冲破思想观念的束缚、突破利益固化的藩篱,推动中国特色社会主义制度自我完善和发展"②。新时代中国共产党关于国家制度和国家治理的基本思路正是在这个时代背景下形成的,解决了改革进入攻坚期和深水区的历史条件下,中国特色社会主义制度和国家治理体系、治理能力是什么、怎么样、怎么办的问题。

第二,立足"建设什么样的社会主义现代化强国、怎样建设社会主义现代化强国"这一重大时代课题,科学回答了在"两个一百年"奋斗目标下如何推

---

① 《中国共产党第十九届中央委员会第六次全体会议文件汇编》,人民出版社 2021 年版,第 62 页。

② 《十八大以来重要文献选编》(上),中央文献出版社 2014 年版,第 514 页。

进国家治理体系和国家治理能力现代化的若干理论和实践问题。经过长时间的不懈努力,我们已经实现了全面建成小康社会第一个百年奋斗目标,向着全面建成社会主义现代化强国的第二个百年奋斗目标迈进。面向实现第二个百年奋斗目标,国家制度建设和国家治理体系、治理能力现代化的问题至关重要。新时代中国共产党关于国家制度和国家治理的基本思路,站在实现中华民族伟大复兴的战略高度,科学擘画了在"两个一百年"奋斗目标之下特别是实现第二个百年奋斗目标的进程中新时代国家制度和国家治理的阶段性目标:在第一个阶段,从 2020 年到 2035 年,在全面建成小康社会的基础之上,要使"人民平等参与、平等发展权利得到充分保障,法治国家、法治政府、法治社会基本建成,各方面制度更加完善,国家治理体系和治理能力现代化基本实现""现代社会治理格局基本形成",与这一阶段基本实现社会主义现代化的总体目标相衔接;在第二个阶段,从 2035 年到 21 世纪中叶,在基本实现现代化的基础上,"实现国家治理体系和治理能力现代化",与这一阶段把我国建成富强民主文明和谐美丽的社会主义现代化强国、实现中华民族伟大复兴的宏伟目标相适应。①

第三,立足"建设什么样的长期执政的马克思主义政党、怎样建设长期执政的马克思主义政党"这一重大时代课题,科学回答了长期执政的马克思主义政党要建立什么样的党内制度体系、如何推进制度治党等问题。中国共产党历来重视党内法规制度建设,注重运用党内法规管党治党、提高党的执政能力和领导水平。改革开放之初,邓小平指出:"从遵义会议到社会主义改造时期,党中央和毛泽东同志一直比较注意实行集体领导,实行民主集中制,党内民主生活比较正常。可惜,这些好的传统没有坚持下来,也没有形成严格的完善的制度。"②建立完善健全的党内制度体系,是中国共产党人持之以恒探索的主题。新时代,面对国内国际局势的风云变化,建设一个长期执政的马克思

---

①　《十九大以来重要文献选编》(上),中央文献出版社 2019 年版,第 20 页。

②　《邓小平文选》第 2 卷,人民出版社 1994 年版,第 330 页。

主义政党必须依靠强有力的组织体系、制度体系,必须形成一支有组织纪律性的党员队伍。新时代中国共产党关于国家制度和国家治理的基本思路,从统筹中华民族伟大复兴战略全局和世界百年未有之大变局的高度,全面阐述了坚持依规治党、加强党内法规制度建设、加强长期执政的马克思主义政党建设等基本问题,深化了对党的建设和党长期执政的规律性认识,为新时代长期执政的马克思主义政党的制度体系建设提供了根本遵循。

3. 为人类制度文明新形态贡献中国智慧

新时代中国共产党关于国家制度和国家治理的基本思路,是具有新时代中国特点的现代国家治理思想,不同于西方资本主义国家的制度治理思路,也有别于苏联等社会主义国家的社会治理思路,具有鲜明的理论性和时代性。之所以说具有理论性,是因为这一重要思想作为习近平新时代中国特色社会主义思想的重要组成部分,在国家制度和国家治理层面实现了对中国化马克思主义的继承和发展,在实践中探索并总结了一系列关于制度和治理问题的理论性观点、经验性结论;之所以说具有时代性,是因为这一重要思想立足中国特色社会主义新时代的重大时代课题,成为贯穿中国特色社会主义新时代党的一切奋斗的一条线索,是新时代指导我国国家制度建设和国家治理实践的根本遵循,是确保人民民主专政政权不变色、马克思主义政党不变质的行动纲领,对于保障我国创造出经济快速发展和社会长期稳定的"两大奇迹",对于全面建成社会主义现代化强国具有重大现实意义。

这一重要思想还具有世界性的意义。新时代中国共产党关于国家制度和国家治理的基本思路所聚焦的,不仅是新时代中国的国家制度和国家治理问题,还包括由于当今世界国际力量变化而产生的全球治理体系变革等问题。全球治理体系加快变革的背景之下,"治理滞后"的问题成为突出挑战。习近平总书记指出:"随着时代发展,现行全球治理体系不适应的地方越来越多,国际社会对变革全球治理体系的呼声越来越高。推动全球治理体系变革是国际社会大家的事,要坚持共商共建共享原则,使关于全球治理体系变革的主张转化为各方共识,形成一致行动。"①对此,中国提出"坚持共商共建共享的全球治理观",强调"什么样的国际秩序和全球治理体系对世界好、对世界各国人民好,要由各国人民商量,不能由一家说了算,不能由少数人说了算"②。"不断改革完善全球治理体系,推动各国携手建设人类命运共同体。""坚持全球事务由各国人民商量着办,积极推进全球治理规则民主化。"

这一重要思想指导新时代中国制度建设和治理体系、治理能力建设所取得的成就、所积累的经验、所总结的原则,也对广大发展中国家走向现代化,为全人类探索更好的社会制度、探索更好的国家治理方案贡献了中国智慧和中国方案。

总而言之,新时代中国共产党关于国家制度和国家治理的基本思路是马克思主义中国化在新时代的创新成果,是当代中国马克思主义、21 世纪马克思主义的重要组成部分,是中华文化和中国精神的时代精华在制度层面的理论阐述,是习近平新时代中国特色社会主义思想的重要内容,是新时代坚持和发展中国特色社会主义制度、推进国家治理体系和治理能力现代化的指导思想和行动指南。新时代坚持和发展中国特色社会主义制度、推进国家治理体系和治理能力现代化,就必须始终坚持新时代中国共产党关于国家制度和国家治理的基本思路的指导。

---

① 《习近平在中共中央政治局第三十五次集体学习时强调　加强合作推动全球治理体系变革　共同促进人类和平与发展崇高事业》,《人民日报》2016 年 9 月 29 日。
② 《十八大以来重要文献选编》(下),中央文献出版社 2018 年版,第 353 页。

第三章　新时代中国特色社会主义制度内涵的拓展

制度创新是新时代坚持和发展中国特色社会主义的重要内容,贯穿新时代中国共产党人的伟大奋斗。党的十八大以来,以习近平同志为核心的党中央提出"四个全面"战略布局,系统全面部署全面建成小康社会、全面深化改革、全面依法治国、全面从严治党;党的十九届五中全会站在"全面建成小康社会胜利在望"①的历史新起点上,勾勒出全面建设社会主义现代化国家新的战略目标。中国特色社会主义制度创新,是全面深化改革的主轴主线,是全面推进依法治国的核心内容,是全面从严治党的重要依托,为全面建成小康社会进而全面建设社会主义现代化国家提供了坚强支撑和可靠保障。

一、全面建成小康社会与完善和发展中国特色社会主义制度②

在党的十九届五中全会之前,全面建成小康社会在"四个全面"战略布局中,起着统帅和引领作用——全面建成小康社会是战略目标,全面深化改革、全面依法治国、全面从严治党是三大战略举措。小康社会的概念是在"四个

---

① 《十九大以来重要文献选编》(中),中央文献出版社2021年版,第788页。
② 本小节在笔者《全面建成小康社会的内涵、战略地位和制度保障》一文基础上修改完善而成,原文发表于《思想理论教育导刊》2015年第9期,编入本书时有删改。

现代化"基础上的进一步深化,1979 年邓小平在会见外国客人时提出:"我们要实现的四个现代化,是中国式的四个现代化。我们的四个现代化的概念,不是像你们那样的现代化的概念,而是'小康之家'。"①但是,邓小平也很清醒地认识到中国现代化的基础薄弱,他认为即使到了 20 世纪末达到了某种目标,中国的现代化水平还是比较落后的,"所以,我只能说,中国到那时也还是一个小康的状态"②。按照邓小平的构想,党的十三大提出了"三步走"战略,并顺利在 20 世纪 80 年代末和 90 年代末实现了"第一步""第二步"目标。但是,完成了"三步走"战略中前两步目标时所达到的"小康",还只是一个"低水平的、不全面的、发展很不平衡的小康",因此,党的十六大提出:"我们要在本世纪头二十年,集中力量,全面建设惠及十几亿人口的更高水平的小康社会。"③党的十八大站在新的历史起点上总结:"十年来,我们取得一系列新的历史性成就,为全面建成小康社会打下了坚实基础"④,并进而提出"确保到二〇二〇年实现全面建成小康社会宏伟目标"。⑤ 同时,党的十八大还就全面建成小康社会这个目标提出:"全面建成小康社会,必须以更大的政治勇气和智慧,不失时机深化重要领域改革,坚决破除一切妨碍科学发展的思想观念和体制机制弊端,构建系统完备、科学规范、运行有效的制度体系,使各方面制度更加成熟更加定型。"⑥阐明了全面建成小康社会与中国特色社会主义制度之间的相互关系——各方面制度更加成熟、更加定型,既是全面建成小康社会的目标,更是全面建成小康社会的保障。

1.各项制度成熟定型是全面建成小康社会的题中应有之义

全面建成小康社会是基于对我国社会主义初级阶段和中国特色社会主义

①　《邓小平文选》第 2 卷,人民出版社 1994 年版,第 237 页。
②　《邓小平文选》第 2 卷,人民出版社 1994 年版,第 237 页。
③　《十六大以来重要文献选编》(上),中央文献出版社 2005 年版,第 14 页。
④　《十八大以来重要文献选编》(上),中央文献出版社 2014 年版,第 5 页。
⑤　《十八大以来重要文献选编》(上),中央文献出版社 2014 年版,第 13 页。
⑥　《十八大以来重要文献选编》(上),中央文献出版社 2014 年版,第 14 页。

进入新时代国情的判断和分析提出的重要战略选择。邓小平曾对我国的改革开放有一个著名的判断,"过去我们讲先发展起来。现在看,发展起来以后的问题不比不发展时少"。这个判断及时提醒我们,当我国历经改革探索摆脱贫困之后,新的问题将会更加突出。现在看来,这个判断意义非凡。"解决这个问题比解决发展起来的问题还困难。"①此时解决问题的重点已不再仅仅是解放思想,冲破僵化保守的发展模式,而是在实践的基础上进行顶层设计,规范和完善各项制度。"恐怕再有三十年的时间,我们才会在各方面形成一整套更加成熟、更加定型的制度。"②按照邓小平的判断,从 1992 年初的南方谈话推算,"三十年"后应该所指的大概就是 2021 年前后,这在时间上正好与全面建成小康社会的时间点相互契合。

党的十八大以来,党中央把国家制度和国家治理建设摆在更加突出的位置,领航擘画决胜全面建成小康社会。在党的十八届五中全会审议通过的《中共中央关于制定国民经济和社会发展第十三个五年规划的建议》中,明确了新时代全面建成小康社会新的目标要求,其中特别将"各方面制度更加成熟更加定型"作为重要目标之一:"国家治理体系和治理能力现代化取得重大进展,各领域基础性制度体系基本形成。人民民主更加健全,法治政府基本建成,司法公信力明显提高。人权得到切实保障,产权得到有效保护。开放型经济新体制基本形成。中国特色现代军事体系更加完善。党的建设制度化水平显著提高。"③党的十九届五中全会在总结决胜全面建成小康社会决定性成就时,就指出:"国家治理体系和治理能力现代化加快推进,中国共产党领导和我国社会主义制度优势进一步彰显。"④2021 年 7 月,习近平总书记在庆祝中国共产党成立 100 周年大会上庄严宣告:"经过全党全国各族人民持续奋斗,

---

① 《邓小平年谱(一九七五——一九九七)》(下卷),中央文献出版社 2004 年版,第 1364 页。

② 《邓小平文选》第 3 卷,人民出版社 1993 年版,第 372 页。

③ 《十八大以来重要文献选编》(中),中央文献出版社 2016 年版,第 791—792 页。

④ 《十九大以来重要文献选编》(中),中央文献出版社 2021 年版,第 788 页。

我们实现了第一个百年奋斗目标,在中华大地上全面建成了小康社会。"①而"坚持和完善中国特色社会主义制度、推进国家治理体系和治理能力现代化,坚持依规治党、形成比较完善的党内法规体系"就是实现这一目标进而实现中华民族伟大复兴的制度保证。②

需要指出的是,全面建成小康社会的实现,不会从根本上改变我国社会主义初级阶段的基本国情;全面建成小康社会是建设和发展中国特色社会主义、深化和扩大改革开放进程中的重要里程碑,是从摸着石头过河的探索到积累经验、总结规律的阶段,"摸着石头过河,是富有中国特色、符合中国国情的改革方法。摸着石头过河就是摸规律,从实践中获得真知"③。全面建成小康社会的阶段,同时是中国特色社会主义制度和我国国家治理体系走向更加规范、更加成熟、更加定型的重要阶段。

2. 制度的完善和发展是全面建成小康社会的根本保障

制度问题是根本性、全局性的问题。全面建成小康社会不仅体现在经济增长指标的完成、民主参与的扩大、文化社会事业的发展、生态环境的恢复上,更重要的是建成一整套系统完备、运转有效的制度体系。

经济持续健康发展的条件是实现经济发展方式的转变,不仅确保经济总量和人均收入的增长,更要保障发展的平衡、协调、可持续。经济发展方式转变取得重大进展的基本动力是全面深化改革,而全面深化改革的核心问题又是处理好政府与市场的关系。归根结底,良好的政府与市场关系必然表现为成熟的社会主义市场经济体制。随着我国经济发展进入新常态,应该坚定发

---

① 习近平:《在庆祝中国共产党成立 100 周年大会上的讲话》,人民出版社 2021 年版,第 2 页。

② 习近平:《在庆祝中国共产党成立 100 周年大会上的讲话》,人民出版社 2021 年版,第 7 页。

③ 《习近平谈治国理政》第 1 卷,外文出版社 2018 年版,第 67—68 页。

展信心,激发社会创新活力。全面深化改革,必须"紧紧围绕使市场在资源配置中起决定性作用深化经济体制改革,坚持和完善基本经济制度,加快完善现代市场体系、宏观调控体系、开放型经济体系,加快转变经济发展方式,加快建设创新型国家,推动经济更有效率、更加公平、更可持续发展"①。

人民民主不断扩大的直接要求就是社会主义政治民主的制度化、规范化和程序化,无一不是依赖于政治制度的成熟和定型。随着我国改革开放进入深水区,要把握发展方向,防止陷入颠覆性错误。当各种问题聚焦在一起我们会发现,我国经济社会发展的主要障碍越来越集中在政治体制上。同时,"全面推进依法治国,是全面建成小康社会和全面深化改革开放的重要保障"②。因此"紧紧围绕坚持党的领导、人民当家作主、依法治国有机统一深化政治体制改革,加快推进社会主义民主政治制度化、规范化、程序化,建设社会主义法治国家,发展更加广泛、更加充分、更加健全的人民民主"③就是全面建成小康社会的重要一环。

文化软实力的提升需要社会主义核心价值观内化于心、外化于行。内化于心是实现社会主义制度的柔性塑造,被群众所接受、认同;外化于行首先表现为制度的约束力,从公民自觉遵守的基本规则到刚性法律,呈现出的是制度全面系统化的状态。所以,小康社会的文化建设要"紧紧围绕建设社会主义核心价值体系、社会主义文化强国深化文化体制改革,加快完善文化管理体制和文化生产经营机制,建立健全现代公共文化服务体系、现代文化市场体系,推动社会主义文化大发展大繁荣"④。

全面小康社会的重要指标之一是人民生活水平的全面提高,在我国经济总量取得巨大发展的同时,要实现基本公共服务均等化,实现分配公平,缩小

---

① 《十八大以来重要文献选编》(上),中央文献出版社 2014 年版,第 512 页。
② 《习近平关于全面建成小康社会论述摘编》,中央文献出版社 2016 年版,第 96 页。
③ 《十八大以来重要文献选编》(上),中央文献出版社 2014 年版,第 512 页。
④ 《十八大以来重要文献选编》(上),中央文献出版社 2014 年版,第 512—513 页。

社会差距,不论是精准扶贫还是社会保障的全民覆盖,制度建设是治本之策。习近平总书记指出:"脱贫攻坚要取得实实在在的效果,关键是要找准路子、构建好的体制机制。"①因此,全面建成小康社会,同样需要"紧紧围绕更好保障和改善民生、促进社会公平正义深化社会体制改革,改革收入分配制度,促进共同富裕,推进社会领域制度创新,推进基本公共服务均等化,加快形成科学有效的社会治理体制,确保社会既充满活力又和谐有序"。

生态文明制度表面上是调节人与自然关系的制度规范,而实质则取决于人类关系本身,人与自然关系的和谐或紧张是受社会制度制约的,其背后是资源分配的利益关系。建设资源节约型、环境友好型社会的中心任务是完善生态文明制度。"紧紧围绕建设美丽中国深化生态文明体制改革,加快建立生态文明制度,健全国土空间开发、资源节约利用、生态环境保护的体制机制,推动形成人与自然和谐发展现代化建设新格局。"

全面深化改革必须加强和改善党的领导,充分发挥党总揽全局、协调各方的领导核心作用,党的领导是全面建成小康社会的根本政治保证,要以党的制度建设引领中国特色社会主义制度建设。"紧紧围绕提高科学执政、民主执政、依法执政水平深化党的建设制度改革,加强民主集中制建设,完善党的领导体制和执政方式,保持党的先进性和纯洁性,为改革开放和社会主义现代化建设提供坚强政治保证。"②

3. 系统完备、科学规范、运行有效是全面小康社会制度成熟定型的基本要求

全面深化改革的总目标是完善和发展中国特色社会主义制度,推进国家治理体系和治理能力现代化。以治理体系为内容、以治理能力为核心的制度建设,以实现让一切劳动、知识、技术、管理、资本的活力竞相迸发,让一切创造

---

① 《十八大以来重要文献选编》(下),中央文献出版社 2018 年版,第 38 页。
② 《十八大以来重要文献选编》(上),中央文献出版社 2014 年版,第 513 页。

社会财富的源泉充分涌流,让发展成果更多更公平惠及全体人民,作为检验制度的标准。

成熟的制度要让一切劳动、知识、技术、管理、资本的活力竞相迸发,特别是社会主义市场经济体制要加快完善,推动转变经济发展方式。初期的改革是千方百计调动社会积极性,释放生产活力,实现了快速增长。全面深化改革是在我国各方面改革进入攻坚阶段的新要求,从外延型的、数量的增长,转变成为内涵型的质量和效益的增长,激发深层次的活力,创新驱动就需要从制度层面,保障知识、科技成为增长点,管理、资本成为增长的条件,维护劳动创造财富的基础地位。

成熟的制度要让一切创造社会财富的源泉充分涌流。创造财富的源泉首先是经济发展,社会主义制度的根本优势就是能够源源不断地激发生产活力。创造财富的源泉还是政治民主的发展,是党和国家的活力、调动人民积极性的能力。制度成熟的法治社会才能够最大限度地汇聚共识,降低内耗,万众一心谋求发展。"让一切文化创造源泉充分涌流"①,文化也是社会财富创造的动力,文化是人民的精神家园,文化创造力是社会发展的力量源泉。

成熟的制度要让发展成果更多更公平惠及全体人民,这是中国特色社会主义制度的根本立场和落脚点。制度是为人服务的,是形成于社会生活的人们的共同行为准则,人是制度建设的目的,也是制度建设的动力。在制度完善和创新过程中,应该一切为了人的发展,也为了一切人的发展。要坚持人民主体地位,以维护和保障最广大人民的根本利益为前提,将改革开放进程中的各种社会力量,特别是新生社会力量都能容纳到小康社会的制度框架内,最大限度调动社会各方面的积极性,使之成为坚持和维护制度的主体。

"全面建成小康社会,必须以更大的政治勇气和智慧,不失时机深化重要领域改革,坚决破除一切妨碍科学发展的思想观念和体制机制弊端。"②中国

① 《十八大以来重要文献选编》(上),中央文献出版社 2014 年版,第 24 页。
② 《十八大以来重要文献选编》(上),中央文献出版社 2014 年版,第 14 页。

特色社会主义制度建设是长期的系统工程,要准确把握理论与实践的辩证统一关系,制度建设要尊重实践,从实际工作中破除障碍;制度建设也要坚持原则,不能背离社会主义本质。党的十八届三中全会对于全面深化改革作出的战略部署,明确了制度完善和发展的基本要求——"系统完备、科学规范、运行有效"①。

系统完备,是指全面小康社会制度体系构建要与中国特色社会主义事业的总体布局相吻合——"建设中国特色社会主义,总依据是社会主义初级阶段,总布局是五位一体,总任务是实现社会主义现代化和中华民族伟大复兴"②,从而把经济、政治、文化、社会、生态等方面的体制改革有机结合起来,把理论创新、制度创新、科技创新、文化创新以及其他各方面创新有机衔接起来,在经济、政治、文化、社会、生态以及党的自身建设等各个领域形成各具功能、相互补充、相互衔接的制度系统。

科学规范,是指这一制度体系的价值理念、表达方式符合社会发展的内在要求,能够与我国社会主义初级阶段的基本国情相吻合,能够成为全党全社会的共同行为规范,符合人类文明进步的基本理念,符合新时代中国特色社会主义实践的内在规定性,具有现实约束力和环境适应能力。科学规范,要求制度建设必须坚持以人为本的核心立场、坚持公平正义的本质要求、坚持民主法治的根本特征。

运行有效,是指这一制度体系的运行机理能够与社会发展实践相吻合,能够成为社会各领域、各方面良性的、规律性互动的保障机制,形成保障社会可持续发展的正向约束力。制度的运行效能决定于制度体系与社会发展环境的适应度,决定于制度设计的价值取向和现实条件之间的契合度,决定于制度中"人"的价值认同和制度共识度。全面小康社会制度体系的价值立场和设计原则只有付诸实践才有意义,才能真正发挥治理效能、展现制度优势。

---

① 《十八大以来重要文献选编》(上),中央文献出版社 2014 年版,第 14 页。
② 《十八大以来重要文献选编》(上),中央文献出版社 2014 年版,第 10 页。

总的说来,构建系统完备、科学规范、运行有效的制度体系,既是全面建成小康社会、实现第一个百年奋斗目标的制度建设要求,也是全面建设社会主义现代化国家进而实现第二个百年奋斗目标、实现中华民族伟大复兴的重要制度保障。

二、全面深化改革与完善发展中国特色社会主义制度①

党的十一届三中全会召开以来的 40 多年,中国共产党领导改革的决心之大、变革之深、影响之广前所未有,取得的改革发展成就举世瞩目。进入新时代后,改革也进入攻坚期和深水区,党和国家在深入推进改革开放方面所要面对的问题和任务都更加艰巨、更加繁重。党的十八大召开后,党中央即开始着手研究党的十八届三中全会的主要议题——和改革开放后党的历届三中全会一样,这次全会关注什么议题、释放什么样的信号关系新时代党和国家举什么旗、走什么路的关键问题。决定这次全会研究全面深化改革问题,是党中央站在改革开放深入推进 35 年的历史阶段作出的重大战略决策,也标志着新时代改革开放向纵深推进吹响了"冲锋号",这都注定 2013 年召开的党的十八届三中全会具有里程碑式的意义。

1. 党的十八届三中全会关于国家制度和国家治理的顶层设计

党的十八届三中全会围绕全面深化改革的总目标,在经济、政治、文化、社会、生态文明建设和党的建设等各个领域,对进一步完善中国特色社会主义制度作出整体部署,以构建系统完备、科学规范、运行有效的制度体系,使各方面制度更加成熟、更加定型。全会通过的《中共中央关于全面深化改革若干重大问题的决定》指出:"全面深化改革的总目标是完善和发展中国特色社会主

---

① 该部分原发表于《山东社会科学》2014 年第 1 期,发表时题为《全面深化改革与完善和发展中国特色社会主义制度》,编入本书时进行了修改完善。

义制度,推进国家治理体系和治理能力现代化。"①首次提出了"推进国家治理体系和治理能力现代化"这个重大命题。在《中共中央关于全面深化改革若干重大问题的决定》中,"制度""体制""机制"是三个高频词,在文中分别出现了 183 次、88 次、115 次;这也是在党的文件中,第一次系统地从制度、体制和机制三个层次,重点在经济、政治、文化、社会、生态文明、党的建设六个方面作出总体部署,为新时代全面深化改革擘画方向,描绘出全面深化改革的"路线图"②。

第一,在经济建设方面,突出"紧紧围绕使市场在资源配置中起决定性作用深化经济体制改革"③。经济建设仍然是新时代全党的中心工作。"重大经济体制改革的进度决定着其他方面很多体制改革的进度,具有牵一发而动全身的作用。"④进入新时代,经济体制改革仍然是全面深化改革的重点,核心问题"仍然是处理好政府和市场关系"⑤,而在"我国社会主义市场经济体制已经初步建立,市场化程度大幅度提高,我们对市场规律的认识和驾驭能力不断提高,宏观调控体系更为健全"的主客观条件下,进一步处理好政府和市场的关系,"实际上就是要处理好在资源配置中市场起决定性作用还是政府起决定性作用这个问题"⑥,"使市场在资源配置中起决定性作用和更好发挥政府作用"是党的十八届三中全会提出的一个重大理论观点,全会提出健全社会主义市场经济体制必须遵循"市场决定资源配置"这一市场经济的一般规律,"着力解决市场体系不完善、政府干预过多和监管不到位问题"⑦,标志着党对于完善社会主义市场经济体制在理论上的认识更深一步。"发展社会主义市

---

①　《十八大以来重要文献选编》(上),中央文献出版社 2014 年版,第 512 页。
②　《十八大以来重要文献选编》(上),中央文献出版社 2014 年版,第 550 页。
③　《十八大以来重要文献选编》(上),中央文献出版社 2014 年版,第 512 页。
④　《十八大以来重要文献选编》(上),中央文献出版社 2014 年版,第 551 页。
⑤　《十八大以来重要文献选编》(上),中央文献出版社 2014 年版,第 498 页。
⑥　《十八大以来重要文献选编》(上),中央文献出版社 2014 年版,第 499 页。
⑦　《十八大以来重要文献选编》(上),中央文献出版社 2014 年版,第 513 页。

场经济,既要发挥市场作用,也要发挥政府作用,但市场作用和政府作用的职能是不同的。"①全会明确了新时代处理政府和市场关系的基本要求:"必须积极稳妥从广度和深度上推进市场化改革,大幅度减少政府对资源的直接配置,推动资源配置依据市场规则、市场价格、市场竞争实现效益最大化和效率最优化。"②全会提出坚持和完善基本经济制度,关系"巩固和发展中国特色社会主义制度的重要支柱"③,强调必须坚持"两个毫不动摇"④,从多个层面提出鼓励、支持、引导非公有制经济发展,激发非公有制经济活力和创造力的改革举措。同时,强调要加快完善现代市场体系、宏观调控体系、开放型经济体系,加快转变经济发展方式,加快建设创新型国家,推动经济发展更有效率、更加公平、更可持续。在全面深化改革六个方面的制度建设目标要求当中,经济体制改革是重点,对于其他各方面的改革起到牵引作用。

第二,在政治方面,"紧紧围绕坚持党的领导、人民当家作主、依法治国有机统一深化政治体制改革"⑤。全会提出:"必须以保证人民当家作主为根本,坚持和完善人民代表大会制度、中国共产党领导的多党合作和政治协商制度、民族区域自治制度以及基层群众自治制度,更加注重健全民主制度、丰富民主形式。"⑥对推动人民代表大会制度与时俱进、推进协商民主广泛多层制度化发展、发展基层民主作出系列部署。全会提出"必须坚持依法治国、依法执政、依法行政共同推进,坚持法治国家、法治政府、法治社会一体建设",对维护宪法法律权威、深化行政执法体制改革等方面作出部署;强调"深化司法体制改革,加快建设公正高效权威的社会主义司法制度"⑦,对确保依法独立公

---

① 《十八大以来重要文献选编》(上),中央文献出版社2014年版,第500页。
② 《十八大以来重要文献选编》(上),中央文献出版社2014年版,第513—514页。
③ 《十八大以来重要文献选编》(上),中央文献出版社2014年版,第500页。
④ 《十八大以来重要文献选编》(上),中央文献出版社2014年版,第501页。
⑤ 《十八大以来重要文献选编》(上),中央文献出版社2014年版,第512页。
⑥ 《十八大以来重要文献选编》(上),中央文献出版社2014年版,第527页。
⑦ 《十八大以来重要文献选编》(上),中央文献出版社2014年版,第529页。

正行使审判权检察权、健全司法权力运行机制、完善人权司法保障制度等内容作出部署，推动发展社会主义民主政治、建设社会主义法治国家。

第三，在文化建设方面，"紧紧围绕建设社会主义核心价值体系、社会主义文化强国深化文化体制改革"①。全会提出，深化文化体制改革，要"坚持以人民为中心的工作导向，坚持把社会效益放在首位、社会效益和经济效益相统一，以激发全民族文化创造活力为中心环节"②，包括完善文化管理体制、建立健全现代文化市场体系、构建现代公共文化服务体系、提高文化开放水平等，推动社会主义文化大发展大繁荣，建设社会主义文化强国。

第四，在社会建设方面，"紧紧围绕更好保障和改善民生、促进社会公平正义深化社会体制改革"③。全会对于深化社会体制改革的部署主要有两个方面。第一个方面，是社会事业改革创新。主要包括教育领域综合改革的深化、促进就业创业体制机制的健全、合理有序的收入分配格局的形成、更加公平可持续的社会保障制度的建立、医药卫生体制改革的深化等，"解决好人民最关心最直接最现实的利益问题，努力为社会提供多样化服务，更好满足人民需求"④。第二个方面，是创新社会治理体制。主要包括改进社会治理方式、激发社会组织活力、创新有效预防和化解社会矛盾体制、健全公共安全体系等。其中，"设立国家安全委员会，加强对国家安全工作的集中统一领导"，是党的十八届三中全会立足"安全工作体制机制还不能适应维护国家安全的需要，需要搭建一个强有力的平台统筹国家安全工作"擘画的重要改革举措。⑤

第五，在生态文明建设方面，"紧紧围绕建设美丽中国深化生态文明体制改革，加快建立生态文明制度"⑥。全会提出："建设生态文明，必须建立系统

---

① 《十八大以来重要文献选编》(上)，中央文献出版社 2014 年版，第 512—513 页。
② 《十八大以来重要文献选编》(上)，中央文献出版社 2014 年版，第 533 页。
③ 《十八大以来重要文献选编》(上)，中央文献出版社 2014 年版，第 513 页。
④ 《十八大以来重要文献选编》(上)，中央文献出版社 2014 年版，第 535 页。
⑤ 《十八大以来重要文献选编》(上)，中央文献出版社 2014 年版，第 506 页。
⑥ 《十八大以来重要文献选编》(上)，中央文献出版社 2014 年版，第 513 页。

完整的生态文明制度体系""用制度保护生态环境"①。主要包括健全自然资源资产产权制度和用途管制制度、划定生态保护红线、实行资源有偿使用制度和生态补偿制度、改革生态环境保护管理体制等,为推动形成人与自然和谐发展现代化建设新格局提供制度保障。

第六,在党的建设方面,"紧紧围绕提高科学执政、民主执政、依法执政水平深化党的建设制度改革"②。全会提出:"全面深化改革必须加强和改善党的领导。"③在领导责任方面,在中央成立全面深化改革领导小组,要求各级党委切实履行对改革的领导责任;在人才支撑方面,深化干部人事制度改革,拓宽选人视野和渠道,建立集聚人才体制机制;在群众基础方面,建立社会参与机制,鼓励地方、基层和群众大胆探索,加强重大改革试点工作等,"提高党的领导水平和执政能力,确保改革取得成功"④。全会还提出:"构建决策科学、执行坚决、监督有力的权力运行体系,健全惩治和预防腐败体系。"⑤主要包括形成科学有效的权力制约和协调机制、加强反腐败体制机制创新和制度保障、健全改进作风常态化制度等,为"用制度管权管事管人"提供了基础和前提。

改革是中国特色社会主义制度的自我完善和发展。新时代推进全面深化改革开放,就是要突出制度建设,注重改革关联性和耦合性,真枪真刀推进改革,有效破除各方面体制机制弊端,深度聚焦党和国家的制度和治理问题。党的十八届三中全会首次提出了"推进国家治理体系和治理能力现代化"这个重大命题,并将"完善和发展中国特色社会主义制度,推进国家治理体系和治理能力现代化"⑥作为全面深化改革的总目标,明确提出到 2020 年在重要领域和关键环节改革上取得决定性成果,完成党的十八届三中全会提出的改革

---

① 《十八大以来重要文献选编》(上),中央文献出版社 2014 年版,第 541 页。
② 《十八大以来重要文献选编》(上),中央文献出版社 2014 年版,第 513 页。
③ 《十八大以来重要文献选编》(上),中央文献出版社 2014 年版,第 544 页。
④ 《十八大以来重要文献选编》(上),中央文献出版社 2014 年版,第 544 页。
⑤ 《十八大以来重要文献选编》(上),中央文献出版社 2014 年版,第 531 页。
⑥ 《十八大以来重要文献选编》(上),中央文献出版社 2014 年版,第 512 页。

任务,"形成系统完备、科学规范、运行有效的制度体系,使各方面制度更加成熟更加定型"①,为新时代全面深化改革擘画了方向。

2.新时代推进全面深化改革和国家制度、国家治理体系建设的重要原则

"制度总是需要不断完善。"②新时代推进全面深化改革,完善和发展中国特色社会主义制度、推进国家治理体系和治理能力现代化,主要有以下几方面的重要原则。

第一,坚持"顶层设计和摸着石头过河相结合,整体推进和重点突破相促进"。"顶层设计"要求我们充分发挥人的主观能动性,从宏观、全局和整体层面完善制度设计。随着改革开放的深入,各领域各环节改革的关联性、互动性明显增强,只有从顶层做好规划,才能保证制度发挥整体功能,防止改革可能伴生的利益分化、城乡断裂、社会流动凝固的种种问题。"摸着石头过河"形象地表征着我国改革的探索实践,从尊重价值规律的初步试水,到建立市场经济体制的整体思路,无不体现着从实践中摸经验找规律的科学方法。全面深化改革开放仍需要在解决各种复杂问题时,采用"投石问路"的方法,从实践中找方法而不能从头脑中找方法。因此,完善和发展中国特色社会主义制度既要自上而下地落实制度规划,又要自下而上地创新制度运行,总结实践经验。党的十八届三中全会提出"到二〇二〇年,在重要领域和关键环节改革上取得决定性成果"③,使各方面制度更加成熟更加定型。这一目标,为全面深化改革划定了时间界限,要求我们在实践中采取有效的战略战术,才能按时完成任务。首先要在战术上坚持"重点突破",紧紧扭住经济体制改革这个重点,"坚持发展仍是解决我国所有问题的关键这个重大战略判断,以经济建设

① 《十八大以来重要文献选编》(上),中央文献出版社2014年版,第514页。
② 《十八大以来重要文献选编》(上),中央文献出版社2014年版,第497页。
③ 《十八大以来重要文献选编》(上),中央文献出版社2014年版,第514页。

为中心,发挥经济体制改革牵引作用"①,促进经济持续健康发展,为完善中国特色社会主义制度提供坚实的物质基础。其次,战略上坚持"整体推进"。经济发展、政治民主、文化繁荣、社会和谐、生态良好是全面建成小康社会的目标,是经济社会的整体进步,中国特色社会主义制度的自我完善和发展应坚持从社会主义事业总体布局层面来谋划。正如习近平总书记所说:"我们提出加强顶层设计和摸着石头过河相结合、整体推进和重点突破相促进,这是全面深化改革必须遵循的重要原则,也是历史唯物主义的要求。"②

第二,"注重改革的系统性、整体性、协同性"③。改革开放是一个系统工程,必须坚持全面改革,在各项改革协同配合中推进。党的十八大闭幕后,习近平总书记在广东考察工作时就提到过这一方法论。同年12月31日,中央政治局集体学习时习近平总书记又对这一方法论有过强调,并在党的十八届三中全会确定的全面深化改革总目标中进行了完整的表述。注重改革的系统性,要求我们在制度建设中有全局意识,将各领域各部分各环节的问题置于改革的总体进程之中,注重部分与整体的关系,在具体工作环节上也要坚持把握大势,关照全面。注重改革的整体性,要求我们在制度建设中有整体观念,将经济、政治、文化、社会和生态的总布局当作一盘棋,"一张蓝图抓到底"④;协调地区之间、城乡之间和行业之间等方面的平衡,解决经济总量增长和收入分配差距的协调问题;防止制度短板成为影响改革大局的"溃堤蚁穴"。注重改革的协同性,强调的是制度建设中的耦合意识。随着改革的深入,及时补充制度供给,不留制度空白;在制度创新中重视制度各环节的耦合,搞好制度衔接,不留制度缝隙;在制度运行中形成制度互动,扩大改革效果,产生综合效应。

① 《十八大以来重要文献选编》(上),中央文献出版社2014年版,第513页。
② 《习近平关于全面深化改革论述摘编》,中央文献出版社2014年版,第48页。
③ 《十八大以来重要文献选编》(上),中央文献出版社2014年版,第512页。
④ 《习近平关于全面深化改革论述摘编》,中央文献出版社2014年版,第48页。

第四,深化改革要"敢于啃硬骨头,敢于涉险滩"①。改革进入深水区,意味着我国改革开放在取得了举世瞩目的成就同时,各种社会矛盾也逐渐处于胶着状态,改革的难度越来越大,"可以说,容易的、皆大欢喜的改革已经完成了,好吃的肉都吃掉了,剩下的都是难啃的硬骨头"。总的来看,一方面,这一阶段的改革需要面对的大多数是那些长期积累的体制性障碍、结构性矛盾、政策性问题;另一方面,全社会对改革的预期不断增加,从物质条件改善的简单目标转变为了对于美好生活的向往,加大了改革的难度和深度。同时,社会总体利益格局逐渐形成,并呈现固化的趋势,增加了社会不稳定的风险。因此,必须拿出勇气,坚持改革开放正确方向,要有壮士断腕的勇气和胸襟,既勇于冲破思想观念的障碍,又勇于突破利益固化的藩篱,必须胆子要大、步子要稳——"胆子要大,就是改革再难也要向前推进,敢于担当,敢于啃硬骨头,敢于涉险滩。步子要稳,就是方向一定要准,行驶一定要稳,尤其是不能犯颠覆性错误。"②

第四,把握正确方向,坚持社会主义基本原则。习近平总书记多次强调:"中国是一个大国,决不能在根本性问题上出现颠覆性错误。"③全面深化改革必须始终坚持正确方向,持之以恒、久久为功。一要坚守社会主义制度的价值准则。实现每个人全面而自由发展是共产主义的终极价值,也必然是贯穿于国家制度和国家治理体系建设始终的核心价值。全面深化改革,既要坚守这一核心价值,又要使之与实践结合,使得以人为本、促进人的全面发展成为中国特色社会主义制度价值认同的核心。二是要"让发展成果更多更公平惠及全体人民"④。这一要求是以"让一切劳动、知识、技术、管理、资本的活力竞相迸发;让一切创造社会财富的源泉充分涌流"为前提的。这一层层递进的制

---

①　《十八大以来重要文献选编》(上),中央文献出版社 2014 年版,第 514 页。

②　《习近平关于全面深化改革论述摘编》,中央文献出版社 2014 年版,第 51 页。

③　习近平:《深化改革开放,共创美好亚太》,《人民日报》2013 年 10 月 8 日。

④　《十八大以来重要文献选编》(上),中央文献出版社 2014 年版,第 512 页。

度建设目标,是坚持社会主义原则的具体体现。我国不断深入的改革开放就是中国特色社会主义制度自我完善和发展的过程。党的十五大将"人民共享经济繁荣成果"作为"建设有中国特色社会主义的经济"的重要内容之一①;党的十六大将"放手让一切劳动、知识、技术、管理和资本的活力竞相迸发,让一切创造社会财富的源泉充分涌流"作为发展目标②;党的十八届三中全会将三者结合并列为全面深化改革的目标,进一步明确了以人民为中心的制度价值。三是"以促进社会公平正义、增进人民福祉为出发点和落脚点"③,这是坚持我们党全心全意为人民服务根本宗旨的必然要求。习近平总书记指出:"不论处在什么发展水平上,制度都是社会公平正义的重要保证。我们要通过创新制度安排,努力克服人为因素造成的有违公平正义的现象,保证人民平等参与、平等发展权利。"④要把促进社会公平正义、增进人民福祉作为一面镜子,审视我们各方面体制机制和政策规定,"使我们的制度安排更好体现社会主义公平正义原则,更加有利于实现好、维护好、发展好最广大人民根本利益"⑤。

3. 开启全面深化改革、系统整体设计推进改革的新时代

"我们之所以决定这次三中全会研究全面深化改革问题,不是推进一个领域改革,也不是推进几个领域改革,而是推进所有领域改革,就是从国家治理体系和治理能力的总体角度考虑的。"⑥在党的十八届三中全会上,习近平总书记系统阐释了国家治理体系和治理能力的概念。国家治理体系和国家治理能力是一个有机整体、相辅相成——这两个概念的提出,标志着中国共产党

---

① 《十五大以来重要文献选编》(上),中央文献出版社 2011 年版,第 16 页。
② 《十六大以来重要文献选编》(上),中央文献出版社 2011 年版,第 12 页。
③ 《十八大以来重要文献选编》(上),中央文献出版社 2014 年版,第 512 页。
④ 《十八大以来重要文献选编》(上),中央文献出版社 2014 年版,第 553 页。
⑤ 《十八大以来重要文献选编》(上),中央文献出版社 2014 年版,第 554 页。
⑥ 《十八大以来重要文献选编》(上),中央文献出版社 2014 年版,第 547 页。

人对于社会主义制度和社会主义社会治理问题的认识上升到了新的历史高度。

党的十八届三中全会对中国特色社会主义制度问题的谋划是全方位、系统性的。正如习近平总书记指出的:"推进国家治理体系和治理能力现代化,就是要适应时代变化,既改革不适应实践发展要求的体制机制、法律法规,又不断构建新的体制机制、法律法规,使各方面制度更加科学、更加完善,实现党、国家、社会各项事务治理制度化、规范化、程序化。要更加注重治理能力建设,增强按制度办事、依法办事意识,善于运用制度和法律治理国家,把各方面制度优势转化为管理国家的效能,提高党科学执政、民主执政、依法执政水平。"①

党的十八届五中全会进一步强调,"十三五"时期,要在已经确定的全面建成小康社会目标要求基础上,实现各方面制度更加成熟更加定型的目标。经过党的十八大以来的生动实践,中国共产党人对中国特色社会主义建设规律的认识在不断深化,党的十八届三中全会提出关于国家制度和国家治理体系建设的一系列要求也正在逐渐得到落实和细化。

从"制"到"治",党的十八届三中全会对新时代完善和发展中国特色社会主义制度的影响极其深远。这次全会实现了改革"由局部探索、破冰突围到系统集成、全面深化的转变"②,开启了"全面深化改革、系统整体设计推进改革的新时代"③,开创了我国改革开放新局面。党的十八届三中全会和1978年党的十一届三中全会一样具有划时代的意义,深刻影响了中国特色社会主义新时代的改革走向和前进方向。

---

① 《十八大以来重要文献选编》(上),中央文献出版社2014年版,第549页。
② 《中国共产党第十九届中央委员会第六次全体会议文件汇编》,人民出版社2021年版,第62页。
③ 《十九大以来重要文献选编》(中),中央文献出版社2021年版,第263页。

三、全面推进依法治国与完善发展中国特色社会主义制度①

"全面推进依法治国,是解决党和国家事业发展面临的一系列重大问题,解放和增强社会活力、促进社会公平正义、维护社会和谐稳定、确保党和国家长治久安的根本要求。"②法律是治国之重器,法治是国家治理体系和治理能力的重要依托。面对进入新时代的一系列新问题、新挑战,全面推进社会主义法治国家建设、从法治上为解决这些问题提供制度化方案成为题中应有之义。"全面推进依法治国是关系我们党执政兴国、关系人民幸福安康、关系党和国家长治久安的重大战略问题,是完善和发展中国特色社会主义制度、推进国家治理体系和治理能力现代化的重要方面。"③

1.依法治国是党领导人民治理国家的基本方略

早在新民主主义革命时期,《井冈山土地法》《中华苏维埃共和国宪法大纲》《中国土地法大纲》等一系列法律法令,创造了"马锡五审判方式",成为巩固根据地、中央苏区、解放区新政权,维护社会秩序的重要保障。新中国成立后,以"五四宪法"和国家机构组织法、选举法、婚姻法为代表的一系列重要法律法规的制定,在社会主义革命和建设过程中发挥了重要的保障和推动作用。1978 年 12 月,邓小平指出:"为了保障人民民主,必须加强法制。"④1997 年党的十五大提出了"依法治国"的基本方略⑤,1999 年九届全国人大二次会议将其载入宪法,使"实行依法治国,建设社会主义法治国家"成为宪法层面的原

---

① 　该部分原发表于《科学社会主义》2014 年第 5 期,发表时题为《依法治国与完善和发展中国特色社会主义制度》,编入本书时进行了修改完善。

② 　《十八大以来重要文献选编》(中),中央文献出版社 2016 年版,第 141 页。

③ 　《十八大以来重要文献选编》(中),中央文献出版社 2016 年版,第 142 页。

④ 　《邓小平文选》第 2 卷,人民出版社 1994 年版,第 146 页。

⑤ 　《十五大以来重要文献选编》(上),中央文献出版社 2011 年版,第 16 页。

则和目标。① 党的十八大报告指出,要"坚持依法治国这个党领导人民治理国家的基本方略"②,提出要"全面推进依法治国"③,将其纳入"四个全面"战略布局予以有力推进。党的十八届四中全会专门研究依法治国问题,审议通过《中共中央关于全面推进依法治国若干重大问题的决定》,直面我国法治建设领域的突出问题,立足新时代我国社会主义法治建设实际,明确提出了全面推进依法治国的指导思想、总目标、基本原则,提出了关于依法治国的一系列新观点、新举措。这是党的十八大以来以习近平同志为核心的党中央着眼于全面深化改革的大局作出的重大战略决策,反映了对党和国家事业发展需要和全党全国各族人民期盼的准确把握,体现了新时代党对社会主义民主政治建设规律认识的深化。

(1)坚持党的领导是全面推进依法治国的题中应有之义

"党的领导是中国特色社会主义最本质的特征,是社会主义法治最根本的保证。"④一百年来,中国共产党已经从一个领导人民为夺取全国政权而奋斗的党,成为一个领导人民掌握着全国政权并长期执政的党;已经从一个在受到外部封锁的状态下领导国家建设的党,成为在实现中华民族伟大复兴关键时期领导国家建设的党。执政地位、执政环境和历史任务的变化,要求党改变革命时期的领导方式,采取新的领导方式执政。然而,由于理论准备不足,法律体系不完备,法律意识淡薄,党在新中国成立后相当长的一段时间里,仍然沿用革命年代为夺取政权而采用的领导方式来执政,主要依靠群众运动、政策和行政手段来管理国家和经济社会事务。党的十一届三中全会以后,党意识到了转变执政方式和领导方式的重要性。邓小平深刻指出:"为了保障人民民主,必须加强法制。必须使民主制度化、法律化,使这种制度和法律不因领

① 《十五大以来重要文献选编》(上),中央文献出版社 2011 年版,第 711 页。
② 《十八大以来重要文献选编》(上),中央文献出版社 2014 年版,第 11 页。
③ 《十八大以来重要文献选编》(上),中央文献出版社 2014 年版,第 21 页。
④ 《十八大以来重要文献选编》(中),中央文献出版社 2016 年版,第 146 页。

导人的改变而改变,不因领导人的看法和注意力的改变而改变。"①党的十二大通过的党章提出"党必须在宪法和法律的范围内活动"②。"八二宪法"明确规定:"一切国家机关和武装力量、各政党和各社会团体、各企业事业组织都必须遵守宪法和法律。"③执政地位的转变,改革开放的实施,社会主义市场经济体制的确立,都要求中国共产党适时转变执政方式和领导方式,依法治国、依法执政,建设社会主义法治国家。

(2)实现人民当家作主是全面推进依法治国方略的本质要求

"人民民主是社会主义的生命。"④无论是空想社会主义者还是马克思、恩格斯这些马克思主义的经典作家,都认为未来的社会应该是一个没有剥削、没有特权、人人平等的民主社会。马克思、恩格斯指出:"工人革命的第一步就是使无产阶级上升为统治阶级,争得民主。"⑤列宁认为,资产阶级的民主,"是一种残缺不全的、贫乏的和虚伪的民主,是只供富人、只供少数人享受的民主",而无产阶级专政,"将第一次提供人民享受的、大多数人享受的民主,同时对少数人即剥削者实行必要的镇压","只有共产主义才能提供真正完全的民主"⑥。邓小平提出:"没有民主就没有社会主义,就没有社会主义的现代化。"⑦党的十二大提出:"建设高度的社会主义民主,是我们的根本目标和根本任务之一。"⑧发展社会主义民主必须健全社会主义法制,使社会主义民主制度化、法律化,走依法治国的道路。这是中国共产党深刻总结国际国内社会主义民主政治建设经验教训所得出的重要结论。无论是东欧剧变,还是"文化大革命",一个重要原因就在于忽视民主的制度化、法律化,不重视法治。

---

① 《邓小平文选》第 2 卷,人民出版社 1994 年版,第 146 页。
② 《十二大以来重要文献选编》(上),中央文献出版社 2011 年版,第 57 页。
③ 《十二大以来重要文献选编》(上),中央文献出版社 2011 年版,第 188 页。
④ 《十八大以来重要文献选编》(中),中央文献出版社 2016 年版,第 55 页。
⑤ 《马克思恩格斯选集》第 1 卷,人民出版社 2012 年版,第 421 页。
⑥ 《列宁选集》第 3 卷,人民出版社 2012 年版,第 191—192 页。
⑦ 《邓小平文选》第 2 卷,人民出版社 1994 年版,第 168 页。
⑧ 《十二大以来重要文献选编》(上),中央文献出版社 2011 年版,第 28 页。

民主作为一种国家形态,必须通过具体的制度和程序来实现,必须具体化为人民的民主权利,否则,就会成为"空中楼阁"。民主制度、民主权利只有通过法定程序上升为国家意志,转化为国家的宪法和法律,才能得到保障和落实。只有通过法治,才能实现更加广泛、更加充分、更加健全的人民民主,解决好人民最关心、最直接、最现实的利益问题,凝聚起广大人民群众的智慧和力量。

(3)法治是治国理政的基本方式,要在全面深化改革进程中更好发挥法治的规范和引领作用

我国是人民当家作主的社会主义国家,国家的一切权力属于人民。党和政府的各级领导干部手中的权力都是人民赋予的。约束权力滥用的唯一方法就是法治和制度。真正的法治才能形成有效的权力约束机制和协调机制,扎紧制度的笼子,防止"牛栏关猫"。改革开放是党在新的历史条件下领导人民进行的新的伟大革命,是当代中国发展进步的活力之源,是党和人民大踏步赶上时代前进步伐的重要法宝,是坚持和发展中国特色社会主义的必由之路。中国特色社会主义进入新时代,我国社会主要矛盾发生历史性转化,党和国家面对的改革发展稳定任务之重前所未有、矛盾风险挑战之多前所未有,依法治国在党和国家工作全局中的地位更加突出、作用更加重大,"全面深化改革、完善和发展中国特色社会主义制度,就必须在全面推进依法治国上作出总体部署、采取切实措施、迈出坚实步伐"。[①]

2. 全面推进依法治国是我国国家治理的一场深刻革命

党的十八大以来,党中央深刻认识到:"同党和国家事业发展要求相比,同人民群众期待相比,同推进国家治理体系和治理能力现代化目标相比,法治建设还存在许多不适应、不符合的问题。"[②]全面推进依法治国——建设中国特色社会主义法治体系、建设社会主义法治国家,成为中国特色社会主义新时

---

① 《十八大以来重要文献选编》(中),中央文献出版社2016年版,第144页。
② 《十八大以来重要文献选编》(中),中央文献出版社2016年版,第157页。

代的应有之义。其中,党的十八届四中全会和中央全面依法治国工作会议专题研究全面依法治国问题,就科学立法、严格执法、公正司法、全民守法作出顶层设计和重大部署,统筹推进法律规范体系、法治实施体系、法治监督体系、法治保障体系和党内法规体系建设,具有里程碑式的意义。党的十九届六中全会通过的党的第三个历史决议深刻总结了新时代全面推进依法治国的伟大成就:"党的十八大以来,中国特色社会主义法治体系不断健全,法治中国建设迈出坚实步伐,法治固根本、稳预期、利长远的保障作用进一步发挥,党运用法治方式领导和治理国家的能力显著增强。"①

(1)党的十八届四中全会顶层设计部署新时代全面推进依法治国

党的十八届四中全会是党的历史上第一次专题研究、专门部署全面依法治国的中央全会,在我国社会主义法治史上具有里程碑式的意义。这次全会通过的《中共中央关于全面推进依法治国若干重大问题的决定》,规划了新时代全面推进依法治国的总蓝图、路线图、施工图。

第一,明确全面推进依法治国的总目标。

全会提出:"全面推进依法治国,总目标是建设中国特色社会主义法治体系,建设社会主义法治国家",并对这一目标作了阐释:"在中国共产党领导下,坚持中国特色社会主义制度,贯彻中国特色社会主义法治理论,形成完备的法律规范体系、高效的法治实施体系、严密的法治监督体系、有力的法治保障体系,形成完善的党内法规体系,坚持依法治国、依法执政、依法行政共同推进,坚持法治国家、法治政府、法治社会一体建设,实现科学立法、严格执法、公正司法、全民守法,促进国家治理体系和治理能力现代化。"②同时,全会提出为实现这个总目标必须坚持的几项原则,包括坚持中国共产党的领导、坚持人民主体地位、坚持法律面前人人平等、坚持依法治国和以德治国相结合、坚持

---

① 《中国共产党第十九届中央委员会第六次全体会议文件汇编》,人民出版社 2021 年版,第 69 页。

② 《十八大以来重要文献选编》(中),中央文献出版社 2016 年版,第 157 页。

从中国实际出发等。

第二,对科学立法、严格执法、公正司法、全民守法进行论述和部署。

全会指出:"全面推进依法治国是一个系统工程,是国家治理领域一场广泛而深刻的革命,需要付出长期艰苦努力。"①围绕全面推进依法治国,全会作出多个方面的论述和部署。

一是在科学立法方面,强调要完善以宪法为核心的中国特色社会主义法律体系,加强宪法实施。全会指出:"建设中国特色社会主义法治体系,必须坚持立法先行,发挥立法的引领和推动作用,抓住提高立法质量这个关键。"②具体来说,包括健全宪法实施和监督制度,完善立法体制,深入推进科学立法、民主立法,加强重点领域立法等。

二是在严格执法方面,强调要深入推进依法行政,加快建设法治政府。法律的生命力和权威都在于实施。全会指出:"各级政府必须坚持在党的领导下、在法治轨道上开展工作,创新执法体制,完善执法程序,推进综合执法,严格执法责任,建立权责统一、权威高效的依法行政体制,加快建设职能科学、权责法定、执法严明、公开公正、廉洁高效、守法诚信的法治政府。"③具体来说,包括依法全面履行政府职能、健全依法决策机制、深化行政执法体制改革、坚持严格规范公正文明执法、强化对行政权力的制约和监督、全面推进政务公开等。

三是在公正司法方面,强调要提高司法公信力。全会强调:"必须完善司法管理体制和司法权力运行机制,规范司法行为,加强对司法活动的监督。"④具体来看,包括完善确保依法独立公正行使审判权和检察权的制度、优化司法职权配置、推进严格司法、保障人民群众参与司法、加强人权司法保障、加强对

① 《十八大以来重要文献选编》(中),中央文献出版社 2016 年版,第 159 页。
② 《十八大以来重要文献选编》(中),中央文献出版社 2016 年版,第 160 页。
③ 《十八大以来重要文献选编》(中),中央文献出版社 2016 年版,第 164—165 页。
④ 《十八大以来重要文献选编》(中),中央文献出版社 2016 年版,第 168 页。

司法活动的监督等。

四是在全民守法方面,强调要增强全民法治观念,推进法治社会建设。全会指出:"必须弘扬社会主义法治精神,建设社会主义法治文化,增强全社会厉行法治的积极性和主动性,形成守法光荣、违法可耻的社会氛围。"①具体来看,包括推动全社会树立法治意识、推进多层次多领域依法治理、建设完备的法律服务体系、健全依法维权和化解纠纷机制等。

第三,理顺党的领导和依法治国的关系。

一是提出加强和改进党对全面推进依法治国的领导的多项具体举措。全会特别强调"加强和改进党对全面推进依法治国的领导",深刻指出:"党的领导是全面推进依法治国、加快建设社会主义法治国家最根本的保证。必须加强和改进党对法治工作的领导,把党的领导贯彻到全面推进依法治国全过程。"②具体包括,坚持依法执政、加强党内法规制度建设、提高党员干部法治思维和依法办事能力、推进基层治理法治化、深入推进依法治军从严治军、依法保障"一国两制"实践和推进祖国统一、加强涉外法律工作等。

二是明确党的领导和依法治国的相互关系问题这一法治建设的核心问题。纵观新中国社会主义法治建设历程,把党的领导贯彻到依法治国全过程和各方面是一条基本经验。习近平总书记指出:"全面推进依法治国这件大事能不能办好,最关键的是方向是不是正确、政治保证是不是坚强有力,具体讲就是要坚持党的领导,坚持中国特色社会主义制度,贯彻中国特色社会主义法治理论。"③党的领导、中国特色社会主义制度、中国特色社会主义法治理论,这三个方面实质上就是中国特色社会主义法治道路的核心要义,规定和确保了中国特色社会主义法治体系的制度属性和前进方向。全会指出:"坚持党的领导,是社会主义法治的根本要求,是党和国家的根本所在、命脉所在,是

---

① 《十八大以来重要文献选编》(中),中央文献出版社 2016 年版,第 172 页。
② 《十八大以来重要文献选编》(中),中央文献出版社 2016 年版,第 176—177 页。
③ 《十八大以来重要文献选编》(中),中央文献出版社 2016 年版,第 146 页。

全国各族人民的利益所系、幸福所系,是全面推进依法治国的题中应有之义。党的领导和社会主义法治是一致的,社会主义法治必须坚持党的领导,党的领导必须依靠社会主义法治。"①同时,全会还围绕加强和改进党对全面推进依法治国的领导,提出了"三统一""四善于"。"三统一",即把依法治国基本方略同依法执政基本方式统一起来,把党总揽全局、协调各方同人大、政府、政协、审判机关、检察机关依法依章程履行职能、开展工作统一起来,把党领导人民制定和实施宪法法律同党坚持在宪法法律范围内活动统一起来;"四善于",即善于使党的主张通过法定程序成为国家意志,善于使党组织推荐的人选通过法定程序成为国家政权机关的领导人员,善于通过国家政权机关实施党对国家和社会的领导,善于运用民主集中制原则维护中央权威、维护全党全国团结统一。在党的十八届四中全会第二次会议上,习近平总书记对这一问题再次作了深入阐述:"依法治国是我们党提出来的,把依法治国上升为党领导人民治理国家的基本方略也是我们党提出来的,而且党一直带领人民在实践中推进依法治国。全面推进依法治国,要有利于加强和改善党的领导,有利于巩固党的执政地位、完成党的执政使命,决不是要削弱党的领导。"②

三是深刻分析"党大还是法大"的"伪命题"和"权大还是法大"的"真命题"。关于党与法的关系问题,长期以来社会上和理论界存在一些争论和杂音。2015年初,习近平总书记在省部级主要领导干部学习贯彻党的十八届四中全会精神全面推进依法治国专题研讨班上的讲话中对这一问题明确予以回答。习近平总书记强调:"党和法的关系是一个根本问题"③,而"党大还是法大"这个问题,"是一个政治陷阱,是一个伪命题"。他指出:"对这个问题,我们不能含糊其辞、语焉不详,要明确予以回答。"对于如何"明确予以回答",习近平总书记指出,"党和法的关系是政治和法治关系的集中反映",我们有

---

① 《十八大以来重要文献选编》(中),中央文献出版社2016年版,第157—158页。
② 《十八大以来重要文献选编》(中),中央文献出版社2016年版,第183页。
③ 《习近平关于全面依法治国论述摘编》,中央文献出版社2015年版,第33页。

符合国情的一套理论、制度，"我们是中国共产党执政，各民主党派参政，没有反对党，不是三权鼎立、多党轮流坐庄，我国法治体系要跟这个制度相配套"。① 之所以说不存在"党大还是法大"的问题，"是把党作为一个执政整体而言的，是指党的执政地位和领导地位而言的，具体到每个党政组织、每个领导干部，就必须服从和遵守宪法法律，就不能以党自居，就不能把党的领导作为个人以言代法、以权压法、徇私枉法的挡箭牌"。相比"伪命题"，习近平总书记强调，"对各级党政组织、各级领导干部来说，权大还是法大则是一个真命题"，对于权力这把"双刃剑"，"在法治轨道上行使可以造福人民，在法律之外行使则必然祸害国家和人民"。② 习近平总书记关于"伪命题"和"真命题"的深刻分析，是基于马克思主义立场、观点、方法的分析，具有重要的理论意义和实践意义。

（2）党的十九届三中全会决定组建中央全面依法治国委员会，健全党领导全面依法治国的制度和工作机制

党的十九届三中全会通过的《深化党和国家机构改革方案》，决定组建中央全面依法治国委员会，以"加强党中央对法治中国建设的集中统一领导，健全党领导全面依法治国的制度和工作机制，更好落实全面依法治国基本方略"。同时，这次全会明确，中央全面依法治国委员会的主要职责为：统筹协调全面依法治国工作，坚持依法治国、依法执政、依法行政共同推进，坚持法治国家、法治政府、法治社会一体建设，研究全面依法治国重大事项、重大问题，统筹推进科学立法、严格执法、公正司法、全民守法，协调推进中国特色社会主义法治体系和社会主义法治国家建设等。③ 这是党从全局和战略高度对全面依法治国又作出的一系列重大决策部署。

---

① 《习近平关于全面依法治国论述摘编》，中央文献出版社 2015 年版，第 34—35 页。
② 《习近平关于全面依法治国论述摘编》，中央文献出版社 2015 年版，第 37—38 页。
③ 《中国共产党第十九届中央委员会第三次全体会议文件汇编》，人民出版社 2018 年版，第 49—50 页。

（3）中央全面依法治国工作会议进一步明确了新时代全面推进依法治国的指导思想

党的十九大提出，到 2035 年基本实现社会主义现代化时，"法治国家、法治政府、法治社会基本建成"的目标①；2020 年 10 月，党的十九届五中全会审议通过的《中共中央关于制定国民经济和社会发展第十四个五年规划和二〇三五年远景目标的建议》进一步将"基本建成法治国家、法治政府、法治社会"②明确作为到 2035 年基本实现社会主义现代化的远景目标。

2020 年 11 月召开的中央全面依法治国工作会议，是第一次以党中央工作会议形式研究部署全面依法治国工作的重要会议。这次会议的主要任务是，总结经验，分析形势，明确任务，对当前和今后一个时期全面依法治国工作作出部署，动员全党全国全社会齐心协力，为深入推进全面依法治国、加快建设中国特色社会主义法治体系、建设社会主义法治国家而奋斗。

这次会议的重要成果主要是，确立了习近平法治思想在全面依法治国工作中的指导地位——这在我国社会主义法治建设进程中具有重大现实意义和深远历史意义。会议指出："习近平法治思想内涵丰富、论述深刻、逻辑严密、系统完备，从历史和现实相贯通、国际和国内相关联、理论和实际相结合上深刻回答了新时代为什么实行全面依法治国、怎样实行全面依法治国等一系列重大问题。习近平法治思想是顺应实现中华民族伟大复兴时代要求应运而生的重大理论创新成果，是马克思主义法治理论中国化最新成果，是习近平新时代中国特色社会主义思想的重要组成部分，是全面依法治国的根本遵循和行动指南。"③

这次会议上，习近平总书记发表了重要讲话，总结了党的十八大以来党全

---

① 《十九大以来重要文献选编》（上），中央文献出版社 2019 年版，第 20 页。

② 《十九大以来重要文献选编》（中），中央文献出版社 2021 年版，第 789—790 页。

③ 《习近平在中央全面依法治国工作会议上强调　坚定不移走中国特色社会主义法治道路　为全面建设社会主义现代化国家提供有力法治保障》，《人民日报》2020 年 11 月 18 日。

面推进依法治国的伟大成就,特别是总结了党的十九大以来党推动我国社会主义法治建设发生的历史性变革、取得的历史性成就:"我们把'中国共产党领导是中国特色社会主义最本质的特征'写入宪法,完善党领导立法、保证执法、支持司法、带头守法制度,党对全面依法治国的领导更加坚强有力。我们完善顶层设计,统筹推进法律规范、法治实施、法治监督、法治保障和党内法规体系建设,全面依法治国总体格局基本形成。我们推进重要领域立法,深化法治领域改革,推进法治政府建设,建立国家监察机构,改革完善司法体制,加强全民普法,深化依法治军,推进法治专门队伍建设,坚决维护社会公平正义,依法纠正一批冤错案件,全面依法治国实践取得重大进展。"

对于当前和今后一个时期推进全面依法治国要重点抓好的工作,习近平总书记提出了坚持党对全面依法治国的领导,坚持以人民为中心,坚持中国特色社会主义法治道路,坚持依宪治国、依宪执政,坚持在法治轨道上推进国家治理体系和治理能力现代化,坚持建设中国特色社会主义法治体系,坚持依法治国、依法执政、依法行政共同推进,法治国家、法治政府、法治社会一体建设,坚持全面推进科学立法、严格执法、公正司法、全民守法,坚持统筹推进国内法治和涉外法治,坚持建设德才兼备的高素质法治工作队伍,坚持抓住领导干部这个"关键少数",共 11 个方面的要求。这些要求立足过去、现在与未来,具有强烈的问题导向和现实指向,立场鲜明、思路清晰、方向明确。

习近平总书记深刻指出:"推进全面依法治国是国家治理的一场深刻变革,必须以科学理论为指导,加强理论思维,从理论上回答为什么要全面依法治国、怎样全面依法治国这个重大时代课题,不断从理论和实践的结合上取得新成果,总结好、运用好党关于新时代加强法治建设的思想理论成果,更好指导全面依法治国各项工作。"①总的来看,中央全面依法治国工作会议在总结党的十八大特别是党的十九大以来全面推进依法治国重要成果的基础上,对

① 习近平:《坚定不移走中国特色社会主义法治道路　为全面建设社会主义现代化国家提供有力法治保障》,《求是》2021 年第 5 期。

法治社会建设提出了新要求,作出了新部署。特别是习近平法治思想在全面依法治国工作中指导地位的确立,为新时代全面推进依法治国提供了根本遵循和行动指南。

四、全面从严治党与完善发展中国特色社会主义制度

百年来,中国共产党始终坚持以伟大自我革命引领伟大社会革命,在全面从严治党、加强党的自身建设方面积累了许多好的经验和做法。进入新时代,党中央结合新时代党的建设新形势,采取一系列新的举措加大管党治党力度,坚持正风肃纪、标本兼治,严明政治纪律和政治规矩,以党内制度为载体,围绕权力、责任担当设计制度,围绕理论、思想、制度构建体系,以党的思想、作风、组织、反腐倡廉建设为着力点,系统推进制度治党。

1. 新修订的《中国共产党廉洁自律准则》《中国共产党纪律处分条例》,以及《中国共产党问责条例》是新时代全面从严治党的重要法规

党的十八大以来,党中央高度重视全面从严治党,先后制定了《中国共产党廉洁自律准则》《中国共产党纪律处分条例》《中国共产党问责条例》等一系列重要党内法规,分别从完善提升党员干部自身修养,严厉惩处违规违纪行为,严肃查处不作为、乱作为行为等制度规范方面推进全面从严治党。

首先,修订《中国共产党党员领导干部廉洁从政若干准则》和《中国共产党纪律处分条例》是习近平总书记在党的十八届中央纪委五次全会上提出的重要任务。2015 年 10 月,党中央印发了新修订的《中国共产党廉洁自律准则》和《中国共产党纪律处分条例》,为新时代全面从严治党、依规治党提供了坚强的纪律保证。

《中国共产党廉洁自律准则》是在 2010 年 1 月中共中央印发的《中国共产党党员领导干部廉洁从政若干准则》基础上结合党的十八大以来全面从严治党新的实践需要进行的完善和修订,是新时代马克思主义执政党执政的道

德宣示和行动的高标准。《中国共产党廉政自律准则》规定了四条党员廉洁自律规范，即"坚持公私分明，先公后私，克己奉公""坚持崇廉拒腐，清白做人，干净做事""坚持尚俭戒奢，艰苦朴素，勤俭节约""坚持吃苦在前，享受在后，甘于奉献"；规定了四条党员领导干部廉洁自律规范，即"廉洁从政，自觉保持人民公仆本色""廉洁用权，自觉维护人民根本利益""廉洁修身，自觉提升思想道德境界""廉洁齐家，自觉带头树立良好家风"。① 《中国共产党廉洁自律准则》是中国共产党执政以来第一部坚持正面倡导、面向全体党员的规范全党廉洁自律工作的重要基础性法规，是对党章规定的具体化，体现了新时代全面从严治党实践成果。最重要的是，《中国共产党廉政自律准则》为广大党员和干部树立了一个看得见、够得着的高标准，展现了共产党人的高尚道德追求，对于深入推进党风廉政建设和反腐败斗争，加强党内监督，永葆党的先进性和纯洁性，具有十分重要的意义。

《中国共产党纪律处分条例》是在 2003 年颁布实施的《中国共产党纪律处分条例》基础上结合党的十八大以来形势发展进行的完善和修订，是新时代管党治党的尺子和党员的行为底线。之所以进行修订，主要原因是"随着形势的发展，其中不少条款已不能完全适应全面从严治党的实践需要。突出问题是：纪法不分，半数以上条款与刑法等国家法律规定重复；对政治纪律规定不突出、不具体，对违反党章、损害党章权威的违纪行为缺乏必要而严肃的责任追究；主要违纪情形针对的是党员领导干部，没有覆盖全体党员"。② 因此，修订后的《中国共产党纪律处分条例》主要围绕解决上述突出问题，围绕党纪戒尺要求，开列负面清单，为广大党组织和党员画出了不可触碰的"红线"。《中国共产党纪律处分条例》共分为三编，即"总则""分则""附则"。"总则"规定指导思想、原则和适用范围，规定了违纪与纪律处分、纪律处分运用规则、对违法犯罪党员的纪律处分等内容；"分则"则详细规定了对违反政

---

① 《十八大以来重要文献选编》(中)，中央文献出版社 2016 年版，第 726 页。
② 《十八大以来重要文献选编》(中)，中央文献出版社 2016 年版，第 766 页。

治纪律、组织纪律、廉洁纪律、群众纪律、工作纪律、生活纪律等行为的处分情形。在"尊崇党章，细化纪律""突出政治纪律和政治规矩""坚持纪严于法、纪在法前，实现纪法分开""体现作风建设和反腐败斗争的最新成果"①等方面彰显了新时代全面从严治党实践的新特色，体现了新时代党对依规治党规律认识的深化和发展，实现了纪律建设的与时俱进。

除了新修订的《中国共产党廉洁自律准则》和《中国共产党纪律处分条例》，2016 年 7 月，党中央还制定印发了《中国共产党问责条例》。《中国共产党问责条例》共有 13 条，明确了指导思想、基本原则、问责对象、职责范围、问责情形、问责方式、问责决定、执行方式等，紧抓落实主体责任这个"牛鼻子"，把问责作为从严治党的利器，进一步规范和强化了新时代党的问责工作，"体现了党的十八大以来管党治党理论和实践创新成果，是全面从严治党重要的制度遵循"。②

2.《关于新形势下党内政治生活的若干准则》和《中国共产党党内监督条例》对于新形势下规范党内政治生活、加强党内监督具有重要作用

党的十八届六中全会系统总结党的十八大以来全面从严治党的理论和实践，审议通过了《关于新形势下党内政治生活的若干准则》和《中国共产党党内监督条例》，将以制度治党推进全面从严治党推向新的历史高度，为新时代全面从严治党提出了新的要求。

（1）《关于新形势下党内政治生活的若干准则》是新形势下规范党内政治生活的重要遵循

全面从严治党的基础，就是严肃党内政治生活。"党要管党，首先要从党

---

① 《十八大以来重要文献选编》（中），中央文献出版社 2016 年版，第 766—767 页。
② 《十八大以来重要文献选编》（下），中央文献出版社 2018 年版，第 361 页。

内政治生活管起;从严治党,首先要从党内政治生活严起。"①开展严肃认真的党内政治生活,是我们党的优良传统和政治优势。改革开放之初,为了全面恢复和进一步发扬党的优良传统和作风,健全党的民主生活,维护党的集中统一,增强党的团结,巩固党的组织和纪律,提高党的战斗力,党的十一届五中全会深刻总结历史经验特别是"文化大革命"的教训,制定了《关于党内政治生活的若干准则》。《关于党内政治生活的若干准则》要求广大党员干部,"坚持党的政治路线和思想路线""坚持集体领导,反对个人专断""维护党的集中统一,严格遵守党的纪律""坚持党性,根绝派性""要讲真话,言行一致""发扬党内民主,正确对待不同意见""保障党员的权利不受侵犯""选举要充分体现选举人的意志""同错误倾向和坏人坏事作斗争""正确对待犯错误的同志""接受党和群众的监督,不准搞特权""努力学习,做到又红又专",共 12 则要求。② 作为党的重要法规,《关于党内政治生活的若干准则》对于当时恢复和健全党内民主、维护党的集中统一、严肃党的纪律、促进党的团结,实现政治上、思想上、组织上、作风上的拨乱反正,实现全党工作中心的转移,既对当时党内存在的突出矛盾和问题提出了解决的办法,又对党在长期实践中取得的宝贵经验进行了归纳,是对马克思主义建党理论的丰富发展,其中很多主要原则和规定今天依然适用。

由于《关于党内政治生活的若干准则》针对的主要是改革开放之初的历史条件和社会主要矛盾,经过改革开放以来的实践,各项形势任务和党内情况发生了很大变化,党的建设既积累了大量新成果、新经验,又面临许多之前没有遇到的新情况、新问题:"在一些党员、干部包括高级干部中,理想信念不坚定、对党不忠诚、纪律松弛、脱离群众、独断专行、弄虚作假、庸懒无为,个人主义、分散主义、自由主义、好人主义、宗派主义、山头主义、拜金主义不同程度存

---

① 《十八大以来重要文献选编》(下),中央文献出版社 2018 年版,第 455 页。
② 《三中全会以来重要文献选编》(上),中央文献出版社 2011 年版,第 360、362、363、365、367—373、375 页。

在,形式主义、官僚主义、享乐主义和奢靡之风问题突出,任人唯亲、跑官要官、买官卖官、拉票贿选现象屡禁不止,滥用权力、贪污受贿、腐化堕落、违法乱纪等现象滋生蔓延。特别是高级干部中极少数人政治野心膨胀、权欲熏心,搞阳奉阴违、结党营私、团团伙伙、拉帮结派、谋取权位等政治阴谋活动。这些问题,严重侵蚀党的思想道德基础,严重破坏党的团结和集中统一,严重损害党内政治生态和党的形象,严重影响党和人民事业发展。"①这就要求我们必须继续以改革创新精神加强党的建设,加强和规范党内政治生活,全面提高党的建设科学化水平。

做好各方面工作,必须有一个良好政治生态。政治生态污浊,从政环境就恶劣;政治生态清明,从政环境就优良。党的十八届六中全会通过了《关于新形势下党内政治生活的若干准则》,所要解决的就是党内政治生态问题,是新时代中国共产党人针对加强和规范党内政治生活问题结合新的时代特点与时俱进所拿出的新的办法和规定。在重申《关于党内政治生活的若干准则》提出的主要原则和规定的基础之上,《关于新形势下党内政治生活的若干准则》对广大党员干部同样提出包括"坚定理想信念""坚持党的基本路线""坚决维护党中央权威""严明党的政治纪律""保持党同人民群众的血肉联系""发扬党内民主和保障党员权利""坚持正确选人用人导向""严格党的组织生活制度""开展批评和自我批评""加强对权力运行的制约和监督""保持清正廉洁的政治本色"在内的 12 则要求,②在格式上基本和《关于党内政治生活的若干准则》保持了统一。

在具体内容上,《关于新形势下党内政治生活的若干准则》结合新时代的历史条件和语境进行了调整和完善。例如,围绕党的思想建设问题,《关于党内政治生活的若干准则》要求"坚持党的政治路线和思想路线",提出"坚持党

---

① 《十八大以来重要文献选编》(下),中央文献出版社 2018 年版,第 408 页。
② 《十八大以来重要文献选编》(下),中央文献出版社 2018 年版,第 420、422、423、425、427、428、430、432、434—437 页。

的政治路线和思想路线,是党内政治生活准则中最根本的一条"①。而《关于新形势下党内政治生活的若干准则》要求"坚定理想信念",提出"必须高度重视思想政治建设,把坚定理想信念作为开展党内政治生活的首要任务"②。从"最根本的一条"到"首要任务",虽然讲的都是最根本、最首要的要求,但《关于新形势下党内政治生活的若干准则》从新时代的实践出发对话语表达、概念凝练进行了创新。在维护民主集中制方面,《关于新形势下党内政治生活的若干准则》在《关于党内政治生活的若干准则》提出的"维护党的集中统一,严格遵守党的纪律"基础上进一步要求"坚决维护党中央权威",强调"全党必须牢固树立政治意识、大局意识、核心意识、看齐意识,自觉在思想上政治上行动上同党中央保持高度一致"③。同时明确"必须严明党的纪律,把纪律挺在前面,用铁的纪律从严治党"④。突出纪律和制度在从严治党中的重要作用。《关于新形势下党内政治生活的若干准则》提出的"坚持正确选人用人导向""严格党的组织生活制度""加强对权力运行的制约和监督"等内容,则是改革开放以来特别是党的十八大以来党中央全面从严治党实践的经验总结。

《关于新形势下党内政治生活的若干准则》并不是对《关于党内政治生活的若干准则》的替代和更换,而是"在坚持其主要原则和规定的基础上,针对新情况新问题作出新规定"⑤,是对党的十八大和修订通过的党章以及党的十八届三中、四中、五中全会对新形势下严肃党内政治生活有关问题原则性规定的具体化,同时是对改革开放以来党内不少涉及规范党内政治生活问题的党内法规和规范性文件的系统化整理和凝练,具有重要的现实意义——"新老准则相互联系、一脉相承,都是当前和今后一个时期党内政治生活必须遵循的"⑥。

---

① 《三中全会以来重要文献选编》(上),中央文献出版社 2011 年版,第 360 页。
② 《十八大以来重要文献选编》(下),中央文献出版社 2018 年版,第 420 页。
③ 《十八大以来重要文献选编》(下),中央文献出版社 2018 年版,第 423、424 页。
④ 《十八大以来重要文献选编》(下),中央文献出版社 2018 年版,第 425 页。
⑤ 《十八大以来重要文献选编》(下),中央文献出版社 2018 年版,第 415 页。
⑥ 《十八大以来重要文献选编》(下),中央文献出版社 2018 年版,第 416 页。

（2）《中国共产党党内监督条例》是新形势下加强党内监督的顶层设计

"党的执政地位,决定了党内监督在党和国家各种监督形式中是最基本的、第一位的。只有以党内监督带动其他监督、完善监督体系,才能为全面从严治党提供有力制度保障。"①延安时期,毛泽东在回答民主人士黄炎培提出的关于"历史周期率"的疑问时,就曾回答:"我们已经找到新路,我们能跳出这周期率。这条新路,就是民主。只有让人民来监督政府,政府才不敢松懈。"②在毛泽东看来,"让人民来监督政府"就是跳出"历史周期率"的关键所在。"党内监督是党的建设的重要内容,也是全面从严治党的重要保障。"③

2003 年 12 月,《中国共产党党内监督条例（试行）》颁布施行。从形式上看,《中国共产党党内监督条例（试行）》全文共五章,除"总则"和"附则"外,规定了"监督职责""监督制度""监督保障"等方面。《中国共产党党内监督条例（试行）》对于加强党内监督、维护党的团结统一发挥了积极作用。但是,随着形势任务发展变化,《中国共产党党内监督条例（试行）》与新实践新要求不相适应的问题显现出来。特别是长期以来,党内存在的一个突出问题,就是"不愿监督、不敢监督、抵制监督等现象不同程度存在,监督下级怕丢'选票',监督同级怕伤'和气',监督上级怕穿'小鞋'。在不少地方和部门,党内监督被高高举起、轻轻放下,成了一句口号"④。新时代的形势发展需要我们对《中国共产党党内监督条例（试行）》进行符合时代特点的修订,围绕责任设计制度、围绕制度构建体系,强化上级党组织对下级党组织和领导干部的监督,做到责任清晰、主体明确,制度管用、行之有效。

党的十八届六中全会审议通过的《中国共产党党内监督条例》就是在《中国共产党党内监督条例（试行）》基础上的修订与完善,这是新形势下加强党

---

① 《十八大以来重要文献选编》(下),中央文献出版社 2018 年版,第 455 页。
② 《毛泽东年谱(一八九三——一九四九)》(中),中央文献出版社 2013 年版,第 611 页。
③ 《十八大以来重要文献选编》(下),中央文献出版社 2018 年版,第 409 页。
④ 《十八大以来重要文献选编》(下),中央文献出版社 2018 年版,第 461 页。

内监督的顶层设计,也是规范新时代党内监督的基本法规,是规范各级党组织和广大党员、干部行为的"硬约束"。整体上说,《中国共产党党内监督条例》继承了《中国共产党党内监督条例(试行)》的精髓和要义,在指导思想上、监督的重点对象上二者都一脉相承。

从形式上看,《中国共产党党内监督条例》共有八章,相较之《中国共产党党内监督条例(试行)》在章节数量上有所增加。同时,在谋篇布局上,《中国共产党党内监督条例》不再采用《中国共产党党内监督条例(试行)》中以职责、制度、保障为主要内容的框架,除"总则""附则"外,《中国共产党党内监督条例》直接规定了"党的中央组织的监督""党委(党组)的监督""党的纪律检查委员会的监督""党的基层组织和党员的监督""党内监督和外部监督相结合""整改和保障"等内容①,更直接、更具体、更详细。

对于谁来监督的问题,《中国共产党党内监督条例(试行)》规定了党的各级委员会、各级委员会委员、各级纪律检查委员会、各级纪律检查委员会委员,以及党员的监督职责问题。《中国共产党党内监督条例》则进一步规定了包括"党的中央委员会、中央政治局、中央政治局常务委员会全面领导党内监督工作""中央委员会全体会议每年听取中央政治局工作报告,监督中央政治局工作,部署加强党内监督的重大任务""党委(党组)在党内监督中负主体责任,书记是第一责任人,党委常委会委员(党组成员)和党委委员在职责范围内履行监督职责"②"党的各级纪律检查委员会是党内监督的专责机关,履行监督执纪问责职责,加强对所辖范围内党组织和领导干部遵守党章党规党纪、贯彻执行党的路线方针政策情况的监督检查"③"党的基层组织应当发挥战斗堡垒作用""党员应当本着对党和人民事业高度负责的态度,积极行使党员权

---

① 《十八大以来重要文献选编》(下),中央文献出版社 2018 年版,第 442、443、446、448、449、450 页。

② 《十八大以来重要文献选编》(下),中央文献出版社 2018 年版,第 442—443 页。

③ 《十八大以来重要文献选编》(下),中央文献出版社 2018 年版,第 446 页。

利”,履行监督职责①等等,以章节的方式对各类监督主体的监督直接作了详细的规定和职责的明确。

对于如何监督的问题,《中国共产党党内监督条例(试行)》规定了“集体领导和分工负责”“重要情况通报和报告”“述职述廉”“民主生活会”“信访处理”“巡视”“谈话和诫勉”“舆论监督”“询问和质询”“罢免或撤换要求及处理”等十条监督制度。②《中国共产党党内内监督条例》则将《中国共产党党内监督条例(试行)》“总则”第五条提出的“党内监督要与党外监督相结合”形成其中一个章节,要求“各级党委应当支持和保证同级人大、政府、监察、司法机关等对国家机关及公职人员依法进行监督,人民政协依章程进行民主监督,审计机关依法进行审计监督”“各级党组织应当支持民主党派履行监督职能,重视民主党派和无党派人士提出的意见、批评、建议,完善知情、沟通、反馈、落实等机制”“各级党组织和党的领导干部应当认真对待、自觉接受社会监督,利用互联网技术和信息化手段,推动党务公开、拓宽监督渠道,虚心接受群众批评”“新闻媒体应当坚持党性和人民性相统一,坚持正确导向,加强舆论监督,对典型案例进行剖析,发挥警示作用”③,从而将人大、政府、监察机关、司法机关,民主党派,社会各界人士,以及新闻媒体等党外力量的监督作用予以进一步规定。同时,在整改和保障方面,也在《中国共产党党内监督条例(试行)》的基础上增加了符合新时代特点的内容。

总而言之,《中国共产党党内监督条例》在继承《中国共产党党内监督条例(试行)》的基础之上,结合党的十八大以来全面从严治党实践中总结出的新经验、新做法、新思路,从新时代的理论和实践出发推进全面从严治党,与党的十八大以来党中央制定的其他系列规章条例一起形成新时代全面从严治党的强大合力。

---

① 《十八大以来重要文献选编》(下),中央文献出版社 2018 年版,第 448—449 页。
② 《十六大以来重要文献选编》(上),中央文献出版社 2011 年版,第 662—669 页。
③ 《十八大以来重要文献选编》(下),中央文献出版社 2018 年版,第 449—450 页。

无论是《关于新形势下党内政治生活的若干准则》,还是《中国共产党党内监督条例》,两个文件稿最鲜明的特点就是继承和创新的有机统一,既深入总结了我们党在加强自身建设方面的经验和教训,继承和发扬了我们党在长期实践中形成的制度规定和优良传统,又全面总结了党的十八大以来党中央推进全面从严治党的生动实践,对全面从严治党的理论和实践创新成果进行了集纳,并深入分析新形势下党的建设面临的新情况、新问题,针对当前党内政治生活和党内监督存在的薄弱环节提出了明确措施,形成了新的制度安排,顺应了新形势、新任务对严肃党内政治生活、加强党内监督的要求,对于新时代全面从严治党特别是制度治党提供了重要的依据和保障。

3. 加强党内法规制度建设是全面从严治党、依规治党的必然要求

中国共产党历来重视党内法规制度建设,注重运用党内法规管党治党、提高党的执政能力和领导水平。党的十八大以来,以习近平同志为核心的党中央坚持全面从严治党、依规治党,严格执行党章,形成比较完善的党内法规体系,制度权威性和执行力不断增强,党内法规制度建设取得显著成绩,积累了新的重要经验。

2016 年 12 月,中共中央印发《关于加强党内法规制度建设的意见》(以下简称《意见》),强调"加强党内法规制度建设,是全面从严治党、依规治党的必然要求,是建设中国特色社会主义法治体系的重要内容,是推进国家治理体系和治理能力现代化的重要保障,事关党长期执政和国家长治久安"①。《意见》明确了新时代党内法规制度建设的总体目标,是"到建党一百周年时,形成比较完善的党内法规制度体系、高效的党内法规制度实施体系、有力的党内法规制度建设保障体系,党依据党内法规管党治党的能力和水平显著提高",具体体现在"党内法规制度体系健全""党内法规制度实施到位""党内法规制

---

① 《十八大以来重要文献选编》(下),中央文献出版社 2018 年版,第 509 页。

度建设保障有力"三个方面。①

在党内法规制度建设的具体要求上,《意见》指出,要加快构建完善的党内法规制度体系,包括健全基础主干中央党内法规制度、健全部门和地方党内法规制度、坚持立改废释并举、提高制定质量等多个方面。《意见》勾勒出党内法规制度体系的基本结构,"是以党章为根本,以民主集中制为核心,以准则、条例等中央党内法规为主干,由各领域各层级党内法规制度组成的有机统一整体",在基本框架上突出"1+4"的结构,"1"指的是党章,"4"指的是在党章之下划分出的党的组织法规制度、党的领导法规制度、党的自身建设法规制度、党的监督保障法规制度四大板块。② 这是新时代中国共产党党内法规制度理论的新发展、新概括。

《意见》还指出,要提高党内法规制度执行力,主要包括坚持以上率下、加强学习教育、强化监督检查、加强备案审查等方面。同时,《意见》还提出落实领导责任、完善体制机制、加强队伍建设、强化工作保障等多项加强组织领导的要求。③

同月,习近平总书记就加强党内法规制度建设作出重要指示,强调:"加强党内法规制度建设是全面从严治党的长远之策、根本之策。"他要求认真贯彻落实《意见》,"以改革创新精神加快补齐党建方面的法规制度短板,力争到建党 100 周年时形成比较完善的党内法规制度体系,为提高党的执政能力和领导水平、推进国家治理体系和治理能力现代化、实现中华民族伟大复兴的中国梦提供有力的制度保障"④。2021 年 12 月,习近平总书记又针对党内法规制度建设问题作出重要指示,要求"增强依规治党的自觉性和坚定性,把牢政

---

① 《十八大以来重要文献选编》(下),中央文献出版社 2018 年版,第 510 页。
② 《十八大以来重要文献选编》(下),中央文献出版社 2018 年版,第 510—512 页。
③ 《十八大以来重要文献选编》(下),中央文献出版社 2018 年版,第 513—515 页。
④ 《习近平就加强党内法规制度建设作出重要指示强调　坚持依法治国与制度治党、依规治党统筹推进、一体建设》,《人民日报》2016 年 12 月 26 日。

治方向,提高政治站位,扛起政治责任,紧紧围绕党和国家工作大局继续推进党内法规制度建设""发挥好党内法规在维护党中央集中统一领导、保障党长期执政和国家长治久安方面的重大作用,在推进新时代党的建设新的伟大工程、落实全面从严治党方面的重大作用"。① 党的十八大以来,在党中央坚强领导下,党内法规制度体系日益丰富、框架日益清晰,为确保党在坚持和发展中国特色社会主义的历史进程中始终成为坚强领导核心,为全面建设社会主义现代化国家、实现中华民族伟大复兴的中国梦提供了坚强政治保证。

---

① 《习近平作出重要指示强调　发挥好党内法规在维护党中央集中统一领导　保障党长期执政和国家长治久安方面的重大作用》,《人民日报》2021 年 12 月 21 日。

第四章　新时代中国特色社会主义制度体系的完善

"中国特色社会主义道路是实现途径,中国特色社会主义理论体系是行动指南,中国特色社会主义制度是根本保障,三者统一于中国特色社会主义伟大实践"①,党的十八大报告系统阐述了中国特色社会主义制度之于道路、理论之间的内在关联,提出经济、政治、文化、社会、生态文明等多个方面的制度建设要求。进入新时代,中国共产党人面临的主要任务是,实现第一个百年奋斗目标,开启实现第二个百年奋斗目标新征程,朝着实现中华民族伟大复兴的宏伟目标继续前进。为了完成这一历史任务,党不断推动全面深化改革向广度和深度进军,中国特色社会主义制度更加成熟,国家治理体系和治理能力现代化水平不断提高,一个系统完备、科学规范、运行有效的制度体系逐渐成型。

一、根本领导制度的巩固和发展

"坚持和完善党的领导,是党和国家的根本所在、命脉所在,是全国各族人民的利益所在、幸福所在。"②党是中国特色社会主义事业的坚强领导核心,是国家最高政治领导力量。党的领导地位并不是自封的,而是历史发展的必

---

① 《十八大以来重要文献选编》(上),中央文献出版社 2014 年版,第 10 页。
② 《十八大以来重要文献选编》(下),中央文献出版社 2018 年版,第 355 页。

然、是中国人民的选择。坚持党的领导,是中国共产党领导人民进行革命、建设、改革最可宝贵的历史经验,也是实现中华民族伟大复兴的根本保证。坚持和完善党的领导制度体系,直接关乎党对一切工作的领导。

1.新时代巩固和发展党的领导制度体系十分必要

新民主主义革命时期,围绕坚持党的一元化领导、维护党中央的权威地位,中国共产党积累了许多宝贵的历史经验,探索出包括党的一元化领导体制、请示报告制度、巡视制度等加强党的领导的党内制度,在建立苏维埃政权、抗日民主政权、解放区民主政权的实践中,逐渐探索出协调党与政府、党与人民群众之间关系的许多好的经验和做法,为新中国成立后党的领导制度体系的发展完善奠定了坚实的基础。"治理好我们这个世界上最大的政党和人口最多的国家,必须坚持党的全面领导特别是党中央集中统一领导,坚持民主集中制,确保党始终总揽全局、协调各方。"①

新中国成立后,人民民主专政的国体决定了中国共产党在国家中的领导地位。毛泽东说:"中国共产党是全中国人民的领导核心。没有这样一个核心,社会主义事业就不能胜利。"②1975年,面对"文化大革命"期间全国部分地方党的领导被削弱的问题,邓小平鲜明指出:"现在,相当一部分地方党的领导没有建立起来,党的领导削弱了。各级都有这个问题。没有党的领导怎么行?党讲话不大灵怎么行?"③改革开放后,党为加强和改善党的领导进行持续努力,为党和国家事业发展提供了根本政治保证。但是,党内仍然存在不少对坚持党的领导认识模糊、行动乏力问题,存在不少落实党的领导弱化、虚化、淡化、边缘化问题,特别是对党中央重大决策部署执行不力,有的搞上有政

---

① 《中国共产党第十九届中央委员会第六次全体会议文件汇编》,人民出版社2021年版,第95页。

② 《毛泽东文集》第7卷,人民出版社1999年版,第303页。

③ 《邓小平文选》第2卷,人民出版社1994年版,第12页。

策、下有对策,甚至口是心非、擅自行事。

党的十八大以来,党中央围绕加强和改善党的领导,确保充分发挥党总揽全局、协调各方的领导核心作用,不断完善党的领导制度体系,为党在新时代科学执政、民主执政、依法执政提供了坚强的制度保证。党的十九届四中全会提出:"必须坚持党政军民学、东西南北中,党是领导一切的,坚决维护党中央权威,健全总揽全局、协调各方的党的领导制度体系,把党的领导落实到国家治理各领域各方面各环节"。① 习近平总书记指出:"中国特色社会主义制度是一个严密完整的科学制度体系,起四梁八柱作用的是根本制度、基本制度、重要制度,其中具有统领地位的是党的领导制度。党的领导制度是我国的根本领导制度。"②党的领导制度在新时代的巩固与发展,主要体现在包括"不忘初心、牢记使命"制度,坚定维护党中央权威和集中统一领导的各项制度,党的全面领导制度,为人民执政、靠人民执政的各项制度,提高党的执政能力和领导水平制度,以及全面从严治党的制度等在内的多个方面。党的领导制度体系在中国特色社会主义新时代不断成熟、定型,为党领导实现中华民族伟大复兴提供了重要保障。

2."不忘初心、牢记使命"制度的建立

"我们党的一百年,是矢志践行初心使命的一百年。"③中国共产党是一个有着9800多万名党员、506万多个基层党组织的党,是一个在14亿多人口的大国长期执政的党,党的自身建设历来关系重大、决定全局。中国共产党从诞生之日起,就把马克思主义鲜明地写在自己的旗帜上,肩负起实现中华民族伟大复兴的历史使命。中国特色社会主义进入新时代,我们党面临着长期的、复杂的"四大考验",面临着尖锐的、严峻的"四种危险",思想不纯、政治不纯、组

---

① 《十九大以来重要文献选编》(中),中央文献出版社2021年版,第272页。
② 《十九大以来重要文献选编》(中),中央文献出版社2021年版,第305页。
③ 习近平:《在党史学习教育动员大会上的讲话》,人民出版社2021年版,第5页。

织不纯、作风不纯等突出问题在党内还有一定的"市场"和"空间",一些党员干部为民服务不实在、不上心、不尽力,脱离群众。"在党长期执政条件下,各种弱化党的先进性、损害党的纯洁性的因素无时不有,各种违背初心和使命、动摇党的根基的危险无处不在,党内存在的思想不纯、政治不纯、组织不纯、作风不纯等突出问题尚未得到根本解决。"①这些现实问题,要求党中央采取切实举措,解决党员干部的"总开关"问题,筑牢信仰之基、补足精神之钙、把稳思想之舵。"不忘初心、牢记使命"主题教育解决的就是上述问题,而"不忘初心、牢记使命"制度的建立,目的正在于推进这一主题教育成果在各级党组织和广大党员干部中持续深化、保持常态化的长效机制。

(1)"不忘初心、牢记使命"主题教育具有重大现实意义和深远历史影响

党的十八大以来,党中央高度重视中国共产党人的初心和使命问题。"中国共产党人的初心和使命,就是为中国人民谋幸福,为中华民族谋复兴。这个初心和使命是激励中国共产党人不断前进的根本动力。"②党的十九大决定,以县处级以上领导干部为重点,在全党开展"不忘初心、牢记使命"主题教育。③

2019年,在新中国成立70周年也是党在全国执政70周年之际,党中央部署开展"不忘初心、牢记使命"主题教育,这是用习近平新时代中国特色社会主义思想武装全党的迫切需要、是推进新时代党的建设的迫切需要、是保持党同人民群众血肉联系的迫切需要、是实现党既定目标任务的迫切需要。

从2019年5月至2020年初,经过"不忘初心、牢记使命"主题教育,各级党组织和广大党员、干部深入学习实践习近平新时代中国特色社会主义思想,提高了知信行合一能力;思想政治受到洗礼和锤炼,增强了守初心、担使命的思想自觉和行动自觉;干事创业、担当作为的精气神得到提振,推动了改革发

---

① 《十九大以来重要文献选编》(中),中央文献出版社2021年版,第377页。
② 《十九大以来重要文献选编》(上),中央文献出版社2019年版,第1页。
③ 《十九大以来重要文献选编》(上),中央文献出版社2019年版,第45页。

展稳定各项工作;积极解决群众最急最忧最盼的问题,强化了宗旨意识和为民情怀;深入进行清正廉洁教育,涵养了风清气正的政治生态;重点抓突出问题专项整治,消除了一些可能动摇党的根基、阻碍党的事业的因素,在新时代极大促进了全党在思想上的统一、在政治上的团结、在行动上的一致,具有重大的现实意义和深远的历史影响,"是新时代深化党的自我革命、推动全面从严治党向纵深发展的生动实践"①。

(2)"不忘初心、牢记使命"制度是确保主题教育成果常态化、制度化的机制

在"不忘初心、牢记使命"主题教育总结大会上,习近平总书记在充分肯定主题教育成绩的同时,指出:"在充分肯定成绩的同时,我们也要清醒看到存在的问题""群众最担心的是教育一阵风、雨过地皮湿,最盼望的是保持常态化、形成长效机制。我们要善始善终、善作善成,把全面从严治党要求真正落到实处。"②"不忘初心、牢记使命"制度就是确保"不忘初心、牢记使命"成为加强党的建设的永恒课题和全体党员、干部的终身课题的制度保障。

党的十九届四中全会提出建立"不忘初心、牢记使命"制度,标志着"不忘初心、牢记使命"主题教育走向常态化。建立这一制度,是党在推进"两学一做"学习教育常态化、制度化之后的又一党内制度创新,是"确保我们党在新时代新征程始终充满蓬勃生机和旺盛活力的战略之举、长远之计"③。

一是夯实中国共产党执政的思想基础。党的十九届四中全会指出,要"确保全党遵守党章,恪守党的性质和宗旨,坚持用共产主义远大理想和中国特色社会主义共同理想凝聚全党、团结人民,用习近平新时代中国特色社会主义思想武装全党、教育人民、指导工作,夯实党执政的思想基础"④。在这里,

---

① 《十九大以来重要文献选编》(中),中央文献出版社 2021 年版,第 371—373 页。

② 《十九大以来重要文献选编》(中),中央文献出版社 2021 年版,第 375—376 页。

③ 《〈中共中央关于坚持和完善中国特色社会主义制度、推进国家治理体系和治理能力现代化若干重大问题的决定〉辅导读本》,人民出版社 2019 年版,第 181 页。

④ 《十九大以来重要文献选编》(中),中央文献出版社 2021 年版,第 272—273 页。

"不忘初心、牢记使命"制度通过教育广大党员干部树立共产主义远大理想和中国特色社会主义共同理想,拧紧"总开关",为中国共产党执政奠定深厚的思想基础。

二是锤炼党员干部忠诚干净担当的政治品格。党的十九届四中全会指出,要"把不忘初心、牢记使命作为加强党的建设的永恒课题和全体党员、干部的终身课题,形成长效机制,坚持不懈锤炼党员、干部忠诚干净担当的政治品格"①。在这里,"不忘初心、牢记使命"制度,主要就是为了确保"不忘初心、牢记使命"教育能够落实落地,"坚决杜绝做选择、搞变通、打折扣的现象,防止硬约束变成'橡皮筋'、'长效'变成'无效'"②。

三是顺应时代潮流、与时俱进创新创造。"马克思主义政党的先进性和纯洁性不是随着时间推移而自然保持下去的,共产党员的党性不是随着党龄增长和职务提升而自然提高的。"③党的十九届四中全会指出,要"全面贯彻党的基本理论、基本路线、基本方略,持续推进党的理论创新、实践创新、制度创新,使一切工作顺应时代潮流、符合发展规律、体现人民愿望,确保党始终走在时代前列、得到人民衷心拥护"④。在这里,"不忘初心、牢记使命"制度,主要是始终保持中国共产党的先进性和纯洁性,从而"把初心和使命变成锐意进取、开拓创新的精气神和埋头苦干、真抓实干的原动力"⑤。

习近平总书记指出:"不忘初心、牢记使命不是一阵子的事,而是一辈子的事,每个党员都要在思想政治上不断进行检视、剖析、反思,不断去杂质、除病毒、防污染。"⑥建立"不忘初心、牢记使命"制度,是新时代中国共产党人对马克思主义建党学说的运用和发展,是党的领导制度体系在新时代的又一次

---

① 《十九大以来重要文献选编》(中),中央文献出版社 2021 年版,第 273 页。
② 《十九大以来重要文献选编》(中),中央文献出版社 2021 年版,第 382 页。
③ 《十九大以来重要文献选编》(中),中央文献出版社 2021 年版,第 377 页。
④ 《十九大以来重要文献选编》(中),中央文献出版社 2021 年版,第 273 页。
⑤ 《十九大以来重要文献选编》(中),中央文献出版社 2021 年版,第 378 页。
⑥ 《十九大以来重要文献选编》(中),中央文献出版社 2021 年版,第 377 页。

重大创新,对于加强和改善党的领导具有重大意义。

3.坚定维护党中央权威和集中统一领导的各项制度的完善和发展

中国共产党是按照马克思主义建党学说、按照民主集中制原则组织起来的工人阶级政党。作为具有高度组织性、纪律性的无产阶级的先锋队,坚定维护党中央权威和集中统一领导是党的光荣传统,也是贯穿百年党史的一条宝贵经验。坚定维护党中央权威和集中统一领导的各项制度的完善,是新时代党的领导制度体系巩固和发展的重中之重。"保证全党服从中央,坚持党中央权威和集中统一领导,是党的政治建设的首要任务。"[①]

(1)维护党中央权威和集中统一领导,是马克思主义政党的本质要求,是党的宝贵历史经验

马克思、恩格斯在总结巴黎公社失败经验时,曾深刻指出,"巴黎公社遭到灭亡,就是由于缺乏集中和权威","为了进行斗争,我们必须把我们的一切力量捏在一起,并使这些力量集中在同一个攻击点上"[②]。1900年11月初,列宁也曾指出:"在历史上,任何一个阶级,如果不推举出自己的善于组织运动和领导运动的政治领袖和先进代表,就不可能取得统治地位。"[③]

回顾党的百年历史,什么时候党中央权威和集中统一领导得到很好贯彻和实践,党的事业就能够兴旺发达。反之则会失去方向、遭受挫折。大革命失败后,在土地革命战争时期的艰苦斗争中,以毛泽东同志为主要代表的中国共产党人通过三湾改编,将支部建在连上;通过古田会议,确立党对军队的绝对领导;中华苏维埃共和国临时中央政府颁布《关于建立报告制度问题》的通令……逐步积累了关于党的政治建设的宝贵历史经验。特别是遵义会议在事

---

①　《十九大以来重要文献选编》(上),中央文献出版社2019年版,第44页。

②　《马克思恩格斯选集》第4卷,人民出版社2012年版,第500页。

③　《列宁选集》第1卷,人民出版社2012年版,第286页。

实上确立毛泽东的领导地位后,正确的革命路线逐渐得到贯彻。延安时期,解决党内存在的思想分歧、宗派主义等问题成为摆在党面前的历史课题。党的六届六中全会提出:"个人服从组织,少数服从多数,下级服从上级,全党服从中央,党的一切工作由中央集中领导,是党在组织上民主集中制的基本原则,各级党的委员会的委员必须无条件的执行,成为一切党员与干部的模范。"①从而逐步形成了一系列加强党的领导特别是党中央的领导的制度规范。党中央相继制定《关于中央委员会工作规则与纪律的决定》《关于统一抗日根据地党的领导及调整各组织间关系的决定》《关于健全党委制的决定》等,要求"中央代表机关及区党委地委的决议、决定或指示,下级党委及同级政府党团,军队军政委员会,军队政治部及民众团体党团及党员,均须无条件的执行"②。同时,党中央领导开展了自上而下的全党整风运动,创造性地运用批评与自我批评的方式,有效解决了党内存在的矛盾,实现了党的团结与统一。党的七大将毛泽东思想确立为全党的指导思想,把"四个服从"作为民主集中制的基本要求写入党章,最终确立了以毛泽东同志为核心的党中央在全党的领导地位,为夺取抗战胜利和全国解放奠定了强大思想政治基础。解放战争时期,毛泽东同志亲自为党中央起草《关于建立报告制度》的指示,在全党全军普遍建立请示报告制度。中国革命的实践充分证明,要治理好我们这个大党,保证党的团结和集中统一至关重要,维护党中央权威至关重要。

新中国成立后,党中央在中央人民政府建立党组,成立中央政治局和书记处领导下的财经小组、政法小组、科学小组、文教小组、外事小组,以制度形式加强党对各项工作的全面领导。党的七届四中全会指出:"党的团结的唯一

---

① 《建党以来重要文献选编(1921—1949)》第 15 册,中央文献出版社 2011 年版,第 773 页。

② 《建党以来重要文献选编(1921—1949)》第 19 册,中央文献出版社 2011 年版,第 423 页。

中心是党的中央。因此,必须把任何地区、任何部门的党的组织及其工作看做是在中央统一领导下的整个党及其工作的不可分割的一部分。"①在《论十大关系》的讲话中,毛泽东在谈到中央和地方的关系时曾深刻指出:"为了建设一个强大的社会主义国家,必须有中央的强有力的统一领导,必须有全国的统一计划和统一纪律,破坏这种必要的统一,是不允许的。"②改革开放后,党不断完善加强党中央领导的制度规范,在《关于党内政治生活的若干准则》中对坚持集体领导、维护党的集中统一作出明确规定,探索建立巡视制度等各项制度规范,坚定维护党中央权威和集中统一领导逐渐走向具体化、制度化、规范化。

在党的历史上,围绕维护党中央权威和集中统一领导的问题,党探索出一系列卓有成效的制度或工作方法,积累了宝贵的制度建设经验,为新时代坚定维护党中央权威和集中统一领导制度的完善和发展奠定了制度基础。

(2)坚定维护党中央权威和集中统一领导的各项制度进一步完善

党的十八大以来,党中央全力推进党的政治建设,健全维护党中央权威和集中统一领导的各项制度,党的团结统一更加巩固。习近平总书记指出:"中央委员会,中央政治局,中央政治局常委会,这是党的领导决策核心。党中央作出的决策部署,党的组织、宣传、统战、政法等部门要贯彻落实,人大、政府、政协、法院、检察院的党组织要贯彻落实,事业单位、人民团体等的党组织也要贯彻落实,党组织要发挥作用。各方面党组织应该对党委负责、向党委报告工作。"③坚定维护党中央权威和集中统一领导的各项制度在新时代得到进一步完善和发展。

2014年1月,习近平总书记在十八届中央纪委三次全会上谈到切实遵守

---

① 《中共中央文件选集(1949年10月—1966年5月)》第15册,人民出版社2013年版,第254页。

② 《毛泽东文集》第7卷,人民出版社1999年版,第32页。

③ 习近平:《毫不动摇坚持和加强党的全面领导》,《求是》2021年第18期。

组织制度时特别强调请示报告制度问题:"请示报告制度是我们党的一项重要制度,是执行党的民主集中制的有效工作机制,也是组织纪律的一个重要方面。"习近平总书记回顾了请示报告制度建立的历史,强调"正是这项制度的建立和执行,有力推进了党的作风和纪律建设,保证了政令军令畅通,为解放战争胜利提供了重要保障。我们这么大的党、这么多党组织和党员,如果都各行其是、自作主张,想干什么就干什么,想不干什么就不干什么,那是要散掉的""作为干部特别是领导干部,在涉及重大问题、重要事项时按规定向组织请示报告,这是必须遵守的规矩,也是检验一名干部合格不合格的试金石"①。他还特别指出了请示报告制度如果没有严格执行可能会造成的严重后果,强调领导干部个人事项报告制度是请示报告制度的一个重要组成部分,"要在一定比例中抽查,如果填的和实际情况不一样,就要说清楚为什么,不能糊弄党组织"②。

党的十八届六中全会通过了《关于新形势下党内政治生活的若干准则》,强调"坚持党的领导,首先是坚持党中央的集中统一领导""涉及全党全国性的重大方针政策问题,只有党中央有权作出决定和解释""全党必须自觉服从党中央领导""全党必须严格执行重大问题请示报告制度""全党必须自觉防止和反对个人主义、分散主义、自由主义、本位主义"。③ 同时,党中央陆续制定或修订了包括《中国共产党党内监督条例》《中共中央政治局关于加强和维护党中央集中统一领导的若干规定》《中国共产党重大事项请示报告条例》《中国共产党党组工作条例》等在内的一系列重要党内法规,从制度上确保党的领导全覆盖,确保党中央集中统一领导坚强有力。

党的十九届四中全会把"完善坚定维护党中央权威和集中统一领导的各

---

① 《十八大以来重要文献选编》(上),中央文献出版社 2014 年版,第 767 页。
② 《十八大以来重要文献选编》(上),中央文献出版社 2014 年版,第 768 页。
③ 《十八大以来重要文献选编》(下),中央文献出版社 2018 年版,第 424—425 页。

项制度"作为新时代坚持和完善党的领导制度体系的重要内容加以强调①,维护党中央权威和集中统一领导有了更加坚强的制度保障。习近平总书记在十九届中央纪委四次全会上的讲话中指出:"中国特色社会主义制度是一个严密完整的科学体系,居于统领地位的是党的领导制度,其关键是维护党中央权威和集中统一领导。"②总的来看,坚定维护党中央权威和集中统一领导的各项制度主要包括以下几方面内容。

第一,"两个维护"制度的完善。"一个国家、一个政党,领导核心至关重要。"③坚决维护习近平总书记党中央的核心、全党的核心地位,坚决维护党中央权威和集中统一领导,这"两个维护"是党的十八大以来我们党的重大政治成果和宝贵经验,是新时代中国共产党人对民主集中制的创造性运用。从本质上看,"两个维护"是内在统一的,坚决维护习近平总书记党中央的核心、全党的核心地位,就是维护党中央权威和集中统一领导;坚决维护党中央权威和集中统一领导,首先就必须坚决维护习近平总书记党中央的核心、全党的核心地位。党的十九届四中全会要求:"推动全党增强'四个意识'、坚定'四个自信'、做到'两个维护',自觉在思想上政治上行动上同以习近平同志为核心的党中央保持高度一致,坚决把维护习近平总书记党中央的核心、全党的核心地位落到实处。"④在这里,"两个维护"的制度以制度形式将全党重要的政治规矩和政治纪律确定了下来。

第二,党中央对重大工作的领导体制机制的健全。习近平总书记曾形象比喻我国政治制度中党总揽全局、协调各方的领导核心作用:"形象地说是'众星捧月',这个'月'就是中国共产党。在国家治理体系的大棋局中,党中

---

①　《十九大以来重要文献选编》(中),中央文献出版社 2021 年版,第 273 页。

②　《十九大以来重要文献选编》(中),中央文献出版社 2021 年版,第 383 页。

③　《十八大以来重要文献选编》(下),中央文献出版社 2018 年版,第 424 页。

④　《十九大以来重要文献选编》(中),中央文献出版社 2021 年版,第 273 页。

央是坐镇中军帐的'帅',车马炮各展其长,一盘棋大局分明。"①加强党的全面领导、维护党中央的权威,首先要加强党对涉及党和国家事业全局的重大工作的集中统一领导。党的十八大以来,党中央加强中央财经领导小组工作机制,在中央政治局及其常委会领导下,先后成立了全面深化改革、国家安全、网络安全和信息化、军民融合发展等重要领域的决策议事协调机构。党的十九大之后,特别是在党的十九届三中全会上,党中央又按主要战线、主要领域适当归并了党中央决策议事协调机构,统一了各委员会的名称,进一步完善了党对重大工作的领导体制。党的十九届三中全会提出:"优化党中央决策议事协调机构,负责重大工作的顶层设计、总体布局、统筹协调、整体推进。加强和优化党对深化改革、依法治国、经济、农业农村、纪检监察、组织、宣传思想文化、国家安全、政法、统战、民族宗教、教育、科技、网信、外交、审计等工作的领导。"同时,还要求"其他方面的议事协调机构,要同党中央决策议事协调机构的设立调整相衔接,保证党中央令行禁止和工作高效"②,确保党和国家重大事项的决策议事协调始终有坚强的核心,确保党的领导坚强有力。

第三,党中央重大决策落实机制的完善。党的十八大以来,中央有关部门建立完善贯彻落实党中央决策部署的任务分工、督促检查、情况通报、监督问责等制度机制,"推动各地区各部门深入学习贯彻习近平新时代中国特色社会主义思想,抓好习近平总书记重要指示批示和党中央决策部署落实见效"③。《关于新形势下党内政治生活的若干准则》规定:"要以贯彻党中央决策部署为前提,发挥积极性、主动性、创造性,但决不允许自行其是、各自为政,决不允许有令不行、有禁不止,决不允许搞上有政策、下有对策。"④针对部分

---

① 《习近平关于社会主义政治建设论述摘编》,中央文献出版社2017年版,第31页。

② 《十九大以来重要文献选编》(上),中央文献出版社2019年版,第259页。

③ 《〈中共中央关于坚持和完善中国特色社会主义制度、推进国家治理体系和治理能力现代化若干重大问题的决定〉辅导读本》,人民出版社2019年版,第20页。

④ 《十八大以来重要文献选编》(下),中央文献出版社2018年版,第425页。

地区出现的在党中央重大决策部署面前做选择、搞变通、打折扣等问题,党中央以巨大的政治勇气和决心严肃查处,党中央的重大决策落实机制得到贯彻和完善,确保党中央的决策部署时时生威、处处有效。

第四,向党中央请示报告制度的发展。请示报告制度,是我们党在革命、建设、改革实践中探索出的一项重要党内制度,是我们党的一项重要政治纪律、组织纪律、工作纪律。党的十八大以来,党中央高度重视重大问题请示报告制度的执行,党中央制定出台《关于新形势下党内政治生活的若干准则》、《中共中央政治局关于加强和维护党中央集中统一领导的若干规定》等党内法规,对加强请示报告工作出台新规定、提出新要求。《关于新形势下党内政治生活的若干准则》规定:"全国人大常委会、国务院、全国政协,中央纪律检查委员会,最高人民法院、最高人民检察院,中央和国家机关各部门,各人民团体,各省、自治区、直辖市,其党组织要定期向党中央报告工作。研究涉及全局的重大事项或作出重大决定要及时向党中央请示报告,执行党中央重要决定的情况要专题报告。遇有突发性重大问题和工作中重大问题要及时向党中央请示报告,情况紧急必须临机处置的,要尽职尽力做好工作,并迅速报告。""省、自治区、直辖市党委在党中央领导下开展工作,同级各个组织中的党组织和领导干部要自觉接受同级党委领导、向同级党委负责,重大事项和重要情况及时向同级党委请示报告",要求全党必须"自觉防止和反对个人主义、分散主义、自由主义、本位主义"①。2019 年,中共中央印发《中国共产党重大事项请示报告条例》,明确"各地区各部门党组织承担重大事项请示报告工作主体责任,党组织主要负责同志为第一责任人,对请示报告工作负总责"②。《中国共产党重大事项请示报告条例》对什么是请示报告、谁向谁请示报告、请示报告什么、怎么请示报告等基本问题作出规定,明确了党组织请示报告的主体、事项、程序、方式,规定了党员、领导干部报告的相关要求,以及监督和追责

---

① 《十八大以来重要文献选编》(下),中央文献出版社 2018 年版,第 424—425 页。

② 《十九大以来重要文献选编》(上),中央文献出版社 2019 年版,第 812 页。

要求等,极大提高了党的重大事项请示报告工作制度化、规范化、科学化水平,对于新时代坚持和加强党的全面领导,保证全党团结统一和行动一致,具有重要意义。

党的十八大以来,党的组织建设不断发展,维护党的集中统一的组织制度日益健全。截至 2021 年 6 月,中国共产党党员总数为 9514.8 万名,基层党组织 486.4 万个。全国共有机关基层党组织 74.2 万个,事业单位基层党组织 93.3 万个,企业基层党组织 151.3 万个,社会组织基层党组织 16.2 万个,基本实现应建尽建。[①] 包括党的中央组织、地方组织、基层组织在内的严密组织体系在新时代日益完善,成为维护党的集中统一领导的组织肌体、制度保障。

虽然我们强调坚持党中央权威和集中统一领导,但是这并不是说不要民主集中制了,不要发扬党内民主了,那种把这两者对立起来的观点是不对的、片面的。民主集中制是党的根本组织原则,党内民主是党的生命,发扬党内民主和实行集中统一领导是一致的,二者并不矛盾。党的十八大以来,党中央高度重视发展党内民主、集思广益。无论是党的代表大会报告、党的全会文件、党的重要文件和重大决策、政府工作报告、重大改革发展举措、部门重要工作文件,党中央都会在党内一定范围征求意见,有些重要的文件、政策、举措甚至还要反复多次征求意见,有时征求意见范围包括全部省区市,有时征求意见范围包括几十家中央和国家机关部门。党中央审议重大决策时都要求报告征求意见的情况,同意的要报告,不同意的也要报告。这些制度化、规范化的程序,党中央严格遵守。但是,征求了意见之后,如何将这些意见统一、集中,最后作出决定,这个决定权就在党中央。"在酝酿和讨论过程中,要充分发扬民主,让大家畅所欲言,但一旦党中央作出决定,各方就要坚决贯彻执行。在坚决执行党中央决策部署的前提下,有意见、有问题还可以通过党内程序反映,直至向党中央反映。"正如习近平总书记所说:"在充分发扬民主的基础上进行集

---

① 《中国共产党党内统计公报》,《人民日报》2021 年 7 月 1 日。

中,坚持党中央权威和集中统一领导,集中全党智慧,体现全党共同意志,是我们党的一大创举,也是中国共产党领导和我国社会主义制度的优势所在。这样做,既有利于做到科学决策、民主决策、依法决策,避免发生重大失误甚至颠覆性错误;又有利于克服分散主义、本位主义,避免议而不决、决而不行,形成推进党和国家事业发展的强大合力。"①

4. 健全党的全面领导制度

党的十八大以来,习近平总书记强调,"推进党的领导制度化、法治化,既是加强党的领导的应有之义,也是法治建设的重要任务",他要求"继续推进党的领导制度化、法治化,不断完善党的领导体制和工作机制"。② 把党的领导落实到国家治理各领域、各方面、各环节,是党的十九届四中全会提出的重大政治要求,也是新时代国家制度和国家治理体系建设的重中之重。"党的全面领导制度健全了,坚持和完善中国特色社会主义制度、推进国家治理体系和治理能力现代化就抓住了关键。"③党的十八大以来,党中央高度重视加强党的全面领导。在党的十九届三中全会上,习近平总书记深刻指出:"党的领导必须是全面的、系统的、整体的,必须体现到经济建设、政治建设、文化建设、社会建设、生态文明建设和国防军队、祖国统一、外交工作、党的建设等各方面。哪个领域、哪个方面、哪个环节缺失了弱化了,都会削弱党的力量,损害党和国家事业。"④党的十九届四中全会提出,要"健全党的全面领导制度"⑤。

(1)确保党在各种组织中发挥领导作用的制度

我国是人民民主专政的社会主义国家,工人阶级在国家中处于领导地位;

---

①　《十九大以来重要文献选编》(上),中央文献出版社 2019 年版,第 276—277 页。

②　习近平:《加强党对全面依法治国的领导》,《求是》2019 年第 4 期。

③　《〈中共中央关于坚持和完善中国特色社会主义制度、推进国家治理体系和治理能力现代化若干重大问题的决定〉辅导读本》,人民出版社 2019 年版,第 71 页。

④　《十九大以来重要文献选编》(上),中央文献出版社 2019 年版,第 275—276 页。

⑤　《十九大以来重要文献选编》(中),中央文献出版社 2021 年版,第 273 页。

中国共产党成为国家的执政党,是人民民主专政国体的本质要求。党的十九届四中全会要求:"完善党领导人大、政府、政协、监察机关、审判机关、检察机关、武装力量、人民团体、企事业单位、基层群众自治组织、社会组织等制度,健全各级党委(党组)工作制度,确保党在各种组织中发挥领导作用。"①

党的十九大报告指出:"在我国政治生活中,党是居于领导地位的,加强党的集中统一领导,支持人大、政府、政协和法院、检察院依法依章程履行职能、开展工作、发挥作用,这两个方面是统一的。"②人大、政府、政协、监察机关、审判机关、检察机关、武装力量、人民团体、企事业单位、基层群众自治组织、社会组织等都是党领导下人民民主专政政权的重要组成部分。在革命、建设、改革的各个历史时期,党组制度曾经发挥了十分重要的作用,但是由于缺乏相关制度规范,实践中一些问题制约着党组作用的有效发挥。党的十八大以来,党中央不断加强党在各种组织中的领导机关建设,强化党的组织在同级组织中的领导地位。为更好发挥党在中央和地方国家机关、人民团体、经济组织、文化组织和其他非党组织的领导机关中的领导核心作用,规范党组工作,提高党的执政能力,2015年6月中共中央印发《中国共产党党组工作条例(试行)》,2019年4月修订后的《中国共产党党组工作条例》正式印发。修订后的《中国共产党党组工作条例》规定,党组"是党对非党组织实施领导的重要组织形式"③,明确了新时代各级党组工作的基本原则、基本要求,对于规范和发挥党组织在非党组织中的领导核心作用意义重大。同时,党的十九届三中全会还强调,要"加快在新型经济组织和社会组织中建立健全党的组织机构,做到党的工作进展到哪里,党的组织就覆盖到哪里"④。

党的十八大以来,党中央还高度重视地方各级党委的领导核心作用的发

---

① 《十九大以来重要文献选编》(中),中央文献出版社2021年版,第273页。
② 《十九大以来重要文献选编》(上),中央文献出版社2019年版,第26页。
③ 《中国共产党党组工作条例》,人民出版社2019年版,第4页。
④ 《十九大以来重要文献选编》(上),中央文献出版社2019年版,第259页。

挥。1996 年 4 月,中共中央印发《中国共产党地方委员会工作条例(试行)》;
经过 20 多年的实践,《中国共产党地方委员会工作条例(试行)》所适用的工
作条件已经发生了很大的变化,已经不能完全适应新时代各级地方党委工作
所面对的新形势新任务新要求。2015 年 12 月,新修订的《中国共产党地方委
员会工作条例》印发。新修订的《中国共产党地方委员会工作条例》规定:"党
的地方委员会在本地区发挥总揽全局、协调各方的领导核心作用,按照协调推
进'四个全面'战略布局,对本地区经济建设、政治建设、文化建设、社会建设、
生态文明建设实行全面领导,对本地区党的建设全面负责。"①《中国共产党地
方委员会工作条例》的修订,为新形势下加强和改进地方党委工作提供了基
本遵循、注入了强大动力,为党执政治国提供了坚实的组织制度保障。在党的
十九届三中全会上,习近平总书记强调:"地方各级党委加强对重大工作的领
导,关键是要强化组织协调能力。"他指出,要确保党中央重大决策部署落到
实处,还要注意区分轻重缓急,把对本地区改革发展稳定具有决定性意义的工
作抓起来、管起来,"不要眉毛胡子一把抓"。②

(2)党领导各项事业的具体制度

《中国共产党章程》指出,中国共产党领导人民发展社会主义市场经济、
社会主义民主政治、社会主义先进文化,领导人民构建社会主义和谐社会,建
设社会主义生态文明,坚持对人民解放军和其他人民武装力量的绝对领导。③
在我国政治生活中,党的领导是全面的、系统的、整体的,涉及经济建设、政治
建设、文化建设、社会建设、生态文明建设和国防军队、祖国统一、外交工作、党
的建设等各方面。党对各项事业的领导,是确保各项事业健康发展的根本
保证。

---

① 《中国共产党地方委员会工作条例》,人民出版社 2016 年版,第 1—2 页。
② 《十九大以来重要文献选编》(上),中央文献出版社 2019 年版,第 278 页。
③ 《中国共产党章程》,人民出版社 2017 年版,第 5—8 页。

党的十九届四中全会提出"完善党领导各项事业的具体制度"①的要求。党的十八大以来,党中央不断完善细化党领导经济社会各方面的制度规定,先后制定出台《中国共产党机关工作条例(试行)》《中国共产党普通高等学校基层组织工作条例》《中国共产党支部工作条例(试行)》《中国共产党宣传工作条例》《中国共产党组织工作条例》等一系列具体的党内法规条例,确保党管干部、党管人才、党管意识形态、党管办学方向,突出党对经济建设、政治建设、文化建设、社会建设、生态文明建设的全面领导,推进党领导全面建成小康社会(全面建设社会主义现代化国家)、全面深化改革、全面依法治国、全面从严治党,党的领导在经济社会的各个方面都得到了贯彻和强化,以党内制度的形式把党的领导真正落实到统筹推进"五位一体"总体布局、协调推进"四个全面"战略布局各方面。

(3)党和国家机构职能体系

党和国家机构职能体系是中国特色社会主义制度的重要组成部分,是我们党治国理政的重要保障。新中国成立后,我们党就建立起具有我国特点的党和国家机构职能体系。改革开放后,我们党又积极推进党和国家机构改革,实现了从计划经济条件下的机构职能体系向社会主义市场经济条件下的机构职能体系的重大转变。党和国家机构职能体系,是由党和国家管理活动各个环节、各个层面、各个领域的相互关系和内在联系构成的有机整体,既有机构层面的,也有职能层面的。其中,党的领导制度体系是居于统领地位的,是全覆盖、全贯穿的,人大、政府、政协、监察机关、审判机关、检察机关、人民团体、企事业单位、社会组织以及武装力量等在党的统一领导下,各就其位、各司其职、各尽其责、有序协同,保证中央和地方各级政令统一、运行顺畅、执行高效、充满活力。

党的十八大以来,党中央持续深化党和国家机构改革。2017年,党的十

---

① 《十九大以来重要文献选编》(中),中央文献出版社2021年版,第273页。

九大对新时代深化机构改革作出重要部署,要求"统筹考虑各类机构设置,科学配置党政部门及内设机构权力、明确职责"①。针对党和国家机构设置和职能配置中存在的突出矛盾和问题,党的十九届三中全会以加强党的全面领导为统领,以国家治理体系和治理能力现代化为导向,以推进党和国家机构职能优化协同高效为着力点,全面贯彻党的十九大提出的重大战略目标、战略部署、战略任务,审议通过了《中共中央关于深化党和国家机构改革的决定》和《深化党和国家机构改革方案》。《中共中央关于深化党和国家机构改革的决定》和《深化党和国家机构改革方案》二者相互支撑、有机统一,对新时代深化党和国家机构改革作出顶层设计和重要部署,从制度安排上发挥党的领导这个最大的体制优势。

党的十九届三中全会特别指出,"加强党对各领域各方面工作领导,是深化党和国家机构改革的首要任务",强调"要优化党的组织机构,确保党的领导全覆盖,确保党的领导更加坚强有力"。②《中共中央关于深化党和国家机构改革的决定》中提出了包括建立健全党对重大工作的领导体制机制、强化党的组织在同级组织中的领导地位、更好发挥党的职能部门作用、统筹设置党政机构、推进党的纪律检查体制和国家监察体制改革等多项完善坚持党的全面领导制度的要求。《深化党和国家机构改革方案》则提出了包括组建国家监察委员会,组建中央全面依法治国委员会,组建中央审计委员会,中央全面深化改革领导小组、中央网络安全和信息化领导小组、中央财经领导小组、中央外事工作领导小组改为委员会,组建中央教育工作领导小组,组建中央和国家机关工作委员会,组建新的中央党校(国家行政学院),组建中央党史和文献研究院,中央组织部统一管理中央机构编制委员会办公室、公务员工作,中央宣传部统一管理新闻出版工作、电影工作,中央统战部统一领导国家民族事务委员会、宗教工作、侨务工作,优化中央网络安全和信息化委员会办公室职

<hr>

① 《十九大以来重要文献选编》(上),中央文献出版社 2019 年版,第 28 页。
② 《十九大以来重要文献选编》(上),中央文献出版社 2019 年版,第 258—259 页。

责。同时,不再设立中央维护海洋权益工作领导小组、不再设立中央社会治安综合治理委员会及其办公室、不再设立中央维护稳定工作领导小组及其办公室,将中央防范和处理邪教问题领导小组及其办公室职责划归中央政法委员会、公安部,等等。这些具体举措,将《中共中央关于深化党和国家机构改革的决定》提出的指导性意见具体化。

党政关系既是重大理论问题,也是重大实践问题。对于这个问题,改革开放之初,由于我们的理论认识和实践经验都还不足,因此曾经为了解决效率不高、机构臃肿、人浮于事、作风拖拉等问题,在一段时间里曾讨论过党政分开的问题。经过改革开放以来的实践,以习近平同志为主要代表的中国共产党人深刻认识到:"处理好党政关系,首先要坚持党的领导,在这个大前提下才是各有分工,而且无论怎么分工,出发点和落脚点都是坚持和完善党的领导。"在我国,中国共产党是执政党,党的领导地位和执政地位是紧密联系在一起的,党的集中统一领导权力不可分割。因此,"不能简单讲党政分开或党政合一,而是要适应不同领域特点和基础条件,不断改进和完善党的领导方式和执政方式"①。

党的十九届三中全会围绕实际工作中依然存在的"党政机构职责重叠,仍存在叠床架屋问题"②部署一系列改革举措,以加强党的领导、理顺党政关系、提高党和政府效能。"统筹设置党政机构"成为党的十九届三中全会部署党和国家机构改革的一个重要特点③,全会提出:"坚持一类事项原则上由一个部门统筹、一件事情原则上由一个部门负责,加强相关机构配合联动,避免政出多门、责任不明、推诿扯皮,下决心破除制约改革发展的体制机制弊端,使党和国家机构设置更加科学、职能更加优化、权责更加协同、监督监管更加有

---

① 《十九大以来重要文献选编》(上),中央文献出版社 2019 年版,第 277 页。
② 《十九大以来重要文献选编》(上),中央文献出版社 2019 年版,第 237 页。
③ 《十九大以来重要文献选编》(上),中央文献出版社 2019 年版,第 241 页。

力、运行更加高效。"①全会对加强党对一切工作的领导作出制度设计和安排，对一些领域设置过细、职能交叉重叠的党政机构进行整合。比如，一些党中央决策议事协调机构的办事机构就设在政府部门；新组建的国家监察委员会和中央纪律检查委员会合署办公，履行纪检、监察两项职责，实行一套工作机构、两个机关名称；新组建的中央党校（国家行政学院）实现中央党校和国家行政学院的职责整合，实行一个机构两块牌子；等等。这些举措，打破了原来所谓的"党政界限"，"同一件事情弄到一块去干"，有效增强党的领导力，切实提高政府执行力，从机构设置层面理顺了党政关系，特别是建立健全党中央对重大工作的决策协调机制，实现党中央决策议事协调机构和相关党政部门紧密结合，确保工作有抓手和着力点。"这是党中央总结以往正反两方面经验作出的重大决策"②，具有重大的历史意义和现实意义。

党的十九届三中全会部署的深化机构改革，"是一场系统性、整体性、重构性的变革，力度规模之大、涉及范围之广、触及利益之深前所未有，既有当下'改'的举措，又有长久'立'的设计，是一个比较全面、比较彻底、比较可行的改革顶层设计"③。党的十九届四中全会深刻指出，要"完善党和国家机构职能体系，把党的领导贯彻到党和国家所有机构履行职责全过程，推动各方面协调行动、增强合力"④。党的十九届三中全会以来，习近平总书记对深化党和国家机构改革亲自擘画设计、亲自动员部署、亲自领导推动，新时代党和国家组织结构和管理体制发生了历史性变革、系统性调整、整体性重构，党的全面领导得到加强、党政关系得到理顺、机构设置更加合理、央地关系更加顺畅、决策执行更加迅速、工作效率得到显著提高，成为新时代推进国家治理体系和治理能力现代化的重要方面。

---

① 《十九大以来重要文献选编》（上），中央文献出版社 2019 年版，第 258 页。
② 《十九大以来重要文献选编》（上），中央文献出版社 2019 年版，第 278 页。
③ 《十九大以来重要文献选编》（上），中央文献出版社 2019 年版，第 252 页。
④ 《十九大以来重要文献选编》（中），中央文献出版社 2021 年版，第 273 页。

5.健全为人民执政、靠人民执政各项制度

中国共产党是全心全意为人民服务的工人阶级政党,没有自己特殊的利益,从来不代表任何利益集团、任何权势团体、任何特权阶层的利益。"全面加强党的领导同坚持以人民为中心是高度统一的。"①党的十九届四中全会提出,要"健全为人民执政、靠人民执政各项制度"②,这是中国共产党人初心使命在制度建设层面的鲜明体现,更彰显着中国特色社会主义制度和我国国家治理体系的价值内核与人民属性。

(1)通过完善制度保证人民在国家治理中的主体地位

中国特色社会主义制度,从设计到施行,其出发点和落脚点都是人民群众。"始终代表最广大人民根本利益,保证人民当家作主,体现人民共同意志,维护人民合法权益,是我国国家制度和国家治理体系的本质属性,也是我国国家制度和国家治理体系有效运行、充满活力的根本所在。"③

综观新时代党的全部制度建设和治理创新,不管是什么样的制度或治理体系,都突出坚持人民主体地位这一要求和经验。例如,党的十八届三中全会总结的改革开放的成功实践经验中就包括:"坚持以人为本,尊重人民主体地位,发挥群众首创精神,紧紧依靠人民推动改革,促进人的全面发展"④;党的十八届四中全会强调,建设中国特色社会主义法治体系,建设社会主义法治国家,必须"坚持人民主体地位""必须坚持法治建设为了人民、依靠人民、造福人民、保护人民,以保障人民根本权益为出发点和落脚点,保证人民依法享有广泛的权利和自由、承担应尽的义务,维护社会公平正义,促进共同富裕"⑤;等等。

---

① 《十九大以来重要文献选编》(上),中央文献出版社 2019 年版,第 241 页。
② 《十九大以来重要文献选编》(中),中央文献出版社 2021 年版,第 273 页。
③ 《十九大以来重要文献选编》(中),中央文献出版社 2021 年版,第 303 页。
④ 《十八大以来重要文献选编》(上),中央文献出版社 2014 年版,第 514 页。
⑤ 《十八大以来重要文献选编》(中),中央文献出版社 2016 年版,第 158 页。

党的十九届四中全会所提出的这一项制度建设要求,体现出党百年制度建构背后的基本理念和核心思路,即在国家制度和国家治理体系的建设过程中,"坚持立党为公、执政为民,保持党同人民群众的血肉联系,把尊重民意、汇集民智、凝聚民力、改善民生贯穿党治国理政全部工作之中,巩固党执政的阶级基础,厚植党执政的群众基础,通过完善制度保证人民在国家治理中的主体地位,着力防范脱离群众的危险"①。换个角度看,正因为这种理念贯穿制度建设过程,中国特色社会主义制度和我国国家治理体系才始终得到最广大人民的拥护和支持,才能够在实践中彰显出巨大优越性和生命力。

(2)完善党员干部联系群众制度

密切联系群众,是中国共产党的优良传统和最大政治优势;"密切联系群众,向群众宣传党的主张,遇事同群众商量,及时向党反映群众的意见和要求,维护群众的正当利益"②,是党章规定的党员必须履行的义务。

党的十八大以来,党中央高度重视党员干部联系群众的问题。党中央制定并带头落实关于改进工作作风、密切联系群众的八项规定。2013 年 5 月,党中央在全党部署深入开展党的群众路线教育实践活动,并着重要求"加强制度建设""对贯彻党的群众路线已有制度进行梳理,经实践检验行之有效、群众认可的,要长期坚持,抓好落实;对不适应新形势新任务要求的,要抓紧修订完善。坚决纠正有令不行、有禁不止、无视制度的问题"。同时,要求注重总结实践中发现的好经验好做法,把中央要求、实际需要、新鲜经验结合起来,制定新的制度,完善已有的制度,废止不适用的制度,"完善党员干部直接联系群众制度和畅通群众诉求反映渠道制度,建立健全体现群众意愿的科学民主决策机制""推动改进工作作风、密切联系群众常态化长效化"③。习近平

① 《十九大以来重要文献选编》(中),中央文献出版社 2021 年版,第 273—274 页。
② 《中国共产党章程》,人民出版社 2022 年版,第 27 页。
③ 《十八大以来重要文献选编》(上),中央文献出版社 2014 年版,第 290 页。

总书记特别强调:"不管建立和完善什么制度,都要本着于法周延、于事简便的原则,注重实体性规范和保障性规范的结合和配套,确保针对性、操作性、指导性强。"①党的十八大以来,贯彻党的群众路线,推动党员干部联系和服务群众有了更多更切实的"硬约束"。

党的十九届四中全会还提出,要"创新互联网时代群众工作机制"②,即立足互联网时代的历史条件,创新做群众工作的思路和方法,善于联网上线、拓展群众工作阵地。面向互联网时代的群众工作有了更多新的特点,习近平总书记就曾要求:"群众在哪儿,我们的领导干部就要到哪儿去,不然怎么联系群众呢? 各级党政机关和领导干部要学会通过网络走群众路线""善于运用网络了解民意、开展工作,是新形势下领导干部做好工作的基本功。"③这一系列制度规范和重要指示,为广大党员干部"始终做到为了群众、相信群众、依靠群众、引领群众,深入群众、深入基层"④提供了根本遵循和制度约束。密切联系群众,有了更实在的要求、更明确的路径、更严格的纪律。

(3)健全联系广泛、服务群众的群团工作体系

在各个历史时期,党始终高度重视群团工作,发挥群团组织在联系群众、动员群众等方面发挥的特殊优势。进入新时代,群众工作只能加强不能削弱,"群团事业是党的事业的重要组成部分,党的群团工作是党治国理政的一项经常性、基础性工作,是党组织动员广大人民群众为完成党的中心任务而奋斗的重要法宝"⑤。

2015 年 1 月,中共中央印发《中共中央关于加强和改进党的群团工作的

① 《十八大以来重要文献选编》(上),中央文献出版社 2014 年版,第 318 页。
② 《十九大以来重要文献选编》(中),中央文献出版社 2021 年版,第 274 页
③ 习近平:《在网络安全和信息化工作会议座谈会上的讲话》,人民出版社 2016 年版,第 7 页。
④ 《十九大以来重要文献选编》(中),中央文献出版社 2021 年版,第 274 页。
⑤ 《十八大以来重要文献选编》(中),中央文献出版社 2016 年版,第 304 页。

意见》,强调"党的领导是做好群团工作的根本保证"。对于各级党组织,《中共中央关于加强和改进党的群团工作的意见》要求"必须负起政治责任,加强对群团组织的政治领导、思想领导、组织领导,把党的理论和路线方针政策贯彻落实到群团工作各方面、全过程";对于群团组织,《中共中央关于加强和改进党的群团工作的意见》要求"必须坚持正确政治方向,自觉服从党的领导,贯彻党的意志和主张,严守政治纪律和政治规矩,在思想上政治上行动上始终同以习近平同志为总书记的党中央保持高度一致,不断增强中国特色社会主义道路自信、理论自信、制度自信"。①

《中共中央关于加强和改进党的群团工作的意见》还明确,"各级党委要明确对群团工作的领导责任,健全组织制度,完善工作机制,从上到下形成强有力的组织领导体系",包括"群团组织实行分级管理、以同级党委领导为主的体制,工会、共青团、妇联受同级党委和各自上级组织双重领导""地方党委要建立和完善研究决定群团工作重大事项制度""地方党委有关工作会议应该请工会、共青团、妇联等群团组织主要负责人参加或列席""把群团建设纳入党建工作总体部署""群团组织中的党组要充分发挥领导核心作用""领导干部要加强对群团工作理论政策的学习研究",等等。② 总的来看,《中共中央关于加强和改进党的群团工作的意见》对新时代加强和改进党的群团工作进行了长远谋划和系统部署,从顶层设计维度对新时代健全和完善群团工作体系提出了新的要求。

2015 年 7 月,党中央召开历史上首次中央党的群团工作会议。习近平总书记在会议上指出,切实保持和增强党的群团工作的政治性、先进性、群众性。他特别要求:"各级党委必须从党和国家工作大局出发,切实加强和改进对党的群团工作的领导。要坚持党委统一领导、党政齐抓共管、部门各负其责、党员干部带头示范、群团履职尽责的工作格局。""要深入把握党的群团工作规

---

① 《十八大以来重要文献选编》(中),中央文献出版社 2016 年版,第 306 页。
② 《十八大以来重要文献选编》(中),中央文献出版社 2016 年版,第 308—309 页。

律,完善党委领导群团组织的制度,提高党的群团工作科学化水平。"①中央党的群团工作会议的召开,特别是习近平总书记在会议上的重要讲话,为进一步贯彻《中共中央关于加强和改进党的群团工作的意见》提出了要求、指明了方向。2019年,党的十九大同样明确指出,要"增强群众工作本领,创新群众工作体制机制和方式方法,推动工会、共青团、妇联等群团组织增强政治性、先进性、群众性,发挥联系群众的桥梁纽带作用,组织动员广大人民群众坚定不移跟党走"②。

健全联系广泛、服务群众的群团工作体系,是新时代中国特色社会主义群团发展道路的重要组成部分,是进一步把群团组织建设得更加充满活力、更加坚强有力,使之成为推进国家治理体系和治理能力现代化的重要力量的必然要求,对于新时代加强和改善党的领导、进一步增强党在各界群众中的影响力和感召力意义重大。

6.健全提高党的执政能力和领导水平制度

中国共产党的领导地位和执政地位是统一的,党的领导地位决定了党的执政地位,党依靠科学执政、民主执政、依法执政巩固党的领导地位。在新中国执政的70多年时间里,党积累了许多宝贵的执政和领导经验,党的执政能力和领导水平不断提高,国家治理成效显著。党的十八大以来,以习近平同志为核心的党中央强调必须"以加强党的长期执政能力建设、先进性和纯洁性建设为主线",并将其纳入新时代党的建设总要求中。③党的十九大要求全面增强包括学习本领、政治领导本领、改革创新本领、科学发展本领、依法执政本领、群众工作本领、狠抓落实本领、驾驭风险本领在内的执政本领,做到政治过

---

① 《习近平在中央党的群团工作会议上强调:切实保持和增强政治性先进性群众性,开创新形势下党的群团工作新局面》,《人民日报》2015年7月8日。

② 《十九大以来重要文献选编》(上),中央文献出版社2019年版,第48页。

③ 《十九大以来重要文献选编》(上),中央文献出版社2019年版,第43页。

硬和本领高强。① 党的十九届四中全会特别提出,要"健全提高党的执政能力和领导水平制度"②,这是新时代加强党的领导制度体系建设的重要方面,更是推进国家治理体系和治理能力现代化的内在要求。

党的十八大以来,党中央围绕健全提高党的执政能力和领导水平制度,主要从以下几方面重点发力。

(1)坚持民主集中制,完善发展党内民主和实行正确集中的相关制度

坚持民主集中制,是马克思主义政党的本质要求,也是中国共产党的优良传统。1927年6月,中央政治局会议通过的《中国共产党第三次修正章程决案》,指出:"党部的指导原则为民主集中制。"③民主集中制被载入党的章程,成为中国共产党始终坚持的根本组织原则。1945年党的七大上,毛泽东在《论联合政府》的报告中深刻指出,为了达到联合起来打败日本侵略者和建设新中国的目的,"我们要把我们党的一切力量在民主集中制的组织和纪律的原则之下,坚强地团结起来"。④ 新中国成立后,1962年毛泽东在扩大的中央工作会议上谈到民主集中制问题时指出:"没有民主集中制,无产阶级专政不可能巩固。在人民内部实行民主,对人民的敌人实行专政,这两个方面是分不开的,把这两个方面结合起来,就是无产阶级专政,或者叫人民民主专政。"⑤改革开放后,邓小平也指出:"我们实行的是民主集中制,这就是民主基础上的集中和集中指导下的民主相结合。民主集中制是社会主义制度的一个不可分的组成部分。"⑥邓小平还指出,民主集中制是我们党的优越性,"这种制度更利于团结人民,比西方的民主好得多。我们做某一项决定,可以立即实

① 《十九大以来重要文献选编》(上),中央文献出版社2019年版,第48页。
② 《十九大以来重要文献选编》(中),中央文献出版社2021年版,第274页。
③ 《建党以来重要文献选编(1921—1949)》第4册,中央文献出版社2011年版,第268页。
④ 《毛泽东选集》第3卷,人民出版社1991年版,第1097页。
⑤ 《毛泽东文集》第8卷,人民出版社1999年版,第297页。
⑥ 《邓小平文选》第2卷,人民出版社1994年版,第175页。

施"。① 总之,在革命、建设、改革各个历史时期,民主集中制都是我们党正确规范党内政治生活、处理党内关系的基本准则,"是我们党最大的制度优势"②。

党的十八大以来,党中央不断巩固和完善民主集中制,并将其贯彻到推进国家治理体系和治理能力现代化的进程之中。

一是以民主集中制巩固完善根本政治制度。民主集中制是中国国家组织形式和活动方式的基本原则。党的十八大闭幕后不久,在首都各界纪念现行宪法公布施行 30 周年大会上,习近平总书记指出:"我们要按照宪法确立的民主集中制原则、国家政权体制和活动准则,实行人民代表大会统一行使国家权力,实行决策权、执行权、监督权既有合理分工又有相互协调,保证国家机关依照法定权限和程序行使职权、履行职责,保证国家机关统一有效组织各项事业。"③在庆祝全国人民代表大会成立 60 周年大会上,习近平总书记指出:"坚持和完善人民代表大会制度,必须坚持民主集中制。"他强调:"我们必须坚持人民通过人民代表大会行使国家权力;各级人民代表大会都由民主选举产生,对人民负责、受人民监督;各级国家行政机关、审判机关、检察机关都由人民代表大会产生,对人大负责、受人大监督;国家机关实行决策权、执行权、监督权既有合理分工又有相互协调;在中央统一领导下,充分发挥地方主动性和积极性,保证国家统一高效组织推进各项事业。"④

二是以民主集中制加强和改善党的领导,强化党内监督,实行正确的集中。民主集中制所强调的民主,是集中指导下的民主;没有民主就没有集中,没有集中民主的效果也无从保障。党的十八大以来,党中央强调以民主集中制加强和改善党的领导,规范党内政治生活和政治生态。2013 年 1 月,习近平总书记在十八届中央纪委二次全会上深刻指出,苏联解体前,苏共党内

---

① 《邓小平文选》第 3 卷,人民出版社 1993 年版,第 257 页。
② 《十七大以来重要文献选编》(下),中央文献出版社 2013 年版,第 1023 页。
③ 《十八大以来重要文献选编》(上),中央文献出版社 2014 年版,第 89 页。
④ 《十八大以来重要文献选编》(中),中央文献出版社 2014 年版,第 55—56 页。

之所以会从思想混乱演变到组织混乱,主要原因就是苏共在所谓"公开性""民主化"口号下,放弃了民主集中制原则,允许党员公开发表与组织决议不同的意见,实行所谓各级党组织自治原则,最终导致"一些苏共党员甚至领导层成员成了否定苏共历史、否定社会主义的急先锋,成了传播西方意识形态的大喇叭"。① 党的十八届三中全会强调,强化权力运行制约和监督体系,就要"完善党和国家领导体制,坚持民主集中制,充分发挥党的领导核心作用"②。2014 年 1 月,习近平总书记在十八届中央纪委三次全会上提到加强党员领导干部的组织纪律性问题时就着重强调,要切实遵守组织制度,"民主集中制、党内组织生活制度等党的组织制度都非常重要,必须严格执行"。③ 2016 年10 月,十八届中央纪委六次全会通过的《中国共产党党内监督条例》中特别强调党内监督必须贯彻民主集中制,"强化自上而下的组织监督,改进自下而上的民主监督,发挥同级相互监督作用"。④ 同时,将"坚持民主集中制,严肃党内政治生活,贯彻党员个人服从党的组织,少数服从多数,下级组织服从上级组织,全党各个组织和全体党员服从党的全国代表大会和中央委员会原则情况"纳入党内监督的主要内容之中。⑤

三是以民主集中制完善和发展党内民主。民主集中制,同样是民主基础上的集中制。党的十八大提出:"党内民主是党的生命。要坚持民主集中制,健全党内民主制度体系,以党内民主带动人民民主。"⑥《关于新形势下党内政治生活的若干准则》特别强调,"民主集中制是党的根本组织原则,是党内政治生活正常开展的重要制度保障。坚持集体领导制度,实行集体领导和个人分工负责相结合,是民主集中制的重要组成部分,必须始终坚持,任何组织和

①　《十八大以来重要文献选编》(上),中央文献出版社 2014 年版,第 134 页。
②　《十八大以来重要文献选编》(上),中央文献出版社 2014 年版,第 531 页。
③　《十八大以来重要文献选编》(上),中央文献出版社 2014 年版,第 767 页。
④　《十八大以来重要文献选编》(下),中央文献出版社 2018 年版,第 440 页。
⑤　《十八大以来重要文献选编》(下),中央文献出版社 2018 年版,第 441 页。
⑥　《十八大以来重要文献选编》(上),中央文献出版社 2014 年版,第 40 页。

个人在任何情况下都不允许以任何理由违反这项制度"。《关于新形势下党内政治生活的若干准则》要求各级党委(党组)都必须坚持集体领导制度,"建立上级组织在作出同下级组织有关重要决策前征求下级组织意见的制度",尤其是党委(党组)主要负责同志必须发扬民主、善于集中、敢于担责。① 2017年2月,习近平总书记在省部级主要领导干部学习贯彻党的十八届六中全会精神专题研讨班开班式上再次强调了坚持民主集中制的问题:"强调维护党中央权威和集中统一领导,是不是就不要民主集中制了、不要发扬党内民主了呢? 绝对不是! 不能把这两者对立起来。我们实行的民主集中制,是又有集中又有民主、又有纪律又有自由、又有统一意志又有个人心情舒畅生动活泼的制度,是民主和集中紧密结合的制度。"②

党的十九大报告明确要求:"完善和落实民主集中制的各项制度,坚持民主基础上的集中和集中指导下的民主相结合,既充分发扬民主,又善于集中统一。"③党的十九届四中全会提出,要"坚持民主集中制,完善发展党内民主和实行正确集中的相关制度"④。新时代党对民主集中制的巩固和完善,将完善发展党内民主和实行正确的集中统一起来,进一步加强了党的集中统一领导,传承了党的光荣传统,规范了党内政治生活,对于提高党把方向、谋大局、定政策、促改革的能力,提高党的领导水平具有重要意义。

(2)健全决策机制,加强重大决策的调查研究、科学论证、风险评估,强化决策执行、评估、监督

提高党的执政能力和领导水平,科学、民主、依法决策并有效落实决策部署是关键。决策机制完不完善、健不健全,决定着党和国家的决策质量。特别是作为执政党的中国共产党,在党和国家重大决策中发挥着领导核心的作用。

---

① 《十八大以来重要文献选编》(下),中央文献出版社2018年版,第428—429页。
② 《十八大以来重要文献选编》(下),中央文献出版社2018年版,第586页。
③ 《十九大以来重要文献选编》(上),中央文献出版社2019年版,第44页。
④ 《十九大以来重要文献选编》(中),中央文献出版社2021年版,第274页。

党的十八大以来,健全决策机制,成为提高执政能力和领导水平的一个重要方面。其中,"科学民主依法决策是决策机制和程序的核心内容"。①

习近平总书记向来重视决策的调查研究、科学论证、风险评估问题。党的十八大召开之前,他就在中央党校一次秋季学期开学典礼上强调了完善重要决策调研论证制度。他指出:"必须把调查研究贯穿于决策的全过程,真正成为决策的必经程序。""对本地区、本部门事关改革发展稳定全局的问题,应坚持做到不调研不决策、先调研后决策。提交讨论的重要决策方案,应该是经过深入调查研究形成的,有的要有不同决策方案作比较。特别是涉及群众切身利益的重要政策措施出台,要采取听证会、论证会等形式,广泛听取群众意见。要在建立、完善落实重大项目、重大决策风险评估机制上取得实质性进展,使我们的各项工作真正赢得群众的理解和支持,从源头上预防矛盾纠纷的发生。"②党的十八大以后,以习近平同志为核心的党中央,持之以恒加强重大决策的调查研究、科学论证、风险评估,持之以恒强化决策执行、评估、监督,确保科学、民主、依法决策,确保党的各项决策部署有效落地实施。

党的十八大报告提出:"健全决策机制和程序,发挥思想库作用,建立健全决策问责和纠错制度"③。2014 年 9 月,习近平总书记在庆祝全国人民代表大会成立 60 周年大会上的讲话中指出:"我们努力建设了解民情、反映民意、集中民智、珍惜民力的决策机制,增强决策透明度和公众参与度,保证了决策符合人民利益和愿望。"④党的十八届五中全会通过的《中共中央关于制定国民经济和社会发展第十三个五年规划的建议》提出,要完善党领导经济社会发展工作体制机制,"提高决策科学化水平,完善党委研究经济社会发展战

---

① 《〈中共中央关于坚持和完善中国特色社会主义制度、推进国家治理体系和治理能力现代化若干重大问题的决定〉辅导读本》,人民出版社 2019 年版,第 202 页。

② 习近平:《谈谈调查研究》,《学习时报》2011 年 11 月 21 日。

③ 《十八大以来重要文献选编》(上),中央文献出版社 2014 年版,第 22—23 页。

④ 《十八大以来重要文献选编》(中),中央文献出版社 2016 年版,第 61 页。

略、定期分析经济形势、研究重大方针政策的工作机制,健全决策咨询机制。"①在这次全会上,习近平总书记还着重强调要提高党领导经济社会发展能力,特别是面对我国发展领域不断拓宽、分工日趋复杂、形态更加高级、国际国内联动更加紧密的现实状况,"无论是分析形势还是作出决策,无论是破解发展难题还是解决涉及群众利益的问题,都需要专业思维、专业素养、专业方法","那种习惯于拍脑袋决策、靠行政命令或超越法律法规制定特殊政策的做法,已经很难适应新形势新任务的需要",因此,他指出:"要更加注重对国内外经济形势的分析和预判,完善决策机制,注重发挥智库和专业研究机构作用,提高科学决策能力,确保制定的重大战略、出台的重要政策措施符合客观规律。"他还要求领导干部"加强学习,加强调研思考,加强实践历练,增强把握和运用市场经济规律、社会发展规律、自然规律的能力,努力成为领导经济社会发展的行家里手"。② 正是因为始终做到调查研究、科学论证、风险评估,党才能始终坚持科学决策、民主决策。

党中央还高度重视推进依法决策,强调要健全依法决策机制。《中共中央关于全面推进依法治国若干重大问题的决定》提出:"把公众参与、专家论证、风险评估、合法性审查、集体讨论决定确定为重大行政决策法定程序,确保决策制度科学、程序正当、过程公开、责任明确。""建立行政机关内部重大决策合法性审查机制,未经合法性审查或经审查不合法的,不得提交讨论。""积极推行政府法律顾问制度,建立政府法制机构人员为主体、吸收专家和律师参加的法律顾问队伍,保证法律顾问在制定重大行政决策、推进依法行政中发挥积极作用。""建立重大决策终身责任追究制度及责任倒查机制,对决策严重失误或者依法应该及时作出决策但久拖不决造成重大损失、恶劣影响的,严格追究行政首长、负有责任的其他领导人员和相关责任人员的法律责任。"③这

---

① 《十八大以来重要文献选编》(中),中央文献出版社 2016 年版,第 817 页。
② 《十八大以来重要文献选编》(中),中央文献出版社 2016 年版,第 835 页。
③ 《十八大以来重要文献选编》(中),中央文献出版社 2016 年版,第 165 页。

一系列制度建设举措,突出的是党和国家各项决策的法治化要求。

除了推进决策的科学化、民主化、法治化,党的十八大以来,党中央还高度重视构建有效的权力运行机制,强调在党的集中统一领导下,坚持决策权、执行权、监督权既合理分工又协调制约。党的十八届三中全会提出,要"构建决策科学、执行坚决、监督有力的权力运行体系"①,党的十九大报告再次强调:"构建决策科学、执行坚决、监督有力的权力运行机制"②。总的来看,这是一个包含决策、执行、监督的全方位运行机制,有效保障党的决策科学有效、执行坚决彻底、监督坚强有力,确保党的决策部署有效落实,"形成科学的权力结构和运行机制,是我们党在科学配置权力方面的经验总结,是中国特色社会主义制度优越性向治理效能的实际转化"。③

(3)形成和完善干部担当作为的激励机制

毛泽东曾指出:"政治路线确定之后,干部就是决定的因素。"④提高党的执政能力和领导水平,具体来看,就是要提高广大党员干部队伍的执政能力和领导水平,建设高素质干部队伍。党的十八大以来,党中央围绕形成和完善新时代干部担当作为的激励机制持续发力,强调在从严管理干部的同时,也要关爱干部、激励干部,突出"严管"和"厚爱"相结合。

2018 年,中共中央办公厅专门就激励干部担当作为问题印发《关于进一步激励广大干部新时代新担当新作为的意见》,对建立激励机制和容错纠错机制,进一步激励广大干部新时代新担当新作为提出明确要求。《关于进一步激励广大干部新时代新担当新作为的意见》指出,要大力教育引导干部担当作为、干事创业,鲜明树立重实干、重实绩的用人导向,充分发挥干部考核评价的激励鞭策作用,切实为敢于担当的干部撑腰鼓劲,着力提高干部适应新时

---

① 《十八大以来重要文献选编》(上),中央文献出版社 2014 年版,第 531 页。

② 《十九大以来重要文献选编》(上),中央文献出版社 2019 年版,第 26 页。

③ 《〈中共中央关于坚持和完善中国特色社会主义制度、推进国家治理体系和治理能力现代化若干重大问题的决定〉辅导读本》,人民出版社 2019 年版,第 372 页。

④ 《毛泽东选集》第 2 卷,人民出版社 1991 年版,第 526 页。

代发展要求的本领能力,满怀热情关心关爱干部,凝聚形成创新创业的强大合力等。①《关于进一步激励广大干部新时代新担当新作为的意见》的出台,具有重大现实意义和深远战略考量,对于新时代完善干部担当作为的激励机制起到了宣示性、指导性、统筹性的作用,有利于充分调动和激发干部队伍的积极性、主动性、创造性。

同年 7 月,习近平总书记在全国组织工作会议上深刻指出,着力培养忠诚干净担当的高素质干部,就要"建立崇尚实干、带动担当、加油鼓劲的正向激励体系"。他强调,"我们要在选人用人上体现讲担当、重担当的鲜明导向,把敢不敢扛事、愿不愿做事、能不能干事作为识别干部、评判优劣、奖惩升降的重要标准,把干部干了什么事、干了多少事、干的事群众认不认可作为选拔干部的根本依据",同时要注重发挥榜样的激励作用、要真情关爱干部、要更多理解和支持基层干部特别是困难艰苦地区和奋战在脱贫攻坚第一线的干部。②

激励干部担当作为,需要有常态化的制度设计。党的十九届四中全会进一步提出,"完善担当作为的激励机制"③,作为健全提高党的执政能力和领导水平制度的内在要求。2020 年,中共中央办公厅印发《关于持续解决困扰基层的形式主义问题为决胜全面建成小康社会提供坚强作风保证的通知》,强调要完善干部担当作为的激励机制,强调既要把"严"的主基调长期坚持下去,又要善于做到"三个区分开来",加大正向激励力度,持续抓好激励干部担当作为有关具体措施落实。基于此,该通知提出了若干项完善干部担当作为的激励机制举措,包括精准审慎实施谈话函询和问责,规范实施问责的工作程序,及时纠正滥用问责、不当问责及以问责代替整改等问题;研究制定为受到诬告错告干部澄清正名的意见;对近年来被问责和受处分干部情况进行全面了解梳理,积极稳妥使用影响期满、表现突出的干部;进一步完善干部考核评

---

① 《十九大以来重要文献选编》(上),中央文献出版社 2019 年版,第 438—441 页。
② 《十九大以来重要文献选编》(上),中央文献出版社 2019 年版,第 566—567 页。
③ 《十九大以来重要文献选编》(中),中央文献出版社 2021 年版,第 274 页。

价机制,以正确的用人导向引领干事创业导向,真正把政治上过得硬、善于贯彻新发展理念、制度执行力和治理能力强、"愿作为、能作为、善作为"的干部选拔出来;在统筹推进疫情防控和复工复产、打好三大攻坚战等重大斗争中考察识别干部;加强对基层干部特别是困难艰苦地区和疫情防控、脱贫攻坚一线干部的关心关爱,真正把干部带薪休假、津补贴、职务职级等待遇保障制度落到实处,建立村(社区)干部报酬动态增长机制;深化理想信念教育,加强治理能力和专业能力培训,使广大党员、干部深刻认识到减负不是减担当、减责任,更不是降低工作标准和要求,自觉把初心落在行动上、把使命担在肩膀上,提高担当作为的硬本领;等等①,这些举措对于提振新时代党员干部干事创业的激情和热情具有非常重要的作用。

(4)形成和完善增强执政本领的各项制度

领导 14 亿多人的社会主义大国,既要政治过硬,也要本领高强。执政本领建设是中国共产党自身建设的重要方面。在激励干部担当作为的同时,党的十八大以来,增强干部执政本领的各项制度也在逐步完善。

党的十八大提出了建设学习型、服务型、创新型马克思主义执政党的重大任务②。"把学习型放在第一位,是因为学习是前提,学习好才能服务好,学习好才有可能进行创新。"③2013 年 3 月,习近平总书记在中央党校建校 80 周年庆祝大会暨 2013 年春季学期开学典礼上结合"如何正确认识和妥善处理我国发展起来后不断出现的新情况新问题",重提"本领恐慌"问题。习近平总书记指出,重视抓全党特别是领导干部的学习,是推动党和人民事业发展的一条成功经验。"不论是新问题还是老问题,不论是长期存在的老问题还是改变了表现形式的老问题,要认识好、解决好,唯一的途径就是增强我们自己的本领。增强本领就要加强学习,既把学到的知识运用于实践,又在实践中增长解

---

① 《十九大以来重要文献选编》(中),中央文献出版社 2021 年版,第 505 页。
② 《十八大以来重要文献选编》(上),中央文献出版社 2014 年版,第 39 页。
③ 《习近平谈治国理政》第 1 卷,外文出版社 2018 年版,第 403 页。

决问题的新本领。"他告诫党员领导干部:"从总体上看,与今天我们党和国家事业发展的要求相比,我们的本领有适应的一面,也有不适应的一面。特别是随着形势和任务不断发展,我们适应的一面正在下降,不适应的一面正在上升。如果不抓紧增强本领,久而久之,我们就难以胜任领导改革开放和社会主义现代化建设的繁重任务。"因此,全党同志特别是各级领导干部,"都要有本领不够的危机感,都要努力增强本领,都要一刻不停地增强本领"。①

党的十九大面向中国特色社会主义新时代党对高素质干部的要求,提出要"全面增强执政本领",提出要增强学习本领、政治领导本领、改革创新本领、科学发展本领、依法执政本领、群众工作本领、狠抓落实本领、驾驭风险本领在内共八个方面执政本领要求。② 党的十九届一中全会上,习近平总书记深刻指出,党的十九大对全面增强执政本领提出的具体要求,"是有很强针对性的""大家要有知识不足、本领不足、能力不足的紧迫感,自觉加强学习、加强实践,永不自满,永不懈怠。我们要适应党和国家工作的新进展,努力增强各方面本领,包括学习本领、政治领导本领、改革创新本领、科学发展本领、依法执政本领、群众工作本领、狠抓落实本领、驾驭风险本领,都必须着力强化"。他要求中央委员会的领导同志要勤于学习、善于学习,"既要向书本学又要向实践学,既要向领导和同事学又要向专家、基层和群众学,既要向传统学又要向现代学,努力成为兼收并蓄、融会贯通的通达之才"。③ 党的十九届四中全会则在党的十九大提出的"八项执政本领"的基础上,进一步增加了促进各级领导干部"发扬斗争精神,增强斗争本领"④的要求,体现出党对执政本领的认识在不断深化,体现出党对执政规律的认识在不断深化。

正如习近平总书记所说:"本领不是天生的,是要通过学习和实践来获得

---

① 《习近平谈治国理政》第 1 卷,外文出版社 2018 年版,第 401—403 页。
② 《十九大以来重要文献选编》(上),中央文献出版社 2019 年版,第 48 页。
③ 习近平:《在党的十九届一中全会上的讲话》,《求是》2018 年第 1 期。
④ 《十九大以来重要文献选编》(中),中央文献出版社 2021 年版,第 274 页。

的。"①进入新时代,党中央扎实推进干部教育培训这一建设高素质干部队伍的先导性、基础性、战略性工程,形成干部教育培训的常态化体制机制,不断提高干部素质和能力,增强党员干部执政本领。

首先,中共中央印发的《2013—2017 年全国干部教育培训规划》和《2018—2022 年全国干部教育培训规划》为新时代干部教育培训提供了基本遵循。

《2013—2017 年全国干部教育培训规划》明确了新时代干部教育培训的指导思想和总体要求、重点培训内容、培训对象及措施、培训能力建设以及组织领导等内容,强调了"以加强中国特色社会主义理论体系学习为首要任务,全面推进理论武装、党性教育、能力培训和知识更新,使广大干部理想信念更加坚定、理论素养不断提高、党性修养切实增强、工作作风明显改进、德才素质和履职能力显著提升,使干部教育培训推动党和国家事业发展的作用更加明显。进一步推进干部教育培训改革创新,努力形成更加开放、更具活力、更有实效的中国特色干部教育培训体系,提高干部教育培训科学化水平"②的目标任务。

《2018—2022 年全国干部教育培训规划》则结合党的十九大提出的增强执政本领要求,提出这一时期全国干部教育培训要认真落实新时代党的建设总要求,贯彻落实新时代党的组织路线,以学习贯彻习近平新时代中国特色社会主义思想为首要任务,以坚决维护习近平总书记的核心地位、坚决维护党中央权威和集中统一领导为最高政治原则,以坚定理想信念宗旨为根本,以全面增强执政本领为重点,突出政治训练、政治历练,把提高政治觉悟、政治能力贯穿全过程,坚持政治统领、服务大局,坚持以德为先、注重能力,坚持精准培训、全员覆盖,坚持改革创新、共建共享,坚持联系实际、从严管理,围绕建立源头

①　《习近平谈治国理政》第 1 卷,外文出版社 2018 年版,第 403 页。
②　《2013—2017 年全国干部教育培训规划》,人民出版社 2013 年版,第 3 页。

培养、跟踪培养、全程培养的素质培养体系深化干部教育培训改革,着力提高培训针对性有效性,高质量教育培训干部、高水平服务党和国家事业发展,为决胜全面建成小康社会、夺取新时代中国特色社会主义伟大胜利、实现中华民族伟大复兴的中国梦提供有力保证。该规划提出要通过干部教育培训,实现"以习近平新时代中国特色社会主义思想为中心内容的理论教育更加深入""党性教育更加扎实""专业化能力培训更加精准""知识培训更加有效""干部教育培训体系改革更加深化"的主要目标。[①] 同时,还明确了包括全面深入开展习近平新时代中国特色社会主义思想教育培训、完善培训内容体系、优化分类分级培训体系、建强培训保障体系、健全培训制度体系等多项举措和制度性建设要求。

面对世界政治经济外部环境的深刻变化,面对国内经济社会运行的新问题新挑战,全党范围内的干部大学习十分必要。党中央围绕新时代干部教育培训的两个"培训规划"相互承接、相互统一,成为贯彻落实新时代党的建设总要求和新时代党的组织路线、加强和改进干部教育培训工作的重要依据,在突出专业化能力培养的同时,也突出理想信念教育、理论素养教育、党性教育,有助于帮助广大党员干部筑牢信仰之基、从政之基、廉政之基。

2006 年,中共中央印发了《干部教育培训工作条例(试行)》,明确规定了干部教育培训的管理体制、对象、内容与方式、机构、师资、教材、经费、考核与评估、监督与纪律等内容[②],为培养造就高素质干部队伍、推动学习型政党建设发挥了重要作用,其中提出的工作原则和主要规定实践证明是行之有效的,正式颁布的条件已经成熟。经过近十年的贯彻实施,新时代中国共产党人对于干部教育培训有了更多新的认识和新的思考,在培训干部、提高干部素质的实践中也创造了不少新的做法和新的经验,需要总结吸收、上升为制度规范。同时,在干部教育培训中还存在一些突出问题,需要从制度机制层面理顺、解

---

① 《2018—2022 年全国干部教育培训规划》,人民出版社 2018 年版,第 2—4 页。

② 《十六大以来重要文献选编》(中),中央文献出版社 2011 年版,第 225—235 页。

决,试行版本的条例也需要与时俱进修订完善。

为了推进新时代干部教育培训工作科学化、制度化、规范化,2015 年中共中央在 2006 年版本基础上修订印发了《干部教育培训工作条例》。该条例明确:"干部教育培训是建设高素质干部队伍的先导性、基础性、战略性工程,在推进中国特色社会主义伟大事业和党的建设新的伟大工程中具有不可替代的重要作用。"①这是党第一次以党内法规形式明确干部教育培训的重要地位和作用。

相比《干部教育培训工作条例(试行)》,修订的《干部教育培训工作条例》更加突出理想信念和党性教育,强调"干部教育培训坚持以理想信念、党性修养、政治理论、政策法规、道德品行教育培训为重点,并注重业务知识、科学人文素养等方面教育培训,全面提高干部素质和能力",要求对党员干部,"必须加强党性教育,重点开展党章、党的宗旨、党规党纪、党的优良传统、党风廉政建设等教育培训,引导党员干部增强党的意识、宗旨意识、执政意识、大局意识、责任意识、规矩意识,做到对党忠诚、个人干净、敢于担当",同时,对于党外干部,也要根据其特点开展相应的政治理论教育②,等等,从制度上切切实实保证了理想信念和党性教育始终是干部教育培训第一位的任务。《干部教育培训工作条例》更重视干部教育培训的质量和效益,对于教育培训的方式方法,对于培训机构、师资队伍、课程教材建设等方面明确提出了一系列符合新时代特点的措施和办法。

总的来看,《干部教育培训工作条例》是新时代党的干部教育培训事业发展的最新制度成果,是做好新时代干部教育培训工作的根本遵循。在《干部教育培训工作条例》的统领下,相关配套制度和体制机制建设不断推进,新时代干部教育培训体系日益完善,为新时代培养造就党和人民需要的"信念坚

---

① 《干部教育培训工作条例》,人民出版社 2015 年版,第 9—10 页。
② 《干部教育培训工作条例》,人民出版社 2015 年版,第 1 页。

定、为民服务、勤政务实、敢于担当、清正廉洁"的好干部①做好了本领上的充分准备。

7. 全面从严治党制度的完善

党的十八大以来,党中央深刻认识到,推进全面从严治党,"既要解决思想问题,也要解决制度问题,二者一柔一刚、刚柔相济,同向发力、同时发力,能产生一加一大于二的功效"②。党中央坚持依规治党和以德治党相结合,坚持思想建党和制度治党同向发力,坚持依法治国与制度治党、依规治党统筹推进、一体建设。党中央以党章为遵循,兴利除弊、破立并举,与时俱进推进制度改革创新,把管党治党创新成果固化为法规制度,什么缺补什么、什么弱强什么,先后组织制定修改90多部党内法规,管党治党的"螺栓"越拧越紧,将制度建设贯穿到党的各项建设之中。坚持制度治党、依规治党,成为新时代全面从严治党的有效方式,更成为未来持之以恒抓好全面从严治党的根本遵循。

新修订的《中国共产党廉洁自律准则》《中国共产党纪律处分条例》,以及《中国共产党问责条例》等一系列党内法规规范和约束了党员行为;《关于新形势下党内政治生活的若干准则》和《中国共产党党内监督条例》对于新形势下规范党内政治生活、加强党内监督起到了重要作用……在党章统领之下,党的组织法规制度、领导法规制度、自身建设法规制度、监督保障法规制度不断健全和完善,党内法规制度体系的"四梁八柱"逐渐形成。

党的十九届四中全会提出:"坚持党要管党、全面从严治党,增强忧患意识,不断推进党的自我革命,永葆党的先进性和纯洁性。贯彻新时代党的建设总要求,深化党的建设制度改革,坚持依规治党,建立健全以党的政治建设为

---

① 《十八大以来重要文献选编》(上),中央文献出版社2014年版,第337页。
② 《十九大以来重要文献选编》(上),中央文献出版社2019年版,第188页。

统领,全面推进党的各方面建设的体制机制。坚持新时代党的组织路线,健全党管干部、选贤任能制度。规范党内政治生活,严明政治纪律和政治规矩,发展积极健康的党内政治文化,全面净化党内政治生态。完善和落实全面从严治党责任制度。坚决同一切影响党的先进性、弱化党的纯洁性的问题作斗争,大力纠治形式主义、官僚主义,不断增强党的创造力、凝聚力、战斗力,确保党始终成为中国特色社会主义事业的坚强领导核心。"①将全面从严治党制度作为党的领导制度体系的重要组成部分,作为推进国家治理体系和治理能力现代化的可靠制度保障。在党中央坚强领导下,全面从严治党制度日益完善,制度的"笼子"全方位扎紧,党的纪律和约束显著提高、党的制度执行力显著增强、党的全面领导更加坚强有力。

中国共产党领导革命、建设、改革的百年历史已经充分证明并将继续证明:"中国特色社会主义最本质的特征是中国共产党领导,中国特色社会主义制度的最大优势是中国共产党领导。"②经过全党全国各族人民团结奋斗,我们已经踏上实现第二个百年奋斗目标的新征程。面对新征程上各种风险考验,只有始终坚持中国共产党的领导、不断完善党的领导制度体系,我们才能够道路不偏、旗帜不改、颜色不变,才能够"在危机中育新机,于变局中开新局"③。反之,如果怀疑、动摇,甚至放弃和否定中国共产党的领导、弱化党的领导制度体系、忽视全面从严治党的重要作用,则会在前进路途中迷失方向,遭遇困苦和挫折。实践充分证明,历史没有"终结",也不可能终结;党的领导和社会主义制度在 21 世纪中国展现出前所未有的生命力。党的领导是历史和人民的选择,党的领导制度体系为巩固党的领导地位和执政地位、提高党的领导水平和执政水平提供了坚强的体制保障、制度支撑、力量源泉。

---

① 《十九大以来重要文献选编》(中),中央文献出版社 2021 年版,第 274—275 页。
② 《十九大以来重要文献选编》(上),中央文献出版社 2019 年版,第 14 页。
③ 《十九大以来重要文献选编》(中),中央文献出版社 2021 年版,第 696 页。

二、社会主义基本经济制度内涵的丰富和拓展

"经济基础决定上层建筑。经济体制改革对其他方面改革具有重要影响和传导作用,重大经济体制改革的进度决定着其他方面很多体制改革的进度,具有牵一发而动全身的作用。"①党的十九届四中全会提出:"公有制为主体、多种所有制经济共同发展,按劳分配为主体、多种分配方式并存,社会主义市场经济体制等社会主义基本经济制度,既体现了社会主义制度优越性,又同我国社会主义初级阶段社会生产力发展水平相适应,是党和人民的伟大创造。"②将公有制为主体、多种所有制经济共同发展,按劳分配为主体、多种分配方式并存,社会主义市场经济体制三项制度并列作为社会主义基本经济制度的内容,是党的十九届四中全会立足新时代我国经济社会发展实际作出的新概括,是社会主义基本经济制度内涵在新时代的一次重要发展和深化,"是习近平新时代中国特色社会主义经济思想的重要创新和发展,具有科学的理论基础、广泛的实践基础、深厚的群众基础"。③

1. 在所有制结构层面,始终坚持公有制为主体、多种所有制经济共同发展,在坚持社会主义根本原则的基础上,有效激发各类市场主体的活力和创造力

《中华人民共和国宪法》明确规定:"中华人民共和国的社会主义经济制度的基础是生产资料的社会主义公有制,即全民所有制和劳动群众集体所有制。"④马克思主义认为,公有制是社会主义制度的基础。"无产阶级将取得国

---

① 《十八大以来重要文献选编》(上),中央文献出版社 2014 年版,第 550 页。
② 《十九大以来重要文献选编》(中),中央文献出版社 2021 年版,第 280—281 页。
③ 《〈中共中央关于坚持和完善中国特色社会主义制度、推进国家治理体系和治理能力现代化若干重大问题的决定〉辅导读本》,人民出版社 2019 年版,第 39 页。
④ 《中华人民共和国宪法》,人民出版社 2018 年版,第 10 页。

家政权,并且首先把生产资料变为国家财产。"①新中国成立后,1953 年上半年,中国共产党提出"过渡时期总路线",并领导中国人民完成对个体农业、手工业、资本主义工商业的社会主义改造,实现国家生产资料所有制的历史性巨变。虽然社会主义改造过程中出现了工作过粗、速度过快等问题,但也正如邓小平在 20 世纪 80 年代所评价的:"事情做得非常好。"②社会主义公有制是与社会主义制度相适应的生产关系,因此社会主义初级阶段"以公有制为主体"的所有制结构充分体现了中国特色社会主义制度的社会主义性质。

新中国在社会主义改造完成后,曾在社会生产力还不够发达的社会条件下实行单一公有制的所有制结构,这在一定程度上影响了国家的经济发展效率。其实,早在新民主主义革命时期,毛泽东在构想"新中国"的经济结构时就指出,要使"国营经济成为整个国民经济的领导成分",但是由于中国还处在"落后状态",在这个特殊的阶段,"一切不是于国民经济有害而是于国民经济有利的城乡资本主义成分,都应当容许其存在和发展"③。党的十一届三中全会作出了改革开放的伟大决策,解放和发展了社会生产力。基于对"什么是社会主义,怎样建设社会主义"这一问题的准确把握,邓小平提出:"我们吸收外资,允许个体经济发展,不会影响以公有制经济为主体这一基本点。"④我国非公有制经济正是在改革开放以来党的方针政策指引下才逐渐发展起来,成为社会主义市场经济不可缺少的一部分。在公有制为主体的前提下实现"多种所有制经济共同发展",能够最大限度释放多种经济主体的积极性,有效提高社会生产力。

党的十五大立足改革开放以来党对所有制问题的探索经验,要求"坚持

---

① 《马克思恩格斯选集》第 3 卷,人民出版社 2012 年版,第 668 页。
② 《邓小平文选》第 3 卷,人民出版社 1993 年版,第 136 页。
③ 《毛泽东选集》第 4 卷,人民出版社 1991 年版,第 1431 页。
④ 《邓小平文选》第 3 卷,人民出版社 1993 年版,第 149 页。

和完善社会主义公有制为主体、多种所有制经济共同发展的基本经济制度"①;党的十六大进一步提出了"必须毫不动摇地巩固和发展公有制经济"和"必须毫不动摇地鼓励、支持和引导非公有制经济发展",提出"坚持公有制为主体,促进非公有制经济发展,统一于社会主义现代化建设的进程中,不能把这两者对立起来"②;党的十八大以来,党中央又从功能定位上明确"公有制经济和非公有制经济都是社会主义市场经济的重要组成部分,都是我国经济社会发展的重要基础"。③ 中国特色社会主义基本经济制度坚持的所有制结构既突出了公有制的主体地位和国有经济的主导地位,同时又能够发挥不同所有制经济在社会主义初级阶段国家经济社会建设中的重要作用,"取长补短、相互促进、共同发展"④。实现了社会主义初级阶段公有制与非公有制的有机统一,是改革开放以来中国共产党在所有制结构方面的理论与实践上的创新。

2. 在分配制度层面,将按劳分配为主体、多种分配方式并存的分配制度纳入社会主义基本经济制度的范畴,体现实现共同富裕的本质要求

新中国成立之初,毛泽东就指出:"现在我们实行这么一种制度,这么一种计划,是可以一年一年走向更富更强的,一年一年可以看到更富更强些。而这个富,是共同的富,这个强,是共同的强,大家都有份。"⑤我国在社会主义初级阶段所坚持的分配制度,正是围绕着这一目标展开的,有利于最大限度兼顾效率与公平。以按劳分配为主体,承认物质利益原则和合理的收入分配差距,

---

① 《十五大以来重要文献选编》(上),中央文献出版社 2011 年版,第 16 页。
② 《十六大以来重要文献选编》(上),中央文献出版社 2011 年版,第 19 页。
③ 《十八大以来重要文献选编》(上),中央文献出版社 2014 年版,第 502 页。
④ 习近平:《不断开拓当代中国马克思主义政治经济学新境界》,《求是》2020 年第 16 期。
⑤ 《毛泽东文集》第 6 卷,人民出版社 1999 年版,第 495 页。

同时允许和鼓励资本、土地、知识、技术、管理、数据等其他生产要素参与分配，极大地调动了各方面的积极性。

从党的十三大提出坚持"以按劳分配为主体,其他分配方式为补充"的原则①,到党的十五大明确提出"坚持和完善按劳分配为主体的多种分配方式"②,再到党的十九届四中全会将"按劳分配为主体、多种分配方式并存"的分配制度纳入基本经济制度的范畴,并强调"健全劳动、资本、土地、知识、技术、管理、数据等生产要素由市场评价贡献、按贡献决定报酬的机制"③,"数据"第一次被纳入生产要素的范畴,体现党对社会分配问题的认识在实践中不断深化以及关注效率与公平问题的一以贯之,体现出新时代中国共产党人对于共同富裕目标的不懈追求。

3. 在资源配置方式层面,将社会主义市场经济体制纳入社会主义基本经济制度的范畴,凸显社会主义市场经济体制改革方向

"坚持社会主义市场经济改革方向,不仅是经济体制改革的基本遵循,也是全面深化改革的重要依托。"④而坚持社会主义市场经济改革方向,其中的核心问题就是处理好政府和市场的关系,使市场在资源配置中起决定性作用和更好发挥政府作用。这是党的十八大以来我们党在理论和实践上的又一重大推进。

改革开放后,关于社会主义与市场经济是否相互抵触的问题,在社会上曾经存在一些争论和疑问。20世纪80年代,邓小平曾指出:"社会主义和市场经济之间不存在根本矛盾。问题是用什么方法才能更有力地发展社会生产力。"⑤20世纪90年代初期,面对社会上关于"姓资姓社"问题的讨论,邓小平

---

① 《十三大以来重要文献选编》(上),中央文献出版社2011年版,第28页。
② 《十五大以来重要文献选编》(上),中央文献出版社2011年版,第16页。
③ 《十九大以来重要文献选编》(中),中央文献出版社2021年版,第281页。
④ 《十八大以来重要文献选编》(上),中央文献出版社2014年版,第552页。
⑤ 《邓小平文选》第3卷,人民出版社1993年版,第148页。

在"南方谈话"中解开了一部分人心中的思想束缚,也为社会主义市场经济体制的建立准备了条件。

从党的十二大提出"计划经济为主、市场调节为辅原则"①开始,中国共产党人在打破旧的思想观念基础上从理论和实践层面探索出全新的社会主义经济模式。党的十四大明确提出我国经济体制改革的目标是建立社会主义市场经济体制,"使市场在社会主义国家宏观调控下对资源配置起基础性作用"②,并在党的十四届三中全会上得到了进一步深化。江泽民在论及社会主义市场经济体制的原创性问题时指出:"我们搞的是社会主义市场经济,'社会主义'这几个字是不能没有的,这并非多余,并非画蛇添足,而恰恰相反,这是画龙点睛。"社会主义市场经济体制将社会主义基本制度与西方市场经济中"符合社会化大生产、符合市场一般规律的东西"结合起来,"这是不同点,而我们的创造性和特色也就体现在这里"③。

虽然在改革开放过程中,我们已经初步建立起社会主义市场经济体制,但是这个市场经济体制还不够健全,市场发育还不充分,尤其是政府和市场的关系还没有很好理顺,市场在资源配置中的作用有效发挥还面临着诸多制约和限制。对此,党的十八大提出"要加快完善社会主义市场经济体制"④,并强调"经济体制改革的核心问题是处理好政府和市场的关系,必须更加尊重市场规律,更好发挥政府作用"⑤。党的十八大以来,党中央在推进全面深化改革的过程中,进一步从理论和实践上发展了社会主义市场经济体制,党的十八届三中全会以市场在资源配置中的"决定性作用"代替"基础性作用"⑥。习近平总书记强调:"使市场在资源配置中发挥决定性作用,主要涉及经济体

---

① 《十二大以来重要文献选编》(上),中央文献出版社 2011 年版,第 18 页。
② 《十四大以来重要文献选编》(上),中央文献出版社 2011 年版,第 16 页。
③ 江泽民《论社会主义市场经济》,中央文献出版社 2006 年版,第 203 页。
④ 《十八大以来重要文献选编》(上),中央文献出版社 2014 年版,第 14 页。
⑤ 《十八大以来重要文献选编》(上),中央文献出版社 2014 年版,第 16 页。
⑥ 《十八大以来重要文献选编》(上),中央文献出版社 2014 年版,第 513 页。

制改革,但必然会影响到政治、文化、社会、生态文明和党的建设等各个领域。要使各方面体制改革朝着建立完善的社会主义市场经济体制这一方向协同推进,同时也使各方面自身相关环节更好适应社会主义市场经济发展提出的新要求。"①这体现出党对新时代政府与市场关系的认识与定位上升到又一新的历史高度。党的十九届四中全会将社会主义市场经济体制纳入社会主义基本经济制度的范畴,其实就是将新时代党在社会主义市场经济体制领域改革创新的理论和实践制度化,进一步凝练出其中的精髓要义和常态化的改革方向。

"死水一潭不行,暗流汹涌也不行。"②总的说来,中国共产党围绕建立社会主义市场经济体制这个目标,不仅成功解决了社会主义基本制度与市场经济的关系问题,还通过在社会主义条件下实行市场经济,从而有效协调政府与市场关系,"推进经济体制以及其他各方面体制改革,使我国成功实现了从高度集中的计划经济体制到充满活力的社会主义市场经济体制、从封闭半封闭到全方位开放的伟大历史转折,实现了人民生活从温饱到小康的历史性跨越,实现了经济总量跃居世界第二的历史性飞跃,极大调动了亿万人民的积极性,极大促进了社会生产力发展,极大增强了党和国家生机活力"③,为解决经济学领域这道难题贡献了中国共产党人的智慧。

党的十九届四中全会概括出的三项基本经济制度相互统一、相互联系、相互促进,是中国特色社会主义经济制度体系中"具有长期性和稳定性的部分,起着规范方向的作用,对经济制度属性和经济发展方式有决定性影响"。党的十九届四中全会的新概括,是新时代中国共产党人对于社会主义建设规律认识的一次深化,是马克思主义政治经济学在新时代的一次重大创新,"成为新时代我国构建更加有效管用、逻辑贯通、衔接匹配的经济制度体系和推动经

---

① 《十八大以来重要文献选编》(上),中央文献出版社 2014 年版,第 552 页。

② 《十八大以来重要文献选编》(上),中央文献出版社 2014 年版,第 550 页。

③ 《十八大以来重要文献选编》(上),中央文献出版社 2014 年版,第 551 页。

济高质量发展的根本遵循"。①

三、繁荣发展社会主义先进文化制度的概括

党的十九届四中全会指出："坚持和完善繁荣发展社会主义先进文化的
制度,巩固全体人民团结奋斗的共同思想基础。"②党的十八大以来,中国特色
社会主义文化制度不断发展创新,成为国家治理体系和治理能力现代化的深
厚支撑。党的十九届四中全会提出繁荣发展社会主义先进文化制度的内容,
包括坚持马克思主义在意识形态领域指导地位的根本制度,坚持以社会主义
核心价值观引领文化建设制度,健全人民文化权益保障制度,完善坚持正确导
向的舆论引导工作机制,建立健全把社会效益放在首位、社会效益和经济效益
相统一的文化创作生产体制机制等多项制度,是系统完整的制度体系,彰显出
中国共产党人对新时代社会主义先进文化发展的制度之思。从逻辑体系看,
"在中国特色社会主义文化制度结构中,马克思主义在意识形态领域的指导
地位,是根本文化制度。它反映执政党性质和国家性质,框定社会发展方向和
道路。其他文化制度都是由根本制度派生出来,是随着中国革命、建设和改革
实践逐步形成和完善的制度。其他文化制度的构建必须以马克思主义为指
导,而不能超越根本文化制度的地位。"③

1.坚持马克思主义在意识形态领域指导地位的根本制度④

党的十八大以来,党中央高度重视意识形态工作,就意识形态领域的方向

---

① 《〈中共中央关于坚持和完善中国特色社会主义制度、推进国家治理体系和治理能力现
代化若干重大问题的决定〉辅导读本》,人民出版社 2019 年版,第 39 页。

② 《十九大以来重要文献选编》(中),中央文献出版社 2021 年版,第 283 页。

③ 肖贵清、刘仓:《中国特色社会主义文化制度——战略意义、逻辑结构、构建路径》,《南
开学报(哲学社会科学版)》2020 年第 6 期。

④ 本小节原发表于《思想教育研究》2020 年第 1 期,发表时题为《坚持马克思主义在意识
形态领域指导地位的根本制度》,编入本书时部分内容有改动。

性、根本性、全局性问题作出了一系列重要论述和重大部署。党的十九届四中全会第一次把坚持马克思主义在意识形态领域的指导地位作为繁荣发展社会主义先进文化的根本制度提出来,这是一次重大制度创新和理论创新。

（1）繁荣和发展社会主义文化的根本制度

马克思主义在意识形态领域的思想指导是根本性、方向性的,关乎旗帜、关乎道路,也关乎国家的政治安全。坚持马克思主义在意识形态领域的指导地位关乎国家的长治久安、关乎执政党的生机与活力。在这一根本问题上我们必须坚定不移,任何时候、任何情况下都不能有丝毫动摇。

第一,马克思主义是经过实践证明了的科学的理论。

马克思是举世公认的"千年思想家",马克思主义改变了中国,也改变了世界。马克思主义的科学性就在于它创造性地揭示了人类社会发展规律,创立了唯物史观和剩余价值学说,为工人阶级推翻资本主义统治、建立社会主义、实现共产主义提供了科学的理论。十月革命以后,"中国人找到了马克思列宁主义这个放之四海而皆准的普遍真理,中国的面目就起了变化了"[①]。马克思主义在中国的广泛传播并与中国实际相结合深刻影响了中国近代历史的发展进程。

马克思主义是中国共产党的行动指南。中国共产党成立后,逐步将马克思主义基本原理同中国革命、建设和改革的具体实际结合起来,形成了中国化时代化的马克思主义,为中国革命、建设和改革实践指明了正确方向。在中国革命、建设、改革的各个时期,正是有了马克思主义这面旗帜的引领,中华民族才能够迎来站起来、富起来、强起来的伟大飞跃。中国共产党百年来的伟大实践,使马克思主义的科学性和真理性在中国得到了充分的检验、人民性和实践性在中国得到了充分贯彻、开放性和时代性在中国得到了充分彰显。马克思主义是经过中国革命、建设和改革实践检验的科学理论,是中华民族走向伟大

[①] 《毛泽东选集》第 4 卷,人民出版社 1991 年版,第 1470 页。

复兴的指导思想。

第二,这是巩固全党全国各族人民共同思想基础的必然要求。

中华人民共和国 70 多年的发展历程,特别是改革开放 40 多年的伟大实践证明,只有社会主义才能救中国、只有中国特色社会主义才能发展中国。中国特色社会主义进入新时代,我们正处在一个百年未有之大变局的历史节点。改革开放虽然已经"走过万水千山",取得了许多辉煌成就,但在从"富起来"逐渐走向"强起来"的历史进程中,我们处在一个船到中流浪更急、人到半山路更陡的时候,我们"仍需跋山涉水"[①],摆在全党全国各族人民面前的使命更光荣、任务更艰巨、挑战更严峻、工作更伟大。

无论什么时候,民心都是最大的政治,只有民心凝聚,才能够在改革发展的进程中凝聚起社会各界的力量,才能够心往一起想、劲往一处使。在新的形势、新的任务、新的挑战面前,如果人心散了,那么中国特色社会主义建设事业也会很快变成"一盘散沙",中华民族伟大复兴的历史进程也会停滞不前,中国共产党执政的思想基础都会受到严重影响。习近平总书记指出:"如果一个社会没有共同理想,没有共同目标,没有共同价值观,整天乱哄哄的,那就什么事也办不成。"[②]一个国家、一个民族只有万众一心、团结奋进,让全体人民在理想信念、价值理念、道德观念上紧密团结,才能够保持事业永远前进。坚持马克思主义在意识形态领域指导地位的根本制度,就是为了使当代中国文化建设能够有一个强有力的指引、能够有一个汇聚人心的内核,从而巩固全党全国各族人民团结奋斗的共同思想基础,在新时代广泛凝聚人心、汇聚力量,动员全体人民投身实现中华民族伟大复兴中国梦的历史进程中来。

第三,这是坚持中国特色社会主义道路正确方向的必然要求。

理论解决的是方向问题、思想问题,只有在理论上清醒,政治上才能坚定。

---

① 《十九大以来重要文献选编》(上),中央文献出版社 2019 年版,第 739 页。

② 习近平:《在网络安全和信息化工作座谈会上的讲话》,中央文献出版社 2016 年版,第 7 页。

新中国成立前夕,毛泽东在总结中国革命经验时就曾指出,是马克思、恩格斯、列宁和斯大林给了我们以"武器","这武器不是机关枪,而是马克思列宁主义"①。中国共产党之所以能够领导中国人民取得新民主主义革命的胜利、建立新中国,根本就在于坚持了马克思列宁主义的指导,就在于把马克思主义的基本原理同中国革命的具体实际结合起来,走出了一条新民主主义革命的胜利之路。在中国革命、建设、改革的各个时期,中国共产党之所以能够取得胜利,实现发展,取得了举世瞩目的伟大成就,其根本就在于坚持了马克思主义指导思想,就在于将马克思主义的基本原理同中国的具体实际相结合,从而探索出了一条中国特色社会主义道路。实践证明,中国特色社会主义道路是指引中国走向繁荣富强、指引中华民族走向伟大复兴的正确道路。在实现中华民族伟大复兴的进程中,只有坚持马克思主义在意识形态领域指导地位的根本制度,才能避免走封闭僵化的老路和改旗易帜的邪路。

(2)新时代我国意识形态领域面临的主要挑战

意识形态领域的问题从来都不只拘泥于意识形态领域本身,其本质上是经济、政治领域斗争的一种折射。中国特色社会主义进入新时代,中国在世界舞台上的地位越来越重要。伴随着综合国力的增强,中国与其他国家之间的国际竞争也越来越激烈,敌对势力对我国意识形态领域的渗透力度也在不断加强。党的十八大以来,主流意识形态的话语权、主动权大大增强。但是,意识形态领域的斗争并没有停止,我们面对的风险考验依然严峻。

第一,社会思潮多样与社会主义意识形态之间的矛盾。

改革开放 40 多年来,我国经济社会发展成效显著,人民的物质文化水平得到了极大的提高。伴随着经济的快速发展,思想文化领域也出现了许多新的特点、新的问题。特别是伴随着意识形态领域多元、多样、多变的趋势日益明显,人们的思想更加活跃,独立性、选择性、多变性、差异性显著增强。但是,

---

① 《毛泽东选集》第 4 卷,人民出版社 1991 年版,第 1469 页。

也有不少错误的思想观念仍在影响着人们的行为规范,更有敌对势力将错误的思想文化融合进文化交流的过程中,伺机对我国意识形态领域进行渗透、影响,以冲击马克思主义在意识形态领域的指导地位。这些错误的思想观念,包括所谓的普世价值、"宪政民主"、新自由主义等包裹着学术外衣的错误观点,也有以"解构""颠覆""猎奇"为特征的历史虚无主义等错误思潮。这些错误的思想观念,往往披着学术的外衣,混淆视听。这些都是社会主义文化建设过程中的"杂音"。如果不及时治理、消除,就会影响人们的思想观念,影响党执政的思想基础。

第二,市场经济"逐利性"与社会主义核心价值之间的矛盾。

改革开放后,我们坚持以经济建设为中心,确立了社会主义市场经济体制,发挥市场在资源配置中的决定性作用,推动了当代中国经济持续快速健康发展。但是,也应该看到,市场经济本身也具有不可避免的缺陷。在市场经济运行的过程中会对社会产生一定的影响。其中,文化领域的影响最为明显。市场经济的等价交换、财产私有等观念反映到人们的精神文化生活中来,就会演化成为拜金主义、享乐主义、极端个人主义等行为现象。如果这些观念渗透进了党内政治文化,也会对党内政治生态产生严重影响,甚至产生消极腐败等现象,与以集体主义、爱国主义等为特征的社会主义核心价值产生矛盾。

第三,社会舆论生态新变化与主流话语之间的矛盾。

新闻舆论是意识形态斗争的前沿阵地。伴随着新技术的不断更新,特别是信息传播手段的升级发展,社会舆论生态发生了很大变化。新媒体技术的出现,让"发声渠道"从主流媒体拓展到了社会个体。在新媒体发展的大环境下,每个人都有"发声权"。越来越大的舆论场带来了越来越活跃的文化环境,带来了越来越便捷的生活方式,但其自发性、突发性、公开性、多元性、冲突性、匿名性、无界性、难控性等特点不容忽视。在新媒体技术发展的同时,主流媒体的传播渠道较为传统,在"一对多"的舆论力量对比下,其主导作用不可避免地会受到影响。特别是在互联网的生态中,新媒体的传播渠道容易成为某些势力宣扬错误思潮、煽动社会恐慌、影响舆论走向的工具,舆论引导、内容管理的难度大大增加。

第四,青年思想新动态与思想政治教育传统模式之间的矛盾。

青少年群体是意识形态传播的最大受众。他们处于人生的"拔节孕穗期",世界观、人生观、价值观尚未成熟,对于理论观点的判断能力尚未形成。但是,相较于其他年龄群体而言,青少年群体对于新技术的掌握能力更强、对于未知领域的探索欲望更强、对于新事物的接受能力也更强。这一特点使得青少年群体成为意识形态斗争的"软肋"。并且,青少年的思想变化较为复杂,不同时期、阶段,青少年的思想状况都呈现出不同特点。如果不能跟上青少年的思想状况变化,就会失去青少年思想引领的有效抓手,给敌对势力利用青少年开展意识形态渗透提供机会和窗口。青少年正处在人生成长的关键时期,知识体系搭建尚未完成,价值观塑造尚未成型,情感心理也尚未成熟,需要通过正确的手段和途径加以引导。

第五,敌对势力意识形态渗透与国家意识形态安全之间的矛盾。

任何国家都不会允许外来势力影响本国的意识形态安全。在意识形态问题上没有绝对的自由、没有绝对的开放。伴随着我国经济社会的发展,中国日益受到世界的关注。但是,在西方一些资本主义国家看来,中国的崛起对他们而言是一种"威胁"。同时,一些西方国家在"冷战思维"的影响下,也自然把中国看成是阻碍其发展的障碍。在社会主义现代化建设的过程中,必然会伴随着敌对势力对我国思想文化的渗透,时而明显,时而"暗流涌动"。实现中华民族伟大复兴,一个安全稳定的国内环境,特别是一个稳固的意识形态环境是十分重要的。应该认识到,那些来自意识形态领域的渗透和冲击,是构建稳定的社会秩序、建设社会主义现代化强国道路上的阻碍和羁绊。

(3)坚持马克思主义在意识形态领域指导地位根本制度的路径

习近平总书记指出:"意识形态工作是党的一项极端重要的工作。"[1]

---

[1] 《习近平谈治国理政》第 1 卷,外文出版社 2018 年版,第 153 页。

马克思主义在意识形态领域指导地位稳不稳固、坚不坚定,既影响着我国文化建设的方向与效果,更影响着中国特色社会主义道路的前进方向。在"滚石上山、爬坡过坎"的关键时期,在各种新旧思想价值相互交织的当今时代,坚持马克思主义在意识形态领域指导地位的根本制度,需要从我国文化建设的长远发展入手,深入思考如何通过马克思主义的思想指导,推动我国文化建设不断迈上新台阶。

第一,建立马克思主义学习研究的长效机制。

坚定的理想信念,必须建立在对马克思主义的深刻理解之上,建立在对历史规律的深刻把握之上。毛泽东指出共产党加强理论学习的重要性:"一般地说,一切有相当研究能力的共产党员,都要研究马克思、恩格斯、列宁、斯大林的理论,都要研究我们民族的历史,都要研究当前运动的情况和趋势","如果没有革命理论,没有历史知识,没有对于实际运动的深刻的了解"是不可能取得胜利的。[1] 中国共产党领导中国人民革命、建设和改革的伟大实践证明,只有不断加强对马克思主义的学习与研究,建立起长效机制,深刻领会马克思主义的真理内涵,做到真学真懂真信真用,才能够始终把握历史发展的脉搏,始终坚持时代前进的方向,"在胜利和顺境时不骄傲不急躁,在困难和逆境时不消沉不动摇,牢牢占据推动人类社会进步、实现人类美好理想的道义制高点"[2]。

一是需要理解"马克思主义为什么行"的理论逻辑。在中国革命、建设、改革的实践中,马克思主义的命运早已同中国共产党的命运、中国人民的命运、中华民族的命运紧紧连在一起。100 年来,中国共产党之所以能够领导中国人民取得如此巨大的成就,根本就在于坚持了马克思主义的指导,找到了一条适合中国革命、建设和改革的发展道路。马克思主义深深影响了一代又一代中国的革命者、建设者、改革者。思考"马克思主义为什么行"的问题,其实

---

① 《毛泽东选集》第 2 卷,人民出版社 1991 年版,第 532—533 页

② 《十八大以来重要文献选编》(下),中央文献出版社 2018 年版,第 348 页。

就是在思考马克思主义为什么是科学的理论、为什么是适合中国国情的理论。学习研究马克思主义,需要从马克思主义的基本原理出发,深刻领会马克思主义的真理性、科学性,深刻思考马克思主义对中国革命、建设和改革实践的指导意义。

二是需要领会"中国共产党为什么能"的历史逻辑。中国共产党100年的发展历程,既是一部中国人寻求真理的探索史,更是一部中华民族走向繁荣复兴的奋斗史。中国共产党成为执政党,是历史的必然,也是人民的选择。"中国共产党为什么能",其实说的就是为什么中国共产党能够成为中国特色社会主义事业的领导核心、为什么中国共产党能够领导中国人民实现中华民族伟大复兴。因此,学习研究马克思主义,就需要从中国共产党领导革命、建设与改革的伟大历史进程中汲取有益的经验、获得继续前进的不竭动力。

三是需要思考"中国特色社会主义为什么好"的实践逻辑。中国特色社会主义,是科学社会主义理论逻辑和中国社会发展历史逻辑的辩证统一,是马克思主义在当代中国实践中的创新成果,它既是实践经验的总结与升华,更是未来发展方向的思想指引。中国特色社会主义进入了新时代,作为党员干部,需要在新形势下紧密结合中国国情、紧密结合马克思主义的基本原理,深刻领悟中国特色社会主义的精神内核。特别是需要认真学习贯彻习近平新时代中国特色社会主义思想这个马克思主义中国化时代化的最新理论成果,不断提高运用理论解决实际问题的本领,真正掌握马克思主义这一意识形态斗争的科学武器。

第二,健全文化建设的意识形态责任制。

管好意识形态是思想建党的一项重要工作。党的十九届四中全会提出"落实意识形态工作责任制,注意区分政治原则问题、思想认识问题、学术观点问题,旗帜鲜明反对和抵制各种错误观点"的要求[1],这是立足意识形态工

---

① 《十九大以来重要文献选编》(中),中央文献出版社2021年版,第284页。

作规律和现实需要提出的一项重要举措。落实这一举措,才能让意识形态工作不浮表面、不走过场,真正落实落细。特别是在文化建设过程中,只有把牢意识形态工作的领导权、落实意识形态工作责任制度,才能够确保文化建设始终沿着正确方向发展。

一方面,是要从"谁来管"入手,落实主体责任。意识形态归谁管、谁应该负起责任,这是做好新形势下意识形态工作必须要解决的问题。"党管意识形态"是一条不可撼动的政治原则,党的领导更是意识形态工作的本质属性。但是落实到党内,意识形态工作应该归口在哪里?斗争的"前线阵地"应该在哪些领域、涉及哪些部门?这些问题都是在落实意识形态"谁来管"的问题上必须思考的问题。各级党委(党组)是党的领导在各级组织中的主要载体。因此,"党管意识形态"的原则落在具体的工作当中,就是各级党委(党组)要切实承担起意识形态工作的主体责任,做到"任务落实不马虎、阵地管理不懈怠、责任追究不含糊"①,守土有责、守土负责、守土尽责。

另一方面,是要从"管什么"入手,明确工作的对象。意识形态工作是根本性、方向性的工作。但也正是这一特征,使得意识形态工作的"抓手"往往难以明晰、范围难以确定、尺度难以把握。从一定程度上说,社会舆论环境是影响意识形态状况的关键要素,社会舆论环境众生喧嚣,意识形态领域也会不可避免地受到影响和冲击。因此,做好意识形态工作的关键就在于加强党对宣传思想工作的领导,需要牢牢把宣传思想工作的主动权、话语权抓在手里。换言之,"党管意识形态"就意味着党也要"管宣传""管思想",意味着党在工作当中必须以政治建设为统领,牢牢把握宣传思想工作的正确方向。在 2016年党的新闻舆论工作会议上,习近平总书记将党的新闻舆论工作定位为"党

---

① 《习近平在全国宣传思想工作会议上强调 举旗帜聚民心育新人兴文化展形象 更好完成新形势下宣传思想工作使命任务》,《人民日报》2018 年 8 月 23 日。

的一项重要工作,是治国理政、定国安邦的大事"①,对于党和国家的各项事业来说意义重大。也正是因为此,落实意识形态工作的责任制度必须以党的宣传思想工作为主要工作对象,紧紧抓住党的领导这一中心环节,讲政治、讲导向,不断增强新闻舆论传播力、引导力、影响力、公信力,讲好中国故事、传播好中国声音。

第三,构筑线上线下的坚强阵地。

阵地是意识形态工作的基本依托。当前,伴随着互联网信息化的发展,新的技术拓展了社会思想文化交锋的全新空间,意识形态的阵地也逐渐从线下拓展到了线上。就阵地而言,国内国外、虚拟现实、体制内体制外的界限逐渐模糊。做好意识形态工作,必须适应新情况,形成新思路、新机制。

一是提升联网上线的本领。党的十八大以来,党中央高度重视网络安全和信息化工作,习近平总书记多次主持召开相关会议,作出重要指示。对于网络意识形态工作的开展,习近平总书记指出:"善于运用网络了解民意、开展工作,是新形势下领导干部做好工作的基本功。"②新形势下具备在互联网环境开展工作的能力是每一个党员干部必不可少的。同时,互联网工作最核心的要素是人才,守好互联网意识形态的阵地,还要多发掘专业人才、提升政府部门的专业水准,为专业人才搭台、为青年人才搭台,具备"慧眼识才"的眼光,形成"不拘一格降人才"的选人用人机制。

二是贯通线上线下的空间。互联网是一个社会信息大平台,亿万网民通过这个大平台获取信息、交流信息。随着新技术的发展,互联网越来越成为人们生活不可缺少的一部分,越来越成为人们的重要交往空间。从某种意义上说,人们线上交往活动与线下交往活动之间的界限逐渐消失,二者逐渐走向一体化。线下的意识形态现象也会反映到线上,并与线上一同发挥作用、发生影

---

① 《习近平在党的新闻舆论工作座谈会上强调　坚持正确方向创新方法手段　提高新闻舆论传播力引导力　刘云山出席》,《人民日报》2016 年 2 月 20 日。

② 习近平:《在网络安全和信息化工作座谈会上的讲话》,人民出版社 2016 年版,第 7 页。

新时代中国特色社会主义制度创新研究

响。面对这样的新形势,意识形态工作也应该将线上线下的工作空间贯通打穿,将线下意识形态工作的方法和思路在线上工作中有机融合、贯穿,实现线上线下一体联动的意识形态工作体系,维护"亿万民众共同的精神家园"①。

第四,构建全员全方位全过程的思政育人格局。

青少年是意识形态工作的重要对象。毛泽东指出:"要加强学校政治思想教育""党委应当指导青年的思想,指导教师的思想。"②邓小平也曾针对青年人的教育培养提出"有理想、有道德、有文化、有纪律"四点要求。③ 坚持马克思主义在意识形态领域的指导地位,就必须从青少年抓起,将加强青少年的马克思主义教育和学校思想政治工作的实际紧密结合起来,形成全员全方位全过程的思政育人格局。

一是在"贯通"上下功夫,打通大中小学的学科学段。无论是大学、中学、小学,所有课堂都是育人体系的组成部分,都具备教育人、影响人、塑造人的重要功能。坚持好马克思主义在意识形态领域的指导地位,不应只是思想政治理论课的事情,各学科、各门课都应该"守好一段渠、种好责任田"。特别是在其他专业课程的教学设计、课堂教学、科研攻关的过程中,应该将马克思主义的理论思想精髓贯穿其中,使得各门课程都能够与思想政治理论课程协同发力、同向同行。同时,也应该认识到,高校虽然是意识形态斗争的重要阵地,但小学、中学学段的青少年意识形态工作同样重要、同样关键。大学、中学、小学不同学段的意识形态工作应该主动融入不同学段的特点特色,主动适应青少年不同成长阶段的思想特点,主动融合不同学段的工作内容,真正让马克思主义的教育贯穿在青少年成长发展的每一步,做到入脑入心。

二是在"渠道"上下功夫,建设好课堂教学主渠道。三尺讲台虽小,但立德树人责任重大。伴随着经济社会的高速发展,无论是小学生、中学生还是大

① 习近平:《在网络安全和信息化工作座谈会上的讲话》,人民出版社2016年版,第8页。
② 《毛泽东文集》第7卷,人民出版社1999年版,第247页。
③ 《邓小平文选》第3卷,人民出版社1993年版,第205页。

168

学生,获取知识的渠道越来越多。但是,无论渠道有多少,课堂教学是最具基础性和系统性的,是思政育人格局当中的主渠道和关键要素,抓住课堂教学这条主渠道就抓住了思政育人的"牛鼻子"。增强马克思主义在学校意识形态领域的指导地位,首先就应该回归课堂、用足用好课堂,维护好学校课堂教学的正常秩序,教什么、讲什么,传递什么精神、传播什么理念,都应该紧紧围绕马克思主义这个中心环节展开,不能给错误思想提供传播渠道。

三是在"队伍"上下功夫,打造一流的思政工作队伍。学校思想政治工作是守好学校意识形态阵地的重要内容,一支高效有为的思政工作队伍是新形势下做好学校意识形态工作的重要抓手。从现实情况看,学校思政工作是全方位全过程的,其中既要有一支能够站上讲台的思政课教师队伍,通过课堂教学传播知识、传播思想、传播真理,让学生对于马克思主义真学、真懂、真信、真用;也要有一支能够走进学生心灵的辅导员队伍,通过言传和身教,走进学生的心灵世界,引导学生、启发学生,在一点一滴的日常生活当中播种下马克思主义的种子。

2. 坚持以社会主义核心价值观引领先进文化建设制度①

党的十九届四中全会对于中国特色社会主义制度理论创新的一大亮点,就是以根本制度、基本制度、重要制度为"四梁八柱"来认识中国特色社会主义制度体系。就目前中国特色社会主义制度体系的内涵而言,既然存在根本政治制度、基本政治制度、基本经济制度,党的十九届四中全会又提出了根本文化制度,因而在此基础上进一步提出"基本文化制度"也有其内在必然与现实需要。习近平总书记曾指出:"推进国家治理体系和治理能力现代化,要大力培育和弘扬社会主义核心价值体系和核心价值观,加快构建充分反映中国

---

①　本小节部分内容在肖贵清、刘仓所著《中国特色社会主义文化制度——战略意义、逻辑结构、构建路径》(《南开学报(哲学社会科学版)》2020 年第 6 期)一文基础上整理修改而成。

特色、民族特性、时代特征的价值体系。"①坚持以社会主义核心价值观引领文化建设的制度,以其在文化制度中的地位和作用而言,可称之为基本性、基础性的文化制度。

从内容上看,这一制度的内涵是丰富的,但是综合来看主要有几个层次:一是思想和理想信念教育层面的制度,包括推动理想信念教育常态化、制度化,弘扬民族精神和时代精神,加强党史、新中国史、改革开放史、社会主义发展史教育等。二是国家战略层面的制度设计或建设工程。包含实施公民道德建设工程,新时代文明实践中心建设,依法治国和以德治国相结合的基本方略,社会主义法律政策体系,国民教育,精神文明创建,文化产品创作生产,中华优秀传统文化传承发展工程等。三是一些具体领域的具体制度。比如,青少年理想信念教育齐抓共管机制、志愿服务体系、诚信建设长效机制。这些制度是文化制度的有机组成部分和关键环节,无论是哪个环节出现了问题,整个社会主义核心价值观念也会发生动摇。

理解这一制度在中国特色社会主义文化制度中的基本性和基础性作用,主要有以下几个维度。

第一,社会主义核心价值观彰显中国特色社会主义制度的价值内核。党的十八大提出:"倡导富强、民主、文明、和谐,倡导自由、平等、公正、法治,倡导爱国、敬业、诚信、友善,积极培育和践行社会主义核心价值观。"②这一倡导,与中国特色社会主义发展要求相契合,与中华优秀传统文化和人类文明优秀成果相承接,是我们党凝聚全党全社会价值共识作出的重要论断。社会主义核心价值观和核心价值体系作为决定文化性质和方向的最深层次要素,彰显出鲜明的社会主义性质,在本质上和中国特色社会主义制度具有高度一致性,"是中国特色社会主义道路、理论体系和制度的价值表达"③,决定了社会

---

① 《习近平谈治国理政》第 1 卷,外文出版社 2018 年版,第 106 页。
② 《十八大以来重要文献选编》(上),中央文献出版社 2014 年版,第 25 页。
③ 《习近平总书记系列重要讲话读本》,学习出版社、人民出版社 2014 年版,第 93 页。

主义文化的性质和方向。

第二,坚持社会主义核心价值观和坚持马克思主义在意识形态领域的指导地位具有内在统一性。社会主义核心价值体系主要包括四个方面,即马克思主义指导思想,中国特色社会主义共同理想,以爱国主义为核心的民族精神和以改革创新为核心的时代精神,社会主义荣辱观。"这些都是我国社会主义意识形态中最重要的部分,也是我国社会主义制度的思想根基,任何时候都不能动摇。"[1]作为社会主义核心价值体系的内核,社会主义核心价值观"体现社会主义核心价值体系的根本性质和基本特征,反映社会主义核心价值体系的丰富内涵和实践要求,是社会主义核心价值体系的高度凝练和集中表达"[2]。因此,坚持马克思主义在意识形态领域的指导地位和坚持社会主义核心价值观是辩证统一的。

第三,社会主义核心价值观是新时代中国共产党执政理念的价值表达。坚持党的领导的根本制度,是先进文化前进方向的制度保障。社会主义核心价值体系是中国共产党治国方略和执政理念的价值表达,体现党对社会主义现代化建设目标的设计和追求。从巩固马克思主义在意识形态领域的指导地位、巩固全国人民的共同理想、巩固党的执政地位高度,"把培育和弘扬社会主义核心价值观作为凝魂聚气、强基固本的基础工程"。[3] 这是根本领导制度和根本文化制度在思想文化领域的延伸,是加强党对意识形态工作领导权的内在要求。

总而言之,以社会主义核心价值观引领文化建设制度,是"通过贯彻和体现国家政治生活、经济生活的基本原则、对国家经济社会发展等发挥重大影响的制度"[4],是在文化制度体系中起基础性、基本性的文化制度。以社会主义核心价值观引领先进文化建设的制度,由一种柔性思想约束转变为具有柔性

---

① 《十六大以来重要文献选编》(下),中央文献出版社 2011 年版,第 713 页。

② 《十八大以来重要文献选编》(上),中央文献出版社 2014 年版,第 578 页。

③ 《习近平关于社会主义文化建设论述摘编》,中央文献出版社 2017 年版,第 107 页。

④ 《〈中共中央关于坚持和完善中国特色社会主义制度、推进国家治理体系和治理能力现代化若干重大问题的决定〉辅导读本》,人民出版社 2019 年版,第 176 页。

和刚性双重约束的制度,是中国特色社会主义制度在文化建设领域的延伸。

3.根本文化制度和基本文化制度在社会主义文化具体领域的延伸和拓展

按照党的十九届四中全会精神,在中国特色社会主义文化制度中,人民文化权益保障制度,坚持正确导向的舆论引导工作机制,把社会效益放在首位、社会效益和经济效益相统一的文化创作生产体制机制等可看成是中国特色社会主义重要文化制度。这些重要文化制度,大都集中反映新中国成立以来,党领导意识形态工作和宣传思想文化工作等方面的实际工作经验,是实践经验上升为制度层面的鲜明体现,相较之于根本文化制度、基本文化制度而言,更加具体也更加细化。

例如,人民文化权益保障制度是多年来党保障人民群众文化权益各项工作经验的制度化总结,其主要强调文化生产和文化服务两个层面:在文化生产层面,强调"坚持以人民为中心的工作导向,完善文化产品创作生产传播的引导激励机制,推出更多群众喜爱的文化精品";在文化服务层面,强调"完善城乡公共文化服务体系,优化城乡文化资源配置,推动基层文化惠民工程扩大覆盖面、增强实效性,健全支持开展群众性文化活动机制,鼓励社会力量参与公共文化服务体系建设",等等。

再如,坚持正确导向的舆论引导工作机制所强调的"坚持党管媒体原则""构建网上网下一体、内宣外宣联动的主流舆论格局,建立以内容建设为根本、先进技术为支撑、创新管理为保障的全媒体传播体系""改进和创新正面宣传,完善舆论监督制度,健全重大舆情和突发事件舆论引导机制""建立健全网络综合治理体系"等内容,很多都是党在领导新闻舆论实践中总结探索出来的宝贵经验。①

---

① 《十九大以来重要文献选编》(中),中央文献出版社 2021 年版,第 284—285 页。

总而言之,中国特色社会主义重要文化制度是根本文化制度和基本文化制度在社会主义文化具体领域的延伸和拓展,是繁荣发展社会主义先进文化不可缺少的重要组成部分,有利于激发全民族文化创造活力,更好构筑中国精神、中国价值、中国力量。

四、生态文明制度体系改革的制度成果

生态文明建设是中国特色社会主义事业的重要内容,事关"两个一百年"奋斗目标和中华民族伟大复兴中国梦的实现,事关人类福祉、民族未来。党的十七大鲜明提出"建设生态文明"的重大命题,将"建设生态文明,基本形成节约能源资源和保护生态环境的产业结构、增长方式、消费模式"纳入全面建成小康社会的目标之中,[①]为新时代决胜全面建成小康社会、开启全面建设社会主义现代化国家新征程擘画了新的目标、新的蓝图。

作为新时代生态文明建设的重中之重,生态文明制度体系是中国特色社会主义制度中不可缺少的重要内容;生态文明制度建设是新时代中国特色社会主义制度和国家治理体系建设过程中十分重要的一环。党的十八大报告将生态文明建设纳入"五位一体"总体布局之中,并提出在全面建成小康社会的过程中要"加快建立生态文明制度,健全国土空间开发、资源节约、生态环境保护的体制机制,推动形成人与自然和谐发展现代化建设新格局"[②]。在"大力推进生态文明建设"的部分中,着重提出"加强生态文明制度建设",强调"保护生态环境必须依靠制度",[③]将生态文明制度建设作为党在新时代的重点工作之一。

生态文明体制改革是全面深化改革的应有之义。党的十八届三中全会在发出新时代全面深化改革宣言、明确全面深化改革总目标的同时,强调要"紧

---

① 《十七大以来重要文献选编》(上),中央文献出版社 2013 年版,第 16 页。
② 《十八大以来重要文献选编》(上),中央文献出版社 2014 年版,第 15 页。
③ 《十八大以来重要文献选编》(上),中央文献出版社 2014 年版,第 32 页。

紧围绕建设美丽中国深化生态文明体制改革,加快建立生态文明制度,健全国土空间开发、资源节约利用、生态环境保护的体制机制,推动形成人与自然和谐发展现代化建设新格局"。①《中共中央关于全面深化改革若干重大问题的决定》特别将"加快生态文明制度建设"作为一项重要内容,提出建设生态文明,必须建立系统完整的生态文明制度体系,"实行最严格的源头保护制度、损害赔偿制度、责任追究制度,完善环境治理和生态修复制度,用制度保护生态环境",进而提出要健全自然资源资产产权制度和用途管制制度、划定生态保护红线、实行资源有偿使用制度和生态补偿制度、改革生态环境保护管理体制等多项生态文明制度建设要求②。

党的十八届四中全会审议通过的《中共中央关于全面推进依法治国若干重大问题的决定》提出,要"完善以宪法为核心的中国特色社会主义法律体系,加强宪法实施"③。其中,特别突出强调要加强重点领域的立法工作,包括"用严格的法律制度保护生态环境,加快建立有效约束开发行为和促进绿色发展、循环发展、低碳发展的生态文明法律制度,强化生产者环境保护的法律责任,大幅度提高违法成本。建立健全自然资源产权法律制度,完善国土空间开发保护方面的法律制度,制定完善生态补偿和土壤、水、大气污染防治及海洋生态环境保护等法律法规,促进生态文明建设"④,等等。

2015 年 4 月,《中共中央 国务院关于加快推进生态文明建设的意见》的指导思想中提出要"以健全生态文明制度体系为重点"⑤,在主要目标中强调,到 2020 年全面建成小康社会目标实现之时,"资源节约型和环境友好型社会建设取得重大进展,主体功能区布局基本形成,经济发展质量和效益显著提高,生态文明主流价值观在全社会得到推行,生态文明建设水平与全面建成小

① 《十八大以来重要文献选编》(上),中央文献出版社 2014 年版,第 513 页。
② 《十八大以来重要文献选编》(上),中央文献出版社 2014 年版,第 541—542 页。
③ 《十八大以来重要文献选编》(中),中央文献出版社 2016 年版,第 160 页。
④ 《十八大以来重要文献选编》(中),中央文献出版社 2016 年版,第 164 页。
⑤ 《十八大以来重要文献选编》(中),中央文献出版社 2016 年版,第 486 页。

康社会目标相适应"，在这个总体目标之下，就包含着生态文明重大制度基本
确立的目标，即"基本形成源头预防、过程控制、损害赔偿、责任追究的生态文
明制度体系，自然资源资产产权和用途管制、生态保护红线、生态保护补偿、生
态环境保护管理体制等关键制度建设取得决定性成果"。① 在关于健全生态
文明制度体系的要求中，明确提出要健全法律法规、完善标准体系、健全自然
资源资产产权制度和用途管制制度、完善生态环境监管制度、严守资源环境生
态红线、完善经济政策、推行市场化机制、健全生态保护补偿机制、健全政绩考
核制度、完善责任追究制度等一系列全流程的生态文明制度体系建设要求。②

　　按照《中共中央　国务院关于加快推进生态文明建设的意见》提出的"抓
紧制定生态文明体制改革总体方案"要求③，2015 年 9 月，中共中央政治局会
议审议通过了《生态文明体制改革总体方案》。《生态文明体制改革总体方
案》明确，推进生态文明体制改革，要树立尊重自然、顺应自然、保护自然的理
念，树立发展和保护相统一的理念，树立绿水青山就是金山银山的理念，树立
自然价值和自然资本的理念，树立空间均衡的理念，树立山水林田湖是一个生
命共同体的理念，为新时代生态文明体制改革提供了重要指引。《生态文明
体制改革总体方案》明确了生态文明体制改革的原则和目标。在原则上，主
要有六项内容，即坚持正确改革方向、坚持自然资源资产的公有性质、坚持城
乡环境治理体系统一、坚持激励和约束并举、坚持主动作为和国际合作相结
合、坚持鼓励试点先行和整体协调推进相结合。在目标层面，《生态文明体制
改革总体方案》明确："到 2020 年，构建起由自然资源资产产权制度、国土空
间开发保护制度、空间规划体系、资源总量管理和全面节约制度、资源有偿使
用和生态补偿制度、环境治理体系、环境治理和生态保护市场体系、生态文明
绩效评价考核和责任追究制度等八项制度构成的产权清晰、多元参与、激励约

① 《十八大以来重要文献选编》(中)，中央文献出版社 2016 年版，第 487—488 页。
② 《十八大以来重要文献选编》(中)，中央文献出版社 2016 年版，第 495—499 页。
③ 《十八大以来重要文献选编》(中)，中央文献出版社 2016 年版，第 502 页。

束并重、系统完整的生态文明制度体系,推进生态文明领域国家治理体系和治理能力现代化,努力走向社会主义生态文明新时代。"①围绕八项制度建设目标,《生态文明体制改革总体方案》进行了深入阐释,并规定了生态文明体制改革的实施保障。

总的说来,《生态文明体制改革总体方案》是生态文明领域改革的顶层设计,初步搭建了生态文明体制改革的基础性框架,从顶层设计层面加快推进新时代生态文明建设,有效增强了生态文明体制改革的系统性、整体性、协同性,有利于全面提高新时代我国生态文明建设质量和水平。

党的十八届五中全会提出创新、协调、绿色、开放、共享的新发展理念,将"绿色"作为其中非常重要的内容,强调"必须坚持节约资源和保护环境的基本国策,坚持可持续发展,坚定走生产发展、生活富裕、生态良好的文明发展道路,加快建设资源节约型、环境友好型社会,形成人与自然和谐发展现代化建设新格局,推进美丽中国建设,为全球生态安全作出新贡献"②。习近平总书记在党的十八届五中全会的第二次全体会议上指出:"我们尽力补上生态文明建设这块短板,切实把生态文明的理念、原则、目标融入经济社会发展各方面,贯彻落实到各级各类规划和各项工作中。"③

党的十九大报告在总结五年来生态文明建设的成效时特别提到制度建设的成效:"生态文明制度体系加快形成,主体功能区制度逐步健全,国家公园体制试点积极推进。"④党的十九大深刻分析了党和国家所处历史方位的变化,尤其是准确把握了我国社会主要矛盾的变化,指出人民美好生活需要日益广泛,"在民主、法治、公平、正义、安全、环境等方面的要求日益增长"⑤,并在

---

① 《中共中央国务院印发〈生态文明体制改革总体方案〉》,人民出版社 2015 年版,第2—5页。

② 《十八大以来重要文献选编》(中),中央文献出版社 2016 年版,第792页。

③ 《十八大以来重要文献选编》(中),中央文献出版社 2016 年版,第831页。

④ 《十九大以来重要文献选编》(上),中央文献出版社 2019 年版,第4页。

⑤ 《十九大以来重要文献选编》(上),中央文献出版社 2019 年版,第8页。

阐释习近平新时代中国特色社会主义思想的基本内涵时,将"坚持人与自然和谐共生"作为"十四个坚持"的重要内容之一。① 在阐释未来党的各项重点工作时,党的十九大报告强调要"加快生态文明体制改革,建设美丽中国",提出"我们要建设的现代化是人与自然和谐共生的现代化,既要创造更多物质财富和精神财富以满足人民日益增长的美好生活需要,也要提供更多优质生态产品以满足人民日益增长的优美生态环境需要",并要求推进绿色发展、着力解决突出环境问题、加大生态系统保护力度、改革生态环境监管体制等。②

党的十九届四中全会在党的十八大以来党对生态文明制度建设探索的基础之上,进一步明确了坚持和完善生态文明制度体系的总体要求,提出实行最严格的生态环境保护制度、全面建立资源高效利用制度、健全生态保护和修复制度、严明生态环境保护责任制度四项制度建设要求。③

习近平总书记指出:"推动绿色发展,建设生态文明,重在建章立制,用最严格的制度、最严密的法治保护生态环境。"④党的十八大以来,在习近平生态文明思想的指引下,我国生态文明建设不断深入推进,生态文明制度体系不断建立健全。党中央推动全面深化改革,相继印发《中共中央 国务院关于加快推进生态文明建设的意见》《生态文明体制改革总体方案》,为新时代生态文明建设提供了系统完善的顶层设计,并制定了数十项涉及生态文明建设的改革方案。同时,2014 年新修订的《中华人民共和国环境保护法》以"严"字当头,为新时代生态文明建设提供了有力的法治保障。"党从思想、法律、体制、组织、作风上全面发力,全方位、全地域、全过程加强生态环境保护,推动划定生态保护红线、环境质量底线、资源利用上线,开展一系列根本性、开创性、长

　① 《十九大以来重要文献选编》(上),中央文献出版社 2019 年版,第 17 页。
　② 《十九大以来重要文献选编》(上),中央文献出版社 2019 年版,第 35—37 页。
　③ 《十九大以来重要文献选编》(中),中央文献出版社 2021 年版,第 289—290 页。
　④ 《十八大以来重要文献选编》(下),中央文献出版社 2018 年版,第 766 页。

远性工作。"①党的十八大以来我国生态文明制度体系改革系列重大制度成果,我国生态环境保护发生的历史性、转折性、全局性变化,都从实践层面生动检验了习近平生态文明思想的正确性,为新时代生态文明建设提供了完善的屏障、坚强的保障。

五、共建共治共享的社会治理制度的完善

社会治理作为国家治理的重要方面,在推进国家治理体系和治理能力现代化进程中同样具有举足轻重的地位。党的十八大以来,党中央在推进全面深化改革的过程中,构建起共建共治共享的社会治理制度,为新时代社会治理提供了坚强的制度保障。"共建共治共享的社会治理制度,是我们党在长期探索中形成的、被实践证明符合国情、符合人民意愿、符合社会治理规律的科学制度,是习近平新时代中国特色社会主义思想的重要内容。"②

党的十八届三中全会提出全面深化改革必须更加注重改革的系统性、整体性、协同性,加快发展社会主义市场经济、民主政治、先进文化、和谐社会、生态文明。其中,社会治理与构建和谐社会息息相关。全会提出,要"紧紧围绕更好保障和改善民生、促进社会公平正义深化社会体制改革,改革收入分配制度,促进共同富裕,推进社会领域制度创新,推进基本公共服务均等化,加快形成科学有效的社会治理体制,确保社会既充满活力又和谐有序"③。全会提出,要创新社会治理体制,并提出改进社会治理方式、激发社会组织活力、创新有效预防和化解社会矛盾体制、健全公共安全体系等多项制度体制建设要求,涉及基层社会治理、社会组织管理、社会矛盾化解以及各类公共安全问题等多

---

① 《中国共产党第十九届中央委员会第六次全体会议文件汇编》,人民出版社 2021 年版,第 78 页。

② 《〈中共中央关于坚持和完善中国特色社会主义制度、推进国家治理体系和治理能力现代化若干重大问题的决定〉辅导读本》,人民出版社 2019 年版,第 82 页。

③ 《十八大以来重要文献选编》(上),中央文献出版社 2014 年版,第 513 页。

个社会治理领域。

党的十八届四中全会指出："国家和社会治理需要法律和道德共同发挥作用。"①在重点领域立法方面,全会特别强调,要"加快保障和改善民生、推进社会治理体制创新法律制度建设。依法加强和规范公共服务,完善教育、就业、收入分配、社会保障、医疗卫生、食品安全、扶贫、慈善、社会救助和妇女儿童、老年人、残疾人合法权益保护等方面的法律法规。加强社会组织立法,规范和引导各类社会组织健康发展。制定社区矫正法"②。同时,要推进多层次多领域依法治理,包括"坚持系统治理、依法治理、综合治理、源头治理,提高社会治理法治化水平""发挥人民团体和社会组织在法治社会建设中的积极作用""高举民族大团结旗帜,依法妥善处置涉及民族、宗教等因素的社会问题,促进民族关系、宗教关系和谐"等多个方面的社会治理法治化要求。③

"社会治理体系更加完善,社会大局保持稳定,国家安全全面加强。"④党的十九大系统总结了新时代五年来的社会治理成效,并把社会治理和社会建设的目标融入"两个阶段"战略安排的阐释中:在第一个阶段,"现代社会治理格局基本形成,社会充满活力又和谐有序";在第二个阶段,"我国物质文明、政治文明、精神文明、社会文明、生态文明将全面提升,实现国家治理体系和治理能力现代化"。⑤同时,党的十九大报告还提出要"提高保障和改善民生水平,加强和创新社会治理",其中特别强调要"打造共建共治共享的社会治理格局。加强社会治理制度建设,完善党委领导、政府负责、社会协同、公众参与、法治保障的社会治理体制,提高社会治理社会化、法治化、智能化、专业化水平"。⑥

---

① 《十八大以来重要文献选编》(中),中央文献出版社 2016 年版,第 159 页。
② 《十八大以来重要文献选编》(中),中央文献出版社 2016 年版,第 163—164 页。
③ 《十八大以来重要文献选编》(中),中央文献出版社 2016 年版,第 173 页。
④ 《十九大以来重要文献选编》(上),中央文献出版社 2019 年版,第 4 页。
⑤ 《十九大以来重要文献选编》(上),中央文献出版社 2019 年版,第 20 页。
⑥ 《十九大以来重要文献选编》(上),中央文献出版社 2019 年版,第 34 页。

在党的十九大提出的"共建共治共享的社会治理格局"基础上,党的十九届四中全会明确提出"坚持和完善共建共治共享的社会治理制度",在"完善党委领导、政府负责、民主协商、社会协同、公众参与、法治保障、科技支撑的社会治理体系"的基础之上,进一步提出要"建设人人有责、人人尽责、人人享有的社会治理共同体"。同时,党的十九届四中全会明确,在这一制度之下,要完善正确处理新形势下人民内部矛盾有效机制,"努力将矛盾化解在基层",要完善社会治安防控体系,健全公共安全体制机制,构建基层社会治理新格局,完善国家安全体系共五项制度建设目标①,这标志着我们党对社会主义社会社会治理规律的认识上升到了新的高度。

党的十九届六中全会审议通过的《中共中央关于党的百年奋斗重大成就和历史经验的决议》这样总结新时代社会治理制度的建设成就:"党着眼于国家长治久安、人民安居乐业,建设更高水平的平安中国,完善社会治理体系,健全党组织领导的自治、法治、德治相结合的城乡基层治理体系,推动社会治理重心向基层下移,建设共建共治共享的社会治理制度,建设人人有责、人人尽责、人人享有的社会治理共同体。"②在党中央坚强领导下,共建共治共享的社会治理制度日益完善,新时代推进社会治理现代化有了重要的制度保障,对于维护国家安全、社会安定、人民安宁具有极其重大的意义。

①　《十九大以来重要文献选编》(中),中央文献出版社 2021 年版,第 287—288 页。
②　《中国共产党第十九届中央委员会第六次全体会议文件汇编》,人民出版社 2021 年版,第 76 页。

第五章　新时代中国特色社会主义制度体系的概括

　　党的十九届四中全会提出"坚持和完善支撑中国特色社会主义制度的根本制度、基本制度、重要制度"①的重大命题,以根本制度、基本制度、重要制度为"四梁八柱"的中国特色社会主义制度体系的框架结构愈发清晰。根本制度、基本制度、重要制度是党的十九届四中全会在中国共产党百年制度建构实践基础上概括的重要概念,也是中国特色社会主义制度理论的重大创新,为新时代坚持和完善中国特色社会主义制度、推进国家治理体系和治理能力现代化指明了方向。分析和研究中国特色社会主义根本制度、基本制度、重要制度的内涵,以及三者之间的内在逻辑,具有重大的理论和实践意义。

一、中国特色社会主义制度体系及其相关概念辨析

　　中国特色社会主义制度是近年来学界讨论的热点议题。2011 年,胡锦涛"七一"讲话指出:"中国特色社会主义制度,是当代中国发展进步的根本制度保障,集中体现了中国特色社会主义的特点和优势。"②讲话还将中国特色社会主义制度概括为根本政治制度、基本政治制度、法律体系、基本经济制度、各

———————————

① 《十九大以来重要文献选编》(中),中央文献出版社 2021 年版,第 272 页。
② 《十七大以来重要文献选编》(下),中央文献出版社 2013 年版,第 436 页。

项具体制度五个方面,是党对中国特色社会主义制度第一次作出系统概括。习近平总书记在党的十八届中央政治局第一次集体学习时指出:"中国特色社会主义制度,坚持把根本政治制度、基本政治制度同基本经济制度以及各方面体制机制等具体制度有机结合起来,坚持把国家层面民主制度同基层民主制度有机结合起来,坚持把党的领导、人民当家作主、依法治国有机结合起来,符合我国国情,集中体现了中国特色社会主义的特点和优势,是中国发展进步的根本制度保障。"[①]又一次概括了中国特色社会主义制度体系。党的十八届三中全会将全面深化改革的总目标确定为"完善和发展中国特色社会主义制度,推进国家治理体系和治理能力现代化"[②]。党的十九届四中全会提出了中国特色社会主义根本制度、基本制度、重要制度的概念[③],引发了学界关于根本制度、基本制度、重要制度的内涵及其关系的讨论。

关于中国特色社会主义制度体系的结构层次。有学者提出,可以将中国特色社会主义制度体系划分为"根本制度范畴""基本制度范畴""具体制度范畴"[④]三个层次。也有学者提出,中国特色社会主义制度体系可以划分为五个层次:根本政治制度、基本政治制度、中国特色社会主义法律体系、基本经济制度、具体制度[⑤]。实际上,无论是"三层次"还是"五层次",并没有本质区别;"三层次"是在"五层次"基础上的集中概括。党的十九届四中全会系统回答了中国特色社会主义制度体系的结构层次问题,提出根本制度、基本制度、重要制度是中国特色社会主义制度体系的"四梁八柱"。有学者将根本制度、基本制度、重要制度概括为"主要制度群"[⑥],这一概括意味着,根本制度、基本制度、重要制度虽然是中国特色社会主义制度体系的重要组成部分,但并不是中

---

① 《十八大以来重要文献选编》(上),中央文献出版社2014年版,第75页。
② 《十八大以来重要文献选编》(上),中央文献出版社2014年版,第512页。
③ 《十九大以来重要文献选编》(中),中央文献出版社2021年版,第272页。
④ 严书翰:《深化对中国特色社会主义制度的认识》,《学习时报》2011年8月22日。
⑤ 邱炜煌:《坚持和完善中国特色社会主义制度不动摇》,《天津日报》2011年8月22日。
⑥ 姜辉:《中国特色社会主义制度的结构体系和显著优势》,《治理研究》2020年第5期。

国特色社会主义制度体系的全部——在根本制度、基本制度、重要制度之外，还有其他具体制度。

根本制度、基本制度、重要制度是支撑中国特色社会主义制度体系的"四梁八柱"，但仅以根本制度、基本制度、重要制度来概括中国特色社会主义制度体系，就会忽视制度体系中具体制度的存在而有失偏颇，而且也不能将重要制度等同于具体制度。

关于根本制度、基本制度、重要制度的概念。"八二宪法"总纲中就有"社会主义制度是中华人民共和国的根本制度"①的提法。"八二宪法"中"根本制度"的概念与党的十九届四中全会提出的"根本制度"在内涵上是有区别的，"八二宪法"中的根本制度是指国家性质层面的概念，而党的十九届四中全会所说的根本制度是支撑中国特色社会主义制度体系的根本制度。"八二宪法"所提的根本制度是指社会主义制度的性质，与中国特色社会主义制度体系的根本制度内涵不同。根本制度的概念在同一时期的党内文献中也有清晰表述。改革开放之初，邓小平提出"民主集中制是党和国家的最根本的制度"②。2019年，《中共中央关于加强党的政治建设的意见》也提到："要坚持民主集中制这一根本领导制度"③。关于民主集中制作为根本领导制度的提法主要是就党的领导方式而言的。因此，上述提法中的根本领导制度与党的十九届四中全会所提出的根本领导制度并不是一个层面的概念，不能同日而语。有学者认为，根本制度可以划分为"根本领导制度""根本政治制度""根本文化制度""根本社会治理制度""根本军事制度"④五个方面。也有学者认为，根本制度包含"中国共产党集中统一领导的制度""根本政治制度""马克思主义在意识形态领域指导地位的根本制度""党对人民军队的绝对领

---

① 《十二大以来重要文献选编》(上)，中央文献出版社2011年版，第187页。
② 《邓小平文选》第1卷，人民出版社1994年版，第312页。
③ 《十九大以来重要文献选编》(上)，中央文献出版社2019年版，第799页。
④ 《〈中共中央关于坚持和完善中国特色社会主义制度、推进国家治理体系和治理能力现代化若干重大问题的决定〉辅导读本》，人民出版社2019年版，第176页。

导制度"[1]四个方面。

就党的十九届四中全会通过的《中共中央关于坚持和完善中国特色社会主义制度、推进国家治理体系和治理能力现代化若干重大问题的决定》(以下简称《决定》)中所表述的内容而言,"三种制度"的说法更符合《决定》的原意。关于"基本制度"的内涵问题,目前学界形成了较为一致的看法,即认为基本制度包括基本政治制度和基本经济制度两部分。关于"重要制度"的内涵问题,学界意见也较为统一,重要制度是中国特色社会主义制度体系"四梁八柱"的重要组成部分,有其严密科学的内涵规定。

关于根本制度、基本制度、重要制度的关系。有学者依据党的十九届四中全会精神提出,"根本制度、基本制度、重要制度在理论上相互支撑,在历史上一脉相承,在逻辑上辩证统一,共同架起了中国特色社会主义制度体系的'四梁八柱'"。[2] 根本制度、基本制度、重要制度的辩证统一是学界共识。同时,也有学者提出可以从宏观、中观、微观三个层次认识中国特色社会主义制度,根本制度居于宏观层次,对制度体系建设具有统领的作用,基本制度和重要制度居于中观层次,具体制度居于微观层次。[3]

用宏观、中观、微观的概念来分析根本制度、基本制度、重要制度容易使人产生对根本制度、基本制度、重要制度的误解;根本制度、基本制度、重要制度并不是一个互相嵌套的关系,使用宏观、中观、微观的维度进行分类有其合理性,但经不起推敲。从某种意义上说,虽然重要制度和具体制度(以及体制机制)有差异,但是二者都居于制度图谱中的延伸层面,是落实根本制度、基本制度的"抓手"。如果将基本制度与重要制度同样划分为一个层次,会导致基

---

① 辛世俊、刘艳芳:《试论中国特色社会主义的根本制度、基本制度、重要制度》,《学习论坛》2020 年第 2 期。

② 顾保国:《中国特色社会主义制度体系理论内涵与内在逻辑》,《新华日报》2019 年 12 月 31 日。

③ 齐卫平:《中国特色社会主义制度体系:框架建构和结构层次——兼论根本制度、基本制度、重要制度的关系》,《思想理论教育》2020 年第 3 期。

本制度与重要制度之间的界限模糊,不利于对中国特色社会主义制度的体系化认识。

二、根本制度、基本制度、重要制度的逻辑层次

中国特色社会主义制度是一个结构完整的体系。从逻辑层次上看,根本制度、基本制度、重要制度是支撑中国特色社会主义制度的"四梁八柱",是中国特色社会主义制度体系的重要组成部分。但是,中国特色社会主义的根本制度、基本制度、重要制度并没有涵盖中国特色社会主义制度体系的所有方面;在根本制度、基本制度、重要制度之外,中国特色社会主义制度体系还存在着一些具体制度。这些具体制度与根本制度、基本制度、重要制度一起构成了中国特色社会主义制度体系的斑斓图谱。

1. 根本制度包含根本领导制度、根本政治制度、根本文化制度

"所谓根本制度,就是在中国特色社会主义制度中起顶层决定性、全域覆盖性、全局指导性作用的制度。"①以党的领导制度体系为例,中国特色社会主义最本质的特征是中国共产党领导,体现出党的领导制度的决定性;"党政军民学,东西南北中,党是领导一切的"②,体现出党的领导制度的全域覆盖性;中国共产党是中国特色社会主义事业的坚强领导核心,体现出这一制度具有全局指导性。党的十九届四中全会《决定》在表述中明确冠以根本制度的有两项,即"人民代表大会制度这一根本政治制度"③和"坚持马克思主义在意识形态领域指导地位的根本制度"④。习近平总书记在党的十九届四中全会第二次全体会议上的讲话中又进一步提出:"党的领导制度是我国的根本领

① 《〈中共中央关于坚持和完善中国特色社会主义制度、推进国家治理体系和治理能力现代化若干重大问题的决定〉辅导读本》,人民出版社 2019 年版,第 175 页。
② 《十九大以来重要文献选编》(上),中央文献出版社 2019 年版,第 14 页。
③ 《十九大以来重要文献选编》(中),中央文献出版社 2021 年版,第 275 页。
④ 《十九大以来重要文献选编》(中),中央文献出版社 2021 年版,第 283 页。

导制度。"①按照党的十九届四中全会《决定》与习近平总书记的重要讲话精神，中国特色社会主义制度体系的根本制度包括根本领导制度（党的十九届四中全会《决定》提出的"党对人民军队的绝对领导制度"也应归于党的根本领导制度的范畴）、根本政治制度、根本文化制度三个方面。

党的领导制度是根本领导制度，贯穿中国特色社会主义制度和国家治理体系的各个方面。同时，根本领导制度也是一个内涵丰富的制度体系，包括"不忘初心、牢记使命的制度""坚定维护党中央权威和集中统一领导的各项制度""党的全面领导制度""为人民执政、靠人民执政各项制度""提高党的执政能力和领导水平制度"以及"全面从严治党制度"等各项制度②，这些制度是党的领导在国家治理各环节得以深入延展的重要保证。

人民代表大会制度是根本政治制度，也是国家政权组织形式，直接体现我国人民民主专政的国家性质。1954 年 9 月，刘少奇在一届全国人大一次会议上作《关于中华人民共和国宪法草案的报告》时指出："人民代表大会制既规定为国家的根本政治制度，一切重大问题就都应当经过人民代表大会讨论，并作出决定。"③报告论述了人民代表大会制度在中国特色社会主义政治制度中的突出地位。党的十九届四中全会对新时代坚持和完善根本政治制度提出了更高要求，进一步强调了人民代表大会行使国家权力的基本流程，规范了国家权力机关对行政机关、审判机关、检察机关和监察机关的监督关系，并对人民代表大会制度内部的多对关系作出了规定。④

提出坚持马克思主义在意识形态领域指导地位的根本制度，这是党的十九届四中全会的理论创新，第一次以根本制度的形式将马克思主义在意识形态领域的指导地位确立下来，彰显马克思主义是新时代指导中国特色社会主

---

① 《十九大以来重要文献选编》（中），中央文献出版社 2021 年版，第 305 页。
② 《十九大以来重要文献选编》（中），中央文献出版社 2021 年版，第 272—274 页。
③ 《建国以来重要文献选编》第 5 册，中央文献出版社 2011 年版，第 424 页。
④ 《十九大以来重要文献选编》（中），中央文献出版社 2021 年版，第 275 页。

义建设的根本指针,也是中国特色社会主义的根本文化制度。党的十九届四中全会对全面贯彻落实习近平新时代中国特色社会主义思想、深入实施马克思主义理论研究和建设工程、加强和改进学校思想政治教育、落实意识形态责任制等问题作出了更为细化的规定和要求。① 坚持马克思主义在意识形态领域的指导地位是我国社会主义国家性质的应有之义,不仅是一项根本文化制度,也是党和国家必须始终坚持的根本制度。需要指出的是,根本制度的三个方面不是平行的,根本领导制度较之根本政治制度、根本文化制度居于更高的地位。

2.基本制度包括基本政治制度和基本经济制度

基本制度包括基本政治制度和基本经济制度。"所谓基本制度,就是通过贯彻和体现国家政治生活、经济生活的基本原则、对国家经济社会发展等发挥重大影响的制度。"②这体现了基本制度所具有的原则性与基础性,体现了基本制度在中国特色社会主义制度体系中的地位和作用。

基本政治制度是基本制度在政治领域的体现。就党和国家关于基本政治制度的表述而言,首先得到明确的是中国共产党领导的多党合作和政治协商制度。1989 年,《中共中央关于坚持和完善中国共产党领导的多党合作和政治协商制度的意见》将这一制度表述为"我国一项基本政治制度",并指出"我国实行的共产党领导、多党合作的政党体制是我国政治制度的特点和优点"③。"党中央进一步明确人民政协的性质、任务、主题、职能,推动人民政协性质和作用载入宪法,把中国共产党领导的多党合作和政治协商制度确立为我国的一项基本政治制度。"④其次是民族区域自治制度。1993 年江泽民在

---

① 《十九大以来重要文献选编》(中),中央文献出版社 2021 年版,第 283—284 页。

② 《〈中共中央关于坚持和完善中国特色社会主义制度、推进国家治理体系和治理能力现代化若干重大问题的决定〉辅导读本》,人民出版社 2019 年版,第 176 页。

③ 《十三大以来重要文献选编》(中),中央文献出版社 2011 年版,第 243 页。

④ 《习近平谈治国理政》第 3 卷,外文出版社 2020 年版,第 292 页。

全国统战工作会议上的讲话中,将"民族区域自治"表述为"我们党正确处理民族问题的一项基本政策和国家的一项基本政治制度"①。2001年新修订的《中华人民共和国民族区域自治法》将1984年版本中"国家的一项重要政治制度"②的表述修改为"国家的一项基本政治制度"③,从而确立了民族区域自治制度是我国的基本政治制度。党的十七大第一次提出"基层群众自治制度"④的概念,2011年胡锦涛在"七一"讲话中明确将基层群众自治制度作为一项基本政治制度⑤。中国共产党领导的多党合作和政治协商制度、民族区域自治制度、基层群众自治制度共同构建起基本政治制度的框架结构。

基本经济制度是基本制度在经济领域的体现。"我国基本经济制度是中国特色社会主义制度的重要支柱,也是社会主义市场经济体制的根基。"⑥党的十五大提出了社会主义基本经济制度的概念,提出"坚持和完善社会主义公有制为主体、多种所有制经济共同发展的基本经济制度"⑦。党的十九届四中全会将社会主义基本经济制度的范畴从所有制结构,拓展为包括所有制结构、分配制度、资源配置方式等方面的有机整体,是对社会主义基本经济制度的新概括。在我国社会主义初级阶段,公有制为主体、多种所有制经济共同发展,按劳分配为主体、多种分配方式并存的分配制度,以及社会主义市场经济体制共同构成了社会主义基本经济制度。其中,公有制为主体、多种所有制经济共同发展的所有制结构对分配制度、资源配置方式起决定性的作用。

3. 重要制度是国家治理各领域各环节中较为重要的制度

"所谓重要制度,就是由根本制度和基本制度派生而来的、国家治理各领

---

① 《十四大以来重要文献选编》(上),中央文献出版社2011年版,第448页。
② 《新时期民族工作文献选编》,中央文献出版社1990年版,第235页。
③ 《十五大以来重要文献选编》(中),中央文献出版社2011年版,第738页。
④ 《十七大以来重要文献选编》(上),中央文献出版社2013年版,第22页。
⑤ 《十七大以来重要文献选编》(下),中央文献出版社2013年版,第436页。
⑥ 习近平:《不断开拓当代中国马克思主义政治经济学新境界》,《求是》2020年第16期。
⑦ 《十五大以来重要文献选编》(上),中央文献出版社2011年版,第16页。

域各方面各环节的具体的主体性制度。"①在中国特色社会主义制度语境下，重要制度是国家治理各领域各环节中根本制度和基本制度派生出的较为重要的制度。

重要制度由经济、政治、文化、社会、生态、党的建设等多方面的体制机制组成，在国家治理的各领域各环节发挥着重要作用。就重要制度的文本表述而言，党的十九届四中全会通过的《决定》明确冠以重要制度的是"一国两制"制度体系、党和国家监督体系。同时，中国特色社会主义法治体系、中国特色社会主义行政体制、繁荣发展社会主义先进文化的制度、统筹城乡的民生保障制度、共建共治共享的社会治理制度、生态文明制度体系、独立自主的和平外交政策等制度都可以纳入重要制度的范畴。

中国特色社会主义法治体系相较于法律体系而言具有更加丰富的内涵。从1997年党的十五大提出，到2010年形成中国特色社会主义法律体系。2011年1月，时任全国人大常委会委员长吴邦国宣布："一个立足中国国情和实际、适应改革开放和社会主义现代化建设需要、集中体现党和人民意志的，以宪法为统帅，以宪法相关法、民法商法等多个法律部门的法律为主干，由法律、行政法规、地方性法规等多个层次的法律规范构成的中国特色社会主义法律体系已经形成。"②同年，胡锦涛在"七一"讲话中将中国特色社会主义法律体系纳入中国特色社会主义制度体系当中。2014年党的十八届四中全会又提出了"中国特色社会主义法治体系"的概念。③ 中国特色社会主义法治体系既包括法律规范体系，也包括立法、执法、司法、守法的法治建设，囊括了党内法规制度体系，其内涵更为丰富，也更加符合推动国家治理体系和治理能力现代化的时代要求。将中国特色社会主义法治体系纳入重要制度的范畴，既能

---

① 《〈中共中央关于坚持和完善中国特色社会主义制度、推进国家治理体系和治理能力现代化若干重大问题的决定〉辅导读本》，人民出版社2019年版，第176页。

② 《十七大以来重要文献选编》（下），中央文献出版社2013年版，第118—119页。

③ 《十八大以来重要文献选编》（中），中央文献出版社2016年版，第155页。

凸显中国特色社会主义法治体系的重要地位,又能准确反映党的十九届四中全会的基本思路。同时,按照党的十九届四中全会的擘画,每一项重要制度的框架下还包括若干体制机制。重要制度也具有较为清晰的脉络,每一项重要制度都是一个严密完整的有机整体。

三、根本制度、基本制度、重要制度的内在关联

根本制度、基本制度、重要制度既有统一性也有层次性。从制度建设的主体来看,根本制度、基本制度、重要制度的建设主体都是中国共产党和广大人民群众。同时,根本制度、基本制度、重要制度都属于上层建筑的有机组成部分,构成了支撑中国特色社会主义制度的"四梁八柱"。但是,在中国特色社会主义制度体系的框架当中,根本制度、基本制度、重要制度却具有不同的功能属性,如果将中国特色社会主义制度体系看成是一棵参天大树,那么根本制度就是植入泥土的树根,居于核心地位;基本制度就是树干,居于主体地位,发挥承上启下的关键作用;重要制度就是延展的枝叶,是根本制度与基本制度的延伸。在中国特色社会主义制度体系的框架下,根本制度、基本制度、重要制度相互区别、又相互联系、相互支撑。

1. 根本制度统领基本制度和重要制度

根本制度包括根本领导制度、根本政治制度、根本文化制度,这三项制度共同构成中国特色社会主义制度体系的核心。

第一,根本领导制度是中国特色社会主义制度体系的统领。中国共产党是中国特色社会主义制度的建构者,在坚持和完善中国特色社会主义制度、推进国家治理体系和治理能力现代化的进程中居于领导地位。否定中国共产党的领导,中国特色社会主义制度的根基就会发生动摇,社会主义中国也就失去了立国之本。"必须坚持党政军民学、东西南北中,党是领导一切的,坚决维护党中央权威,健全总揽全局、协调各方的党的领导制度体系,把党的领导落

实到国家治理各领域各方面各环节。"①党的领导作为根本领导制度不仅在根本制度当中居于统领地位，而且对于基本制度、重要制度和具体制度而言都居于统领地位。根本领导制度不仅是中国特色社会主义制度体系的根本制度，更是其核心所在，决定和规范着中国特色社会主义制度的发展方向。

第二，根本政治制度在中国特色社会主义政治制度中居于核心地位。人民代表大会制度"是中国人民翻身作主、掌握自己命运的必然选择"②。1940年1月，毛泽东在《新民主主义论》中曾指出："没有适当形式的政权机关，就不能代表国家。"③新中国成立后，人民代表大会制度成为中国特色社会主义政治制度的核心。"五四宪法"明确规定："人民行使权力的机关是全国人民代表大会和地方各级人民代表大会。"④人民代表大会制度对中国特色社会主义制度体系中的其他政治制度具有主导作用，中国共产党领导的多党合作和政治协商制度、民族区域自治制度以及基层群众自治制度，首先必须由人民代表大会制度作为前提才能够存在和运行。"人民代表大会制度是坚持党的领导、人民当家作主、依法治国有机统一的根本政治制度安排。"⑤

第三，根本文化制度在中国特色社会主义文化制度中居于核心地位。文化体制在中国特色社会主义制度体系中的作用是深层次维护制度的实践运行，为制度体系提供基本价值支持。⑥"发展社会主义先进文化、广泛凝聚人民精神力量，是国家治理体系和治理能力现代化的深厚支撑。"⑦在马克思主义指导下，中国共产党领导人民取得新民主主义革命的伟大胜利，建立社会主义基本制度，开辟中国特色社会主义道路，推动中国特色社会主义进入了新时

---

① 《十九大以来重要文献选编》(中)，中央文献出版社 2021 年版，第 272 页。
② 《十八大以来重要文献选编》(中)，中央文献出版社 2016 年版，第 53 页。
③ 《毛泽东选集》第 2 卷，人民出版社 1991 年版，第 677 页。
④ 《建国以来重要文献选编》第 5 册，中央文献出版社 2011 年版，第 451 页。
⑤ 《十九大以来重要文献选编》(上)，中央文献出版社 2019 年版，第 26 页。
⑥ 肖贵清、刘玉芝：《中国特色社会主义制度体系的逻辑分析》，《马克思主义研究》2012 年第 8 期。
⑦ 《十九大以来重要文献选编》(中)，中央文献出版社 2021 年版，第 283 页。

代,中华民族迎来了从站起来、富起来到强起来的伟大飞跃。中国特色社会主义文化制度必须以马克思主义在意识形态领域的指导地位为遵循,才能牢牢把握社会主义先进文化的前进方向,更好构筑中国精神、形成中国价值、凝聚中国力量。在中国特色社会主义制度体系中,根本文化制度对于其他文化制度来说具有决定性的作用,在中国特色社会主义文化制度中居于核心地位。

2.基本制度遵循根本制度,制约和影响重要制度

基本制度涉及国家政治制度和经济制度的重大原则,与根本制度、重要制度有区别也有联系。一方面,根本制度和基本制度都是中国特色社会主义制度体系的重要组成部分,但从功能属性看,根本制度是基本制度的遵循,尤其是根本领导制度统领基本制度,基本制度中各项原则的制定和执行必须以根本制度为准绳。另一方面,基本制度在政治和经济领域所规定的各项重大原则,又同时制约和影响着政治领域、经济领域的各项重要制度。

基本政治制度遵循根本制度。首先,根本领导制度是中国共产党领导的多党合作和政治协商制度的基础和前提。中国共产党是执政党、是国家的最高政治领导力量,在国家的政治和经济事务中发挥着领导作用,各民主党派是各自所联系的一部分社会主义劳动者和一部分拥护社会主义爱国者的政治联盟,是接受中国共产党领导的,同中国共产党通力合作、共同致力于社会主义事业的亲密友党。因此,多党合作必须坚持中国共产党领导,"这是中国共产党同各民主党派合作的政治基础"①。因此,离开了根本领导制度,中国特色社会主义政党制度也就不复存在了。同时,民族区域自治制度、基层群众自治制度都是中国共产党领导下的制度创新,这两项制度的实行也必须坚持中国共产党的领导。其次,根本政治制度是民族区域自治制度和基层群众自治制度的基础和保障。《中华人民共和国民族区域自治法》规定:"民族区域自治

---

① 《十三大以来重要文献选编》(中),中央文献出版社2011年版,第244页。

是在国家统一领导下,各少数民族聚居的地方实行区域自治,设立自治机关,行使自治权。"①而民族区域自治地方的自治机关,就是自治地方的人民代表大会和人民政府,同时,民族自治地方的自治权也离不开各级人民代表大会。因此,根本政治制度是民族区域自治制度的基础。同样,基层群众自治制度下的村民委员会和居民委员会也必须以人民代表大会制度这一根本政治制度为遵循。同时,《中华人民共和国民族区域自治法》《中华人民共和国基层群众自治法》这两部奠定民族区域自治制度和基层群众自治制度法律地位的法律本身是根据《中华人民共和国宪法》制定的,其基础也是人民代表大会制度。

基本经济制度遵循根本制度。公有制为主体、多种所有制经济共同发展,按劳分配为主体、多种分配方式并存,社会主义市场经济体制等社会主义基本经济制度也是以根本制度为遵循和依据的。首先,基本经济制度是党领导建立起来的,20世纪50年代的社会主义改造,实现了所有制的根本性变革,确立起公有制的主体地位,并在改革开放的进程中,形成了公有制为主体、多种所有制经济共同发展的所有制结构,而按劳分配为主体、多种分配方式并存的分配制度和社会主义市场经济体制,也都是党在领导建设和改革的实践中确立的适合中国国情的经济制度。因此,坚持和完善基本经济制度就必须遵循根本领导制度。其次,坚持马克思主义在意识形态领域指导地位也决定了基本经济制度的实践必须遵循马克思主义基本原理和社会主义基本规律。比如,在基本经济制度中所强调的"公有制为主体""按劳分配为主体"与社会主义市场经济体制中"更好发挥政府作用"等,都体现了马克思主义在政治经济领域的基本观点,符合社会主义经济发展的客观规律。再次,社会主义基本经济制度的地位是通过人民代表大会制度予以确认的。"八二宪法"规定:"中华人民共和国的社会主义经济制度的基础是生产资料的社会主义公有制,即全民所有制和劳动群众集体所有制。"②1988年七届全国人大一次会议通过

---

① 《十五大以来重要文献选编》(中),中央文献出版社2011年版,第738页。

② 《十二大以来重要文献选编》(上),中央文献出版社2011年版,第188页。

的宪法修正案增加规定:"国家允许私营经济在法律规定的范围内存在和发展。私营经济是社会主义公有制经济的补充。"①1999年九届全国人大二次会议通过的宪法修正案增加了"国家在社会主义初级阶段,坚持公有制为主体、多种所有制经济共同发展的基本经济制度,坚持按劳分配为主体、多种分配方式并存的分配制度"②的表述。由此可见,根本制度同样也是基本经济制度的遵循和基础。

基本制度制约和影响各项重要制度。作为中国特色社会主义制度这棵大树的树干,基本制度遵循着根本制度,规范着政治领域和经济领域的重大原则,将基本制度所规范的重大原则转化为制度的治理效能,需要作为枝叶的重要制度来实现。但是,枝叶的延伸不是漫无目的的野蛮生长,而是在基本制度所规范的方向与框架内进行。比如,在中国共产党领导的多党合作和政治协商制度下,相互监督特别是中国共产党自觉接受监督、对重大决策部署贯彻落实情况实施专项监督等机制,民主党派中央直接向中共中央提出建议制度等一系列重要制度,本质上都是围绕着共产党领导的多党合作和政治协商这个原则与主题展开;在基层群众自治制度下,基层群众自治机制、企事业单位民主管理制度等也都是围绕着如何发挥基层民主,实现群众自我管理、自我服务、自我教育、自我监督的目标来展开。

3. 重要制度遵循根本制度、基本制度,并不断调整

重要制度是支撑中国特色社会主义制度"四梁八柱"的制度形态。相比根本制度和基本制度,重要制度具有灵活性和可调整性。但是,重要制度的调整也必须以根本制度和基本制度所规范的重大原则为遵循,依据根本制度和基本制度所规定的方向,随着生产力的发展而不断作出调整和日益完善。

---

① 《十三大以来重要文献选编》(上),中央文献出版社2011年版,第183页。
② 《十五大以来重要文献选编》(上),中央文献出版社2011年版,第711页。

根本制度和基本制度规定了重要制度的核心原则。重要制度覆盖国家治理各领域各环节,所解决的是根本制度和基本制度如何落地的问题,因而更具灵活性,能够适时而变。虽然在中国特色社会主义制度体系这棵大树中,根本制度是树根、基本制度是树干,但是无论是根本制度还是基本制度,对重要制度的影响大多是直接的、不需要通过中间环节来传导。比如,在党的根本领导制度下,不忘初心、牢记使命,坚定维护党中央权威和集中统一领导等各项重要制度是直接从属于根本领导制度的,并无中间环节。再如,在社会主义市场经济体制下,公平竞争制度、市场准入负面清单制度、生产许可制度、破产制度等都从属于社会主义市场经济体制这一基本经济制度下。根本制度、基本制度同重要制度是直接关联的关系,根本制度、基本制度都有各自从属的重要制度。作为延伸性的制度,重要制度离不开根本制度和基本制度所规定的核心原则和基本方向,重要制度的完善与发展必须遵循根本制度和基本制度。反之,如果离开了根本制度和基本制度的制约与影响,重要制度就会变成无源之水、无本之木,失去制度发展和完善的方向,进而影响制度转化为治理效能的实际效果。

作为中国特色社会主义制度体系这棵大树的枝叶,重要制度相比根本制度和基本制度,灵活性、动态性更强,也具有更大的调整空间。同时,根本制度、基本制度、重要制度会伴随着中国特色社会主义制度的不断发展而日益完善。随着中国特色社会主义实践的发展,党对中国特色社会主义制度的认识也在不断深化。"推进全面深化改革,既要保持中国特色社会主义制度和国家治理体系的稳定性和延续性,又要抓紧制定国家治理体系和治理能力现代化急需的制度、满足人民对美好生活新期待必备的制度,推动中国特色社会主义制度不断自我完善和发展、永葆生机活力。"①而重要制度的灵活性和可调整性正是中国特色社会主义制度自我完善和发展的活力源泉。新时代新阶

---

① 《十九大以来重要文献选编》(中),中央文献出版社 2021 年版,第 297 页。

段,只有善于灵活运用和根据实践的发展不断调整重要制度、坚持基本制度、巩固根本制度,才能更好地完成全面深化改革的总目标,做到"固根基、扬优势、补短板、强弱项,构建系统完备、科学规范、运行有效的制度体系"①,使中国特色社会主义制度充分彰显其优势,并在实践中不断完善。

---

① 《十九大以来重要文献选编》(中),中央文献出版社 2021 年版,第 272 页。

第六章　新时代中国特色社会主义制度优势的彰显

　　"中国特色社会主义制度是党和人民在长期实践探索中形成的科学制度体系,我国国家治理一切工作和活动都依照中国特色社会主义制度展开。"①党的十九届四中全会从 13 个方面深刻概括阐释了中国特色社会主义制度优势②,这是对中国共产党制度建设探索的总结,体现了中国共产党对制度建设与治理体系、治理能力现代化的深刻思考。中国特色社会主义制度优势的彰显是一个在实践中不断发展的过程,中国共产党对制度优势的阐释也在实践中不断深化。目前学界关于中国共产党对制度优势的认识与阐释还有待进一步体系化③,分析、研究党对中国特色社会主义制度优势的认识与阐释具有十

---

① 《十九大以来重要文献选编》(中),中央文献出版社 2021 年版,第 269 页。

② 在新中国成立以来党的文献中,"优势"和"优越性"往往共同使用。在改革开放前,毛泽东等党和国家领导人多使用"优越性"一词来分析我国社会主义制度。改革开放以来,中国共产党将"优势"与"优越性"两词往往共同用以对中国特色社会主义制度的论述。从 2011 年胡锦涛"七一讲话"中提出"中国特色社会主义制度"概念以来,党的文献中"优势"提法相对较多,党的十九届四中全会使用了"显著优势"的概念,但同时"优越性"的提法也依然使用。因此,"优势"与"优越性"没有本质上的语义区别,故不做区分。

③ 从现有成果看,齐卫平从制度比较意义上分析了社会主义优势,认为这是"跨越'卡夫丁峡谷'遗留的问题",陈金龙、邹芬则提出了"新中国制度优势话语"的概念,从毛泽东对制度优势的论述出发,阐述了毛泽东与新中国制度优势话语的建构问题。参见齐卫平:《论制度比较意义上的社会主义优势——邓小平关于社会主义制度优势的思想析论》,《毛泽东思想研究》2010年第 3 期;陈金龙、邹芬:《毛泽东与新中国制度优势话语的建构》,《现代哲学》2020 年第 2 期。

分重要的意义。

一、中国共产党对制度优势的认识轨迹

在中国建立社会主义制度是中国共产党人一以贯之的奋斗目标。抗日战争时期,毛泽东在中央党校第二部开学典礼上指出:"共产党还要办一件事,还要换一个朝,就是由资产阶级民主主义社会转变为无产阶级社会主义社会。"①随着解放战争的胜利,在新中国成立前夕召开的党的七届二中全会上,毛泽东曾就夺取全国政权后的制度建设问题提出:"在中国,因为资产阶级共和国的国会制度在人民中已经臭了,我们不采用它,而采用社会主义国家的政权制度。"②新中国成立后,随着社会主义基本制度的逐步建立,中国共产党对制度优势的认识进一步深化和发展。

1. 社会主义革命和建设时期党对社会主义制度优势的初步认识

社会主义革命和建设时期,中国共产党领导开展了广泛而深刻的社会变革,确立了社会主义的基本政治制度和公有制的社会主义经济制度,实现了从新民主主义向社会主义的转变。这一时期,中国共产党对制度优势的阐释主要从制度优势的理论层面展开。1951 年,毛泽东在全国政协一届三次会议上致开幕词时指出:"一切事实都证明:我们的人民民主专政的制度,较之资本主义国家的政治制度具有极大的优越性。在这种制度的基础上,我国人民能够发挥其无穷无尽的力量。这种力量,是任何敌人所不能战胜的。"③由于新中国刚刚成立,制度上的"另起炉灶"是与探索怎样建设社会主义联系在一起的,因此,这一时期中国共产党阐释社会主义制度优势,也是在阐释建设社会主义的基本问题,以激发人民群众建设社会主义的热情。

---

① 《毛泽东文集》第 3 卷,人民出版社 1996 年版,第 58 页。
② 《毛泽东文集》第 5 卷,人民出版社 1996 年版,第 265 页。
③ 《毛泽东文集》第 6 卷,人民出版社 1999 年版,第 184 页。

在中国建立社会主义制度是一场极其深刻的社会变革。面对社会主义改造过程中一些人的惊慌、恐惧，毛泽东指出："由一种制度变为另一种制度，他们势必不安，因为还在变嘛；变了以后，在一个时期他们还会感到不舒服，因为旧制度的残余还在脑筋里面存在着。新制度的宣传，要经过很长一段时间，要逐步宣传，使新制度的思想逐步增强，使旧制度的残余逐步减少。"①因此，中国共产党在这一时期关于制度优势的阐释也是为了消除人们心中的困惑。1955 年 10 月，在资本主义工商业社会主义改造问题座谈会上，毛泽东说，"全国统筹兼顾，这个力量大得很。资本主义私有制大大地妨碍统筹兼顾，妨碍国家的富强""改变资本主义私有制，这个东西要说开"②。这些阐释增强了人民群众对社会主义制度的信心。

同时，为了进一步巩固人民群众对新中国的认同，中国共产党也围绕新中国的建设成就阐释制度优势。1954 年，刘少奇在关于《中华人民共和国宪法》的报告中，在总结新中国五年来的建设成就时也阐释了制度优势问题："由于解放后的人民在劳动战线上表现出惊人的热情和创造能力，加上我们的伟大盟国苏联的援助，我国已经在很短的时间内，恢复了被帝国主义和国民党反动派所破坏了的国民经济，开始了社会主义建设和社会主义改造的事业。社会主义经济在实际生活中，已经无可怀疑地证明了它比资本主义经济具有极大的优越性，它已日益壮大，并且日益巩固自己在国民经济中的领导地位。""五年以来的生活充分证明，由目前复杂的经济结构的社会过渡到单一的社会主义经济结构的社会，即由目前的新民主主义社会过渡到社会主义社会，是我国应当走的唯一正确的道路。"③1957 年，周恩来在谈到我国民族政策和所取得的成就时指出："在社会主义制度下能够有民族繁荣，所以社会主义比资本主

---

① 《毛泽东文集》第 6 卷，人民出版社 1999 年版，第 496—497 页。
② 《毛泽东文集》第 6 卷，人民出版社 1999 年版，第 498 页。
③ 《建国以来刘少奇文稿》第 6 册，中央文献出版社 2008 年版，第 363—364 页。

义优越,比封建主义更优越。"①

在当时的背景下,中国共产党对社会主义制度优势的阐释还通过介绍苏联等社会主义国家的建设经验展开。例如,1950 年 10 月 26 日,《人民日报》发表一组文章,介绍苏联超额完成 1950 年第三季经济计划和苏联各报对第三季生产成就的评述,苏联国民经济的显著发展充分说明社会主义制度的优越性;②1953年 1 月 29 日,《人民日报》发表社论《苏联国民经济新的强大发展》,同时还刊发了苏联《劳动报》评论 1952 年苏联和资本主义国家国民经济发展的文章,以苏联人民在 1952 年所取得的建设成就清楚地证明了"社会主义经济制度,较之腐朽的必然灭亡的资本主义制度所具有的决定性的优越性"③。通过各种形式的宣传和学习,党员干部和人民群众"普遍增强了对苏联伟大社会主义建设事业和人民生活福利不断上升的具体认识,进一步地认识了社会主义制度的优越性,因而也增强了对我国伟大建设事业和社会主义前途的认识与信心"④。

新中国成立之初,中国共产党对社会主义制度优势的认识是初步的。这一时期,中国共产党主要以制度优势的阐释增强全国各族人民对社会主义基本制度的认同,从而增强建设社会主义的积极性。正如毛泽东所说:"一个新的社会制度的诞生,总是要伴随一场大喊大叫的,这就是宣传新制度的优越性,批判旧制度的落后性。"⑤

2. 改革开放和社会主义现代化建设新时期党对中国特色社会主义制度优势的阐释

党的十一届三中全会后,党实现了组织上、思想上的拨乱反正后,各项制

---

① 《周恩来选集》(下卷),人民出版社 1984 年版,第 261 页。

② 《苏超额完成今年第三季经济计划》,《人民日报》1950 年 10 月 26 日;《苏联经济的发展是社会主义制度的优越性》,《人民日报》1950 年 10 月 26 日。

③ 《苏联国民经济新的强大发展》,《人民日报》1953 年 1 月 29 日;《苏联国民经济不断向上发展》,《人民日报》1953 年 1 月 29 日。

④ 《学习马林科夫报告收到显著成效》,《人民日报》1953 年 3 月 5 日。

⑤ 《毛泽东文集》第 6 卷,人民出版社 1999 年版,第 460 页。

度逐步得到恢复与重建。改革开放之初,中国共产党在不断加深对"什么是社会主义,怎样建设社会主义"的认识过程中,也在实践中不断加深对社会主义制度优势的认识。

第一,保障生产力发展的优势。1980 年 1 月,邓小平在中共中央召集的干部会议上讲话指出:"近三十年来,经过几次波折,始终没有把我们的工作着重点转到社会主义建设这方面来,所以,社会主义优越性发挥得太少,社会生产力的发展不快、不稳、不协调,人民的生活没有得到多大的改善。"[1]"但不管怎么样,社会主义制度的优越性已经得到了证明,不过还要证明得更多更好更有力。我们一定要、也一定能拿今后的大量事实来证明,社会主义制度优于资本主义制度。"邓小平认为,社会主义制度优势需要表现在许多方面,但是首先表现在经济发展的速度和效果上,"没有这一条,再吹牛也没有用。要取得这样的成果,就必须坚定不移地、毫不动摇地始终贯彻执行我们的政治路线"[2]。1985 年 10 月,邓小平在会见美国时代公司组织的美国高级企业家代表团时强调:"社会主义优越性最终要体现在生产力能够更好地发展上。"[3]1995 年 5 月,江泽民在全国科学技术大会上指出:"社会主义制度的优越性,最终体现为生产力比在其他制度下的更快发展。"[4]1998 年 12 月,江泽民在总结党的十一届三中全会以来党的主要历史经验时,再次强调生产力的发展是社会主义优越性"最根本的经济源泉"[5]。此后,2007 年 3 月,胡锦涛在阐述党的十七大主题时也强调:"离开发展,实现民富国强,促进社会和谐,发挥社会主义制度优越性,坚持党的先进性,都无从谈起。"[6]强调生产力标准,体现了改革开放后中国共产党始终坚持以经济建设为中心的基本理念,体现了中

---

① 《邓小平文选》第 2 卷,人民出版社 1994 年版,第 249 页。
② 《邓小平文选》第 2 卷,人民出版社 1994 年版,第 251 页。
③ 《邓小平文选》第 3 卷,人民出版社 1993 年版,第 149 页。
④ 《江泽民文选》第 1 卷,人民出版社 2006 年版,第 426 页。
⑤ 《江泽民文选》第 2 卷,人民出版社 2006 年版,第 253 页。
⑥ 《胡锦涛文选》第 2 卷,人民出版社 2016 年版,第 578 页。

国共产党对制度优势的认识与阐释务实且接地气,也是改革开放 40 多年我国国民经济得以快速发展的重要因素。

第二,中国共产党集中统一领导的优势。中国共产党的领导是中国特色社会主义最本质的特征,是中国特色社会主义制度的最大优势。1986 年 12 月,面对社会上一些否定党的领导、否定社会主义的错误思潮,邓小平旗帜鲜明地指出:"中国没有共产党的领导、不搞社会主义是没有前途的。这个道理已经得到证明,将来还会得到证明。""我们要理直气壮地坚持社会主义道路,坚持四项基本原则。"①1987 年 10 月,邓小平在会见匈牙利社会主义工人党总书记卡达尔时就提出,共产党的领导是社会主义制度不可丢掉的优越性。②1989 年 3 月,江泽民也强调坚持中国共产党领导这一政治优势,针对"有人认为,坚持党的领导不但不是优势,反而是劣势;一切腐败现象和不正之风的根源就在于坚持党的领导;中国要有希望,出路就在于搞西方国家的多党制"这种极端错误的言论,他指出:"坚持党的领导,我们不能有丝毫含糊。"③2008 年 10 月,胡锦涛在抗震救灾总结表彰大会上强调:"中国共产党的坚强领导,是我们国家和民族的显著政治优势,我们必须倍加珍惜、永远坚持。"④改革开放以来,党的历届中央领导集体在坚持和发展党的领导这一制度优势方面没有丝毫动摇。

第三,实现共同富裕的优势。共同富裕是社会主义的最大优越性,是中国特色社会主义的根本原则。1990 年 12 月,邓小平指出:"共同致富,我们从改革一开始就讲,将来总有一天要成为中心课题。社会主义不是少数人富起来、大多数人穷,不是那个样子。社会主义最大的优越性就是共同富裕,这是体现社会主义本质的一个东西。"⑤1992 年初,邓小平在南方谈话中指出:"社会主

---

① 《邓小平文选》第 3 卷,人民出版社 1993 年版,第 195—196 页。
② 《邓小平文选》第 3 卷,人民出版社 1993 年版,第 256 页。
③ 《江泽民文选》第 1 卷,人民出版社 2006 年版,第 46 页。
④ 《胡锦涛文选》第 3 卷,人民出版社 2016 年版,第 130 页。
⑤ 《邓小平文选》第 3 卷,人民出版社 1993 年版,第 364 页。

义的本质,是解放生产力,发展生产力,消灭剥削,消除两极分化,最终达到共同富裕。"①对此,1998 年 12 月,江泽民在总结改革开放 20 年来党的主要历史经验时说道:"允许和鼓励一部分地区、一部分人通过诚实劳动和合法经营先富起来,带动和帮助其他地区和其他群众,最终达到全国各地区普遍繁荣和全体人民共同富裕,这是我们必须长期坚持的一项大政策。它符合经济发展客观规律的要求,是社会主义优越性在经济上的重要体现。"②2011 年,胡锦涛"七一"讲话论述了中国特色社会主义制度在实现全体人民共同富裕方面的优势③。实现共同富裕能够更好地彰显中国特色社会主义制度的优势。

第四,集中力量办大事的优势。1982 年 10 月,邓小平在同国家计划委员会负责同志谈话时指出:"社会主义同资本主义比较,它的优越性就在于能做到全国一盘棋,集中力量,保证重点。"④此后,中国共产党对集中力量办大事这一制度优势的阐释多见于重大成就取得之时。例如,1997 年 11 月,江泽民在三峡工程大江截流仪式上就提道:"多少代中国人开发和利用三峡资源的梦想,今日正在变为现实。这再次生动地说明,社会主义制度具有能够集中力量办大事的优越性。"⑤1999 年 8 月,江泽民在全国技术创新大会上再次强调:"社会主义制度能够集中力量办大事这个政治优势,应该继续坚持并充分加以运用和发挥。"⑥2003 年 11 月,在庆祝我国首次载人航天飞行圆满成功大会上,胡锦涛总结道:"这项空前复杂的工程之所以能在比较短的时间里取得历史性突破,靠的是党的集中统一领导,靠的是社会主义大协作,靠的是发挥我国社会主义制度能够集中力量办大事的政治优势。"⑦同样的表述也出现在

---

① 《邓小平文选》第 3 卷,人民出版社 1993 年版,第 373 页。
② 《江泽民文选》第 2 卷,人民出版社 2006 年版,第 256 页。
③ 《胡锦涛文选》第 3 卷,人民出版社 2016 年版,第 527 页。
④ 《邓小平文选》第 3 卷,人民出版社 1993 年版,第 16—17 页。
⑤ 《江泽民文选》第 2 卷,人民出版社 2006 年版,第 67 页。
⑥ 《江泽民文选》第 2 卷,人民出版社 2006 年版,第 393 页。
⑦ 《胡锦涛文选》第 2 卷,人民出版社 2016 年版,第 113 页。

2006 年青藏铁路全线建成通车、2008 年北京奥运会和残奥会胜利举办之时。

改革开放并不是一帆风顺的,面对各种风险与挑战,集中力量办大事的制度优势逐步彰显出来。1998 年 9 月,江泽民在全国抗洪抢险总结表彰大会上指出:"这次抗洪胜利再一次说明,我国社会主义制度具有巨大的优越性,能够集中力量办大事,动员和组织全国人民不断创造伟大的业绩。"①2008 年 10 月,胡锦涛在全国抗震救灾总结表彰大会上强调:"抗震救灾斗争再一次证明,社会主义中国具有强大发展活力。这场抗震救灾斗争充分显示了我国社会主义制度能够集中力量办大事的政治优势。"②

第五,民主集中制的优势。民主集中制是中国共产党在革命、建设和改革时期始终坚持的根本组织原则。改革开放后,中国共产党同样高度强调民主集中制对党和国家政治生活与社会主义制度的重要意义。1987 年,邓小平在阐述社会主义制度优越性问题时指出:"民主集中制也是我们的优越性。这种制度更利于团结人民,比西方的民主好得多。我们做某一项决定,可以立即实施。"③在改革开放中,民主集中制作为根本组织与活动原则在国家政治生活中得到了充分贯彻,在理论和实践上都得到了极大丰富。1997 年 9 月,江泽民在党的十五大报告中提出:"在马克思主义指导下按照民主集中制组成统一的整体,为实现共同的目标而奋斗,这是巨大的组织优势。在改革开放和发展社会主义市场经济的条件下,民主集中制不仅不能削弱,而且必须完善和发展。"④在改革开放和社会主义现代化建设新时期的实践中,民主集中制作为中国共产党在长期实践中总结出来的经验,成为中国特色社会主义制度优势的重要内容。

中国特色社会主义制度优势在改革开放和社会主义现代化建设的实践中

---

① 《江泽民文选》第 2 卷,人民出版社 2006 年版,第 228 页。
② 《胡锦涛文选》第 3 卷,人民出版社 2016 年版,第 128 页。
③ 《邓小平文选》第 3 卷,人民出版社 1993 年版,第 257 页。
④ 《江泽民文选》第 2 卷,人民出版社 2006 年版,第 44 页。

得到了充分彰显。这一时期,中国共产党对中国特色社会主义制度优势的认识是从实践中总结、提炼、概括而来的。2011 年 7 月,胡锦涛"七一"讲话首次提出了"中国特色社会主义制度"的概念,提出中国特色社会主义制度优势的"五个有利于",即"有利于保持党和国家活力、调动广大人民群众和社会各方面的积极性、主动性、创造性,有利于解放和发展社会生产力、推动经济社会全面发展,有利于维护和促进社会公平正义、实现全体人民共同富裕,有利于集中力量办大事、有效应对前进道路上的各种风险挑战,有利于维护民族团结、社会稳定、国家统一"①。这是改革开放以来中国共产党关于制度优势首次进行比较系统的阐释。

3. 新时代党对中国特色社会主义制度优势认识的深化

党的十八大将制度建设摆在突出的位置,强调要"充分发挥我国社会主义政治制度优越性,积极借鉴人类政治文明有益成果,绝不照搬西方政治制度模式"②。党的十八大以来,党对中国特色社会主义制度的认识更加深化,逐渐形成系统化、理论化的制度优势阐释,习近平总书记在系列重要讲话中明确了中国特色社会主义制度的优势表述、评价标准等问题。

第一,"三个结合"。2012 年 11 月,习近平总书记在主持党的十八届中央政治局第一次集体学习时指出:"中国特色社会主义制度,坚持把根本政治制度、基本政治制度同基本经济制度以及各方面体制机制等具体制度有机结合起来,坚持把国家层面民主制度同基层民主制度有机结合起来,坚持把党的领导、人民当家作主、依法治国有机结合起来,符合我国国情,集中体现了中国特色社会主义的特点和优势,是中国发展进步的根本制度保障。"③"三个结合"的表述是在以往制度优势表述基础上的总结与凝练,为新时代制度优势的表

---

① 《胡锦涛文选》第 3 卷,人民出版社 2016 年版,第 527 页。
② 《十八大以来重要文献选编》(上),中央文献出版社 2014 年版,第 20 页。
③ 《习近平谈治国理政》第 1 卷,外文出版社 2018 年版,第 9—10 页。

述奠定了基础。

第二,"四个能够"。2014年9月,习近平总书记在庆祝全国人民代表大会成立60周年大会上的讲话中,从四个方面概括了中国特色社会主义制度的优势,即"能够有效保证人民享有更加广泛、更加充实的权利和自由,保证人民广泛参加国家治理和社会治理;能够有效调节国家政治关系,发展充满活力的政党关系、民族关系、宗教关系、阶层关系、海内外同胞关系,增强民族凝聚力,形成安定团结的政治局面;能够集中力量办大事,有效促进社会生产力解放和发展,促进现代化建设各项事业,促进人民生活质量和水平不断提高;能够有效维护国家独立自主,有力维护国家主权、安全、发展利益,维护中国人民和中华民族的福祉"[①]。在党的十九大报告中,习近平总书记又指出:"中国特色社会主义最本质的特征是中国共产党领导,中国特色社会主义制度的最大优势是中国共产党领导。"[②]论述了党的领导与中国特色社会主义制度的关系。2019年9月,中共中央政治局就"新中国国家制度和法律制度的形成和发展"举行第十七次集体学习时,习近平总书记从"坚持党的领导""保证人民当家作主""坚持全面依法治国""实行民主集中制"四个方面集中阐述了中国特色社会主义制度的优势。[③] 这为党的十九届四中全会系统阐释中国特色社会主义制度优势奠定了重要基础。

第三,"十三个坚持"。2019年10月,党的十九届四中全会通过了《中共中央关于坚持和完善中国特色社会主义制度、推进国家治理体系和治理能力现代化若干重大问题的决定》,从13个方面系统总结了"我国国家制度和国家治理体系"的显著优势,在将"坚持党的集中统一领导""坚持人民当家作主""坚持全面依法治国""集中力量办大事""坚持各民族一律平等""不断解

① 《十八大以来重要文献选编》(中),中央文献出版社2016年版,第61—62页。
② 《十八大以来重要文献选编》(上),中央文献出版社2019年版,第14页。
③ 习近平:《坚持、完善和发展中国特色社会主义国家制度和法律制度》,《求是》2019年第23期。

放和发展社会生产力""走共同富裕道路"等以往制度优势阐释进一步拓展完善的基础上,还增加了"坚持公有制为主体、多种所有制经济共同发展和按劳分配为主体、多种分配方式并存,把社会主义制度和市场经济有机结合起来,不断解放和发展社会生产力""坚持共同的理想信念、价值理念、道德观念,弘扬中华优秀传统文化、革命文化、社会主义先进文化,促进全体人民在思想上精神上紧紧团结在一起""坚持改革创新、与时俱进,善于自我完善、自我发展,使社会始终充满生机活力""坚持德才兼备、选贤任能,聚天下英才而用之,培养造就更多更优秀人才""坚持党指挥枪,确保人民军队绝对忠诚于党和人民,有力保障国家主权、安全、发展利益""坚持'一国两制',保持香港、澳门长期繁荣稳定,促进祖国和平统一""坚持独立自主和对外开放相统一,积极参与全球治理,为构建人类命运共同体不断作出贡献"等多个方面的制度优势阐释①。这是新中国成立以来中国共产党对中国特色社会主义制度优势的系统总结与概括。习近平总书记指出:"长期保持并不断增强这些优势,是我们在新时代坚持和完善中国特色社会主义制度、推进国家治理体系和治理能力现代化的努力方向。"②

从"三个结合"到"四个能够",再到"十三个坚持",党的十八大以来,中国共产党对中国特色社会主义制度优势的认识在实践中不断深化、拓展,对中国特色社会主义制度优势的阐释也在实践中体系化、规范化、理论化,最终在党的十九届四中全会上形成了关于中国特色社会主义制度优势的规范化阐释,这是在以往中国共产党制度优势阐释基础上的总结与升华,具有深刻的理论意义和实践意义。

4.党对评价制度优势标准的深刻把握

世界上不存在完全相同的政治制度,也不存在适用于一切国家的政治制

---

① 《十九大以来重要文献选编》(中),中央文献出版社2021年版,第270—271页。

② 《十九大以来重要文献选编》(中),中央文献出版社2021年版,第302页。

度模式。对于制度优劣与否的认知,也不只有一种评价标准。改革开放之初,邓小平曾指出,要充分发挥社会主义制度的优越性,当前和今后一个时期,主要应当努力实现三个方面的要求,即"经济上,迅速发展社会生产力,逐步改善人民的物质文化生活""政治上,充分发扬人民民主,保证全体人民真正享有通过各种有效形式管理国家、特别是管理基层地方政权和各项企业事业的权力,享有各项公民权利,健全革命法制,正确处理人民内部矛盾,打击一切敌对力量和犯罪活动,调动人民群众的积极性,巩固和发展安定团结、生动活泼的政治局面""组织上,迫切需要大量培养、发现、提拔、使用坚持四项基本原则的、比较年轻的、有专业知识的社会主义现代化建设人才"。邓小平认为:"党和国家的各种制度究竟好不好,完善不完善,必须用是否有利于实现这三条来检验。"①

党的十八大以来,关于制度如何的评价问题,习近平总书记提出了系列重要论断。例如,2014 年,在庆祝全国人民代表大会成立 60 周年大会上,习近平总书记指出:"评价一个国家政治制度是不是民主的、有效的,主要看国家领导层能否依法有序更替,全体人民能否依法管理国家事务和社会事务、管理经济和文化事业,人民群众能否畅通表达利益要求,社会各方面能否有效参与国家政治生活,国家决策能否实现科学化、民主化,各方面人才能否通过公平竞争进入国家领导和管理体系,执政党能否依照宪法法律规定实现对国家事务的领导,权力运用能否得到有效制约和监督。"②2019 年,新中国成立 70 周年前夕,习近平总书记在回顾我国国家制度建设发展的历程时,还提出衡量社会制度的标准问题:"衡量一个社会制度是否科学、是否先进,主要看是否符合国情、是否有效管用、是否得到人民拥护。中国特色社会主义国家制

---

① 《邓小平文选》第 2 卷,人民出版社 1994 年版,第 322—323 页。
② 《十八大以来重要文献选编》(中),中央文献出版社 2016 年版,第 60—61 页。

度和法律制度是一套行得通、真管用、有效率的制度体系。"①

在党的十九届四中全会上，习近平总书记指出："看一个制度好不好、优越不优越，要从政治上、大的方面去评判和把握。"他指出，中国的国家制度和国家治理体系之所以具有多方面的显著优势，很重要的原因就在于"我们党在长期实践探索中，坚持把马克思主义基本原理同中国具体实际相结合，把开拓正确道路、发展科学理论、建设有效制度有机统一起来，用中国化的马克思主义、发展着的马克思主义指导国家制度和国家治理体系建设，不断深化对共产党执政规律、社会主义建设规律、人类社会发展规律的认识，及时把成功的实践经验转化为制度成果，使我国国家制度和国家治理体系既体现了科学社会主义基本原则，又具有鲜明的中国特色、民族特色、时代特色"②，道出了中国特色社会主义制度优势的根源所在。

二、中国共产党阐释制度优势的三重维度

中国特色社会主义制度优势在建设、改革实践中不断彰显，中国共产党对制度优势的认识也在实践中不断深化和完善。中国共产党对中国特色社会主义制度优势的阐释，主要体现在以下三个维度。

1. 以唯物史观为基础的制度优势分析

中国共产党对中国特色社会主义制度的阐释，首先基于唯物史观的维度。

第一，从人类社会发展趋势角度阐释制度优势。马克思在《〈政治经济学批判〉序言》中提出："大体说来，亚细亚的、古希腊罗马的、封建的和现代资产阶级的生产方式可以看做是经济的社会形态演进的几个时代。"马克思认为，

---

① 习近平：《坚持、完善和发展中国特色社会主义国家制度与法律制度》，《求是》2019 年第23 期。

② 《十九大以来重要文献选编》（中），中央文献出版社 2021 年版，第 302—303 页。

这几种社会形态共同构成"人类社会的史前时期"。① 恩格斯认为,只有到了共产主义社会,"人们才完全自觉地自己创造自己的历史",才能实现"从必然王国进入自由王国的飞跃"②。在马克思主义理论视域下,"资产阶级的灭亡和无产阶级的胜利是同样不可避免的"③,社会主义取代资本主义是一个不可逆转的历史趋势,因此,社会主义与共产主义是人类社会发展的高级阶段。

中国共产党继承了马克思主义关于人类社会发展形态的理论,并将这一理论运用于社会主义制度优势的阐释。1954 年 6 月,毛泽东在中央人民政府委员会第三十次会议上的讲话中指出:"现在看来,奴隶制度、封建制度、资本主义制度都不好,其实它们在历史上都曾经比原始公社制度要进步。这些制度开始时是进步的,但到后来就不行了,所以就有别的制度来代替了。"④1955 年 10 月,毛泽东在同工商界代表谈话时又指出:"社会主义会有缺点的,将来还要发展到共产主义,共产主义也要分阶段。旧的制度不行了,新的制度就要起来代替。生产力总要向前发展,同生产关系发生矛盾,这就推动着社会不断前进。"⑤中国共产党从人类社会发展的趋势角度阐释制度优势,体现了中国共产党人在制度构建方面所体现的理论思维,有利于增强全党全社会对社会主义制度的信心。

第二,从人类社会发展动力角度阐释制度优势。马克思主义认为,人类社会形态是一个从低级向高级发展的过程,而这一发展的根本动力就是生产力与生产关系的矛盾运动。中国共产党同样也将这一理论运用于社会主义制度优势的阐释当中。1957 年 1 月,邓小平在清华大学师生大会上的报告中谈道:"我们的社会主义制度究竟好不好?这要有一个正确的回答。这个制度

---

① 《马克思恩格斯选集》第 2 卷,人民出版社 2012 年版,第 3 页。
② 《马克思恩格斯选集》第 3 卷,人民出版社 2012 年版,第 671 页。
③ 《马克思恩格斯选集》第 1 卷,人民出版社 2012 年版,第 413 页。
④ 《毛泽东文集》第 6 卷,人民出版社 1999 年版,第 327 页。
⑤ 《毛泽东文集》第 6 卷,人民出版社 1999 年版,第 490 页。

好不好,决定于是否能够促进生产力的发展。"①同年 2 月,毛泽东在《关于正确处理人民内部矛盾的问题》讲话中也指出:"所谓社会主义生产关系比较旧时代生产关系更能够适合生产力发展的性质,就是指能够容许生产力以旧社会所没有的速度迅速发展,因而生产不断扩大,因而使人民不断增长的需要能够逐步得到满足的这样一种情况。"②党的十一届三中全会后,实事求是的思想路线得以重新确立,以邓小平为主要代表的中国共产党人重新将生产力的发展作为衡量制度优势的重要标准。邓小平指出:"发挥社会主义的优越性,归根到底是要大幅度发展社会生产力,逐步改善、提高人民的物质生活和精神生活。如果没有一个安定团结的政治局面,这一切都不可能,连生动活泼也不可能。"③邓小平还批评那种将贫穷认为是社会主义的观点:"搞社会主义,一定要使生产力发达,贫穷不是社会主义。我们坚持社会主义,要建设对资本主义具有优越性的社会主义,首先必须摆脱贫穷。现在虽说我们也在搞社会主义,但事实上不够格。只有到了下世纪中叶,达到了中等发达国家的水平,才能说真的搞了社会主义,才能理直气壮地说社会主义优于资本主义。现在我们正在向这个路上走。"④他把制度优势的彰显与发挥看作一个不断发展的过程。

第三,从经济基础与上层建筑的矛盾运动角度阐释制度优势。毛泽东在《关于正确处理人民内部矛盾的问题》中就指出:"马克思主义告诉我们,民主属于上层建筑,属于政治这个范畴。这就是说,归根结蒂,它是为经济基础服务的。自由也是这样。"民主集中制就是"民主和集中的统一,自由和纪律的统一",在民主集中制下,"人民享受着广泛的民主和自由;同时又必须用社会

---

① 《邓小平文集(一九四九——一九七四)》(中),人民出版社 2014 年版,第 272 页。
② 《毛泽东文集》第 7 卷,人民出版社 1999 年版,第 214 页。
③ 《邓小平文选》第 2 卷,人民出版社 1994 年版,第 251—252 页。
④ 《邓小平文选》第 3 卷,人民出版社 1993 年版,第 225 页。

主义的纪律约束自己"①。1957年6月,周恩来在《1957年国务院政府工作报告》中也从上层建筑角度阐释了国家制度的优越性:"我们的国家制度是我国社会主义经济关系的上层建筑。正是因为有了这种国家制度,才保证了我国社会主义革命和社会主义建设的伟大胜利。"②

上述阐述体现了中国共产党人的历史唯物主义思维,也使中国共产党的制度构建能够沿着正确、科学的方向前进。

2. 国际视野下的制度优势比较

有比较才有差别,中国共产党从不同制度之间,特别是社会主义制度与资本主义制度之间的横向比较中阐释中国特色社会主义制度的优势。

新中国成立之初,中国共产党以两种制度的横向比较提出社会主义建设目标。1950年1月,毛泽东在驳斥美国国务卿艾奇逊时就指出了美国资本主义制度的缺陷:"美国帝国主义的官员们以艾奇逊这类人为代表,一天一天地变成了如果不乞灵于最无耻的谣言就不能活下去的最低能的政治骗子,这件事实表示了美国帝国主义制度在精神方面堕落到了什么样的程度。"③

党的领导人还从政治制度方面对比分析了两种不同制度的优劣。1951年9月,政务院副总理董必武在华北第一次县长会议上结合土地革命战争、抗日战争、解放战争与新中国成立后的政权建设实践提出:"我们新民主主义政权与资本主义政权相较,我们的政权有极大的优越性。这种优越性是经过多次考验的。"④1954年6月,毛泽东在谈到《中华人民共和国宪法(草案)》问题时也指出:"我们的宪法是新的社会主义类型,不同于资产阶级类型。我们的

---

① 《毛泽东文集》第7卷,人民出版社1999年版,第209页。
② 《建国以来重要文献选编》第10册,中央文献出版社2011年版,第299页。
③ 《毛泽东文集》第6卷,人民出版社1999年版,第44页。
④ 《董必武选集》,人民出版社1985年版,第296页。

宪法,就是比他们革命时期的宪法也进步得多。我们优越于他们。"①匈牙利事件发生后,针对国内有些人在"匈牙利问题上的动摇",认为"在我们的人民民主制度下自由太少了,不如西方的议会民主制度自由多",因此要求实行西方的两党制。毛泽东深刻揭露了资本主义政治制度的本质:"他们要求实行西方的两党制,这一党在台上,那一党在台下。但是这种所谓两党制不过是维护资产阶级专政的一种方法,它绝不能保障劳动人民的自由权利"。同时,他还指出:"在人民内部,不可以没有自由,也不可以没有纪律;不可以没有民主,也不可以没有集中。这种民主和集中的统一,自由和纪律的统一,就是我们的民主集中制。"②针对两种制度下的社会矛盾问题,毛泽东指出:"社会主义社会的矛盾同旧社会的矛盾,例如同资本主义社会的矛盾,是根本不相同的。资本主义社会的矛盾表现为剧烈的对抗和冲突,表现为剧烈的阶级斗争,那种矛盾不可能由资本主义制度本身来解决,而只有社会主义革命才能够加以解决。社会主义社会的矛盾是另一回事,恰恰相反,它不是对抗性的矛盾,它可以经过社会主义制度本身,不断地得到解决。"③毛泽东还深刻对比了新旧两种制度之间的差别,用数据、案例证明了"只有社会主义能够救中国"这一事实,他说:"社会主义制度促进了我国生产力的突飞猛进的发展,这一点,甚至连国外的敌人也不能不承认了。"④1963 年 1 月,周恩来在上海市科学技术工作会议上说:"我们在座的一些同志,经过清末、北洋军阀政府、蒋介石反动统治和社会主义四个时期,比较一下四个时期的情况,就可以清楚地看出我们社会主义制度的优越。"⑤

　　新中国成立初期,新政权面对着危机四伏的国内国际环境。党在不同制

---

① 《毛泽东文集》第 6 卷,人民出版社 1999 年版,第 326 页。
② 《毛泽东文集》第 7 卷,人民出版社 1999 年版,第 208—209 页。
③ 《毛泽东文集》第 7 卷,人民出版社 1999 年版,第 213—214 页。
④ 《毛泽东文集》第 7 卷,人民出版社 1999 年版,第 214 页。
⑤ 《周恩来选集》(下卷),人民出版社 1984 年版,第 413—414 页。

度的比较中看到了差距,更坚定了赶上西方资本主义国家现代化进程的决心。对此,1956 年 1 月,毛泽东在最高国务会议第六次会议上表示:"我国人民应该有一个远大的规划,要在几十年内,努力改变我国在经济上和科学文化上的落后状况,迅速达到世界上的先进水平。"①8 月,毛泽东在中国共产党第八次全国代表大会预备会议第一次会议上指出:"我们这个国家建设起来,是一个伟大的社会主义国家,将完全改变过去一百多年落后的那种情况,被人家看不起的那种情况,倒霉的那种情况,而且会赶上世界上最强大的资本主义国家,就是美国。"②1957 年 11 月,毛泽东在莫斯科共产党和工人党代表会议上拿"东风"与"西风"作比:"我认为目前形势的特点是东风压倒西风,也就是说,社会主义的力量对于帝国主义的力量占了压倒的优势。"③1962 年 1 月,毛泽东还特别提到了"赶超"的时间问题:"社会主义和资本主义比较,有许多优越性,我们国家经济的发展,会比资本主义国家快得多。可是,中国的人口多、底子薄,经济落后,要使生产力很大地发展起来,要赶上和超过世界上最先进的资本主义国家,没有一百多年的时间,我看是不行的。也许只要几十年,例如有些人所设想的五十年,就能做到。果然这样,谢天谢地,岂不甚好。"④遗憾的是,由于"左"的错误,社会主义建设探索出现了曲折。

党的十一届三中全会以来,中国共产党领导改革开放取得了巨大成就,中国道路的成功证明中国特色社会主义制度与资本主义制度相比较所具有的显著优势。1979 年,邓小平在阐述四项基本原则时就指出:"社会主义革命已经使我国大大缩短了同发达资本主义国家在经济发展方面的差距。我们尽管犯过一些错误,但我们还是在三十年间取得了旧中国几百年、几千年所没有取得过的进步。"⑤1980 年,在谈到党和国家领导制度的改革时,邓小平提出了检

---

① 《毛泽东文集》第 7 卷,人民出版社 1999 年版,第 2 页。
② 《毛泽东文集》第 7 卷,人民出版社 1999 年版,第 89 页。
③ 《毛泽东文集》第 7 卷,人民出版社 1999 年版,第 321 页。
④ 《毛泽东文集》第 8 卷,人民出版社 1999 年版,第 302 页。
⑤ 《邓小平文选》第 2 卷,人民出版社 1994 年版,第 167 页。

验制度优势的三条标准："在经济上赶上发达的资本主义国家,在政治上创造比资本主义国家的民主更高更切实的民主,并且造就比这些国家更多更优秀的人才。"他提出,作为社会主义大国,上述三条标准"我们能够也必须达到""党和国家的各种制度究竟好不好,完善不完善,必须用是否有利于实现这三条来检验"①。1990 年 12 月,邓小平在和几位中央负责同志谈话时曾构想:"本世纪末实现翻两番,要稳扎稳打。在翻两番的基础上,再用三十年到五十年时间,我国综合国力达到世界前列,社会主义的优越性就真正体现出来了。"②改革开放 40 多年来,中国共产党团结带领中国人民以经济建设为中心,一心一意搞建设,综合国力得到迅速提升。2001 年 4 月,江泽民在全国社会治安工作会议上指出:"只有社会主义才能救中国,只有社会主义才能发展中国。这是我们从中国的历史和现实发展中得出的一个真理性认识。我们要在我国社会主义建设的实践中、在对历史经验的总结中和在国际的比较中来不断深化对这个论断的认识,不断坚定自己的信念。"③中国道路的成功用事实证明了社会主义制度相较于资本主义制度的显著优势。

3. 从人民至上的价值维度阐释制度优势

中国共产党是始终代表人民利益的工人阶级政党,因此,中国共产党判断制度优劣与否也必然从是否符合人民利益的角度出发,体现人民至上的价值维度。1955 年 10 月,毛泽东在资本主义工商业社会主义改造问题座谈会上就指出:"如果新制度不能证明比旧制度大为有利,那新制度就不可取了。新制度所以应该采取,就是因为比旧制度有利得多,不是只对少数人有益处,而是对全国人民都有益处。"④毛泽东在《关于正确处理人民内部矛盾的问题》

---

① 《邓小平文选》第 2 卷,人民出版社 1994 年版,第 322—323 页。
② 《邓小平文选》第 3 卷,人民出版社 1993 年版,第 363—364 页。
③ 《江泽民文选》第 3 卷,人民出版社 2006 年版,第 219 页。
④ 《毛泽东文集》第 6 卷,人民出版社 1999 年版,第 498—499 页。

中也提道:"我们的这个社会主义的民主是任何资产阶级国家所不可能有的最广大的民主。我们的专政,叫做工人阶级领导的以工农联盟为基础的人民民主专政。这就表明,在人民内部实行民主制度,而由工人阶级团结全体有公民权的人民,首先是农民,向着反动阶级、反动派和反抗社会主义改造和社会主义建设的分子实行专政。所谓有公民权,在政治方面,就是说有自由和民主的权利。"①早在延安时期,毛泽东在同民主人士黄炎培谈话时就曾对新政权能否跳出旧政权"其兴也浡焉""其亡也忽焉"的历史周期率问题作了回答:"我们已经找到新路,我们能跳出这周期率。这条新路,就是民主。只有让人民来监督政府,政府才不敢松懈。只有人人起来负责,才不会人亡政息。"②毛泽东始终坚持从人民的立场来评价国家制度的优劣。

"文化大革命"结束后,针对当时广大人民的生产生活水平还比较低的状况,邓小平提出:"社会主义的优越性总要通过生产的发展和人民生活的提高来体现,这是最起码的标准,空头政治不行。"③他还提出:"我们是社会主义国家,社会主义制度优越性的根本表现,就是能够允许社会生产力以旧社会所没有的速度迅速发展,使人民不断增长的物质文化生活需要能够逐步得到满足。""我们要想一想,我们给人民究竟做了多少事情呢?我们一定要根据现在的有利条件加速发展生产力,使人民的物质生活好一些,使人民的文化生活、精神面貌好一些。"④对于政治制度,邓小平坚持从人民的立场出发,指出:"什么是中国人民今天所需要的民主呢?中国人民今天所需要的民主,只能是社会主义民主或称人民民主,而不是资产阶级的个人主义的民主。"⑤1987年3月,邓小平在谈到怎样评价一个国家的政治体制问题时指出:"我们评价一个国家的政治体制、政治结构和政策是否正确,关键看三条:第一是看国家

---

① 《毛泽东文集》第7卷,人民出版社1999年版,第207—208页。
② 《毛泽东年谱(一八九三——一九四九)》(中),中央文献出版社2013年版,第611页。
③ 《邓小平年谱(一九七五——一九九七)》(上),中央文献出版社2004年版,第330页。
④ 《邓小平文选》第2卷,人民出版社1994年版,第128页。
⑤ 《邓小平文选》第2卷,人民出版社1994年版,第175页。

的政局是否稳定;第二是看能否增进人民的团结,改善人民的生活;第三是看生产力能否得到持续发展。"①能否促进生产力发展、能否提高人民的生活水平是改革开放以来中国共产党评判社会主义制度优劣的重要标准。2019 年 9 月,习近平在中央政治局第十七次集体学习时强调:"我国国家制度深深植根于人民之中,能够有效体现人民意志、保障人民权益、激发人民创造力。"②在党的十九届四中全会第二次全体会议上,习近平总书记在讲话中特别提到:"始终代表最广大人民根本利益,保证人民当家作主,体现人民共同意志,维护人民合法权益,是我国国家制度和国家治理体系的本质属性,也是我国国家制度和国家治理体系有效运行、充满活力的根本所在。"③

中国特色社会主义制度体系是中国共产党团结带领中国人民在实践中建立并完善的,人民群众是中国特色社会主义制度体系形成和发展的根本动力。从我国的国家名称以及各级国家机关的名称看,都有"人民"二字,"这是我国社会主义国家政权的基本定位"④。中国共产党始终站在人民立场上看待中国特色社会主义制度优势问题,体现了中国共产党人坚持人民至上的价值旨归。

三、新冠疫情防控与中西制度之比较⑤

中国特色社会主义制度和国家治理体系是以马克思主义为指导、植根中国大地、具有深厚中华文化根基、深得人民拥护的制度和治理体系,是党和人

① 《邓小平文选》第 3 卷,人民出版社 1993 年版,第 213 页。

② 习近平:《坚持、完善和发展中国特色社会主义国家制度与法律制度》,《求是》2019 年第 23 期。

③ 《十九大以来重要文献选编》(中),中央文献出版社 2021 年版,第 303 页。

④ 习近平:《坚持、完善和发展中国特色社会主义国家制度和法律制度》,《求是》2019 年第 23 期。

⑤ 本小节在肖贵清、车宗凯《"大考"彰显中国特色社会主义制度优势——学习习近平总书记关于防控新冠肺炎疫情系列重要讲话精神》一文基础上修改完善而成,原文发表于《马克思主义研究》2020 年第 5 期,编入本书时进行了修改完善。

民长期奋斗、接力探索、历尽千辛万苦、付出巨大代价取得的根本成就。制度优势是一个国家的最大优势。"衡量一个国家的制度是否成功、是否优越,一个重要方面就是看其在重大风险挑战面前,能不能号令四面、组织八方共同应对。"①新冠疫情的全球大流行,使世界百年未有之大变局加速演进。自2019年底以来,中国人民的抗疫斗争经历了迅即应对突发疫情(2019年12月27日至2020年1月19日),初步遏制疫情蔓延势头(2020年1月20日至2月20日),本土新增病例数逐步下降至个位数(2020年2月21日至3月17日),取得武汉保卫战、湖北保卫战决定性成果(2020年3月18日至4月28日),全国疫情防控进入常态化(2020年4月29日以来)②等多个阶段,中国人民在这场全人类与病毒的战争中,面对前所未知、突如其来、来势汹汹的疫情,铸就了生命至上、举国同心、舍生忘死、尊重科学、命运与共的伟大抗疫精神。疫情天灾没有国界,在这场全人类共同的挑战面前,"中国之治"与"西方之乱"形成了鲜明的对比,"中国之制"与"西方之制"在"大考"中呈现截然不同的治理效能,充分彰显了中国特色社会主义制度和我国国家治理体系的显著优势。

1. 始终坚持中国共产党总揽全局、协调各方,汇聚成"党领导一切"的根本保证

党政军民学、东西南北中,党是领导一切的。中国共产党的领导是中国特色社会主义最本质的特征,也是中国特色社会主义制度的最大优势。这一"最大优势"在这场抗疫"大考"中得到了充分彰显。党的十九届四中全会鲜明指出,"坚持党的集中统一领导,坚持党的科学理论,保持政治稳定,确保国家始终沿着社会主义方向前进"③是中国特色社会主义制度的显著优势之一。

---

① 《十九大以来重要文献选编》(中),中央文献出版社2021年版,第692页。
② 《抗击新冠肺炎疫情的中国行动》,人民出版社2020年版,第6、11、22、28、35页。
③ 《十九大以来重要文献选编》(中),中央文献出版社2021年版,第270页。

与西方资本主义国家的多党制、两党制不同,中国特色社会主义制度的最大优势是中国共产党领导。应对和战胜前进道路上的各种风险和挑战,关键在党——中国抗疫斗争实践使党的领导制度优势充分展现。

一是党中央统揽全局、果断决策。西方资本主义政党建立在金钱与利益之上,社会动员往往呈现不同利益集团之间的相互攻讦,因而错过了疫情防控宝贵的"窗口期"。中国在疫情发生后,党中央"以非常之举应对非常之事"①,习近平总书记亲自指挥、亲自部署,在关键时刻"每天都作出口头指示和批示"②。2020年1月7日,习近平总书记在主持召开中央政治局常委会会议时,就对疫情防控工作提出了要求,此后,他又多次主持召开会议、作出重要指示,在疫情防控的关键时刻,习近平总书记多次深入疫情防控一线调研指导,亲自指挥、亲自部署这一场人民战争、总体战、阻击战。2020年1月25日,恰逢农历正月初一,习近平总书记主持召开中央政治局常委会会议,对疫情防控特别是患者治疗工作进行再研究、再部署、再动员。习近平总书记强调:"面对新型冠状病毒感染的肺炎疫情加快蔓延的严重形势,必须加强党中央集中统一领导"。要求各级党委和政府"坚定不移把党中央各项决策部署落到实处,贯彻落实情况要及时向党中央报告"③。在习近平总书记的领导下,围绕疫情防控工作,中央政治局常委会、中央政治局召开数十次会议研究决策,迅速成立中央应对疫情工作领导小组、派出中央指导组、建立国务院联防联控机制,党中央第一时间提出坚定信心、同舟共济、科学防治、精准施策的总要求,提出早发现、早报告、早隔离、早治疗的防控要求,领导展开惊天动地的大会战、大决战。在党中央的坚强领导下,一张举全国之力共同抗击疫情的"路线图"逐渐清晰,全国形成了全面动员、全面部署、全面加强疫情防控工作

---

①　《十九大以来重要文献选编》(中),中央文献出版社2021年版,第684页。
②　《十九大以来重要文献选编》(中),中央文献出版社2021年版,第430页。
③　《习近平关于统筹疫情防控和经济社会发展重要论述选编》,中央文献出版社2020年版,第31页。

219

的局面。以习近平同志为核心的党中央坚强领导,使中国抗疫斗争始终具有坚定的方向指引、科学的决策部署,成为疫情防控期间中国人民可靠的主心骨。

二是各级党组织闻令而动、上下一致,各地方各方面守土有责、守土尽责。中国共产党有着系统完善的组织体系,也有着"有令即行、有禁即止"的优良传统。党的各级党委(党组)是党的领导在各级地方的具体体现,在党中央的集中统一领导下开展工作。习近平总书记指出:"党的力量来自组织。党的全面领导、党的全部工作要靠党的坚强组织体系去实现。"①疫情发生后,习近平总书记第一时间强调发挥各级党组织在疫情防控工作一线的重要作用,要求"各级党委和政府及有关部门要把人民群众生命安全和身体健康放在第一位,制定周密方案,组织各方力量开展防控,采取切实有效措施,坚决遏制疫情蔓延势头"②。相比之下,在疫情面前,一些西方国家,中央政府与地方政府各自为战,在疫情防控中出现法令不一、资源不均、难以调度等混乱情况,最后只能"躺平"。而在中国,在党中央的坚强领导下,各级党委迅速靠前指挥,科学研判形势,精准把握疫情发展态势;各级党组织领导班子和领导干部特别是主要负责同志坚守岗位,全国各省、市、县成立由党政主要负责人挂帅的应急指挥机制,守土有责、守土担责、守土尽责,迅速形成统一指挥、全面部署、立体防控的战略布局,全国形成了全面动员、全面部署、全面加强,横向到边、纵向到底的疫情防控局面,在短时间内有效遏制了疫情大面积蔓延,改变了病毒传播的危险进程,最大限度保护了人民的生命安全和身体健康。疫情发生后,党中央第一时间印发《关于加强党的领导、为打赢疫情防控阻击战提供坚强政治保证的通知》,要求"组织动员各级党组织和广大党员、干部把打赢疫情防控阻击战作为当前的重大政治任务,把投身防控疫情第一线作为践

---

① 《十九大以来重要文献选编》(上),中央文献出版社 2019 年版,第 560 页。
② 《习近平关于统筹疫情防控和经济社会发展重要论述选编》,中央文献出版社 2020 年版,第 20 页。

行初心使命、体现责任担当的试金石和磨刀石,把党的政治优势、组织优势、密切联系群众优势转化为疫情防控的强大政治优势,确保党中央重大决策部署贯彻落实,让党旗在防控疫情斗争第一线高高飘扬"①。

三是广大共产党员冲锋陷阵、不辱使命。在党的历史上,每逢危急关头,每一个党员就是一面战斗旗帜,每一个支部就是一个战斗堡垒。在疫情防控期间,习近平总书记高度重视基层党组织和广大党员的作用,强调"要以疫情防控工作成效来检验和拓展'不忘初心、牢记使命'主题教育成果,发挥基层党组织政治引领作用和党员先锋模范作用,把社区居民发动起来,构筑起疫情防控的人民防线"②。习近平总书记指出:"干部政治上过不过得硬,就要看关键时刻靠不靠得住。""关键时刻冲得上去、危难关头豁得出来,才是真正的共产党人。"他要求广大党员干部在统筹推进疫情防控和经济社会发展工作中,增强必胜之心、责任之心、仁爱之心、谨慎之心。他强调,要在斗争一线考察识别干部,"对表现突出的干部要大力褒奖、大胆使用,对不担当不作为、失职渎职的要严肃问责,对紧要关头当'逃兵'的要就地免职"③。在党中央坚强领导下,在抗疫斗争中,广大共产党员不忘初心、牢记使命,充分发挥先锋模范作用,25000多名优秀分子在火线上宣誓入党,每一个党员都是一个"战位"、每一项攻关都是一次"冲锋"。疫情发生后第一时间奔赴武汉的钟南山、身患"渐冻症"但却坚守岗位的张定宇、带领军事医学专家组在武汉连续奋战113天的陈薇等一大批共产党员,或在抢救生命的第一线,或在后勤保障的第一线,或在科研攻关的第一线,他们以身作则、冲锋在前、团结奋战,凝聚起磅礴伟力,无数基层党组织和广大共产党员在"火线"淬炼党性,在斗争中书写了百年大党对人民的无限忠诚。

---

① 《疫情防控法律法规选》,人民出版社2020年版,第2页。

② 《习近平在北京市调研指导新型冠状病毒肺炎疫情防控工作时强调　以更坚定的信心更顽强的意志更果断的措施　坚决打赢疫情防控的人民战争总体战阻击战》,《人民日报》2020年2月11日。

③ 《十九大以来重要文献选编》(中),中央文献出版社2021年版,第442—443页。

2.始终坚持全国一盘棋、集中力量办大事,构筑起"举国同心"的坚固防线

不同于西方资本主义国家各政党、各利益集团相互推诿扯皮、效率低下,中国特色社会主义制度和我国国家治理体系具有非凡的组织动员能力、统筹协调能力、贯彻执行能力,具有集中力量办大事、办难事、办急事的显著优势,这种优势在抗疫斗争中展现得淋漓尽致。新冠疫情发生后,习近平总书记强调,要紧紧依靠人民群众坚决打赢疫情防控阻击战。在 2020 年 2 月 3 日召开的中央政治局常委会会议上,习近平总书记又提出了"人民战争"和"总体战"的概念。① 2 月 10 日,在全国疫情形势十分严峻的情况下,习近平总书记在北京调研指导新冠疫情防控工作时,将"人民战争""总体战"与"阻击战"三个概念合并提出,形成了对于疫情防控工作"人民战争、总体战、阻击战"的性质定义。② 从体现攻与守的"阻击战"到"人民战争""总体战"的提法之变,体现了党中央对形势变化的准确把握,以及对于全国疫情防控的清晰思路。正是在党中央的坚强领导下,全国人民齐心协力,心往一处想、劲往一处使,形成了众志成城的磅礴力量,彰显了紧紧依靠人民集中力量办大事的显著制度优势。

一是以众志成城的"人民战争"实现全国动员、全民参与。所谓"人民战争",体现在参与这场疫情防控斗争的主体是广大人民群众,意味着要赢得这场疫情防控斗争必须紧紧依靠人民群众,这也是中国共产党人在实践中总结出来的宝贵经验。习近平总书记始终高度重视人民群众的伟大力量。人民群众是历史的创造者,是推动社会发展的根本力量,这是党领导革命、建设、改革百年实践的一条宝贵经验。在西方资本主义社会中,阶级与阶级之间的壁垒

---

① 《习近平关于统筹疫情防控和经济社会发展重要论述选编》,中央文献出版社 2020 年版,第 38 页。

② 《习近平在北京市调研指导新型冠状病毒肺炎疫情防控工作时强调 以更坚定的信心更顽强的意志更果断的措施 坚决打赢疫情防控的人民战争总体战阻击战》,《人民日报》2020 年 2 月 11 日。

"撕裂"了人和人之间的关系,在疫情面前短时间内大规模社会动员不可能也不现实。在中国,抗疫斗争的主体是广大人民群众。2012 年 11 月 15 日,习近平总书记在十八届中央政治局常委同中外记者见面时就指出:"人民是历史的创造者,群众是真正的英雄。人民群众是我们力量的源泉。"①在这场疫情防控斗争中,他提出:"打赢疫情防控这场人民战争,必须紧紧依靠人民群众。"他高度关注基层社区的重要作用,强调"社区是疫情联防联控、群防群控的关键防线,要推动防控资源和力量下沉,把社区这道防线守严守牢"②"把社区居民发动起来,构筑起疫情防控的人民防线"③。在党和政府的领导动员下,广大人民群众投身抗击疫情的行列,14 亿多中国人民坚忍奉献、守望相助、众志成城应对"大考"。同时,党和政府重视各种社会力量的整合与组织,积极动员工会、共青团、妇联等人民团体,发动行业协会、商会等社会组织,发动各类慈善组织、红十字会以及各种社会力量参与到疫情防控斗争中,全社会迅速结成抗击疫情的坚固阵线,形成抗击疫情的强大合力。这一场抗击疫情的"人民战争"再次证明,人民群众的力量是无穷的,这也深刻说明了"一切为了群众、一切依靠群众,从群众中来、到群众中去"的群众路线是中国共产党的制胜法宝。

二是以统筹兼顾的"总体战"实现全面部署、多点协同。这场新冠疫情是"新中国成立以来在我国发生的传播速度最快、感染范围最广、防控难度最大的一次重大突发公共卫生事件"④。抗疫斗争不仅是一次与病毒的遭遇战,更是一次人力组织战、物资保障战、科技突击战、资源运动战,需要各战线、各领域共同配合、高效协作。疫情发生后,习近平总书记多次就疫情防控工作作出

① 《习近平谈治国理政》第 1 卷,外文出版社 2018 年版,第 5 页。
② 《十九大以来重要文献选编》(中),中央文献出版社 2021 年版,第 443 页。
③ 《习近平在北京市调研指导新型冠状病毒肺炎疫情防控工作时强调 以更坚定的信心更顽强的意志更果断的措施 坚决打赢疫情防控的人民战争总体战阻击战》,《人民日报》2020年 2 月 11 日。
④ 《十九大以来重要文献选编》(中),中央文献出版社 2021 年版,第 434 页。

重要指示,强调"疫情防控要坚持全国一盘棋",指出"疫情防控不只是医药卫生问题,而是全方位的工作,是总体战,各项工作都要为打赢疫情防控阻击战提供支持"①,要求"各地区各部门都要扛起责任,各级领导干部都要经受考验,既有责任担当之勇又有科学防控之智,既有统筹兼顾之谋又有组织实施之能"②。党中央统一指挥、全面部署,举全国之力实施规模空前的生命大救援:4000多名军队医疗人员闻令而动,第一时间奔赴一线,承担了"火神山"等3家医疗机构的医疗救治工作,军地协同战疫情;武汉"火神山""雷神山"医院用10多天时间先后建成、共有1.4万余张床位的16座方舱医院短时间内大规模建成、600多个集中隔离点迅速建立,全国19个省区市对口帮扶除武汉以外的16个市州;全国10个省份无偿支援湖北省红细胞4.5万单位,血小板1762个治疗量,新鲜冰冻血浆137万毫升(不含恢复期血浆);全国高校、军队、科研院所携手开展科技大攻关;国有企业、公立医院勇挑重担……各行齐上阵、各业总动员,新中国成立以来规模最大的医疗支援行动就此展开,自2020年1月24日至3月7日,全国共调集346支国家医疗队、4.26万名医务人员、900多名公共卫生人员驰援湖北,③在最短时间内实现了医疗资源和物资供应从紧缺向动态平衡的跨越式提升,实现了自主科研创新从"0"到"1"的重大突破,充分彰显新型举国体制的显著优势。同时,党中央立足全局、着眼大局,一手抓疫情防控、一手抓经济社会发展,力求把新冠疫情影响降到最低,保持经济平稳运行和社会和谐稳定。习近平总书记指出:"在确保疫情防控到位的前提下,推动非疫情防控重点地区企事业单位复工复产,恢复生产生活秩序,关系到为疫情防控提供有力物质保障,关系到民生保障和社会稳定,关系到实现全年经济社会发展目标任务,关系到全面建成小康社会和完成'十

---

① 《习近平关于统筹疫情防控和经济社会发展重要论述选编》,中央文献出版社2020年版,第39页。

② 《习近平关于统筹疫情防控和经济社会发展重要论述选编》,中央文献出版社2020年版,第67—68页。

③ 《抗击新冠肺炎疫情的中国行动》,人民出版社2020年版,第64页。

三五'规划,关系到我国对外开放和世界经济稳定。"①在湖北疫情得到有效控制后,又迅速组织各地分批有序复工复产、复学复课,使经济发展稳定转好,生产生活秩序稳步恢复。中国成为疫情发生后全球首个实现正增长的主要经济体。

3. 始终坚持以人民为中心、保障和改善民生,彰显出"人民至上"的价值追求

习近平总书记指出:"人民对美好生活的向往,就是我们的奋斗目标。"②中国共产党之所以能够得到广大人民群众的拥护和支持,就在于中国共产党始终代表最广大人民的利益,始终把最广大人民群众的利益放在最高的位置。西方资产阶级政党将政党的自身利益放在首位,疫情当头,美国民主党、共和党焦点依然集中在大选上,还在忙于争权夺利。中国共产党的根本宗旨是全心全意为人民服务,没有自己特殊的利益。不同于西方政客时常把"民主""人权"挂在嘴边,中国特色社会主义制度则用实际行动保障最广大人民合法权利不受侵犯。党的十九届四中全会指出了我国制度所具有的"坚持以人民为中心的发展思想,不断保障和改善民生、增进人民福祉,走共同富裕道路"③的显著优势。这一优势也鲜明体现在防控新冠疫情的过程中,体现在疫情防控的每一个阶段。抗疫斗争中,党中央提出"确保人民群众生命安全和身体健康,是我们党治国理政的一项重大任务"④,竭尽全力救治患者、保障人民群众生产生活,充分展现"中国之制"鲜明的人民属性。

一是始终坚持"生命至上",将人民群众生命安全和身体健康放在第一

---

① 《十九大以来重要文献选编》(中),中央文献出版社 2021 年版,第 438 页。
② 《习近平谈治国理政》第 1 卷,外文出版社 2018 年版,第 4 页。
③ 《十九大以来重要文献选编》(中),中央文献出版社 2021 年版,第 271 页。
④ 《习近平关于统筹疫情防控和经济社会发展重要论述选编》,中央文献出版社 2020 年版,第 51 页。

位。病毒突袭而至,疫情来势汹汹,人民生命安全和身体健康面临严重威胁,但是一些西方国家政客却荒唐地高喊所谓"群体免疫"——宁肯牺牲人民生命健康,也不情愿使各利益集团受损。与之相比,中国共产党和政府要求"各级党委和政府及有关部门要把人民群众生命安全和身体健康放在第一位"。为了有效控制疫情蔓延,一些疫情严重的地方甚至一度按下"暂停键",对于患者应收尽收、应治尽治,不惜一切代价战疫情、渡难关。面对新冠疫情这场"二战以来政治上最大的挑战",一些西方国家出现了富人能够住院治疗,而穷人却只能默默祈祷的悲惨景象——这是西方资本主义制度"两极分化"社会现实的真切写照。疫情发生后,习近平总书记始终把人民的生命安全和身体健康放在心中的最高位置,要求各级党委和政府及有关部门"把人民群众生命安全和身体健康放在第一位"。① 他说,"疫情防控是我最关注的问题","做好疫情防控工作,直接关系人民生命安全和身体健康"②。疫情期间,无论是什么地区发生了疫情,中国共产党和政府调集全国最优秀的医生、最先进的设备、最急需的资源,全力以赴投入疫病救治,救治费用全部由国家承担,最大程度提高了检测率、治愈率,最大程度降低了感染率、病亡率。随着疫苗附条件上市,特别是随着生产供应保障能力逐步提升,中国政府全面有序领导推进人民群众的接种工作,并由政府承担全部费用。中国共产党和政府用最实际的行动在抗疫斗争中践行初心使命、在大考中交出合格答卷。

二是高度关注保障民生,保证人民群众生产生活。"民生稳,人心就稳,社会就稳。"③民生保障是抗疫斗争的"关键一仗"。印度疫情暴发后,当地许多贫民阶层失去工作而陷入生活窘境;一些西方国家的贫民窟成为疫情聚集

---

① 《习近平关于统筹疫情防控和经济社会发展重要论述选编》,中央文献出版社 2020 年版,第 20 页。

② 《习近平关于统筹疫情防控和经济社会发展重要论述选编》,中央文献出版社 2020 年版,第 37—38 页。

③ 《习近平关于统筹疫情防控和经济社会发展重要论述选编》,中央文献出版社 2020 年版,第 116—117 页。

点,贫民阶层成为感染疫病的主体。与之形成鲜明对比的,是中国共产党和政府高度重视人民群众生产生活问题,明确要求在疫情防控中"切实保障基本民生"①,推动落实分区分级精准复工复产,最大限度保障人民生产生活。2020 年在湖北武汉考察期间,习近平总书记特别指出:"要充分考虑群众基本生活需求",畅通生活必需品供应的"最后一公里"。他贴心地指出:"武汉人喜欢吃活鱼,在条件允许的情况下要多组织供应。""对因疫情防控在家隔离的孤寡老人、困难儿童、特困人员、残疾人等特殊群体,要落实包保联系人,加强走访探视,及时提供必要帮助。""要加强心理疏导和心理干预,尤其是要加强对患者及其家属、病亡者家属等的心理疏导工作。"他还强调,在疫情平稳之后,对于患者特别是病亡者家属提出的诉求,要"明确政策措施,抓紧开展工作,把安抚关怀工作落实到位"②。在各级党委和政府的领导下,各地疫情防控稳步推进,保障广大人民群众的基本生活物资"不断供",保障"米袋子""菜篮子"持续稳定供应,疫情防控期间社会大局保持稳定态势,复工复产稳步推进,经济社会平稳运行,与一些号称"全球医疗技术最发达、最成熟"的发达国家在疫情期间出现社会大恐慌、国家大混乱、经济大萧条形成鲜明对比。这一切离不开党中央的坚强领导、科学决策,离不开中国特色社会主义制度在保障民生方面的显著优势。

4. 始终坚持全面依法治国、保障社会公平和人民权利,搭建起"依法防控"的有力屏障

法治是国家治理体系和治理能力的重要依托。党的十八大以来,党中央明确提出全面依法治国,并将其纳入"四个全面"战略布局予以有力推进。

---

① 《十九大以来重要文献选编》(中),中央文献出版社 2021 年版,第 441 页。

② 《习近平关于统筹疫情防控和经济社会发展重要论述选编》,中央文献出版社 2020 年版,第 117 页。

"坚持全面依法治国,建设社会主义法治国家,切实保障社会公平正义和人民权利"①是我国国家制度和国家治理体系的显著优势之一。与一些西方国家在疫情中出现的无序局面不同,在新冠疫情面前,中国共产党和政府全面提高依法防控、依法治理能力,为疫情防控工作提供有力法治保障。

一是立足当前,确保疫情防控"有法必依"。新冠疫情持续时间长、涉及领域广、覆盖人群多,必须依法推进、有序防控。疫情发生后,一些西方国家犯罪率持续走高,包括美国在内的一些国家打砸商店的暴乱骚动、针对亚裔群体的暴力事件频频发生,社会法治遭到严重破坏。在中国的疫情防控斗争中,习近平总书记始终高度强调法治的重要性,要求各级党委和政府"要依法依规做好疫情防控,坚持运用法治思维和法治方式开展工作"②。在中国,即使在疫情最严峻的阶段,习近平总书记依然强调:"实践告诉我们,疫情防控越是到最吃劲的时候,越要坚持依法防控,在法治轨道上统筹推进各项防控工作,全面提高依法防控、依法治理能力,保障疫情防控工作顺利开展,维护社会大局稳定。""坚持依法防控,要始终把人民群众生命安全和身体健康放在第一位,从立法、执法、司法、守法各环节发力,切实推进依法防控、科学防控、联防联控。"③针对疫情初期公共卫生领域暴露出来的问题,有关执法部门加大对危害疫情防控行为执法司法力度,严格执行相关法律法规,依法实施疫情防控及应急处理措施;最高人民法院、最高人民检察院、公安部、司法部联合发布《关于依法惩治妨害新型冠状病毒感染肺炎疫情防控违法犯罪的意见》,依法及时、从严惩治妨害疫情防控的各类违法犯罪,不断提高疫情防控法治化水平,为坚决打赢疫情防控阻击战提供有力法治保障。

二是放眼长远,确保疫情防控"有法可依"。依法科学有序防控解决的只

---

① 《十九大以来重要文献选编》(中),中央文献出版社2021年版,第270页。
② 《十九大以来重要文献选编》(中),中央文献出版社2021年版,第435页。
③ 《习近平关于统筹疫情防控和经济社会发展重要论述选编》,中央文献出版社2020年版,第49—50页。

是疫情防控期间面临的突出问题,要避免类似事件再次发生,就需要建立和形成体系化的公共卫生法治保障,这就需要党和国家根据疫情防控的经验教训从长计议、深远谋划。中国特色社会主义法治体系是推进全面依法治国的总抓手,同时在实践中不断发展完善。疫情发生后,野生动物保护与食品安全问题备受关注。针对人民群众关心的这一问题,习近平总书记指出:"要全面加强和完善公共卫生领域相关法律法规建设,认真评估传染病防治法、野生动物保护法等法律法规的修改完善。""尽快推动出台生物安全法,加快构建国家生物安全法律法规体系、制度保障体系。"①面对疫情防控期间,我国在重大疫情防控体制机制、公共卫生应急管理体系等方面暴露出来的一些明显短板,习近平总书记指出,"要总结经验、吸取教训,深入研究如何强化公共卫生法治保障、改革完善疾病预防控制体系、改革完善重大疫情防控救治体系、健全重大疾病医疗保险和救助制度、健全统一的应急物资保障体系等重大问题"②,补短板、堵漏洞、强弱项。在党中央领导下,相关法律法规很快完善、健全,各级政府加强疫情防控法治宣传和法律服务,组织基层开展疫情防控普法宣传,引导广大人民群众增强法治意识,筑牢守护社会公共卫生安全的有力屏障。

5.始终坚持参与全球疫情防控、彰显大国担当,争取"共克时艰"的国际环境

疫情面前,任何国家都不能置身事外。在中国疫情防控最艰难的时刻,共有来自全球170多个国家领导人、50个国际和地区组织负责人以及300多个外国政党和政治组织向中国领导人来函致电、发表声明表示慰问支持。77个国家和12个国际组织为中国人民抗疫斗争提供捐赠,包括医用口罩、防护服、

<hr>

① 《习近平关于统筹疫情防控和经济社会发展重要论述选编》,中央文献出版社2020年版,第51—52页。

② 《十九大以来重要文献选编》(中),中央文献出版社2021年版,第444页。

护目镜、呼吸机等急用医疗物资和设备。84 个国家的地方政府、企业、民间机构、人士向中国提供了物资捐赠。金砖国家新开发银行、亚洲基础设施投资银行分别向中国提供 70 亿元、24.85 亿元人民币的紧急贷款,世界银行、亚洲开发银行向中国提供国家公共卫生应急管理体系建设等贷款支持。① 这些帮助,为中国人民的抗疫斗争提供了重要支持。由于西方资本主义在疫情中的糟糕表现,其影响力明显下降,"东升西降"成为当前国际格局中的新趋势。但是,一些西方政客却没有吸取教训、及时转变策略,而是荒唐"甩锅"、疯狂"造谣"、任性"退群"。相比之下,中国始终秉承"天下一家"理念,始终秉持构建人类命运共同体理念,既对本国人民生命安全和身体健康负责,也对全球公共卫生事业尽责,强调"国际社会应当加紧行动起来,有效开展联防联控国际合作,凝聚起战胜疫情的强大合力"②,显示出"中国之制"的底气和自信,共同构建人类卫生健康共同体。

一是同舟共济,贡献全球抗疫"中国方案"。随着经济全球化的深入发展,世界已经成为一个"地球村",各国之间的往来与交流日益频繁,这也导致新冠疫情在全球的蔓延前所未有。病毒没有国界,需要世界各国团结起来。疫情发生后,中国并没有和一些西方国家一样"独善其身",而是第一时间向世界卫生组织、有关国家和地区组织主动通报疫情信息、发布新冠病毒基因序列等信息、公布诊疗方案和防控方案,同许多国家、国际和地区组织开展疫情防控交流活动,毫无保留同各方分享防控和救治经验,更为各国防疫争取了难得的"窗口期"。例如,2020 年 1 月 20 日,习近平总书记在对新冠疫情作出重要指示时就提到了"要及时发布疫情信息,深化国际合作"的问题。③ 在统筹推进新冠肺炎疫情防控和经济社会发展工作部署会议上,习近平总书记再次

---

① 《抗击新冠肺炎疫情的中国行动》,人民出版社 2020 年版,第 76—77 页。
② 《习近平同联合国秘书长古特雷斯通电话》,《人民日报》2020 年 3 月 13 日。
③ 《习近平关于统筹疫情防控和经济社会发展重要论述选编》,中央文献出版社 2020 年版,第 20 页。

强调：要"扩大国际和地区合作"。他指出："公共卫生安全是人类面临的共同挑战，需要各国携手应对。"①然而，某些西方大国却趁此机会大搞"单边主义"，挑起"贸易战"、大打"意识形态牌"，极端民族主义、种族主义卷土重来、甚嚣尘上。为推进全球抗疫合作、构建人类命运共同体，中国在自身承受极大压力的情况下，仍然向许多有需要的国家伸出援手，传递出"中方愿同国际社会一道，有效应对疫情，维护全球卫生安全"②的鲜明态度，以实际行动挽救千万人的生命，以实际行动为共同构建人类卫生健康共同体作出贡献。这是中华优秀文化的传统，也是中国特色社会主义制度的显著优势。

二是敢于亮剑，发出国际舆论"中国声音"。伴随着疫情的全球蔓延，一些夹带着种族歧视、霸权主义"私货"的"政治病毒"也在悄然蔓延。为了掩盖和粉饰"自由灯塔"不亮的真相，西方一些别有用心的政客将病毒与政治挂钩，在国际上将病毒污为"中国病毒""武汉肺炎"，炮制"中国责任论""中国道歉论"，甚至将中国政府的无私援助说成是带有"地缘政治"目的，妄图抹黑否定中国人民的抗疫成就，其险恶用心昭然若揭。人类与新冠病毒的较量，更是一次意识形态的较量、是一次歧视与反歧视的较量。面对这样的情况，中国政府不断改善对外宣传方式，在国际舆论场上发出"中国声音"、亮明"中国立场"、讲好"中国故事"，积极占据舆论主动、话语主动。面对"甩锅""抹黑"，中国政府予以坚决回击，及时揭露一些西方政客污蔑抹黑、造谣生事的言行，为疫情防控营造了良好国际舆论氛围，更让世界更加清晰地看到"两种制度"孰优孰劣、"两种前途"孰明孰暗。正如巴基斯坦总统阿尔维所评价的："灾害面前，中国共产党和中国政府展现出卓越领导力、强大动员力，中国人民众志成城，不畏牺牲。中方的经验做法为其他国家提供了有益借鉴。相信疫情过后，中国将更加强大。个别势力企图利用疫情'污名化'和孤立中国的做法不

---

① 《十九大以来重要文献选编》（中），中央文献出版社 2021 年版，第 437 页。
② 《习近平同法国总统马克龙通电话》，《人民日报》2020 年 1 月 23 日。

得人心,不会得逞。"①

习近平总书记指出:"这次疫情是对我国治理体系和能力的一次大考。"②时至今日,全球范围内的疫情还在持续,人类的抗疫斗争远未结束。疫情是一次危机,更是一次大考。在中国共产党领导下,中国人民共同铸就催人奋进的抗疫精神,共同书写惊天动地的抗疫故事,在世界舞台上展现中国精神、中国力量、中国担当,也充分彰显了中国特色社会主义制度的显著优势:这种在斗争中展现的领导能力、应对能力、组织动员能力、贯彻执行能力,也只有中国共产党领导的社会主义中国能够做到。

四、科学阐释中国特色社会主义制度优势

"制度优势是一个国家的最大优势。"③纵观新中国 70 多年来的发展历程,中国共产党领导建立和完善的这一套制度体系是"中国之治"的制度"密码"。中国特色社会主义新时代对中国特色社会主义制度体系的完善和发展提出了更高的目标要求,需要我们在实践中进一步深化对中国特色社会主义制度优势的认识,充分认识中国特色社会主义制度的形成过程、本质特征,正确理解制度优势,坚定制度自信。

1.坚持以发展的眼光、理性的态度看待制度优势

世界上没有完美的制度,任何制度都是在实践中不断完善发展的。经过新中国 70 多年的发展与完善,中国特色社会主义制度已经具有丰富的实践成果,取得了经济快速发展的奇迹与社会长期稳定的奇迹,展现出强大的生命力与巨大的优势。站在"两个一百年"的历史交汇点,面对前所未有的机遇与挑

---

① 《习近平同巴基斯坦总统阿尔维会谈》,《人民日报》2020 年 3 月 18 日。
② 《习近平关于统筹疫情防控和经济社会发展重要论述选编》,中央文献出版社 2020 年版,第 46 页。
③ 《十九大以来重要文献选编》(中),中央文献出版社 2021 年版,第 300 页。

战,我们应该以正确的态度、科学的眼光看待制度优势。

第一,以发展的眼光看待制度优势。科学社会主义和空想社会主义的一大区别,就在于它把社会主义看作一个不断完善和发展的实践过程。早在1949年,毛泽东就说过:"中共二十八年,再加二十九年、三十年两年,完成全国革命任务,这是铲地基,花了三十年。但是起房子,这个任务要几十年工夫。"①后来,毛泽东又提出:"关于中国的前途,就是搞社会主义。要使中国变成富强的国家,需要五十到一百年的时光。""将来要变成什么样子,是要看发展的。""当然即便不好总不会像蒋介石时代那样黑暗,是辩证的,即肯定、否定、否定之否定,这样曲折地发展下去。"②改革开放后,邓小平也认为:"我们的制度将一天天完善起来,它将吸收我们可以从世界各国吸收的进步因素,成为世界上最好的制度。"③1992年初,邓小平在南方谈话中又设想:"恐怕再有三十年的时间,我们才会在各方面形成一整套更加成熟、更加定型的制度。"④制度优势是在比较中产生的,也并不是一成不变的。新时代的改革与发展面临许多全新的问题与特点,新时代的制度建设同样面临许多全新的历史课题。看待中国特色社会主义制度优势,应该保持发展的眼光,从党史、新中国史、改革开放史和社会主义发展史的进程中看待中国特色社会主义制度的发展与完善;国家制度和国家治理体系建设的目标也必须随着实践的发展与时俱进,"既不能过于理想化、急于求成,也不能盲目自满、故步自封"⑤。

第二,以理性的态度看待制度优势。在认识中国特色社会主义制度优势的过程中,中国共产党的态度是理性客观的。在看到社会主义制度优势的同时,也注意弥补制度的缺陷与短板。1956年4月,毛泽东同拉丁美洲一些国家党的代表谈话时说:"有人以为一到了社会主义社会,国家就十分美好,没

---

① 《毛泽东文集》第5卷,人民出版社1996年版,第236页。
② 《毛泽东文集》第7卷,人民出版社1999年版,第124页。
③ 《邓小平文选》第2卷,人民出版社1994年版,第337页。
④ 《邓小平文选》第3卷,人民出版社1993年版,第372页。
⑤ 《十九大以来重要文献选编》(中),中央文献出版社2021年版,第307页。

有什么坏的东西了,这其实是一种迷信。"①1957年3月,邓小平指出:"我们讲成绩是基本的,但回过头来说,还是有些部分有毛病,是不优越的。忽略了这一点,人们就会怀疑全部;我们党不了解这一点,就会盲目乐观"。"我们要善于发现缺点,纠正缺点,才能够前进。"②这些都充分体现了中国共产党人实事求是的科学态度。当今世界正处于百年未有之大变局,国内国外的考验前所未有,中国国家治理体系和治理能力在成功应对一次又一次"大考"的同时,也会暴露出一些短板,对此我们要正确看待。2020年在世界范围暴发的新冠疫情是中国与世界各国共同面对的一次"大考",在这样一场人类与病毒的"遭遇战"面前,中国在发挥制度优势、化危为机的同时,也在疫情防控初期暴露出了一些体制上、治理中的短板与弱项。这就需要我们始终实事求是地看待制度优势:既要充分发挥制度在国家治理中的作用,又要着力"固根基、扬优势、补短板、强弱项,构建系统完备、科学规范、运行有效的制度体系"③。

2. 是否适合中国国情是阐释制度优势的出发点

"一个国家选择什么样的国家制度和国家治理体系,是由这个国家的历史文化、社会性质、经济发展水平决定的。"④对于一个国家的制度来说,是否符合这个国家的实际情况决定着制度能否真正发挥治理效能。因此,阐释中国特色社会主义制度优势必须牢牢把握是否符合中国国情这个认识的出发点。

第一,充分认识探索符合中国国情的制度是历史经验的总结。近代以后,面对国家危亡,一些仁人志士在制度层面曾经采用不同方式进行救亡探索:资产阶级改良派尝试了君主立宪制、议会制,却因为封建保守力量过于强大而失

---

① 《毛泽东文集》第7卷,人民出版社1999年版,第66页。
② 《邓小平文集(一九四九——一九七四)》(中),人民出版社2014年版,第302页。
③ 《十九大以来重要文献选编》(中),中央文献出版社2021年版,第307页。
④ 《十九大以来重要文献选编》(中),中央文献出版社2021年版,第300页。

败;资产阶级革命派也尝试了总统制、多党制,但也因为国内政治局势过于复杂,帝国主义与封建主义走向联合而导致革命失败。社会主义制度是先进中国人在各种制度模式遭到失败之后选择的符合中国国情的制度。在革命实践中,中国共产党人在将马克思主义基本原理同中国革命具体实际相结合的过程中探索了一条符合中国革命实际的新民主主义革命道路;在建设和改革时期,中国共产党人同样在推进马克思主义中国化的同时,探索并开辟了一条中国特色社会主义道路。中国特色社会主义制度和国家治理体系是中华民族百年近现代史经验与教训的总结。正如习近平总书记所说,"我国国家制度和国家治理体系之所以具有多方面的显著优势,很重要的一点就在于我们党在长期实践探索中,坚持把马克思主义基本原理同中国具体实际相结合,把开拓正确道路、发展科学理论、建设有效制度有机统一起来""使我国国家制度和国家治理体系既体现了科学社会主义基本原则,又具有鲜明的中国特色、民族特色、时代特色"①。

第二,以开放包容的心态看待人类制度文明的共同成果。历史告诉我们,制度的发展与完善决不能关起国门、故步自封,需要充分吸收有利于中国制度发展的有益因素。"中国特色社会主义制度的生命力,就在于这一制度是在中国的社会土壤中生长起来的"②,同时中国特色社会主义制度也吸收了人类制度文明的共同成果。例如,"五四宪法"草案的编撰在坚持以本国历史经验为主的同时,"也参考了苏联和各人民民主国家宪法中好的东西"③。对此,毛泽东认为:"我们的方针是,一切民族、一切国家的长处都要学,政治、经济、科学、技术、文学、艺术的一切真正好的东西都要学。但是,必须有分析有批判地学,不能盲目地学,不能一切照抄,机械搬用。他们的短处、缺点,当然不要

---

① 《十九大以来重要文献选编》(中),中央文献出版社 2021 年版,第 303 页。
② 《十八大以来重要文献选编》(中),中央文献出版社 2016 年版,第 69 页。
③ 《毛泽东年谱(一九四九——一九七六)》第 2 卷,中央文献出版社 2013 年版,第251 页。

学。"①改革开放以来,中国积极参与经济全球化,我国的国家制度和治理体系也吸纳了市场经济的一些理念与做法,将社会主义基本制度和市场经济有机结合起来,形成了兼具市场经济长处与社会主义制度优势的社会主义市场经济体制。因此,在国家制度和治理体系的完善过程中,既要防止"照搬照抄"、走别人的路,也要避免"闭门造车"、关起国门搞建设,要始终以开放包容的心态看待有利于中国发展进步的他国国家治理经验,"坚持以我为主、为我所用,去其糟粕、取其精华"②。

3. 科学认识和阐释制度优势以坚定制度自信

习近平总书记在党的十九届四中全会上指出:"全会系统总结我国国家制度和国家治理体系的发展成就和显著优势,目的就是推动全党全国各族人民坚定制度自信,使我国国家制度和国家治理体系多方面的显著优势更加充分地发挥出来。"③纵观中国共产党对制度优势的认识过程,我们可以看出,中国共产党对制度优势阐释的一个重要的目的就在于鼓舞全党全社会对于社会主义制度的信心和建设社会主义的热情。新时代科学认识和阐释制度优势,对于坚定中国特色社会主义制度自信具有重要意义。

第一,坚定制度自信首先是坚持中国共产党的领导。"中国特色社会主义有很多特点和特征,但最本质的特征是坚持中国共产党领导。"④中国特色社会主义制度是一个严密完整的科学制度体系,其中起"四梁八柱"作用的是根本制度、基本制度、重要制度,但是"党的领导制度是我国的根本领导制度"⑤。纵观70多年的制度发展史,中国共产党是中国特色社会主义制度的

---

① 《毛泽东文集》第7卷,人民出版社1999年版,第41页。
② 《十九大以来重要文献选编》(中),中央文献出版社2021年版,第303页。
③ 《十九大以来重要文献选编》(中),中央文献出版社2021年版,第302页。
④ 习近平:《中国共产党领导是中国特色社会主义最本质的特征》,《求是》2020年第14期。
⑤ 《十九大以来重要文献选编》(中),中央文献出版社2021年版,第305页。

设计者,是制度优势得以彰显的根源所在。从理论层面看,中国特色社会主义制度体系之所以能够得到丰富与发展,离不开几代中国共产党人对社会主义制度问题的深刻认识与准确把握。在中国这样一个地域辽阔、人口众多、国情复杂的发展中大国开展现代化建设必须由一个领导核心进行统筹协调,否则党和国家的各项事业就会成为一盘散沙,不仅不能实现现代化建设目标,而且会导致社会动荡、祸起萧墙,陷入一片混乱之中。从实践层面看,越是面对风险与挑战,中国共产党领导的优势就越能得到彰显:在新冠疫情暴发期间,中国共产党领导中国人民开展抗疫斗争,举全国之力遏制住了疫情蔓延势头,逐步恢复了正常生产生活秩序。正如习近平总书记所总结的:"中国共产党领导和我国社会主义制度、我国国家治理体系具有强大生命力和显著优越性,能够战胜任何艰难险阻,能够为人类文明进步作出重大贡献。"[1]新时代科学认识和阐释中国特色社会主义制度优势,就是要正确认识新中国70多年制度建设的基本思路与内在逻辑,从而进一步巩固和发展党的领导这一中国特色社会主义根本制度。

第二,科学认识和阐释制度优势有助于深刻认识中国特色社会主义制度的治理效能。"我国国家制度和国家治理体系管不管用、有没有效,实践是最好的试金石。"[2]中国共产党对社会主义制度优势的阐释是在理论与实践的统一中不断深化与发展的。2019年,党的十九届四中全会所提出的13条制度优势,正是对中国特色社会主义制度治理效能的准确概括,正是对中国特色社会主义制度所取得实践成果的理论总结。新中国成立70多年来,中国共产党领导中国人民创造了经济快速发展与社会长期稳定的奇迹。在这"两大奇迹"背后,就是中国特色社会主义制度。这"两大奇迹"充分显示了中国特色社会主义制度的治理效能,是中国特色社会主义制度的实践成果。"可以说,

---

① 《习近平关于统筹疫情防控和经济社会发展重要论述选编》,中央文献出版社 2020 年版,第 147 页。

② 《十九大以来重要文献选编》(中),中央文献出版社 2021 年版,第 304 页。

在人类文明发展史上,除了中国特色社会主义制度和国家治理体系外,没有任何一种国家制度和国家治理体系能够在这样短的历史时期内创造出我国取得的经济快速发展、社会长期稳定这样的奇迹。"①

历史与现实充分证明,中国特色社会主义制度和国家治理体系是以马克思主义为指导、植根中国大地、具有深厚中华文化根基、深得人民拥护的制度和治理体系,是具有强大生命力和巨大优越性的制度和治理体系,是能够持续推动拥有14亿多人口大国进步和发展、确保拥有5000多年文明史的中华民族实现"两个一百年"奋斗目标进而实现伟大复兴的制度和治理体系。② 实践证明,"中国特色社会主义国家制度和法律制度是一套行得通、真管用、有效率的制度体系",这是坚定制度自信的一个基本依据。③ 制度优势来源于制度的生命力与治理效能。因此,新时代科学认识和阐释中国特色社会主义制度优势,有助于引导全党全社会深刻认识中国特色社会主义制度体系的强大生命力与治理效能,从而增强对中国特色社会主义制度的信心,"真正做到'千磨万击还坚劲,任尔东西南北风'"④。

---

① 《十九大以来重要文献选编》(中),中央文献出版社2021年版,第305页。
② 《十九大以来重要文献选编》(中),中央文献出版社2021年版,第270页。
③ 习近平:《坚持、完善和发展中国特色社会主义国家制度和法律制度》,《求是》2019年第23期。
④ 《十九大以来重要文献选编》(中),中央文献出版社2021年版,第305页。

第七章　运用制度威力应对具有新的历史特点的伟大斗争

马克思主义认为,事物的矛盾法则,即对立统一的法则,是唯物辩证法最根本的法则。当前,百年变局交织世纪疫情,人类社会面临着空前严峻的挑战。习近平总书记深刻指出:"危和机总是同生并存的,克服了危即是机。"①这充分体现了中国共产党人在风险与挑战面前的沉着冷静,也体现了中国共产党人的辩证思维。中国特色社会主义制度是在中国社会的土壤中生长起来的,是经过革命、建设、改革长期实践形成的,具有鲜明的中国特色与中国风格,是适合中国国情的制度体系。"我们党一步步走过来,很重要的一条就是不断总结经验、提高本领,不断提高应对风险、迎接挑战、化险为夷的能力水平。"②党的历史启示我们,在中国革命、建设和改革过程中,要将危机转化为机遇,就必须充分发挥制度优势,提升应对风险与挑战的能力。

一、中国特色社会主义制度在"危"与"机"的辩证转化中发展

矛盾存在于一切客观事物和主观思维的过程中,贯穿于一切过程的始终,

---

① 《习近平在浙江考察时强调:统筹推进疫情防控和经济社会发展工作,奋力实现今年经济社会发展目标任务》,《人民日报》2020年4月2日。

② 习近平:《在党史学习教育动员大会上的讲话》,人民出版社2021年版,第16—17页。

具有普遍性与特殊性;矛盾也具有同一性,即"一切矛盾着的东西,互相联系着,不但在一定条件之下共处于一个统一体中,而且在一定条件之下互相转化"①。从哲学意义上看,"危"与"机"本身就是一对矛盾,二者既对立又统一。在新中国 70 多年的历史上,从来不乏各种各样的危机与考验,中国特色社会主义制度也是在面对各种各样的风险与挑战中确立和发展起来的。换言之,正是在各种风险与挑战的磨砺中,中国特色社会主义制度显示出了巨大的政治优势。

1. 中国特色社会主义制度在风险挑战中奠基

中国共产党领导全国各族人民进行革命、建设和改革的历程并不是一帆风顺的。中国特色社会主义制度也在各种风险和挑战中建立和完善的。

新中国成立初期的国际环境复杂而且十分严峻,以美国为首的西方国家对刚刚诞生的新中国采取了政治上孤立、经济上封锁、军事上威胁的政策。在充满尖锐斗争与挑战的国际形势下,毛泽东等中国共产党人坚定不移推进国民经济恢复与发展,并在实践中初步建立起人民民主专政的社会主义基本制度。在"五四宪法"起草过程中,毛泽东就指出了"五四宪法"之所以能够得到大家拥护的两方面原因:"第一,这个宪法草案,总结了历史经验,特别是最近五年的革命和建设的经验,也总结了从清朝末年以来关于宪法问题的经验。我们的宪法是属于社会主义宪法类型的。我们是以自己的经验为主,也参考了苏联和各人民民主国家宪法中好的东西。""第二,我们的宪法草案,结合了原则性和灵活性。原则基本上是两个:民主原则和社会主义原则。"②1954 年 9 月,在一届全国人大一次会议的开幕词中,毛泽东阐明了制定宪法和国家制度建设的伟大意义:"这次会议是标志着我国人民从一九四九年建国以来的

---

① 《毛泽东选集》第 1 卷,人民出版社 1991 年版,第 330 页。
② 《毛泽东年谱(一九四九——一九七六)》第 2 卷,中央文献出版社 2013 年版,第 251 页。

新胜利和新发展的里程碑,这次会议所制定的宪法将大大地促进我国的社会主义事业。"①在中国共产党的领导下,工人阶级领导的、以工农联盟为基础的人民民主专政的国体,人民代表大会的根本政治制度,中国共产党领导的多党合作与政治协商制度,统一的多民族国家和在单一制国家中的民族区域自治制度的国家结构形式在这一时期初见雏形,标志着新中国政治制度的格局在复杂的风险与挑战中奠基。

1956 年,苏共二十大召开后,面对社会主义建设过程中的巨大考验,中国共产党开始探索适合中国国情的、独立自主的社会主义建设道路。1956 年 4 月 5 日,《人民日报》发表经毛泽东审阅修改的《关于无产阶级专政的历史经验》,在总结苏共教训的基础上指出,"我们需要建立一定的制度来保证群众路线和集体领导的贯彻实施""我们党的历史经验,也是在自己同各种错误路线作斗争的过程中使自己获得了锻炼"②。同月,毛泽东在中共中央政治局扩大会议上发表了《论十大关系》的讲话,他指出:"特别值得注意的是,最近苏联方面暴露了他们在建设社会主义过程中的一些缺点和错误,他们走过的弯路,你还想走? 过去我们就是鉴于他们的经验教训,少走了一些弯路,现在当然更要引以为戒。"③在这篇影响深远的重要讲话中,毛泽东特别指出:"没有矛盾就没有世界。我们的任务,是要正确处理这些矛盾。这些矛盾在实践中是否能完全处理好,也要准备两种可能性,而且在处理这些矛盾的过程中,一定还会遇到新的矛盾,新的问题。但是,像我们常说的那样,道路总是曲折的,前途总是光明的。"④毛泽东的这篇讲话和党的八大的召开标志着中国共产党探索适合中国国情的社会主义建设道路有了一个良好开端。1956 年中国共产党领导完成了对个体农业、手工业和资本主义工商业的社会主义改造,确立

---

① 《建国以来毛泽东文稿》第 5 册,中央文献出版社 1993 年版,第 461 页。
② 《毛泽东文集》第 7 卷,中央文献出版社 1999 年版,第 19 页。
③ 《毛泽东文集》第 7 卷,中央文献出版社 1999 年版,第 23 页。
④ 《毛泽东文集》第 7 卷,中央文献出版社 1999 年版,第 44 页。

了社会主义公有制的经济制度,实现了新中国从新民主主义向社会主义的过渡,一个崭新的社会主义制度在风险与挑战中初步建立起来。

2. 中国特色社会主义制度在风险挑战中创新发展

中国特色社会主义制度是在改革开放和社会主义现代化建设所面对的风险与挑战中创新与发展的。党的十一届三中全会作出了实行改革开放的伟大决策,逐步实现了政治上、思想上、组织上的拨乱反正,使中国走出了封闭与徘徊。中国共产党在总结历史教训的基础之上,探索社会主义制度的改革与创新。1980 年,邓小平在中央政治局扩大会议上谈到"文化大革命"教训时,就曾深刻指出党和国家制度层面存在的问题:"我们过去发生的各种错误,固然与某些领导人的思想、作风有关,但是组织制度、工作制度方面的问题更重要。""不是说个人没有责任,而是说领导制度、组织制度问题更带有根本性、全局性、稳定性和长期性。这种制度问题,关系到党和国家是否改变颜色,必须引起全党的高度重视。"①改革开放以来,中国共产党坚持以经济建设为中心,解放和发展生产力,恢复重建了各方面制度,建立社会主义市场经济体制,确立和发展了适合我国社会主义初级阶段基本国情的中国特色社会主义制度。

中国特色社会主义建设事业也并不是一帆风顺的。20 世纪 80 年代末 90 年代初,世界社会主义阵营发生了深刻而复杂的变化,中国特色社会主义制度与中国的改革开放也遇到了一系列风险与挑战。面对当时国内外的各种不同声音,1992 年邓小平在视察武昌、深圳、珠海、上海等地发表谈话时指出:"不坚持社会主义,不改革开放,不发展经济,不改善人民生活,只能是死路一条。基本路线要管一百年,动摇不得。"②为了党的领导和中国特色社会主义事业的长治久安,邓小平在谈话中还提到:"恐怕再有三十年的时间,我们才会在

---

① 《邓小平文选》第 2 卷,人民出版社 1994 年版,第 333 页。
② 《邓小平文选》第 3 卷,人民出版社 1993 年版,第 370—371 页。

各方面形成一整套更加成熟、更加定型的制度。在这个制度下的方针、政策，也将更加定型化。"①进入 21 世纪，面对社会主义市场经济与世界多极化、经济全球化的国际形势，中国共产党更加强调制度建设在应对风险与挑战中的重要作用。党的十六大报告提出"通过理论创新推动制度创新"②的重要思想；党的十七大进一步将"各方面制度更加完善"③列入实现全面建设小康社会的目标要求之中。实践证明，中国特色社会主义制度经受住了各种困难甚至风险挑战；在风险与挑战中，中国特色社会主义制度不断创新并逐步成型。无论是面对霸权主义、强权政治的威胁，还是世界局势的深刻复杂变化，"在十分复杂的国内外形势下，党和人民经受住严峻考验，巩固和发展了改革开放和社会主义现代化建设大局，提高了我国国际地位，彰显了中国特色社会主义的巨大优越性和强大生命力，增强了中国人民和中华民族的自豪感和凝聚力"④。无论是金融危机海啸的冲击，还是"非典"疫情、地震等自然灾害来袭，各种复杂的风险挑战并没有影响中国特色社会主义制度的治理效能。在一次又一次的风险和挑战中，中国特色社会主义制度充分彰显了全国一盘棋、集中力量办大事的显著优势，并以其内在的灵活高效的特质确保社会平稳运行，在大风大浪中不断完善和发展中国特色社会主义制度。

　　党的十八大以来，党中央以巨大的政治勇气开启了新一阶段的改革进程，把制度建设摆到更加突出的位置，在进行具有许多新的历史特点的伟大斗争中取得了一个又一个胜利。但是事实也证明，伴随着事业的发展、改革的深入，问题与考验越来越多，风险与挑战越来越多：中国所面对的外部环境深刻变化，国际霸权主义、强权政治甚嚣尘上，进入"深水区"的中国改革发展稳定面临着一系列新情况新问题新挑战，世界百年未有之大变局的背后是前所未

---

① 《邓小平文选》第 3 卷，人民出版社 1993 年版，第 372 页。
② 《十六大以来重要文献选编》（上），中央文献出版社 2011 年版，第 10 页。
③ 《十七大以来重要文献选编》（上），中央文献出版社 2013 年版，第 16 页。
④ 《十八大以来重要文献选编》（上），中央文献出版社 2014 年版，第 5 页。

有的风险挑战和前所未有的变局新机并存。面对新时代的风险和挑战,党的十八届三中全会提出"完善和发展中国特色社会主义制度,推进国家治理体系和治理能力现代化"①这一具有深远意义的命题。党的十八届五中全会在审议通过的《中共中央关于制定国民经济和社会发展第十三个五年规划的建议》中提出,要实现"各方面制度更加成熟更加定型"的目标,使"国家治理体系和治理能力现代化取得重大进展,各领域基础性制度体系基本形成"②。在此基础上,党的十九大报告又进一步提出"实现伟大梦想,必须进行伟大斗争",并进一步指出:"我们党要团结带领人民有效应对重大挑战、抵御重大风险、克服重大阻力、解决重大矛盾,必须进行具有许多新的历史特点的伟大斗争,任何贪图享受、消极懈怠、回避矛盾的思想和行为都是错误的。"③2019 年初,习近平总书记就防范和化解重大风险问题向党员干部指出:"面对波谲云诡的国际形势、复杂敏感的周边环境、艰巨繁重的改革发展稳定任务,我们必须始终保持高度警惕,既要高度警惕'黑天鹅'事件,也要防范'灰犀牛'事件。"④党的十九届四中全会更加明确了坚持和完善中国特色社会主义制度、推进国家治理体系和治理能力现代化是"应对风险挑战、赢得主动的有力保证"⑤。在党中央坚强领导下,中国特色社会主义制度在各种风险和挑战中经受住了考验,并在各种风险和挑战中实现了进一步完善与发展,党的十八大以来呈现出更加合理有序的制度安排、更加灵活高效的制度特点。中国特色社会主义制度面对新时代的各种风险与挑战,"既要有防范风险的先手,也要有应对和化解风险挑战的高招;既要打好防范和抵御风险的有准备之战,也要打好化险为夷、转危为机的战略主动战"⑥。

---

① 《十八大以来重要文献选编》(上),中央文献出版社 2014 年版,第 53 页。
② 《十八大以来重要文献选编》(中),中央文献出版社 2016 年版,第 791 页。
③ 《十九大以来重要文献选编》(上),中央文献出版社 2019 年版,第 11 页。
④ 《习近平谈治国理政》第 3 卷,外文出版社 2020 年版,第 219—220 页。
⑤ 《十九大以来重要文献选编》(中),中央文献出版社 2021 年版,第 264 页。
⑥ 《习近平谈治国理政》第 3 卷,外文出版社 2020 年版,第 220 页。

二、中国特色社会主义制度具有化危为机的独特优势

2020年4月,习近平总书记在总结疫情防控和复工复产成果时指出:"我国疫情防控和复工复产之所以能够有力推进,根本原因是党的领导和我国社会主义制度的优势发挥了无可比拟的重要作用。"①从历史维度看,中国特色社会主义制度是在风险与挑战中形成和发展起来的;同时,一次又一次的风险和考验也在实践中证明了中国特色社会主义制度的巨大政治优势,证明了中国特色社会主义制度是当代中国发展进步的根本制度保障。中国特色社会主义制度在应对风险考验、化危为机方面主要有四个独特优势。

1. 中国共产党的坚强领导为化危为机提供强大政治定力

马克思曾说:"一个单独的提琴手是自己指挥自己,一个乐队就需要一个乐队指挥。"②作为中国特色社会主义制度的设计者,中国共产党是中国特色社会主义事业的领导核心。因此,在中国特色社会主义制度体系中,中国共产党就是"乐队指挥"。邓小平曾经指出:"我们既不能照搬西方资本主义国家的做法,也不能照搬其他社会主义国家的做法,更不能丢掉我们制度的优越性。比如共产党的领导就是我们的优越性。"③党的领导制度是我国的根本领导制度。有了中国共产党的领导,化危为机的实践才能有强大的政治定力。

一方面,定力来源于中国共产党强大的政治领导力。中国共产党是国家最高的政治力量,对此,习近平总书记有十分形象的比喻:"在国家治理体系的大棋局中,党中央是坐镇中军帐的'帅',车马炮各展其长,一盘棋大局分明。"④因此,在面对危机与各种风险挑战的时候,中国共产党领导的国家治理

① 《习近平主持召开中央全面深化改革委员会第十三次会议强调:深化改革健全制度完善治理体系,善于运用制度优势应对风险挑战冲击》,《人民日报》2020年4月28日。
② 《马克思恩格斯文集》第5卷,人民出版社2009年版,第384页。
③ 《邓小平文选》第3卷,人民出版社1993年版,第256页。
④ 《习近平关于社会主义政治建设论述摘编》,中央文献出版社2018年版,第31页。

体系能够迅速动员各个方面力量实现有效应对。2020年新冠疫情发生后,党中央第一时间成立中央应对疫情工作领导小组,第一时间向湖北等疫情严重地区派出指导组,第一时间调集军队和地方等各方面力量,迅速驰援湖北省和武汉市,先后有4万余名医护人员投入湖北省的抗疫斗争。新冠疫情防控取得的重大战略成果体现的正是党的领导这一显著优势所表现出来的动员能力。

另一方面,定力来源于中国共产党强大的思想引领力。马克思主义是中国共产党的理论基础,也是中国共产党领导中国革命、建设和改革取得胜利的思想武器。"马克思主义不仅深刻改变了世界,也深刻改变了中国。"①历史经验表明,面对各种风险和挑战,最重要的就是全国人民思想统一、步调一致。马克思主义实现了真理性与价值性的统一,是凝聚中国人民的重要精神纽带,是党带领中国人民始终沿着正确方向前进的思想指引。在马克思主义的指引下,中国人民取得了革命、建设和改革的成功,在各种风险和挑战面前,始终保持"乱云飞渡仍从容"的定力,经受住了严峻考验。改革开放以来,中国特色社会主义事业蓬勃发展,开辟了21世纪马克思主义发展的新境界,为世界社会主义的发展注入新的生机和活力。

2. 集中力量办大事的优势为化危为机提供了效率保障

集中力量办大事是中国特色社会主义制度的突出优势。这一优势植根于中华优秀传统文化与历史中,也汲取了人类文明发展的先进成果,具有突出、显著的实际效能。特别是在应对风险和挑战方面,中国特色社会主义制度集中力量办大事的优势表现得尤为明显。

中国共产党强大的群众组织力与社会号召力是中国特色社会主义制度能够集中力量办大事的前提与基础。在中国特色社会主义制度安排当中,中国

---

① 《十九大以来重要文献选编》(上),中央文献出版社2019年版,第426页。

共产党处在"众星捧月"的核心位置上。因此,中国共产党在中国特色社会主义的制度框架下,就具有了独特的群众组织力和社会号召力。一方面,中国共产党通过共青团、工会等群团组织广泛联系群众、动员群众;另一方面,中国共产党与各民主党派之间的合作协商关系,使各民主党派能够与中国共产党肝胆相照、荣辱与共,保持友好、密切的联系,这是资本主义制度所没有的制度优势。有了这样的前提和基础,在应对各种风险和挑战的过程中,中国特色社会主义制度就能够在最短时间内动员起全社会的力量、调配全社会的资源。

集中力量办大事的制度优势意味着社会力量的组织与社会资源的调动是高效的。应当说,任何一次应对风险和挑战的过程都是复杂的、艰难的、持续的。以新冠疫情防控为例,这既是一场抗疫阻击战,更是一场全方位的人力组织战、物资保障战、科技突击战、资源运动战。习近平总书记在总结疫情防控工作时深刻指出:"我们发挥集中力量办大事的制度优势,坚持全国一盘棋,动员全社会力量、调动各方面资源,迅速形成了抗击疫情强大合力,展现了中国力量、中国精神、中国效率。"[1]

与资本主义政治体制不同的是,在中国特色社会主义制度体系之下,没有特殊利益集团、没有朝野政党的纷争与扯皮、更没有"金钱的政治""富人的游戏"。因此,这也使中国特色社会主义制度框架下的各要素能够毫无障碍地迅速调集。1987年6月,邓小平在会见外宾时就指出:"要保持自己的优势,避免资本主义社会的毛病和弊端。社会主义国家有个最大的优越性,就是干一件事情,一下决心,一做出决议,就立即执行,不受牵扯。"[2]中国特色社会主义制度集中力量办大事的显著优势能够以最高效的反应速度调集最优质、最精锐的力量应对风险和挑战。

---

[1] 《习近平关于统筹疫情防控和经济社会发展重要论述选编》,中央文献出版社2020年版,第147页。

[2] 《邓小平年谱(一九七五——一九九七)》(下),中央文献出版社2004年版,第1195页。

3.依靠人民推动国家发展的优势解决了化危为机的动力问题

人民群众是历史的创造者,是真正的英雄。中国特色社会主义制度和国家治理体系具有"坚持人民当家作主,发展人民民主,密切联系群众,紧紧依靠人民推动国家发展的显著优势"①。无论面对什么样的风险和挑战,真正的力量永远蕴藏在人民群众当中,这一制度优势很好地解决了应对风险和挑战时的动力问题。

2020 年 5 月,习近平总书记参加他所在的第十三届全国人大三次会议内蒙古代表团审议。在发言中,习近平总书记再次强调"人民至上"这一中国共产党的执政理念:"中国共产党根基在人民、血脉在人民。党团结带领人民进行革命、建设、改革,根本目的就是为了让人民过上好日子,无论面临多大挑战和压力,无论付出多大牺牲和代价,这一点都始终不渝、毫不动摇。"②中国共产党是植根于人民群众的工人阶级先锋队,中国共产党始终坚持人民至上的价值理念,得到了人民群众的真心拥护。1941 年,毛泽东在陕甘宁边区参议会的演说中指出:"共产党是为民族、为人民谋利益的政党,它本身决无私利可图。"③紧紧依靠人民群众是中国共产党执政理念的生动体现,是中国共产党作为马克思主义政党的独特标识,也是中国共产党从革命、建设到改革一以贯之的优良传统。人民至上的理念贯穿在中国特色社会主义制度体系中。

人民是中国共产党执政的最大底气。在抗击新冠疫情的斗争中,中国人民在中国共产党的统一领导下,"全国动员、全民参与,联防联控、群防群治,构筑起最严密的防控体系,全国各族人民都以不同方式积极参与了这场疫情

---

① 《十九大以来重要文献选编》(中),中央文献出版社 2021 年版,第 270 页。
② 《习近平在参加内蒙古代表团审议时强调:坚持人民至上、不断造福人民,把以人民为中心的发展思想落实到各项决策部署和实际工作之中》,《人民日报》2020 年 5 月 23 日。
③ 《毛泽东选集》第 3 卷,人民出版社 1991 年版,第 809 页。

防控斗争,凝聚起坚不可摧的强大力量"①。中国共产党之所以能够很好地调动人民群众的积极性、主动性、创造性,就在于中国共产党始终尊重人民主体地位,始终发挥人民首创精神,始终坚持人民民主,从而凝聚起广大人民群众的智慧与力量。从抗洪抢险、抗击非典、抗震救灾到抗击新冠疫情的伟大斗争,改革开放40多年的实践证明,化危为机的真正动力在人民群众当中,而只有中国特色社会主义制度才能够最大程度凝聚全国人民的力量,形成应对风险和挑战的磅礴伟力。

4. 独立自主与对外开放相结合的优势为化危为机最大限度争取国际支持

当今世界正经历百年未有之大变局。中国的崛起既是这一百年未有之大变局的重要标识,也证明了中国制度的优势,中国越来越深度参与全球治理,逐渐成为构建人类命运共同体的重要力量。但是,从另一个视角看,中国的崛起与世界格局的深度变化也说明,中国面对的风险与挑战将会越来越具有全球性,中国面对的风险与挑战也会越来越大。从制度层面看,独立自主与对外开放相结合的制度优势推动中国参与国际事务的同时,也让中国在应对全球性危机与考验时能够最大限度争取国际支持。

在南方谈话中,邓小平曾经说过:"社会主义要赢得与资本主义相比较的优势,就必须大胆吸收和借鉴人类社会创造的一切文明成果。"②对外开放让世界认识了中国,也让中国真正融入了全球化的浪潮当中。但霸权主义和强权政治在一定范围内依然存在,甚至在一些国际事务中还在不断挑战中国的国家主权与发展利益。在新冠疫情的危机中,一些西方政客借疫情之机,不断传播带有意识形态偏见的"政治病毒",抹黑、攻击中国的社会制度。面对一

---

① 《习近平关于统筹疫情防控和经济社会发展重要论述选编》,中央文献出版社2020年版,第147页。

② 《邓小平文选》第3卷,人民出版社1993年版,第373页。

些西方国家的挑衅,中国共产党和中国政府予以坚决回击,捍卫了国家和民族的尊严,也为抗疫斗争争取了良好的舆论环境。与一些西方国家不同的是,新冠疫情发生后,中国就及时向有关国际组织和世界各国通报了疫情信息,包括第一时间向世界发布病毒基因序列等信息、同各方分享中国的防控和治疗经验,针对一些国家的防疫需求,中国也尽己所能地提供支持和援助,与世界各国携手抗疫。这是中国特色社会主义制度优势在应对全球性危机中的生动体现:将独立自主与对外开放相结合,一方面坚决捍卫国家主权、领土安全,与霸权主义、强权政治作坚决斗争;另一方面以开放态度积极参与全球性危机应对,为各国提供力所能及的援助与支持,彰显大国的责任与担当。

三、善于运用制度优势应对新时代的各种风险挑战

新中国 70 多年的实践证明,中国特色社会主义制度是适合中国国情的制度,具有显著优势。中国特色社会主义新时代,我国面对着难得的战略机遇期,也面对着保持国内发展稳定的艰巨任务,面对着空前复杂的世界格局变化,考验空前严峻,但机遇也前所未有。对此,习近平总书记深刻指出:"发展环境越是严峻复杂,越要坚定不移深化改革,健全各方面制度,完善治理体系,促进制度建设和治理效能更好转化融合,善于运用制度优势应对风险挑战冲击。"[①]中国特色社会主义制度优势是被实践检验了的应对风险挑战的基础,也是我们应对新时代风险挑战的重要依托。

1.坚持和完善党的领导制度体系

中国特色社会主义制度体系严密完整,覆盖社会主义建设的方方面面。其中,党的领导制度居于统领地位。党的十九届四中全会提出:"必须坚持党政军民学、东西南北中,党是领导一切的,坚决维护党中央权威,健全总揽全

---

① 《习近平主持召开中央全面深化改革委员会第十三次会议强调 深化改革健全制度完善治理体系 善于运用制度优势应对风险挑战冲击》,《人民日报》2020 年 4 月 28 日。

局、协调各方的党的领导制度体系,把党的领导落实到国家治理各领域各方面各环节。"①这是推进国家治理体系和治理能力现代化的不可或缺的关键一环。因此,提升制度和治理体系应对风险挑战的能力,首先应该坚持和完善党的领导制度体系,发挥中国共产党领导的显著优势。

一是要把党的领导落实到国家治理各领域各方面各环节。新中国70多年的制度建设历程充分证明,将党的领导落实到国家治理各领域各方面各环节是一条根本经验。从新中国制度建设的角度看,从新中国成立之初的《中国人民政治协商会议共同纲领》到"五四宪法",从人民代表大会制度到新型政党制度、民族区域自治制度到基层群众自治制度的建立与健全,从依法治国方略提出到中国特色社会主义法治体系的成型与完善,中国共产党始终是中国特色社会主义制度构建过程的主体力量。实践证明,中国共产党是中国特色社会主义制度体系的核心,中国共产党的领导是中国制度体系与西方制度相比较的最大特色,也是最大优势。在实践中将党的领导落实到国家治理各领域各方面各环节并不是一句空话,更不是停留在表面上的落实。真正实现党的领导落实到国家治理各领域各方面各环节,需要各级党组织和广大党员干部齐心协力,确保党的战斗力、引领力贯穿各个领域。同时,党的领导也应该贯穿到国家制度建设的全过程,贯穿到党和国家权力机关、行政机关、司法机关、监察机关的领导与被领导关系上,"善于使党的主张通过法定程序成为国家意志"②。

二是要着力提高制度的执行力,健全党中央全面领导的体制机制。制度的生命力在执行。习近平总书记高度重视制度的执行问题,他指出:"制定出一个好文件,只是万里长征走完了第一步,关键还在于落实文件。"③党的十八大以来,我们党在国家制度建设方面取得了巨大成效,很多制度的"短板"与

①　《十九大以来重要文献选编》(中),中央文献出版社2021年版,第272页。
②　《十八大以来重要文献选编》(中),中央文献出版社2016年版,第158页。
③　《习近平谈治国理政》第1卷,外文出版社2018年版,第106页。

"漏洞"被补齐,在制度执行力上也有了较大的提升。但在实践中,一些制度执行力不足的问题依然存在。因此,提高制度的执行力至关重要。在中国特色社会主义的制度体系下,中国共产党的领导是具体的,而不是空洞的、抽象的,体现在其治国理政的方方面面,体现在国家政权的机构、体制、制度的运行过程中。党的领导之所以能够在各级地方得到充分贯彻,就在于中国共产党拥有一套在党中央领导下的严密的组织体系,这套组织体系能够保证党中央的意志得到高效贯彻、有力实施。因此,实现党的领导真正落实在制度运行过程中的关键,就是要坚定维护党中央的权威和集中统一领导。从范围上看,在中国特色社会主义制度安排中,党中央对党和国家工作的领导是全面的,不仅涵盖了党的工作本身,还涵盖了治国理政的方方面面。习近平总书记曾指出:"'两个维护'的内涵是特定的、统一的,全党看齐只能向党中央看齐""党员、干部不论做什么工作、级别多高,都是党的干部、组织的人,要牢记第一职责是为党工作,重要提法都要同党中央对表。"①因此,要提升制度的执行力,就必须健全党中央全面领导的体制机制,严格执行向党中央请示报告制度,确保制度运行到哪里,党的组织、党的领导就覆盖到哪里。尤其是各级党委和广大党员干部要带头维护制度权威,做制度执行的模范和表率。

三是严格执行民主集中制,有效规范制度框架内的政治关系。在中国特色社会主义制度框架下,民主集中制规范着中国共产党与国家权力机关、行政机关、监察机关、司法机关以及各人民团体的关系,构建起了一套中国共产党领导下的政治逻辑。随着中国特色社会主义制度不断完善,制度框架下的政治关系也愈发多样,而民主集中制就是中国共产党在百年实践中探索出来的能够有效理顺和调节国家政治关系并且发展充满活力的政党、民族、阶层等关系的"法宝"。早在1987年10月,邓小平在会见匈牙利社会主义工人党总书记卡达尔时就指出,民主集中制是我们制度的优越性,"这种制度更利于团结

---

① 习近平:《在中央和国家机关党的建设工作会议上的讲话》,《求是》2019年第21期。

人民,比西方的民主好得多"①。对民主集中制的效用,习近平总书记曾经指出,民主集中制是我们党最大的制度优势,"它正确规范了党内政治生活、处理党内关系的基本准则,是反映、体现全党同志和全国人民利益与愿望,保证党的路线方针政策正确制定和执行的科学的合理的有效率的制度"②。因此,把党建设成为中国特色社会主义制度的领导核心,就必须严格执行民主集中制的具体制度。

2. 更好发挥制度优势,推进国家治理体系和治理能力现代化

国家的制度和制度执行能力集中体现在国家治理体系和治理能力上。习近平总书记指出:"推进国家治理体系和治理能力现代化,必须完整理解和把握全面深化改革的总目标,这是两句话组成的一个整体,即完善和发展中国特色社会主义制度、推进国家治理体系和治理能力现代化。"③实现制度的完善和治理能力的提升是全面深化改革的总目标,二者是同一个问题的两个方面,完善的制度是治理体系和治理能力现代化的前提;治理体系和治理能力的现代化又是制度得以有效运行的重要保证。

一是要科学客观地看待治理体系和治理能力。"制度更加成熟更加定型是一个动态过程,治理能力现代化也是一个动态过程,不可能一蹴而就,也不可能一劳永逸。"④国家制度不是一成不变的,一个国家的治理体系和治理能力是否成熟、是否完善要用发展的眼光来看待。同样,社会主义国家的治理体系和治理能力是否具有优势,也需要放在历史的进程中来看待。站在社会主义发展史的角度看,对于怎样治理社会主义社会这样全新的社会,以往世界社会主义发展过程中其实并没有解决好这一问题。由于历史条件的限制,

① 《邓小平文选》第3卷,人民出版社1993年版,第257页。
② 《十七大以来重要文献选编》(下),中央文献出版社2013年版,第1023页。
③ 《习近平谈治国理政》第1卷,外文出版社2018年版,第105页。
④ 《十九大以来重要文献选编》(中),中央文献出版社2021年版,第307页。

马克思、恩格斯两位经典作家所处的时代还尚未遇到需要全面治理社会主义国家的问题,因而"他们关于未来社会的原理很多是预测性的"①。苏联的社会主义建设虽然取得了一些成绩和经验,但是苏联模式也在实践中暴露出其存在的严重问题。新中国成立以来,中国共产党执政的实践虽然也出现过曲折,但是在国家治理体系和治理能力方面积累了丰富的经验。改革开放后,面对"文化大革命"带来的制度破坏,邓小平仍然坚持从发展的角度来看待社会主义,他说:"我们的制度将一天天完善起来,它将吸收我们可以从世界各国吸收的进步因素,成为世界上最好的制度。"②改革开放以来,中国实现了经济的快速发展与社会的长期稳定,"中国之治"与西方模式治理下的一些地区和国家产生了鲜明的比照。但这并不意味着中国特色社会主义制度就已经固化,在世界百年未有之大变局面前,必须用发展的眼光、辩证地看待当前的治理体系和治理能力,在机遇和挑战中不断提升国家制度和治理体系的完善能力,"深刻认识我国社会主要矛盾发展变化带来的新特征新要求,深刻认识错综复杂的国际环境带来的新矛盾新挑战,增强机遇意识和风险意识,准确识变、科学应变、主动求变,勇于开顶风船,善于转危为机,努力实现更高质量、更有效率、更加公平、更可持续、更为安全的发展"③。

二是要在风险挑战中及时补短板、强弱项。中国特色社会主义的制度优势不是短时间形成的,其优势的发挥与彰显也是一个不断发展的过程。相比经济社会发展的要求、人民群众的期待和深刻变化的世界大势,中国特色社会主义制度体系和国家治理体系还存在很多需要改进的地方,甚至还存在一些制度上的短板、漏洞、弱项,仍然需要在实践当中不断修正、不断补齐、不断强化。以新冠疫情为例,在防控初期"遭遇战"的阶段,我国国家治理体系和治理能力的一些"短板"与弱项就暴露了出来:野生动物市场和贸易存在的重大

① 《十八大以来重要文献选编》(上),中央文献出版社 2014 年版,第 548 页。
② 《邓小平文选》第 2 卷,人民出版社 1994 年版,第 337 页。
③ 《十九大以来重要文献选编》(中),中央文献出版社 2021 年版,第 663—664 页。

公共卫生风险、我国公共卫生法治保障尚不健全、城市公共环境治理方面还存在短板死角、国家应急管理体系尚不健全、应对急难险重任务能力尚有不足、国家储备体系还存在短板、基层社会治理体系还不够健全等,这些问题是全面深化改革的过程中必须面对、必须解决的关键问题。"危"与"机"是并存的,疫情所暴露出的问题也为中国特色社会主义制度的完善和发展指明了方向。纵观习近平总书记关于新冠疫情防控的系列重要讲话,"必须抓紧补短板、堵漏洞""总结经验、吸取教训"①"该坚持的坚持,该完善的完善,该建立的建立,该落实的落实"②等要求贯穿始终。2020 年 3 月 10 日,习近平总书记在湖北省考察调研新冠疫情防控工作时指出:"我们要放眼长远,总结经验教训,加快补齐治理体系的短板和弱项,为保障人民生命安全和身体健康筑牢制度防线。""要危中寻机、化危为机,把这次疫情防控中暴露出来的短板和弱项加快补起来。"③中国共产党是坚持实事求是的马克思主义政党,不回避矛盾、敢于直面问题是中国共产党的优良传统。面对新时代的风险和挑战,需要始终坚持实事求是的态度,始终坚持鲜明的问题导向,针对国家制度和国家治理体系建设中存在的空白点、薄弱点精准发力,"着力固根基、扬优势、补短板、强弱项,构建系统完备、科学规范、运行有效的制度体系"。④

3.坚定中国特色社会主义制度自信

世界上不存在完全相同的政治制度与发展模式,也不存在一个具有普适性的制度范式。各个国家都具有不同的历史背景、文化传统、经济社会发展基础,各个国家所选择的政治制度和发展模式也一定是有所不同的。习近平总

---

① 《习近平关于统筹疫情防控和经济社会发展重要论述选编》,中央文献出版社 2020 年版,第 39、46 页。
② 《习近平关于统筹疫情防控和经济社会发展重要论述选编》,中央文献出版社 2020 年版,第 51 页。
③ 《十九大以来重要文献选编》(中),中央文献出版社 2021 年版,第 472 页。
④ 《十九大以来重要文献选编》(中),中央文献出版社 2021 年版,第 272 页。

书记指出:"中国特色社会主义政治制度之所以行得通、有生命力、有效率,就是因为它是从中国的社会土壤中生长起来的。"①实践充分证明,中国特色社会主义制度和国家治理体系是经过长期实践检验的,符合中国国情、能够经得起各种风险和挑战。

一是要形成全社会对中国特色社会主义制度优势的广泛共识。中国共产党人对于自己所建立的这一套制度安排向来有着充足的信心。新中国成立之初,毛泽东指出:"一切事实都证明:我们的人民民主专政的制度,较之资本主义国家的政治制度具有极大的优越性。在这种制度的基础上,我国人民能够发挥其无穷无尽的力量。这种力量,是任何敌人所不能战胜的。"②改革开放后,邓小平也指出:"我们有很多优越的东西,这是我们社会制度的优势,不能放弃。"③面对前所未有的风险和挑战,应该把这种对于制度的信心传导向全社会,从而形成对中国特色社会主义制度优势的广泛共识,使广大人民群众在和其他发展模式的对比中真正认识到中国特色社会主义制度和国家治理体系的显著优势,形成全体人民关于中国特色社会主义制度优势的广泛共识与深刻认同,巩固中国特色社会主义制度建设的社会基础。

二是要以坚定的制度自信形成迎接伟大斗争的充足底气。历史上的任何一次进步都伴随着艰辛与困苦,中国特色社会主义制度和国家治理体系是中国共产党团结带领人民历经千辛万苦、付出各种代价取得的宝贵成果。中华民族伟大复兴,绝不是轻轻松松、敲锣打鼓就能实现的,面对新时代的各种风险和挑战,必须进行伟大斗争。而在实践中反复锤炼、摔打出来的中国特色社会主义制度就是迎接伟大斗争的最强有力武器。从这个层面看,是否具有坚定的制度自信关乎斗争的立场、关乎斗争的方法、关乎斗争的原则、关乎斗争的决心。习近平总书记指出:"共产党人的斗争是有方向、有立场、有原则的,

① 《十八大以来重要文献选编》(中),中央文献出版社 2016 年版,第 60 页。
② 《毛泽东文集》第 6 卷,人民出版社 1999 年版,第 184 页。
③ 《邓小平文选》第 3 卷,人民出版社 1993 年版,第 257 页。

大方向就是坚持中国共产党领导和我国社会主义制度不动摇。"①因此,迎接新时代的伟大斗争,必须树立起坚定的制度自信,从实际出发,坚持和完善现有制度,使各方面制度更加成熟更加定型,就能让化解风险更加有力、社会发展更有质量、国家治理更有水平,"运用制度威力应对风险挑战的冲击"②。

① 《习近平在中央党校(国家行政学院)中青年干部培训班开班式上发表重要讲话强调 发扬斗争精神增强斗争本领 为实现"两个一百年"奋斗目标而顽强奋斗》,《人民日报》2019 年 9 月 4 日。

② 《十九大以来重要文献选编》(中),中央文献出版社 2021 年版,第 264 页。

第八章　新时代中国特色社会主义制度原创价值的凸显

中国特色社会主义制度是中国共产党和中国人民的伟大创造,是以根本制度、基本制度、重要制度为"四梁八柱"的有机整体,是"以马克思主义为指导、植根中国大地、具有深厚中华文化根基、深得人民拥护的制度和治理体系"①,"是当代中国发展进步的根本保证"②,是人民民主专政国体的制度支撑。相比传统社会主义制度而言,中国特色社会主义制度不仅坚持了科学社会主义的基本原则,同时还蕴含着中国共产党对历史规律的深刻认识,是党一百年来道路探索、理论创新、制度建设的经验总结,具有鲜明的中国特色、民族特色、时代特色,是中国式现代化道路的制度支撑,是人类文明新形态的制度表现。中国特色社会主义制度有其独特的生成土壤,相较于资本主义制度和苏联等社会主义国家的制度而言,呈现出鲜明的原创价值、展现出巨大的制度优势、彰显出独特的制度魅力。

一、凸显中国共产党总揽全局、协调各方的领导核心作用

《中华人民共和国宪法》载明,我国是"是工人阶级领导的、以工农联盟为

---

① 《十九大以来重要文献选编》(中),中央文献出版社 2021 年版,第 302 页。
② 《十九大以来重要文献选编》(中),中央文献出版社 2021 年版,第 261 页。

基础的人民民主专政的社会主义国家"①。人民民主专政的国体是马克思主义关于无产阶级专政理论中国化体现在制度层面的创新成果。工人阶级在国家政权中居于领导地位,这决定了作为中国工人阶级先锋队的中国共产党在国家政权中的领导地位。作为中国特色社会主义制度的建构主体,中国共产党总揽全局、协调各方的领导核心作用在中国特色社会主义制度中得到充分彰显——这是中国特色社会主义最本质的特征,也是中国特色社会主义制度原创价值的鲜明体现。

在结构设计上,党的领导制度在中国特色社会主义制度体系中居于统领地位。早在新民主主义革命时期,中国共产党人就在实践中探索出党的领导制度的雏形。1942 年 9 月,中共中央政治局通过的《关于统一抗日根据地党的领导及调整各组织间关系的决定》就指出,无论是同级党政民各组织的相互关系,还是党内的上下级关系,都要凸显"党的领导一元化"②,从而将"党领导一切"的原则以党内制度的形式确定下来,为新中国成立后党的领导制度体系的发展完善积累了经验。党的十九届四中全会明确,在根本制度、基本制度、重要制度中"具有统领地位的是党的领导制度",进而明确党的领导制度是"我国的根本领导制度"③,从结构设计层面明确了党的领导制度在中国特色社会主义制度体系中的统领地位。

在制度运行中,党的领导与人民当家作主、依法治国有机统一,"最根本的是坚持党的领导"④。理解这一过程,主要有两个维度:第一,党的领导制度统领包括根本政治制度、基本政治制度在内的保障人民当家作主的政治制度。党领导人民代表大会制度,使党的主张通过法定程序上升为国家意志,贯彻到

---

① 《中华人民共和国宪法》,人民出版社 2018 年版,第 7—8 页。

② 《建党以来重要文献选编（1921—1949）》第 19 册,中央文献出版社 2011 年版,第428 页。

③ 《十九大以来重要文献选编》（中）,中央文献出版社 2021 年版,第 305 页。

④ 《习近平关于社会主义政治建设论述摘编》,中央文献出版社 2017 年版,第 26 页。

治国理政的各领域、各环节,使党组织推荐的人选通过法定程序成为国家政权的领导人员,从而实现党对国家和社会的领导。从政党制度维度看,作为执政党的中国共产党和作为参政党的各民主党派由于历史和现实的深厚渊源,在政治目标上具有一致性;基于此,它们相互之间既不是"在朝党"和"在野党"的关系,也不是"执政党"和"反对党"的关系,更不是不同利益集团之间的对立关系。各民主党派接受中国共产党领导,同中国共产党亲密合作、共同奋斗、互相监督,参与中国特色社会主义建设事业。第二,党的领导制度统领全面依法治国的过程。作为党在实践中形成的制度创新成果,中国特色社会主义法治体系是中国特色社会主义制度的重要组成部分,是全面依法治国的"总抓手"。在实践中,党"领导立法、保证执法、带头守法"①,是全面推进依法治国的重要保障;在建设社会主义法治国家的进程中,党领导宪法和法律的制定和执行,同时必须带头遵守宪法和法律。因此,党的领导对于人民当家作主制度的效能发挥、对于全面依法治国而言,具有根本性的意义。

事实上,在一些西方国家,两党制、多党制所带来的看似多党轮流执政的表象背后,却是"金钱游戏""富人政治",看似人人都有一票,但是"始终将大众政治参与限定在狭小范围"②,其本质上并不是真正意义上广泛的真实的人民民主;同时,多党派及其各自代表的利益集团之间的相互竞争所带来的利益对立、群体分化、政治极化更是逐渐发展成为严重的社会问题,难以凝聚起广泛的社会共识、难以形成全体人民共同为之奋斗的思想基础。"中国共产党领导的制度是我们自己的,不是从哪里克隆来的,也不是亦步亦趋效仿别人的。"③中国特色社会主义制度凸显中国共产党总揽全局、协调各方的领导核心作用,坚持和完善党的领导制度体系,在制度安排上既有效避免了多党"轮流坐庄"而产生恶性竞争问题,也有效避免了旧式政党制度囿于党派、阶级或

---

① 《十八大以来重要文献选编》(上),中央文献出版社 2014 年版,第 91 页。
② 《美国民主情况》,《人民日报》2021 年 12 月 6 日。
③ 《习近平关于社会主义政治建设论述摘编》,中央文献出版社 2017 年版,第 28 页。

区域和集团利益进行决策施政导致社会撕裂的弊端。① 这既是中国特色社会主义制度的原创性特征,也是其在制度比较中彰显出的最大优势。

二、坚持马克思主义在意识形态领域的指导地位

马克思主义是中国共产党始终坚持的指导思想和行动指南,也是中国特色社会主义制度建设的理论指引。坚持马克思主义在意识形态领域指导地位,是人民民主专政国体的必然要求,是社会主义文化制度的本质特征,是苏联解体、东欧剧变以及近年来一些国家因"颜色革命"而"人亡政息"留下的惨痛历史教训——"苏联为什么解体?苏共为什么垮台?一个重要原因就是意识形态领域的斗争十分激烈。"②党的十八大以来,党中央高度重视意识形态问题,习近平总书记指出:"我们在集中精力进行经济建设的同时,一刻也不能放松和削弱意识形态工作。"③坚持马克思主义在意识形态领域的指导地位,是中国特色社会主义制度在思想文化领域始终坚持的一条根本原则。

第一,以根本制度方式巩固马克思主义在意识形态领域的指导地位,是党领导意识形态建设的经验总结,是具有原创性的制度创新成果。毛泽东曾反复强调:"我们要作出计划,组成这么一支强大的理论队伍,有几百万人读马克思主义的理论基础。"④邓小平也指出,"思想战线不能搞精神污染"⑤,面对一些西方国家的和平演变图谋,他强调:"要把我们的军队教育好,把我们的专政机构教育好,把共产党员教育好,把人民和青年教育好。"⑥改革开放以来,马克思主义理论研究和建设工程等一系列巩固和加强马克思主义在意识形态领域指导地位的举措先后实施,为马克思主义在意识形态领域指导地位

---

① 中华人民共和国国务院新闻办公室:《中国的民主》,《人民日报》2021 年 12 月 5 日。
② 《十八大以来重要文献选编》(上),中央文献出版社 2014 年版,第 113 页。
③ 《习近平关于社会主义文化建设论述摘编》,中央文献出版社 2017 年版,第 21 页。
④ 《毛泽东文集》第 6 卷,人民出版社 1999 年版,第 395 页。
⑤ 《邓小平文选》第 3 卷,人民出版社 1993 年版,第 39 页。
⑥ 《邓小平文选》第 3 卷,人民出版社 1993 年版,第 380 页。

的根本制度确立奠定了前提和基础。党的十九届四中全会明确提出"坚持马克思主义在意识形态领域指导地位的根本制度"①,这是关系我国文化事业前进方向和发展道路的重大制度创新。在制度体系中,这一根本制度是全方位、全覆盖的,而推动全党全社会全面贯彻落实习近平新时代中国特色社会主义思想是"第一位的要求"。

第二,以制度形式坚持以社会主义核心价值观引领文化建设。发展社会主义先进文化,离不开正确的、"起中轴作用的"价值观念的引领,社会主义核心价值观是社会主义核心价值体系的高度凝练和集中表达,决定着社会主义文化的性质和方向。党的十九届四中全会以制度形式将社会主义核心价值观对文化建设的引领作用予以规定,并将其纳入坚持和完善繁荣发展社会主义先进文化的制度的框架之中,这一制度是改革开放以来社会主义精神文明建设实践的经验总结,是中国特色社会主义文化制度的重要组成部分,是"起着基本性、基础性作用的文化制度"②,为加快构建"充分反映中国特色、民族特性、时代特征的价值体系"③、坚持马克思主义在意识形态领域指导地位提供制度保障。

第三,完善坚持正确导向的舆论引导工作机制,坚持"党管媒体"原则。"党管媒体",这是工人阶级政党在领导革命、开展建设、推进改革实践中总结出的一条基本经验和重要原则。改革开放后,中国舆论场上曾面临着各种思潮"抢滩登陆"的危险,如何在新形势下加强党对新闻舆论工作的领导成为党迫切需要解决的问题。党的十八大以来,党中央提出"坚持党管媒体原则不动摇"④,在领导新时代新闻舆论工作的实践中,逐渐总结形成了一套包括全媒体传播体系、舆论监督制度、网络综合治理体系等在内的舆论引导工作机

---

① 《十九大以来重要文献选编》(中),中央文献出版社 2021 年版,第 283 页。
② 肖贵清、刘仓:《中国特色社会主义文化制度——战略意义、逻辑结构、构建路径》,《南开学报(哲学社会科学版)》2020 年第 6 期。
③ 《习近平谈治国理政》第 1 卷,外文出版社 2018 年版,第 106 页。
④ 《习近平关于社会主义文化建设论述摘编》,中央文献出版社 2017 年版,第 25 页。

制,成为繁荣发展社会主义先进文化、坚持马克思主义在意识形态领域指导地位的重要制度载体。

文化具有一定的阶级属性,社会主义文化和资本主义文化有着本质不同。近代产生的资本主义文化是在封建主义文化基础上的超越与发展,与资本主义的经济、政治发展要求相适应,是资产阶级意识形态的文化表现,体现出以个人主义为中心的文化价值取向。相较之下,中国特色社会主义文化反映的是我国社会主义初级阶段的基本特征,并不是服务于少数统治阶级的文化,而是人民大众的文化。坚持马克思主义在意识形态领域的指导地位,是发展社会主义先进文化、广泛凝聚人民精神力量的根本保证,以科学的制度设计最大限度防止西方价值观的渗透和"颜色革命"的进攻,为制度体系和治理体系建设提供了深厚的思想支撑和坚强的方向指引,体现出中国特色社会主义制度在文化领域的创新性和原创性。

三、贯穿人民至上的价值理念

从制度价值看,中国特色社会主义制度凸显出"始终代表最广大人民根本利益,保证人民当家作主,体现人民共同意志,维护人民合法权益"①的本质属性。以人民为中心的价值理念贯穿于党领导制度建设的全过程,体现在中国特色社会主义制度发挥治理效能的各方面,彰显了"中国之制"的核心立场,显示出其不同于西方资本主义制度"少数精英政治"的价值理念原创性。这一价值理念主要体现在发展全过程人民民主的生动实践当中。"人民当家作主是中国民主的本质和核心。"②为了保障这个"本质和核心",中国共产党提出全过程人民民主理念,并设计保障全过程人民民主的制度体系,使中国特色社会主义的民主价值和民主理念通过中国特色社会主义制度形成具体的、现实的民主实践。

---

① 《十九大以来重要文献选编》(中),中央文献出版社 2021 年版,第 303 页。
② 中华人民共和国国务院新闻办公室:《中国的民主》,《人民日报》2021 年 12 月 5 日。

第一,国家层面的民主制度实现人民在国家事务层面的政治参与。其一,作为与国体相适应的政体,人民代表大会制度呈现出鲜明人民民主特征:"人民行使国家权力的机关是全国人民代表大会和地方各级人民代表大会。"这一制度为人民行使社会主义国家的权力提供了重要途径与制度载体;从全国人民代表大会到地方各级人民代表大会都由民主选举产生,对人民负责,受人民监督①,充分体现出人民在这一制度框架下的参与方式。其二,具有中国特色的新型政党制度创造了有序的政治格局:在人民民主的共同旗帜之下,中国共产党与各民主党派、无党派人士之间建立起和谐的政治关系,形成"共产党领导、多党派合作,共产党执政、多党派参政"②的有序政治格局,为各民主党派、无党派人士有序参与国家政治事务提供了制度保障。同时,中国人民政治协商会议为新型政党制度的实行提供了重要组织载体,成为"国家治理体系的重要组成部分和具有中国特色的制度安排"③。

第二,基层民主制度保障人民在基层事务中的民主实践。基层群众自治制度发源于新中国 70 多年来党的基层社会治理实践探索,2007 年党的十七大提出"基层群众自治制度"④这一制度是中国共产党基层社会治理经验的系统总结,是体现以人民为中心价值理念的基层民主制度安排。基层群众自治制度在中国城市和农村中的施行,使广大基层人民群众拥有宪法和法律规定的民主选举、民主协商、民主决策、民主管理、民主监督权利的制度载体,以实现人民群众在城市和乡村的各项事务和事业中依法自我管理、自我服务、自我教育、自我监督。同时,企事业单位的民主管理制度与社会组织的民主机制建设,也切实保障了基层民主渠道的畅通,使人民群众的当家作主权利得到最大程度保护。

---

① 《中华人民共和国宪法》,人民出版社 2018 年版,第 8 页。
② 《中国新型政党制度》,人民出版社 2021 年版,第 2 页。
③ 中华人民共和国国务院新闻办公室:《中国的民主》,《人民日报》2021 年 12 月 5 日。
④ 《十七大以来重要文献选编》(上),中央文献出版社 2009 年版,第 323 页。

第三,中国特色社会主义法治体系有效维护人民合法权益。习近平总书记指出,人民是全面依法治国"最广泛、最深厚的基础",必须坚持"为了人民、依靠人民"①。新中国成立以来,为了保障人民的合法权益,党领导建立了较为完善的中国特色社会主义法律体系,并不断推进中国特色社会主义法治体系建设,为更好实现人民当家作主奠定坚实的法治保障。依法保障人民合法权益,是全面依法治国的根本目的所在;作为"中国之制"的法律表现形式,中国特色社会主义法治体系,从法律规范、法治实施、法治监督、法治保障以及党内法规等方面,充分满足了人民群众日益增长的对民主、法治、公平、正义、安全、环境等方面的要求——这是以人民为中心的价值理念在法治层面的鲜明体现。

民主是全人类共同价值,实现这一共同价值的形式不只有一种;所谓"一人一票"只不过是民主"万花园"中的其中一朵而已,既不是完美的也不是唯一的,既不是某国独有的也不是放之四海而皆准的。民主革命时期,毛泽东曾经设想:"只有让人民来监督政府,政府才不敢松懈。只有人人起来负责,才不会人亡政息。"②现如今,当年毛泽东对于"新路"的设想不仅成为现实,还在实践中不断向前发展;党对于跳出历史周期率的认识也还在探索中不断深化。全过程人民民主,是中国共产党弘扬全人类共同价值的生动体现。从某种意义上说,无论是在制度设计上还是在运行效果上,中国的民主实现了对资本主义民主和传统社会主义民主模式的超越,既没有"一党专政"而缺乏有效监督,也没有因为"党派竞争"而乱象频生;既没有走所谓"宪政""三权分立""司法独立"的路子,也没有出现"橡皮图章"、人民民主名存实亡的尴尬局面。中国共产党领导建立的全过程人民民主,不仅具有完整的制度程序和参与实

---

① 习近平:《坚定不移走中国特色社会主义法治道路　为全面建设社会主义现代化国家提供有力法治保障》,《求是》2021 年第 5 期。

② 《毛泽东年谱(一八九三——一九四九)》(修订本)中卷,中央文献出版社 2013 年版,第611 页。

践,更在民主形式上实现选举和协商相结合,有效实现过程和成果、程序和实质、直接和间接民主的有机结合、实现人民民主和国家意志的相互统一,是最广泛、最真实、最管用的具有原创性的社会主义民主,始终贯穿以人民为中心的价值理念。

四、实现社会主义基本制度和市场经济的有机结合

社会主义国家采取什么样的经济制度是根据本国国情决定的,没有固定的模式;实现社会经济的高度发达,不可逾越商品经济的充分发展阶段。改革开放后,中国共产党提出"必须经历一个很长的初级阶段,去实现别的许多国家在资本主义条件下实现的工业化和生产的商品化、社会化、现代化"①的重要论断。而社会主义基本经济制度正是适应社会主义初级阶段这个"最大国情、最大实际"的经济制度安排,并在实践中不断发展完善。党的十九届四中全会对社会主义基本经济制度作了新的概括:在所有制结构基础上,将社会主义基本经济制度深化和发展为涵盖所有制结构、分配制度和资源配置方式三位一体的制度体系。社会主义基本经济制度基于社会主义初级阶段的国情,创新社会主义生产资料所有制理论,形成具有中国特色的社会主义分配制度,在社会主义基本制度与市场经济的结合上下功夫,发挥出两方面的突出优势——这是中国特色社会主义制度在经济领域的伟大创新。

第一,在所有制结构上,实现了社会主义初级阶段公有制与非公有制的有机统一。马克思主义认为,所有制问题是共产主义运动的"基本问题"。在中国特色社会主义制度的框架下,所有制结构既不同于马克思主义经典作家的构想,亦不同于资本主义以私有制为主体的所有制结构。一方面,社会主义公有制是与社会主义制度相适应的生产关系。邓小平曾强调,公有制占主体和共同富裕,是"必须坚持的社会主义的根本原则"②。换言之,在社会主义制度

---

① 《十三大以来重要文献选编》(上),中央文献出版社2011年版,第10页。
② 《邓小平文选》第3卷,人民出版社1993年版,第111页。

下,坚持公有制经济在国民经济中的主体地位、以共同富裕为奋斗目标是题中之义。亦如《中华人民共和国宪法》所指出的,"生产资料的社会主义公有制,即全民所有制和劳动群众集体所有制"①,是我国社会主义经济制度的基础。另一方面,多种所有制经济共同发展反映社会主义初级阶段的生产力发展要求。民主革命时期,毛泽东就指出:"一切不是于国民经济有害而是于国民经济有利的城乡资本主义成分,都应当容许其存在和发展。"②这是毛泽东基于近代中国落后的社会现实所作的判断;但是,改革开放后,党面临的仍然是"人口多,底子薄,人均国民生产总值仍居于世界后列"③的现实状况。基于此,在公有制为主体的前提下实现多种所有制经济共同发展,就能最大限度地释放多种经济主体的活力,从而逐渐摆脱贫困和落后的状态,这是改革开放以来党在所有制结构理论与实践上的重大创新。

第二,在分配制度上,实现了效率和公平的有机统一。共同富裕是社会主义制度的本质要求,马克思就曾预测,未来社会"生产将以所有的人富裕为目的"④。但是共同富裕不等同于平均主义,在社会主义初级阶段,实现共同富裕离不开符合国情、合理有效的科学分配制度。一方面,在社会主义初级阶段,按劳分配是占主体的分配方式。马克思曾对"刚刚从资本主义社会中产生出来的"共产主义社会作过这样的描述:"每一个生产者,在作了各项扣除以后,从社会领回的,正好是他给予社会的。"⑤实行按劳分配,既是社会主义制度的要求,也是由我国社会主义初级阶段的所有制结构中公有制为主体的特征决定的。改革开放之初,邓小平曾提到,在社会主义这个共产主义第一阶段"必须实行按劳分配",他认为把国家、集体和个人利益结合起来,"才能调

---

① 《中华人民共和国宪法》,人民出版社 2018 年版,第 10 页。
② 《毛泽东选集》第 4 卷,人民出版社 1991 年版,第 1431 页。
③ 《十三大以来重要文献选编》(上),中央文献出版社 2011 年版,第 168 页。
④ 《马克思恩格斯文集》第 8 卷,人民出版社 2009 年版,第 200 页。
⑤ 《马克思恩格斯文集》第 3 卷,人民出版社 2009 年版,第 434 页。

动积极性,才能发展社会主义的生产"①。坚持按劳分配在分配制度中的主体地位,有利于最大限度保障劳动者享有劳动成果、调动广大劳动者参与生产的积极性,同时有效防止两极分化的出现。另一方面,实行多种分配方式并存有利于优化资源配置,提高生产效率。社会主义初级阶段的所有制结构决定在分配问题上不能实行单一的分配方式;在社会主义初级阶段条件下,按照多种生产要素参与分配,有利于激发经济活力,发挥各生产要素在促进生产力发展方面的作用。党的十九届四中全会强调要健全生产要素由市场评价贡献、按贡献决定报酬的机制②,并将数据纳入生产要素的范畴,体现党对分配问题的认识在实践中不断深化。

第三,社会主义市场经济体制使市场在资源配置中起决定性作用,更好发挥政府作用。由于缺乏领导经济建设的经验,新中国成立之初,只能效仿"苏联模式"实行高度集中的计划经济体制;虽然有利于国家大规模的工业化建设,但也在很大程度上限制了经济发展效率。改革开放后,在几代中国共产党人的接力探索下,社会主义市场经济体制建立并不断完善,成为"我们党的一个伟大创举"③。具体来看,这一"创举"主要体现在社会主义条件下发展市场经济,发挥市场在资源配置中的决定性作用。按照传统社会主义经济观念,计划经济才是社会主义经济的特征,对此,邓小平曾反复强调:"社会主义和市场经济之间不存在根本矛盾"④"计划多一点还是市场多一点,不是社会主义与资本主义的本质区别。"⑤这些具有创见性的论断,为社会主义市场经济体制的建立准备了条件。从党的十二大提出"正确贯彻计划经济为主、市场调节为辅原则的问题"⑥开始,中国共产党人从理论和实践层面探索出具有中

---

① 《邓小平文选》第 2 卷,人民出版社 1994 年版,第 351 页。

② 《十九大以来重要文献选编》(中),中央文献出版社 2021 年版,第 492 页。

③ 《十八大以来重要文献选编》(下),中央文献出版社 2018 年版,第 6 页。

④ 《邓小平文选》第 3 卷,人民出版社 1993 年版,第 148 页。

⑤ 《邓小平文选》第 3 卷,人民出版社 1993 年版,第 373 页。

⑥ 《十二大以来重要文献选编》(上),人民出版社 1986 年版,第 22 页。

国特色的资源配置方式。市场作为"无形的手",能够在依据市场规则、市场价格和市场竞争实现资源配置的效益最大化和效率最优化,从而提高社会生产力,形成"有效的市场",这是市场经济的优势所在;但也需要看到,市场并不是万能的,市场经济也有其自身存在的弊端和缺陷。社会主义市场经济体制能够通过形成"有为的政府",通过政府这只"有形的手"发挥宏观调控作用,有效克服市场经济的弊端和缺陷。例如,党的十九届四中全会就曾提出"建设高标准市场体系,完善公平竞争制度,全面实施市场准入负面清单制度,改革生产许可制度,健全破产制度"①等一系列举措,以加快完善社会主义市场经济体制。正如习近平总书记所指出的:"我们是在中国共产党领导和社会主义制度的大前提下发展市场经济,什么时候都不能忘了'社会主义'这个定语。"②这个"定语"并非是多余的,不是"画蛇添足"而是"画龙点睛"。

　　我国社会主义初级阶段基本经济制度是中国共产党的原创性制度成果,与资本主义的基本经济制度在生产资料所有制等方面有着本质区别,与苏联为代表的传统的社会主义经济体制相比较也有很大程度的发展和创新。社会主义基本经济制度,既不是所谓"资本社会主义",也不是所谓"国家资本主义",更不是所谓"新官僚资本主义"。从原创价值的角度看,在所有制结构上,社会主义基本经济制度既突出公有制的主体地位和国有经济的主导地位,又发挥多种所有制经济在社会主义初级阶段生产力发展过程中的重要作用,实现社会主义初级阶段公有制与非公有制的有机统一;在分配制度上,社会主义基本经济制度实现了按劳分配和按生产要素分配的有机结合,从而在调动各方面积极性的同时,实现效率和公平的有机统一;在资源配置方式上,社会主义基本经济制度实现了社会主义基本制度同西方市场经济中"符合社会化大生产、符合市场一般规律的东西"有机结合——"这是不同点,而我们的创

---

① 《十九大以来重要文献选编》(中),中央文献出版社 2021 年版,第 282 页。
② 《十八大以来重要文献选编》(下),中央文献出版社 2018 年版,第 6 页。

造性和特色也就体现在这里"①。在社会主义条件下实行市场经济,有效协调了政府与市场的关系,为解决经济学领域这道难题贡献了中国智慧。

五、中国特色社会主义制度原创价值的内在逻辑

"把社会主义看作一个不断完善和发展的实践过程",是科学社会主义与空想社会主义的一大区别。② 中国特色社会主义制度是中国共产党在理论和实践层面不懈探索创新的根本成就,是马克思主义中国化时代化在制度文明层面的创新成果,凝聚着党和人民的探索经验和治理智慧,彰显出鲜明中国特色和原创价值,不仅在世界社会主义发展史上具有里程碑的意义,同样也以其优越性和原创性而在人类制度文明史上具有重要的历史地位。

首先,中国特色社会主义制度的原创价值源于马克思主义基本原理同中国具体实际的有机结合——中国特色社会主义制度是中国共产党在坚持科学社会主义基本原则基础上,立足中国国情的制度建设成果。任何一种制度都有其生成的社会历史环境,都有符合自身特色的"土壤";一个国家的制度和治理体系,既取决于历史传承、文化传统、经济社会发展水平等多重因素,也取决于这个国家的人民。在长期的实践探索中,中国共产党坚持推进马克思主义的中国化时代化,"把开拓正确道路、发展科学理论、建设有效制度有机统一起来,用中国化的马克思主义、发展着的马克思主义指导国家制度和国家治理体系建设",③这是制度优势的根源所在。

其次,中国特色社会主义制度的原创价值源于马克思主义基本原理同中华优秀传统文化的有机结合——中国特色社会主义制度不是"飞来峰",而是建立在中华优秀传统文化和中国古代制度建设经验之上的社会主义制度建设成果,具有深厚的历史底蕴。科学社会主义和中华优秀传统文化之间并不是

---

① 江泽民:《论社会主义市场经济》,中央文献出版社 2006 年版,第 203 页。
② 《十九大以来重要文献选编》(中),中央文献出版社 2021 年版,第 304 页。
③ 《十九大以来重要文献选编》(中),中央文献出版社 2021 年版,第 303 页。

互斥的。相反,科学社会主义的理论和主张,同中华优秀传统文化和中国人民的传统价值观念之间其实是相互融通的——这也是近代以来科学社会主义之所以能够"受到中国人民热烈欢迎,并最终扎根中国大地、开花结果"①的重要原因。中华文化的特点深深烙印在中国特色社会主义制度的肌理之中,使中国特色社会主义制度呈现出突出的中华文化特点、融合了独具特色的中国政治传统。中华优秀传统文化不仅深刻影响了中国共产党制度构建的价值取向、为中国特色社会主义制度的形成发展提供源源不断的思想资源和宝贵的实践经验。

历史不会终结,制度建设同样没有终点。放眼人类制度文明史,从来都没有一种所谓完美的制度模式,任何一种制度体系和治理体系都需要在实践中得到检验、在实践中得到完善,中国特色社会主义制度亦是如此。一方面,中国特色社会主义制度善于吸收借鉴其他一切有利于自身发展完善的治理经验,无论是资本主义制度的实践经验,还是其他社会主义国家制度建设中的进步因素,只要有利于制度建设、有利于国家治理,中国特色社会主义制度都积极吸收、转化、运用;另一方面,中国特色社会主义制度还善于将实践经验转化为制度成果,将基层实践中一些好的做法和经验及时上升到国家制度和治理体系层面。正是因为这种包容性和自我完善能力,使得中国特色社会主义制度一天天完善起来、一天天成熟起来,在彰显其原创价值的同时,显示出旺盛的生机和活力。

中国特色社会主义制度的原创价值,既是其较之其他制度模式的不同之处,也是比较优势的源头所在、关键所在。进入新时代,坚持和完善中国特色社会主义制度、推进国家治理体系和治理能力现代化已成为应有之义,是全面深化改革的总目标。一方面,要从"固根基、扬优势"的角度,深刻认识制度原创价值从何而来、优势何在,深刻把握制度原创价值的生成逻辑与内部机理,

---

① 《十九大以来重要文献选编》(中),中央文献出版社2021年版,第301页。

深刻认识制度的实践效果与治理效能,筑牢制度原创价值的坚实基础,充分发挥制度优势;另一方面,仍然需要从"补短板、强弱项"的角度,深刻认识到中国特色社会主义制度不是完美无缺、一成不变的制度模式,而是一个还在丰富发展的制度体系,依然还有不完善、不成熟的地方,要在实践中检验制度的治理效能,及时查缺补漏,以日益完善的"中国之制"和优势显著的"中国之治"进一步丰富人类文明新形态。

第九章　实现中华民族伟大复兴不可逆转的制度保障

　　习近平总书记在庆祝中国共产党成立 100 周年大会上庄严宣告："中华民族迎来了从站起来、富起来到强起来的伟大飞跃,实现中华民族伟大复兴进入了不可逆转的历史进程!"①实现中华民族伟大复兴,是近代以来中华民族最伟大的梦想,也是党领导革命、建设和改革百年历程一以贯之的主题。为了实现这一梦想,党领导中国人民进行了艰苦卓绝的伟大斗争,取得了前所未有的历史成就。历史潮流浩浩荡荡,实现中华民族伟大复兴的历史进程没有任何力量能够逆转,这不仅源于当代中国不断提高的社会生产力发展水平、日益增强的综合国力和党的坚强领导等,而且,其中一个重要的原因就是中国特色社会主义制度所提供的强大制度保障。中国特色社会主义制度是中国共产党理论和实践创新的成果,在党领导中国人民实现中华民族伟大复兴百年奋斗历程的不同历史阶段奠基、建构、确立、发展,并日益彰显巨大优势,为实现中华民族伟大复兴这一不可逆转的历史进程提供坚实的制度保障。

---

　　① 习近平:《在庆祝中国共产党成立 100 周年大会上的讲话》,人民出版社 2021 年版,第 7 页。

一、党的百年制度探索伴随民族复兴历史进程

制度源于实践,制度创新是一个政党、民族和国家长期制度探索和发展的成果,一个政党、一个国家的制度探索历程往往与民族复兴和社会文明的发展进程同步。近代以来,为了使中国人民彻底推翻帝国主义、封建主义、官僚资本主义的压迫,完成民族独立、人民解放乃至国家富强、人民共同富裕的历史使命,中国共产党毅然决然地肩负起中华民族伟大复兴的历史使命,并领导中国人民努力探索适合中国国情的国家制度。百年来党在领导革命、建设、改革的实践过程中,坚持把马克思主义基本原理同中国具体实际相结合,坚持将道路开辟、理论创新、文化发展与制度建构有机统一起来,用马克思主义中国化的理论成果推动中国特色社会主义制度的建设和发展。经历了重重考验和一以贯之的艰辛探索,中国特色社会主义制度日臻成熟定型,有效保障了实现中华民族伟大复兴各个发展阶段历史任务的完成,其实践逻辑与实现中华民族伟大复兴的历史逻辑是一致的。从新民主主义革命时期的制度探索、新中国成立后社会主义基本制度的建构,到改革开放以来中国特色社会主义制度的确立,乃至新时代中国特色社会主义制度的成熟和定型,党的百年制度探索始终伴随着实现中华民族伟大复兴的历史进程。

1.新民主主义革命时期的制度探索

"建立什么样的国家制度,是近代以来中国人民面临的一个历史性课题。"[1]在中国共产党成立之前,近代中国的地主阶级洋务派、资产阶级改良派、资产阶级革命派也曾经在一定程度上意识到民族独立与复兴的意义,并先后发动了洋务运动、戊戌变法、辛亥革命。特别是孙中山领导的辛亥革命,推翻了清朝的封建统治,结束了中国历史上两千多年的封建帝制,实现了 20 世

---

① 习近平:《坚持、完善和发展中国特色社会主义国家制度与法律制度》,《求是》2019 年第 23 期。

纪中国的第一次历史性巨变。然而，在缺乏先进阶级及其政党的领导下，无论是资产阶级改良派，抑或资产阶级革命派，都不能担负起实现民族独立和复兴的历史使命。随着君主立宪制、议会制、多党制、总统制等制度模式的纷纷"破产"，探寻科学的、崭新的、适合中国国情的国家制度成为无数仁人志士接续奋斗的目标。

　　中国共产党成立后，建立社会主义制度，实现中华民族伟大复兴成为历史发展的必然趋势。党始终将推翻旧制度，建立保护劳苦大众利益的新制度作为自己的初心理想和使命追求。习近平总书记指出："我们党自成立之日起就致力于建设人民当家作主的新社会，提出了关于未来国家制度的主张，并领导人民为之进行斗争。"①毛泽东在大革命时期提出，中国革命的"目的是建设一个革命民众合作统治的国家"②。党在探索农村包围城市、武装夺取政权的革命道路的过程中，也在不断思考未来国家制度建设的问题。1931年11月，中华苏维埃第一次全国代表大会通过的《中华苏维埃共和国宪法大纲》中明确提出，苏维埃政权的性质为无产阶级领导下的工农民主专政，其国家建设的目标为"工人和农民的民主专政的国家"③。《中华苏维埃共和国宪法大纲》具体设计了苏维埃共和国的民主集中制、法律体制及工农权利等问题，为将来新型社会主义国家制度的建立积累了经验。延安时期，毛泽东对新民主主义国家制度问题进行了深入思考和研究。在《中国革命和中国共产党》《新民主主义论》等文章中，毛泽东对中国革命胜利后国家制度进行了构想。他认为，中国革命的目标是建立一个不同于资本主义的"新民主主义的共和国""国体——各革命阶级联合专政。政体——民主集中制"④，以此凝聚起实现中华民族复兴的各方面力量。西柏坡时期，毛泽东在1948年"九月会议"上，正式

---

　　①　习近平：《坚持、完善和发展中国特色社会主义国家制度与法律制度》，《求是》2019年第23期。

　　②　《毛泽东文集》第1卷，人民出版社1993年版，第25页。

　　③　《建党以来重要文献选编（1921—1949）》第8册，中央文献出版社2011年版，第160页。

　　④　《毛泽东选集》第2卷，人民出版社1991年版，第677页。

提出中国革命胜利后,建立一个无产阶级领导的、以工农联盟为基础的"人民民主专政"的国家,其政体是民主集中制基础上的人民代表会议制度。1949年新中国成立,标志着"中国人民由被压迫的地位变成为新社会新国家的主人"①,为实现中华民族伟大复兴创造了根本社会条件。

2. 社会主义基本制度的建构

1949年新中国成立,开启了实现中华民族伟大复兴新的历史时期。党创造性地运用马克思主义国家学说,为建设社会主义国家制度进行了不懈努力。基于《中国人民政治协商会议共同纲领》,人民民主专政的国家政权得以建立,民主集中制成为开展各项民主活动或制定人民民主制度的主要原则。同时,遵照《中国人民政治协商会议共同纲领》制度设计要求,中国共产党领导的多党合作和政治协商制度、民族区域自治制度等基本政治制度初步建立。1954年一届全国人大一次会议通过并正式颁布《中华人民共和国宪法》,人民民主专政的国体和人民代表大会制度这一根本政治制度得以确立,为人民当家作主提供了根本制度保证。1956年,我国社会主义改造完成后,社会主义公有制结构逐步形成,计划经济体制得以确立。此外,党领导人民开展了大规模的社会主义性质的法律创制活动,初步形成了以宪法为核心的社会主义法律体系。习近平总书记指出:"我们党深刻认识到,实现中华民族伟大复兴,必须建立符合我国实际的先进社会制度。我们党团结带领人民完成社会主义革命,确立社会主义基本制度,推进社会主义建设,完成了中华民族有史以来最为广泛而深刻的社会变革,为当代中国一切发展进步奠定了根本政治前提和制度基础,实现了中华民族由近代不断衰落到根本扭转命运、持续走向繁荣富强的伟大飞跃。"②

我国社会主义基本制度确立后,党勇于自我革命,不断对政治经济体制进行改革。毛泽东指出,我国社会主义社会的基本矛盾仍然是生产关系同生产

① 《建国以来重要文献选编》第1册,中央文献出版社2011年版,第1页。
② 《十九大以来重要文献选编》(上),中央文献出版社2019年版,第10页。

力、上层建筑同经济基础之间的矛盾,以此作为经济体制和政治体制改革的理论基础。社会主义经济体制和政治体制改革的目的,是要改革与生产力发展需要不相适应的经济政治体制及其运行方式,建立充满生机和活力的社会主义经济政治体制。毛泽东在《论十大关系》《十年总结》等文章中,提出"以苏为鉴",走自己的路,对经济管理体制进行改革。在政治体制改革方面,毛泽东要求扩大社会主义民主、精简党政机构、完善人民代表大会制度,为改革开放后中国特色社会主义制度的确立积累了经验。

3. 中国特色社会主义制度的确立

在探索适合中国国情的社会主义建设道路的过程中,社会主义基本制度也曾经历各种风险和挑战的考验。在中华民族何以复兴的十字路口,党的十一届三中全会作出把党和国家工作重心转移到经济建设上来、实行改革开放的历史性决策。以邓小平为主要代表的中国共产党人在总结新中国成立以来社会主义制度建设经验和教训的基础上,锐意改革和大胆创新,中国特色社会主义制度逐步确立,成为开启改革开放和社会主义现代化建设新时期、实现中华民族伟大复兴不可逆转进程的根本保障。

改革开放之初,党领导人民迅速完成了各项国家制度的恢复和重建,以1978 年五届全国人大一次会议恢复人民代表大会制度为起点,社会主义根本政治制度和基本制度陆续得到恢复和重建,形成了基层群众自治制度等各项政治制度。对单一公有制形式进行了改革调整,逐步确立了以公有制为主体、多种所有制经济共同发展的所有制结构,形成了按劳分配为主体、多种分配方式并存的分配制度和社会主义市场经济体制。针对党和国家领导制度中存在的问题,邓小平指出:"我们过去发生的各种错误,固然与某些领导人的思想、作风有关,但是组织制度、工作制度方面的问题更重要。"[1]基于此,党和国家

---

[1]　《邓小平文选》第 2 卷,人民出版社 1994 年版,第 333 页。

领导制度改革成为这一时期政治体制改革的重要任务,领导干部职务终身制逐渐废除,民主集中制的组织和活动原则重新恢复,党和国家干部人事制度逐步完善起来。同时,党十分重视社会主义法制建设,提出了建设社会主义法治国家的目标及依法治国的基本方略。以法制建设为保障,中国特色社会主义制度体系愈加清晰,为实现中华民族伟大复兴提供了坚实的制度基础。

邓小平在 1992 年初的南方谈话中指出:"恐怕再有三十年的时间,我们才会在各方面形成一整套更加成熟、更加定型的制度。"①按照邓小平设想的关于制度建设和成熟定型的时间表和路线图,中国特色社会主义制度建设持续推进。2011 年 7 月 1 日,胡锦涛"七一"讲话回顾了中国共产党带领人民完成的"三件大事",从党紧紧依靠人民完成新民主主义革命、实现中国从几千年封建专制制度向人民民主制度的伟大跨越,到党紧紧依靠人民进行改革开放新的伟大革命、建立和发展中国特色社会主义制度,"从根本上改变了中国人民和中华民族的前途命运,不可逆转地结束了近代以后中国内忧外患、积贫积弱的悲惨命运,不可逆转地开启了中华民族不断发展壮大、走向伟大复兴的历史进军"②。讲话首次明确提出"中国特色社会主义制度"的概念,从根本政治制度,基本政治制度、基本经济制度,中国特色社会主义法律体系,体制机制等几个方面对中国特色社会主义制度体系进行了系统论述,初步概括了中国特色社会主义制度体系的基本架构,具体阐释了制度建设之于中华民族伟大复兴的重要意义。党的十八大报告进一步论述了制度建设对于全面建成小康社会的意义,"全面建成小康社会,必须以更大的政治勇气和智慧,不失时机深化重要领域改革,坚决破除一切妨碍科学发展的思想观念和体制机制弊端,构建系统完备、科学规范、运行有效的制度体系,使各方面制度更加成熟更加定型"③。中国特色社会主义制度的确立和日趋成熟,为保障人民生活实现从

---

① 《邓小平文选》第 3 卷,人民出版社 1993 年版,第 372 页。
② 《十七大以来重要文献选编》(下),中央文献出版社 2013 年版,第 433—434 页。
③ 《十八大以来重要文献选编》(上),中央文献出版社 2014 年版,第 14 页。

温饱不足到总体小康、奔向全面小康的历史性跨越,继而为实现中华民族伟大复兴提供了充满新的活力的制度保证和快速发展的物质条件。

4. 新时代中国特色社会主义制度的发展

"党的十八大以来,我们推进全面深化改革……中国特色社会主义制度日趋成熟定型,中国特色社会主义法治体系不断完善,为推动党和国家事业取得历史性成就、发生历史性变革发挥了重大作用。"[①]2012 年 11 月 29 日,在参观国家博物馆《复兴之路》展览时,习近平总书记提出了实现中华民族伟大复兴中国梦的目标,他说:"这个梦想,凝聚了几代中国人的夙愿,体现了中华民族和中国人民的整体利益,是每一个中华儿女的共同期盼。"[②]实现中华民族复兴的伟大梦想,必然需要成熟完善的制度加以保障,因为制度建设是实现中华民族伟大复兴中国梦的前提和基础。党中央十分重视中国特色社会主义制度的完善和发展,在邓小平提出的"形成一整套更加成熟、更加定型的制度"的目标基础上,进一步提出社会主义实践的后半程任务为"提供一整套更完备、更稳定、更管用的制度体系"[③]。党的十八届三中全会将"完善和发展中国特色社会主义制度,推进国家治理体系和治理能力现代化"[④]确立为全面深化改革的总目标。习近平总书记在党的十八届三中全会第二次会议上的讲话中提出:"使我们的制度安排更好体现社会主义公平正义原则,更加有利于实现好、维护好、发展好最广大人民根本利益。"[⑤]这就明确了坚持和完善中国特色社会主义制度与实现中华民族伟大复兴的内在联系。

党的十九大在对十八大以来的五年进行总结时,将"中国特色社会主义

---

①　习近平:《坚持、完善和发展中国特色社会主义国家制度与法律制度》,《求是》2019 年第 23 期。

②　《十八大以来重要文献选编》(上),中央文献出版社 2014 年版,第 459—460 页。

③　《习近平谈治国理政》第 1 卷,外文出版社 2018 年版,第 105 页。

④　《十八大以来重要文献选编》(上),中央文献出版社 2014 年版,第 547 页。

⑤　《十八大以来重要文献选编》(上),中央文献出版社 2014 年版,第 554 页。

制度更加完善"①列入全面深化改革的重要工作成就,并将"坚持和完善中国特色社会主义制度"②纳入新时代坚持和发展中国特色社会主义的基本方略。中国特色社会主义进入新时代,标志着中国特色社会主义制度进入新的实践创新阶段,也意味着中华民族迎来了实现伟大复兴的光明前景。党的十九大还将为中国人民谋幸福、为中华民族谋复兴明确为中国共产党人的初心和使命,进一步强调了党在中国特色社会主义制度探索和实现中华民族复兴进程中的使命。

党的十九届四中全会在总结党的制度建设经验和制度优势的基础上,接续改革开放后邓小平关于制度建设的时间表,提出了坚持和完善中国特色社会主义制度、推进国家治理体系和治理能力现代化的总体目标:到建党 100 年时,在各方面制度更加成熟更加定型上取得明显成效;到 2035 年各方面制度更加完善;到新中国成立 100 年时,中国特色社会主义制度更加巩固,优越性充分展现。三个阶段的制度建设目标,"全面回答了在我国国家制度和国家治理体系上应该坚持和巩固什么、完善和发展什么这个重大政治问题"③。

中国特色社会主义制度是以马克思主义为指导、植根中国大地、具有深厚中华文化根基、深得人民拥护、具有强大生命力和巨大优越性的制度,是能够持续推动中华民族实现"两个一百年"奋斗目标进而实现中华民族伟大复兴的制度。这一制度能够保障我们成功应对一系列重大风险考验、克服无数艰难险阻,使中华民族伟大复兴始终沿着正确方向稳步前进。实践充分证明,中国特色社会主义制度"为实现中华民族伟大复兴提供了更为完善的制度保证"④。

---

① 《十九大以来重要文献选编》(上),中央文献出版社 2019 年版,第 3 页。
② 《十九大以来重要文献选编》(中),中央文献出版社 2021 年版,第 791 页。
③ 《十九大以来重要文献选编》(中),中央文献出版社 2021 年版,第 299 页。
④ 习近平:《在庆祝中国共产党成立 100 周年大会上的讲话》,人民出版社 2021 年版,第 7 页。

二、实现民族复兴的历史进程日益彰显制度优势

习近平总书记在庆祝中国共产党成立 100 周年大会上的重要讲话中,回顾了党领导人民为实现中华民族伟大复兴所创造的伟大成就。从社会主义基本制度在中国的确立,到改革开放以来中国特色社会主义制度的发展,中国特色社会主义制度在中国不断迸发新的活力,为实现中华民族伟大复兴提供了根本制度保障。中国特色社会主义制度的优势,是我们坚定走中国特色社会主义道路,坚信实现中华民族伟大复兴不可逆转的最大底气。关于中国特色社会主义制度的优势,改革开放以来,党的几代领导人都曾经进行分析和阐述。党的十九届四中全会系统总结了中国特色社会主义制度和治理体系在党的集中统一领导、人民当家作主、全面依法治国等 13 个方面的显著优势,主要集中体现在以下几个方面。

1. 坚持党的领导、人民当家作主、依法治国相统一的制度优势

实现中华民族伟大复兴的历史进程,日益彰显了中国特色社会主义制度优势。在庆祝全国人民代表大会成立 60 周年大会上的讲话中,习近平总书记从四个方面概括了中国特色社会主义政治制度的优势,即"能够有效保证人民享有更加广泛、更加充实的权利和自由,保证人民广泛参加国家治理和社会治理;能够有效调节国家政治关系,发展充满活力的政党关系、民族关系、宗教关系、阶层关系、海内外同胞关系,增强民族凝聚力,形成安定团结的政治局面;能够集中力量办大事,有效促进社会生产力解放和发展,促进现代化建设各项事业,促进人民生活质量和水平不断提高;能够有效维护国家独立自主,有力维护国家主权、安全、发展利益,维护中国人民和中华民族的福祉"①。这四个方面的内容集中表现为坚持党的领导、人民当家作主、依法治国相统一的

---

① 《十八大以来重要文献选编》(中),中央文献出版社 2016 年版,第 61—62 页。

制度优势。中国特色社会主义国家制度和法律制度是在长期实践中形成的，是人类制度文明史上的伟大创造，是我们党把马克思主义基本原理同中国具体实际结合起来，在古老的东方大国建立起来的亿万人民当家作主的新型国家制度。中国特色社会主义制度具有显著优势和强大生命力，具有坚持党的领导、保证人民当家作主、坚持全面依法治国、实行民主集中制的优势，"保障我国创造出经济快速发展、社会长期稳定的奇迹"①，保障我们抵御实现中华民族伟大复兴进程中的各种风险挑战。

党的领导是人民当家作主和依法治国的根本保证，也是中国特色社会主义制度的最大优势。在实现中华民族伟大复兴的进程中，党的领导地位是历史和人民的选择，是我国社会主义革命、建设和改革事业取得成功的关键所在。中国共产党始终代表中国最广大人民的根本利益，肩负着引领中华民族走向复兴的伟大使命，党的领导是实现中华民族伟大复兴的根本保证。从制度设计到制度实践，从新民主主义制度的初步探索到社会主义基本制度的确立，再到中国特色社会主义制度体系的成熟定型，是党和人民百年奋斗的创造性成果。党是社会主义制度的设计者和领导者，并将制度变革和创新不断推向深入。无论是人民当家作主的民主实践，还是依法治国方略的实施，都离不开党的领导及其制度体系的保证。

人民当家作主是社会主义民主政治的本质，也是中国特色社会主义制度优势的集中体现。人民民主是社会主义的生命，离开人民民主而空谈民主制度，民主制度便没有了效力。近代以来，中华民族伟大复兴面临的第一道难题便是如何求得民族独立和人民解放，其在政治方面的诉求就是发展人民民主，实现人民当家作主。在党的领导下，中国人民建立了工人阶级领导的、以工农联盟为基础的人民民主专政的社会主义国家，确立了社会主义基本制度。从此，国家的一切权力归于人民，制度建设体现人民意志，党和国家的活力持续

---

① 习近平：《坚持、完善和发展中国特色社会主义国家制度与法律制度》，《求是》2019 年第 23 期。

增强。在实现中华民族伟大复兴的进程中,随着人民当家作主制度体系日益完善,抵御各种风险挑战的制度优势不断彰显。

依法治国是党领导人民治理国家的基本方略,也是中国特色社会主义制度优势发挥的重要支撑。法治是衡量一个政党执政能力与执政水平的重要尺度,也是评价国家治理体系和治理能力现代化的重要标志。从党的十五大明确把依法治国确立为治理国家的基本方略,到党的十八届四中全会对全面依法治国作出重要部署,再到党的十九届四中全会要求坚持和完善中国特色社会主义法治体系,依法治国的制度优势日益呈现出来。依法治国是发展社会主义民主政治的基本要求,也是将"权力关进笼子"、保障人民当家作主的基本方略。邓小平指出:"为了保障人民民主,必须加强法制。必须使民主制度化、法律化,使这种制度和法律不因领导人的改变而改变,不因领导人的看法和注意力的改变而改变。"①随着依法治国从理念走向实践化、制度化,党的领导、人民当家作主有了法制和法治的双重保障,社会主义民主愈加稳固,实现中华民族伟大复兴的历史进程愈加不可逆转。

2. 坚持全国一盘棋、集中力量办大事的制度优势

习近平总书记多次强调:"我们最大的优势是我国社会主义制度能够集中力量办大事②。"新中国成立70多年来,特别是改革开放40多年来,中国共产党始终坚持全国一盘棋,统筹社会主义事业发展全局,领导全国各族人民不懈奋斗,全面建成小康社会,实现了第一个百年奋斗目标。

新中国成立初期,国内各项事业亟待发展,还面临着国外资本主义阵营企图"扼杀"新生政权的严峻形势,中国共产党集中力量,调动各方面积极性,以实现工业、农业、国防等重点领域的重大进展与突破。通过对生产资料私有制的社会主义改造,初步建立起社会主义公有制,实现了从新民主主义社会向社

---

① 《邓小平文选》第2卷,人民出版社1994年版,第146页。
② 《习近平谈治国理政》第2卷,外文出版社2017年版,第273页。

会主义社会的转变。在社会主义建设时期特别是改革开放以来所取得的一切成就表明,在社会主义初级阶段,集中力量办大事的制度优势,能够最大限度地集中力量开展社会主义建设,这是推动社会主义各项事业发展、实现中华民族伟大复兴不可逆转的重要法宝。

在中国特色社会主义政治制度领域,集中的基本前提是民主,离开了民主,集中便无从谈起,两者相辅相成、有机结合,才能够有效集聚各方力量。民主集中制作为党的根本组织制度和领导制度,是集中力量办大事的制度优势发挥的重要保障。中国共产党成立以来,一直将民主集中制贯穿各项活动之中。改革开放以来,民主集中制作为党和国家的一项根本性制度,被写入宪法,成为中国特色社会主义政治制度的特色和优势。在中国共产党引领中华民族走向伟大复兴的进程中,社会主义政治制度在实践中能够有效保证各项决策的科学化与民主化,从而实现中国共产党和各民主党派、全国各族人民团结一致,积聚力量办好各项大事。

对于一个拥有 14 亿多人口的国家而言,如何实现全国一盘棋,调动各方积极性,发挥社会主义集中力量办大事的制度优势,具有严峻挑战和风险考验。党在长期的制度实践中逐步建构了一套民主的、科学的、充满活力的中国特色社会主义制度体系,能够保障中华民族筑牢命运共同体,战胜各种风险和挑战,保持社会长期稳定。习近平总书记强调:“衡量一个国家的制度是否成功、是否优越,一个重要方面就是看其在重大风险挑战面前,能不能号令四面、组织八方共同应对。”①号令四面、组织八方的能力水平既是一个国家集中力量办大事的能力和水平,也是国家制度及其执行能力的集中体现。面对 2020年新冠疫情突袭而至的考验,中国共产党坚持全国一盘棋、集中力量办大事的制度优势得到充分彰显。在党的领导下,全国人民上下一心,共筑全民抗疫的坚强堡垒,形成了生命至上、举国同心、舍生忘死、尊重科学、命运与共的伟大

---

① 《十九大以来重要文献选编》(中),中央文献出版社 2021 年版,第 692 页。

抗疫精神,取得了抗击新冠疫情斗争的重大战略成果,最大限度地保障了人民生命安全。

3. 坚持社会主义基本制度与市场经济相结合的制度优势

中国共产党在进行社会主义制度建构和创新的过程中,一直注重把握制度建设与生产力发展的张力,并致力于依靠先进的社会制度,解放和发展生产力,推动经济社会全面发展。邓小平指出:"我们相信社会主义比资本主义的制度优越。它的优越性应该表现在比资本主义有更好的条件发展社会生产力。"①社会主义制度的优越性集中体现为制度自身的科学性和前瞻性,能够在协调社会生产关系的过程中,解脱影响社会生产力发展的一切束缚。"社会主义制度优越性的根本表现,就是能够允许社会生产力以旧社会所没有的速度迅速发展,使人民不断增长的物质文化生活需要能够逐步得到满足。"②为此,党不断对经济体制改革进行探索,实现了社会主义基本制度与市场经济的有机结合,并在实践中发挥其制度优势。

新中国成立后,经过社会主义改造,社会主义公有制得到确立,并逐渐建立了高度集中的计划经济体制。在物质资源极度匮乏的时期,高度集中的计划经济体制推动了国民经济的发展。改革开放以后,以邓小平为主要代表的中国共产党人开始重新认识社会主义基本制度与市场经济、非公有制经济的关系。提出计划和市场不应作为区分社会主义与资本主义的根本标志,两者只是经济手段,社会主义市场经济体制开始逐步取代高度集中的计划经济体制。随着"市场在资源配置中起决定性作用"的地位愈加明确,社会主义市场经济体制在新时代进一步完善和发展。公有制为主体、多种所有制经济共同发展,按劳分配为主体、多种分配方式并存和社会主义市场经济体制在内的社会主义基本经济制度,蕴含着党和人民对社会主义基本制度与市场经济内在

① 《邓小平文选》第2卷,人民出版社1994年版,第231页。
② 《邓小平文选》第2卷,人民出版社1994年版,第128页。

关系的科学认识,是同我国社会生产力发展水平相适应的经济制度。

社会主义基本制度与市场经济的结合,迸发出巨大活力,我国社会生产力水平得到极大提升,经济持续快速增长,国内生产总值稳居世界第二,成为世界第二大经济体,工业和农业现代化稳步推进,综合国力显著增强。2020年,突如其来的新冠疫情使得世界各国经济受到严重影响,而中国却是在全球主要经济体中唯一实现经济正增长,并取得脱贫攻坚战的全面胜利和全面建成小康社会的历史性成就,实现中华民族伟大复兴的步伐进一步加快。经济领域取得的成就,源于社会主义基本制度与市场经济相结合的制度优势的发挥。进入新的发展阶段,我国经济已由高速增长转向高质量发展,质量第一、效益优先成为新时代社会主义市场经济体制改革的方向。社会主义基本经济制度优势的发挥,必将为我国经济快速健康发展、综合国力的持续增强,为实现中华民族伟大复兴提供强大的物质力量。

4. 坚持先进思想和价值观引领思想文化建设的制度优势

文化是一个民族的血脉和灵魂,文化自信是一个民族延续生长的持久力量。习近平总书记指出:"没有高度的文化自信,没有文化的繁荣兴盛,就没有中华民族伟大复兴。"[1]在领导中国人民实现中华民族伟大复兴的进程中,党一直十分重视文化建设,从建设新民主主义文化到建设社会主义文化,从党的十七届六中全会明确提出建设社会主义文化强国,再到十九届五中全会提出2035年建成文化强国的战略目标,逐渐走出了一条中国特色社会主义的文化发展道路。而在这一过程中形成的中国特色社会主义文化制度在引领先进文化前进方向、推动文化大发展大繁荣、建设社会主义文化强国、实现中华民族伟大复兴等方面具有独特的制度优势。

马克思主义在意识形态领域指导地位的根本制度是党在治国理政实践中

---

① 《十九大以来重要文献选编》(上),中央文献出版社2019年版,第29页。

确立的根本制度,也是关乎文化前进方向和前途的根本制度。"中国共产党为什么能,中国特色社会主义为什么好,归根到底是因为马克思主义行!"①马克思主义是社会主义先进文化制度建设的指导思想,也是巩固全体人民团结奋斗的共同思想基础。党的十九届四中全会提出"坚持马克思主义在意识形态领域指导地位的根本制度"②,体现了马克思主义之于意识形态乃至文化制度体系的关键作用和意义,这也是党对新时代中国特色社会主义文化制度的新认识和新贡献。在根本领导制度和根本政治制度基础上,马克思主义在意识形态领域指导地位的根本制度的确立,共同构成了中国特色社会主义根本制度体系。社会主义文化大发展大繁荣、社会主义文化强国建设是中华民族伟大复兴的题中应有之义,党始终保持高度的文化自觉和文化自信,坚持马克思主义在意识形态领域的指导地位,建设社会主义文化强国,满足广大人民群众的文化需求。

作为实现中华民族伟大复兴的价值引领和中国特色社会主义制度的价值表达,社会主义核心价值观反映了社会主义制度在民族精神和社会思想层面的价值规定性,凝结着全体人民的价值追求。在继承中华优秀传统文化、吸收世界文明有益成果和发展社会主义先进文化、建设文化强国过程中,成为当代中国精神的集中体现。社会主义核心价值观立足于中华优秀传统文化蕴含的丰富的思想道德资源,是对社会主义核心价值体系的科学凝练。自党的十八大以来,党坚持以社会主义核心价值观引领先进文化建设,积极发挥社会主义核心价值观在国民教育、精神文明、文化产业中的引领作用,将社会主义核心价值观融入人们社会生产生活的各个方面,推动社会主义核心价值观培育活动常态化、制度化,有效凝聚和激发了全民族的文化创造活力,为实现中华民族伟大复兴提供了强大的精神力量。

---

① 习近平:《在庆祝中国共产党成立 100 周年大会上的讲话》,人民出版社 2021 年版,第13 页。

② 《十九大以来重要文献选编》(中),中央文献出版社 2021 年版,第 283 页。

三、中国特色社会主义制度为实现民族复兴提供根本保障

中国共产党百年来领导中华民族伟大复兴的历史,也是中国特色社会主义制度日臻成熟、国家治理体系和治理能力持续提升的历史。实现中华民族伟大复兴,离不开中国特色社会主义制度的根本保障。同时,中国特色社会主义制度也在实现中华民族伟大复兴的实践过程中不断创新和发展。两者构成了相辅相成、内在统一的紧密联系。制度改革和创新是社会最深层次的变革,制度保障是社会变革和实现民族复兴最为坚实的条件。党的十四大首次明确提出"到建党一百周年的时候,我们将在各方面形成一整套更加成熟更加定型的制度"①的发展目标。经过多年建设,中国特色社会主义制度体系已然成型,治理效能不断显现,并朝着更加完善的方向发展。习近平总书记指出:"相比过去,新时代改革开放具有许多新的内涵和特点,其中很重要的一点就是制度建设分量更重,改革更多面对的是深层次体制机制问题,对改革顶层设计的要求更高,对改革的系统性、整体性、协同性要求更强,相应地建章立制、构建体系的任务更重。"②在实现中华民族伟大复兴不可逆转的历史进程中,中国特色社会主义制度还需要进一步完善。只有坚持和巩固中国特色社会主义制度,才能应对前进道路上的各种风险挑战,在激烈的国际竞争中赢得主动;只有不断完善中国特色社会主义制度,才能确保党长期执政和国家长治久安,确保改革发展的成果惠及全体人民,从而实现中华民族的伟大复兴。在新的百年奋斗征程中,必须以制度建设和治理能力建设为主轴,继续深化各领域各方面体制机制改革创新,推动各方面制度更加完善成熟,使中国特色社会主义制度更加巩固,制度优势更好转化为治理的实际效能,以保障实现中华民族伟大复兴在不可逆转的历史进程中向前发展。

---

① 《十四大以来重要文献选编》(上),中央文献出版社1996年版,第47页。
② 《十九大以来重要文献选编》(中),中央文献出版社2021年版,第264页。

1. 实现中华民族的伟大复兴,需要坚持和完善党的领导制度体系

习近平总书记在党的十九大报告中强调:"中国特色社会主义最本质的特征是中国共产党领导,中国特色社会主义制度的最大优势是中国共产党领导。"①这是新时代党对社会主义本质特征的科学阐释,也是党对马克思主义政党学说的理论贡献。关于如何提高党科学执政、民主执政、依法执政的水平问题,党的十九届四中全会提出,建立不忘初心、牢记使命的制度等六项制度,以期构建完善的党的领导制度体系。中国共产党的初心是为人民谋幸福、为中华民族谋复兴,将不忘初心、牢记使命以制度的形式纳入党的领导制度体系,确立为加强党的建设的永恒课题和全体党员、干部的终身课题,充分体现了党团结带领人民实现中华民族伟大复兴的决心和气魄。习近平总书记所说的实现中华民族伟大复兴进入了不可逆转的历史进程,正是党深刻把握共产党执政规律、社会主义建设规律、人类社会发展规律,在对中国特色社会主义成功实践、历史经验进行深入研究的基础上作出的科学判断。"不可逆转"的关键是中国共产党的领导,这也是确保我国始终沿着社会主义方向前进的显著优势。开启实现第二个百年奋斗目标新的赶考之路,党需要自觉加强自身制度建设,充分发挥党纵览全局、协调各方的领导核心作用,坚持和完善党的领导制度体系,确保党始终成为实现中华民族伟大复兴的坚强领导核心。

2. 实现中华民族的伟大复兴,需要构建以人民为中心的制度体系

人民是历史的创造者。习近平总书记指出:"人民对美好生活的向往,就是我们的奋斗目标。"②尊重人民群众的实践,维护人民的根本利益,满足人民群众对美好生活的向往是中国特色社会主义制度确立与发展的动力源泉。中国特色社会主义制度生成于广大人民的实践之中,与人民的利益紧紧联系在

---

① 《十九大以来重要文献选编》(上),中央文献出版社 2019 年版,第 294 页。
② 《习近平谈治国理政》第 1 卷,外文出版社 2018 年版,第 424 页。

一起,具有十分鲜明的人民性价值特征。构建以人民为中心的制度体系,不论是保障人民主体地位的人民当家作主制度体系,还是实现人民物质利益的基本经济制度,或是统筹城乡的民生保障制度,都要牢牢把握以人民为中心的制度建设理念。习近平总书记多次强调:"江山就是人民,人民就是江山。"①中国特色社会主义制度凝聚了党和人民的意志,其代表和维护的是最广大人民的根本利益,党"没有任何自己特殊利益,从来不代表任何利益集团、任何权势团体、任何特权阶层的利益"②。党领导人民进行中国特色社会主义制度探索和实践时,始终把维护人民的利益作为坚持和发展中国特色社会主义制度的价值取向;坚持马克思主义关于社会主义制度的构想,继承和发展中华优秀传统文化中的制度思想;构建以人民为中心的制度体系,尊重人民主体地位,在密切联系群众的过程中汲取人民智慧,发挥人民在制度创造中的首创精神,将为人民谋幸福的价值目标有机统一到为中华民族谋复兴的实践之中。

3. 实现中华民族的伟大复兴,需要把制度优势转化为治理效能

制度好不好,优势明显不明显,只有经得住"大变局"的风险挑战与考验,才能形成实现中华民族伟大复兴的根本保障。新冠疫情发生以来,党中央总揽全局,科学部署,有效诠释和践行了"人民至上""生命至上"的价值理念,疫情防控取得重大战略成果。"中国之治"与"西方之乱"形成鲜明对照,充分彰显了中国特色社会主义制度的显著优势。党的十八届三中全会将"完善和发展中国特色社会主义制度,推进国家治理体系和治理能力现代化"③确立全面深化改革的总目标,党的十九届四中全会明确提出发挥制度优势,提升国家治理效能。如何把制度优势转化为治理效能,成为党治国理政亟需解决的重大

① 《习近平谈治国理政》第 4 卷,外文出版社 2022 年版,第 63 页。
② 习近平:《在庆祝中国共产党成立 100 周年大会上的讲话》,人民出版社 2021 年版,第 11—12 页。
③ 《十八大以来重要文献选编》(上),中央文献出版社 2014 年版,第 547 页。

而又复杂的课题。人类社会历史上不乏好的制度,但制度优势没有发挥出来,甚至走向失败的例子也不胜枚举。制度的关键在于执行,从"中国之制"转向"中国之治",首先要强化政治引领,坚持党的根本领导制度,充分发挥党总揽全局、协调各方的领导核心作用,推动各项制度落到实处。党在国家治理体系中居于领导地位,这种领导地位是党在革命、建设和改革过程中形成的,是历史和人民的必然选择。坚持中国共产党领导,能够把多元主体的利益进行整合,妥善化解矛盾,形成共治合力,提高治理效率,从而形成统一高效的国家治理体系和运行机制。在制度优势转化为治理效能的过程中,要注重把握制度体系与治理体系之间的系统性、整体性与协同性关系,做好顶层制度设计与各领域治理实践的结合工作,着力固根基、扬优势、补短板、强弱项,构建系统完备、科学规范、运行有效的制度体系。坚持改革创新,既要大胆探索、勇于革新,也要善于总结经验、稳步推进,以实现制度优势向治理效能的平稳过渡和有效转化,为实现中华民族伟大复兴提供有力保证。

4. 实现中华民族的伟大复兴,需要持续推动制度完善与创新

任何一项制度都不是一成不变、一劳永逸的,制度的探索和创新没有终点。2020 年新冠疫情这场"大考",在彰显中国特色社会主义制度优势的同时,也暴露了一些尚需改进的体制机制问题和薄弱环节。习近平总书记指出:"针对这次疫情暴露出来的短板和不足,抓紧补短板、堵漏洞、强弱项,该坚持的坚持,该完善的完善,该建立的建立,该落实的落实,完善重大疫情防控体制机制,健全国家公共卫生应急管理体系。"①越是"大考"和"大变局",越是能够检验制度的绩效及其与现实的适配程度。当今世界正经历百年未有之大变局,实现中华民族伟大复兴面临的风险挑战之严峻前所未有。"我们要打赢防范化解重大风险攻坚战,必须坚持和完善中国特色社会主义制度、推进国家

---

① 《习近平主持召开中央全面深化改革委员会第十二次会议强调　完善重大疫情防控体制机制　健全国家公共卫生应急管理体系》,《人民日报》2020 年 2 月 15 日。

治理体系和治理能力现代化,运用制度威力应对风险挑战的冲击。"①

"科学社会主义和空想社会主义的一大区别,就在于它不是一成不变的教条,而是把社会主义看作一个不断完善和发展的实践过程。"②中国特色社会主义制度也是如此,这一制度是党领导人民守正创新的制度成果。制度体系是不断发展变化的,要辩证看待中国特色社会主义制度的"变"与"不变"——变的是体制机制,不变的是根本制度和基本制度。作为一个逻辑严密的科学制度体系,起"四梁八柱"作用的是根本制度、基本制度、重要制度,与之相连的各领域具体制度需要随着时代的发展不断进行变革。同时,根本制度、基本制度和重要制度也应随着实践的发展不断巩固和完善。习近平总书记指出:"坚持从我国国情出发,继续加强制度创新,加快建立健全国家治理急需的制度、满足人民日益增长的美好生活需要必备的制度。"③

总之,中国共产党引领中华民族不断走向伟大复兴的百年奋斗历程,也是党一以贯之探索和建构中国特色社会主义制度的过程,二者相辅相成。党把领导革命、建设和改革的实践经验经过总结、提炼并加以规范形成制度,制度体系的确立、成熟和不断完善,以及制度优势的彰显和发挥,保障了中国革命、建设和改革实践的发展,使中华民族伟大复兴进入不可逆转的历史发展进程。实践证明,中国特色社会主义制度体系符合马克思主义经典作家关于未来社会主义制度的构想,是具有显著优势和鲜明中国特色的制度体系。随着中国特色社会主义新时代实践的发展和创新,中国特色社会主义制度体系也会日益巩固和完善,为实现中华民族伟大复兴提供根本制度保障。

---

① 《十九大以来重要文献选编》(中),中央文献出版社 2021 年版,第 264 页。
② 《十九大以来重要文献选编》(中),中央文献出版社 2021 年版,第 304 页。
③ 习近平:《坚持、完善和发展中国特色社会主义国家制度与法律制度》,《求是》2019 年第 23 期。

第十章　新时代中国特色社会主义制度的话语创新

中国共产党是中国特色社会主义制度的建构主体。在建构中国特色社会主义制度的过程中,中国共产党围绕中国特色社会主义制度和国家治理体系形成了一整套具有中国特色的制度话语体系。特别是 2011 年"中国特色社会主义制度"的概念提出以来,围绕"中国特色社会主义制度"的话语建构深入展开。这套具有中国特色的制度话语,标识着中国特色社会主义的制度定位、样态和意义,体现了中国特色社会主义的话语优势。深入分析中国特色社会主义制度的话语生成逻辑、优势和意义,是研究中国特色社会主义制度的内在要求,更是新时代坚定制度自信的应有之义。

一、建构中国特色社会主义制度话语的基本逻辑

中国特色社会主义制度话语,是在中国共产党制度建构的过程中逐步形成的,制度话语建构过程本质上和制度建构的实践互为一体、相互统一。因此,理解中国特色社会主义制度的话语建构和话语创新,就需要从中国共产党制度建构的百年历程入手,深入剖析制度话语的历史演进、话语结构、话语机遇。

1.制度话语的建构贯穿中国共产党的百年奋斗

中国共产党是中国特色社会主义制度的设计者和建构者。中国共产党从成立之日起,就确立了在中国建立社会主义制度的奋斗目标,并在为之奋斗的过程中建构起一套符合中国国情、得到人民群众拥护的制度话语。

第一,党在新民主主义革命时期的制度尝试奠定制度话语基础。新民主主义革命时期,面对帝国主义、封建主义、官僚资本主义"三座大山"的压迫,中国共产党提出"承认无产阶级专政""消灭资本家私有制,没收机器、土地、厂房和半成品等生产资料,归社会公有"①等奋斗目标,并在党领导的革命根据地进行了具有社会主义性质的制度试验。社会主义国家、人民民主、无产阶级专政等话语概念的出现和传播,为社会主义制度的创建营造了良好话语环境。从党的一大提出建立社会主义制度到党的二大明确提出加入共产国际,这一时期党的制度设计多以苏俄制度为师,再结合中国实际进行融合创新。1931 年,中华苏维埃共和国临时中央政府成立,初步确立"工农民主共和国"的国家制度形式,开启了党对未来社会主义国家制度样态的探索历程。《中华苏维埃共和国宪法大纲》提出:"限制资本主义的发展,更使劳苦群众脱离资本主义的剥削,走向社会主义制度去为目的。"②以"限制资本主义"为话语前提,"走向社会主义"的制度话语诉求集中体现了苏维埃政权的社会主义本质。抗日战争时期,以"三三制""民主共和国"等为代表的制度形式先后出现。解放战争时期,党在新解放区逐步建立起人民当家作主的民主政权。1948 年底,在《将革命进行到底》一文中,毛泽东满怀信心地说:"现在摆在中国人民、各民主党派、各人民团体面前的问题,是将革命进行到底呢,还是使革

---

① 《建党以来重要文献选编(一九二一——一九四九)》第 1 册,中央文献出版社 2011 年版,第 1 页。

② 《建党以来重要文献选编(一九二一——一九四九)》第 8 册,中央文献出版社 2011 年版,第 651 页。

命半途而废呢？"①毛泽东认为："如果要使革命进行到底，那就是用革命的方法，坚决彻底干净全部地消灭一切反动势力，不动摇地坚持打倒帝国主义，打倒封建主义，打倒官僚资本主义，在全国范围内推翻国民党的反动统治，在全国范围内建立无产阶级领导的以工农联盟为主体的人民民主专政的共和国。这样，就可以使中华民族来一个大翻身，由半殖民地变为真正的独立国，使中国人民来一个大解放，将自己头上的封建的压迫和官僚资本（即中国的垄断资本）的压迫一起掀掉，并由此造成统一的民主的和平局面，造成由农业国变为工业国的先决条件，造成由人剥削人的社会向着社会主义社会发展的可能性。"②在中国共产党的宣传下，广大人民群众对"无产阶级领导""人民民主专政"等话语的认识和认同不断加深，继而转化为解放全中国、巩固人民民主专政制度的动力。

第二，党在社会主义革命和建设时期的制度建构搭建制度话语框架。早在新中国成立前夕，1949 年 6 月，在《论人民民主专政》一文中，毛泽东对"人民民主专政"的性质和内容就进行了系统的论述，并将其作为一项基本原则来指导之后《中国人民政治协商会议共同纲领》和 1954 年《中华人民共和国宪法》的制定工作。新中国成立前夕，中国人民政治协商会议通过了具有临时宪法性质的《中国人民政治协商会议共同纲领》，初步确立了人民民主专政的国体、中国共产党领导的多党合作和政治协商制度等基本政治制度，为后续的社会主义改造工作打下了坚实基础；1954 年 9 月，"五四宪法"首次以国家根本大法的形式将人民民主专政的国体确定下来，从话语表达上确立了社会主义制度的建设成果。宪法赋予社会主义基本制度以最高的法律约束力，以法律的形式确认了党带领人民齐心共铸的制度成果。以此为基础，制定并逐步完善了规范经济社会各方面运行的法律法规，为社会主义法律体系的建立

---

① 《建党以来重要文献选编（一九二一——一九四九）》第 25 册，中央文献出版社 2011 年版，第 778 页。

② 《毛泽东选集》第 4 卷，人民出版社 1991 年版，第 1375 页。

奠定了基础。社会主义经济制度方面,通过对个体农业、手工业、资本主义工商业的社会主义改造,实现了生产资料所有制的深刻变革,社会主义公有制成为国家的经济基础,并为社会主义基本制度的确立奠定了坚实物质基础。与此同时,高度集中的计划经济体制逐渐确立。社会主义政治经济制度和法律体系的确立,建构了社会主义制度的"骨架",在保证新中国经济社会稳定运行的同时,为中国特色社会主义制度的话语建构提供了有效支撑。

第三,党在改革开放和社会主义现代化新时期的制度探索构筑制度话语体系。党的十一届三中全会以后,党在总结新中国成立以来制度建设经验教训的基础上,不断创新有中国特色的社会主义制度设计和实践,从制度理论的突破到制度主体内容的形成,从制度建设取得显著成就到制度体系不断健全,中国特色社会主义制度成为引领社会制度话语方向的主导力量。改革开放之初,邓小平在分析"文化大革命"教训时,深刻指出:"不是说个人没有责任,而是说领导制度、组织制度问题更带有根本性、全局性、稳定性和长期性。这种制度问题,关系到党和国家是否改变颜色,必须引起全党的高度重视。"①改革开放以来,中国特色社会主义制度话语经历了从"有中国特色的社会主义制度"到"中国特色社会主义制度"的概念演变过程。1987 年邓小平在会见香港特别行政区基本法起草委员会委员时指出:"要保持香港五十年繁荣和稳定,五十年以后也繁荣和稳定,就要保持中国共产党领导下的社会主义制度。我们的社会主义制度是有中国特色的社会主义制度。"②在这里,邓小平强调了"中国共产党领导下的社会主义制度"和"有中国特色的社会主义制度",虽然没有直接提出"中国特色社会主义制度"的表述,但是依然凸显出中国特色社会主义制度坚持中国共产党领导、符合中国国情的显著特征。2011 年,胡锦涛"七一"讲话明确将"确立了中国特色社会主义制度"和"开辟了中国特色社会主义道路,形成了中国特色社会主义理论体系"一道,作为党成立 90

① 《邓小平文选》第 2 卷,人民出版社 1994 年版,第 333 页。
② 《邓小平文选》第 3 卷,人民出版社 1993 年版,第 218 页。

年来"必须倍加珍惜、长期坚持、不断发展的成就",①集中论述了中国特色社会主义制度的概念、内涵、特点。二者相较,"有中国特色的社会主义制度"突出的是"社会主义制度",而"有中国特色"只是"社会主义制度"的前缀定语;而"中国特色社会主义制度"则实现了"中国特色"和"社会主义制度"更紧密的结合,"中国特色"在同"社会主义制度"的话语结合和定型中,突出了中国特色社会主义制度的话语价值。

党的十八大以来,中国特色社会主义进入新时代,在新时代坚持和完善中国特色社会主义制度、推进国家治理体系和治理能力现代化的新实践中,中国特色社会主义制度话语日益完善。随着各领域制度建设的不断深入,理论界、学术界关于制度话语的研究不断深化,党对制度话语的认识和阐释日益完善,制度话语的阐释更日益转化为国家治理的实际效能。党的十八届三中全会将完善和发展中国特色社会主义制度,推进国家治理体系和治理能力现代化确立为全面深化改革的总目标——伴随着新时代的改革日益走向系统性、整体性、协同性,中国特色社会主义制度话语也更加系统、完整、协调。党的十九届四中全会深刻阐释了以根本制度、基本制度、重要制度为"四梁八柱"的中国特色社会主义制度体系,科学总结了我国国家制度和国家治理体系的显著优势,实现了制度优势同治理效能的话语联动。以制度优势为话语依托,实现制度优势话语的现实转化和价值彰显,已成为新时代中国特色社会主义制度话语建构的重要路径。

2. 以根本制度、基本制度、重要制度为"四梁八柱"的制度话语体系

中国特色社会主义制度是推进当代中国经济社会发展的根本制度保障,在话语表达上具有稳定且严谨的结构体系。"我们推进社会主义制度自我完

① 《十七大以来重要文献选编》(下),中央文献出版社2013年版,第435页。

善和发展,在经济、政治、文化、社会等各个领域形成一整套相互衔接、相互联系的制度体系。"①2011 年 7 月,胡锦涛"七一"讲话从根本政治制度、基本政治制度、中国特色社会主义法律体系、基本经济制度,以及建立在根本政治制度、基本政治制度、基本经济制度基础上的经济体制、政治体制、文化体制、社会体制等各项具体制度多个维度概括了中国特色社会主义制度的基本框架,初步确立了中国特色社会主义制度的话语结构。中国共产党对中国特色社会主义制度结构体系的理论认识和话语阐释,为新时期党和国家制度改革和创新提供了重要的方向指引。党的十八大以来,伴随着中国特色社会主义制度和国家治理体系的创新,中国特色社会主义制度的话语结构愈发清晰。2019年,党的十九届四中全会提出"突出坚持和完善支撑中国特色社会主义制度的根本制度、基本制度、重要制度"②的要求;习近平总书记在全会二次全体会议上指出:"中国特色社会主义制度是一个严密完整的科学制度体系,起四梁八柱作用的是根本制度、基本制度、重要制度。"③以根本制度、基本制度、重要制度为"四梁八柱"的中国特色社会主义制度话语结构基本成型。

第一,"根本制度"的概念及其阐释提供了中国特色社会主义制度话语的核心骨架。作为制度话语的核心层次,党的领导制度、人民代表大会制度、马克思主义在意识形态领域指导地位的根本制度构成根本制度话语的"骨架"。党的领导是中国特色社会主义最本质的特征,也是中国特色社会主义制度的最大优势,是各项制度有序运行的根本保障。在党的正确领导下,科学社会主义在中国结出了丰硕的制度果实。同人民民主专政国家性质相匹配的政体,人民代表大会制度能够有效保障人民当家作主的地位。在当代中国,人民代表大会制度能够真正将人民的意志汇聚起来,依靠制度形式确保全体人民当家作主权利。广大人民按照自己意愿选举代表,组建各级人民代表大会

---

① 《十七大以来重要文献选编》(下),中央文献出版社 2013 年版,第 436 页。
② 《十九大以来重要文献选编》(中),中央文献出版社 2021 年版,第 272 页。
③ 《十九大以来重要文献选编》(中),中央文献出版社 2021 年版,第 305 页。

及其常务委员会。党的十九届四中全会明确提出"坚持马克思主义在意识形态领域指导地位的根本制度"①,体现了党对社会主义制度建设规律的深刻认识和把握,是巩固和完善社会主义制度的必然要求。坚持马克思主义在意识形态领域指导地位的根本制度,就是要始终牢牢把握马克思主义这个立党立国的指导思想,特别是要全面贯彻落实习近平新时代中国特色社会主义思想,坚持不懈用党的创新理论武装全党、教育人民,凝聚起全体人民的意志,不断开创 21 世纪马克思主义新境界。总的说来,根本领导制度、根本政治制度、根本文化制度三位一体的话语阐释,对于中国特色社会主义制度话语的整体构建,起到了统领性、根本性的作用。

第二,"基本制度"的概念及其阐释提供了中国特色社会主义制度话语的关键构架。基本制度的话语内容十分丰富,既涉及中国共产党领导的多党合作和政治协商制度、民族区域自治制度、基层群众自治制度等基本政治制度的话语内容,也包含公有制为主体、多种所有制经济共同发展,按劳分配为主体、多种分配方式并存,社会主义市场经济体制等社会主义基本经济制度的话语内容。以根本制度为遵循,中国共产党领导的多党合作和政治协商制度是中国共产党领导建立的一项"新型政党制度",是马克思主义政党理论与中国具体实际相结合的产物。这一具有中国特色的新型政党制度,以合作、参与、协商为基本精神,以团结、民主、和谐为本质属性,在确立中国共产党的领导地位和执政地位的同时,强调各民主党派、无党派人士要自觉接受中国共产党的领导、拥护中国共产党的领导地位和执政地位,"具有政治参与、利益表达、社会整合、民主监督和维护稳定的重要功能,实现了执政与参政、领导与合作、协商与监督的有机统一,是人民当家作主的重要实现形式和社会主义协商民主的重要制度载体"②,是中国共产党、中国人民和各民主党派、无党派人士的伟大政治创造。基于单一制国家结构形式和多民族聚居现实,民族区域自治制度

---

① 《十九大以来重要文献选编》(中),中央文献出版社 2021 年版,第 283 页。

② 《中国新型政党制度》,人民出版社 2021 年版,第 18 页。

将各民族的最高利益统一于国家领土和主权完整,从制度层面赋予民族自治地方"依照宪法、民族区域自治法和其他法律规定的权限行使自治权,根据本地方实际情况贯彻执行国家的法律、政策",同时宪法还规定了民族自治地方可以"在国家计划的指导下,自主地安排和管理地方性的经济建设事业""自主地管理本地方的教育、科学、文化、卫生、体育事业""保护和整理民族的文化遗产,发展和繁荣民族文化"①等自治形式,有效保障少数民族人民群众当家作主,推动少数民族地区社会主义事业的稳定发展。基层群众自治制度源于新中国成立以来我国城乡基层群众的民主实践,在党的十七大上被正式纳入基本政治制度范畴。该项制度以基层党组织领导为核心,充分释放基层群众在自我管理、自我服务、自我教育和自我监督中的创造活力,是最有效、最广泛、最直接的民主实践形式。基本经济制度则在话语表达上集中体现社会主义初级阶段的发展要求,所有制结构中"公有制为主体"、分配制度中"以按劳分配为主体"、资源配置方式中"更好发挥政府作用"都彰显出我国经济制度的社会主义性质;而所有制结构中"多种所有制经济共同发展"、分配制度中"多种分配方式并存",以及资源配置方式中"充分发挥市场在资源配置中的决定性作用",则体现出在社会主义初级阶段提高社会生产力发展水平的基本要求。可见,基本经济制度的话语表达,不仅凸显社会主义制度的本质要求,更突出了我国正处于社会主义初级阶段这个"最大国情"的现实特色。

第三,"重要制度"的概念及其阐释提供了中国特色社会主义制度话语的延展支架。重要制度是根本制度、基本制度的延展,更具有灵活性、可调整性。正因此,重要制度的话语内容十分丰富,相较于根本制度和基本制度而言,时效性更强、针对性更强、创新性更强。在实际制度运行中,重要制度从属并服务于根本制度和基本制度,并随着社会生产关系的调整而不断发生变化。2019年,党的十九届四中全会将制度建设同国家治理体系和治理能力现代化

① 《中华人民共和国宪法》,人民出版社2018年版,第54—55页。

目标统一起来,明确提出了 13 项制度建设要求,其中就包括了几十项可划分为"重要制度"的制度建设内容。具体来看,中国特色社会主义制度体系框架下的每一项重要制度的形成演变、发展完善都与社会的发展紧密相关,并深刻影响着社会变革步伐。党的十八大以来,党中央针对经济社会发展中的突出问题,以国家制度和国家治理体系建设为主轴,全面深化改革,大力破除重点领域体制机制壁垒,在坚持根本制度、基本制度的同时,根据新时代的发展要求、历史条件,有针对性、系统性地调整和改革重要制度,彰显出中国特色社会主义制度话语的开放性、发展性和时代性特征。以社会治理制度为例,作为国家治理的重要方面,社会治理的关键是创新社会治理体制,以切实保障和改善民生,维护社会公共秩序。从社会管理转向社会治理,不仅意味着社会体制的理念创新,更体现为社会体制的实践革新。加快推进社会体制改革,必须辩证处理好改革力度、发展速度和稳定程度之间的关系,及时做好重点领域体制改革的话语阐释和宣传工作,以保障共建共治共享理念真正转化为社会治理的实际效能。

3. 中国特色社会主义制度话语的多维阐释

"新中国成立七十年来,中华民族之所以能迎来从站起来、富起来到强起来的伟大飞跃,最根本的是因为党领导人民建立和完善了中国特色社会主义制度,形成和发展了党的领导和经济、政治、文化、社会、生态文明、军事、外事等各方面制度,不断加强和完善国家治理。"[①]中国特色社会主义制度在实践中治理效能的彰显,也使得广大人民群众对于中国特色社会主义制度的自信不断增强。世界社会主义深入发展的 500 多年,中国共产党成立的 100 多年、走向执政的 70 多年、推进改革开放 40 多年以及中国特色社会主义进入新时代以来的伟大制度实践,是中国特色社会主义话语生成的历史土壤。从不同

---

① 《十九大以来重要文献选编》(中),中央文献出版社 2021 年版,第 300 页。

维度看待中国特色社会主义制度的探索实践,就形成了制度话语的不同视角。

其一,从世界社会主义发展史的视角看,中国特色社会主义制度是在社会主义从空想到科学、从理论到实践、从一国到多国的发展过程中形成完善的,在世界社会主义发展史上具有独特的历史地位。

俄国十月革命后,经过工业化、农业集体化等一系列社会建设和社会变革,苏联建立起社会主义制度,世界的社会主义制度实践也进入快速发展阶段。社会主义制度在苏联的实践,深刻影响着中国的共产主义运动。作为马克思主义国家学说同中国具体实际相结合的重要制度成果,中国特色社会主义制度在建构过程中始终坚持了科学社会主义的基本原则,但又彰显出鲜明的中国特色,是符合中国国情的制度体系,在实践中成效显著。相较于苏联等社会主义国家的传统社会主义制度,中国特色社会主义制度以其创新性、开放性以及卓越的治理效能,在世界社会主义制度发展史上建构出了一套具有中国特色的制度话语体系。

其二,从党史和国史的视角看,中国特色社会主义制度为中华民族实现伟大复兴提供了坚强的制度保障。

古代中国的制度建设成果在人类发展史上曾经长期处于领先地位。但是,进入近代以后,封建统治政权腐朽无能,帝国主义列强入侵,导致中国逐步成为半殖民地半封建社会,统治中国几千年的君主专制制度陷入全面危机。面对日益深重的政治危机和民族危机,无数仁人志士为改变中国前途命运,开始探寻新的国家制度和国家治理体系,尝试了君主立宪制、议会制、多党制、总统制等各种制度模式,但都以失败而告终。"就是这样,西方资产阶级的文明,资产阶级的民主主义,资产阶级共和国的方案,在中国人民的心目中,一齐破了产。"①

在近代中华民族生死存亡的关键时刻,历史和人民最终选择了中国共产

---

① 《毛泽东选集》第 4 卷,人民出版社 1991 年版,第 1471 页。

党、选择了社会主义制度——"资产阶级的民主主义让位给工人阶级领导的人民民主主义,资产阶级共和国让位给人民共和国。"①中国共产党承载着实现民族复兴的历史使命,同样也承载了构建中国的社会主义制度的历史使命——中国共产党所承载的初心和使命,决定了中国特色社会主义制度以人民为中心、保障民族复兴的鲜明底色。

经过 28 年浴血奋战,党领导人民建立了人民民主专政的政权,建立起社会主义基本制度,人民广泛而真实的民主权利有了坚强的制度保障;经过 70 多年的发展,中国特色社会主义制度日益完善,一个根植于中国大地,具有鲜明的中国特色、中国风格、中国气派的科学制度体系逐渐成型,创造了经济快速发展和社会长期稳定这两大世所罕见的奇迹,成为中华民族走向伟大复兴的制度保障。

其三,从改革开放史看,中国特色社会主义制度成为中国式现代化道路的重要组成部分,成为人类文明新形态的制度表现。

党的十一届三中全会把党和国家的工作重心转移到经济建设上来,强调全党的着重点应该"转移到社会主义现代化建设上来"。② 关于"走什么路"的问题,邓小平指出:"过去搞民主革命,要适合中国情况,走毛泽东同志开辟的农村包围城市的道路。现在搞建设,也要适合中国情况,走出一条中国式的现代化道路。"③党的十一届三中全会以来,在探索中国式现代化道路的过程中,中国共产党高度重视制度建设问题,形成了许多具有创造性的制度成果。例如,创造性地实现社会主义基本制度和市场经济的有机结合,在此基础上形成的社会主义市场经济体制有效协调了政府与市场的关系问题;按劳分配为主体、多种分配方式并存的分配制度,则有效兼顾了生产力水平提高过程中的效率和公平问题;公有制为主体、多种所有制经济共同发展的所有制结构,则

---

① 《毛泽东选集》第 4 卷,人民出版社 1991 年版,第 1471 页。
② 《三中全会以来重要文献选编》(下),中央文献出版社 1982 年版,第 1208 页。
③ 《邓小平文选》第 2 卷,人民出版社 1994 年版,第 163 页。

极大地解放了社会生产力,激发了经济社会活力。同时,基本政治制度、中国特色社会主义法律体系以及各方面具体制度的发展和完善,为人民行使民主权利、参与民主实践提供了制度载体,更有效保障了人民群众的各项合法权益。中国特色社会主义制度既是中国式现代化道路探索的制度成果,但更是中国共产党推进改革开放和社会主义现代化建设的坚强保障。

1992年春,在南方谈话中,邓小平就曾意味深长地说:"恐怕再有三十年的时间,我们才会在各方面形成一整套更加成熟、更加定型的制度。在这个制度下的方针、政策,也将更加定型化。"①在这里,邓小平看待制度问题,秉持着一种发展的、开放的、理性的态度。正是拥有这种态度,中国共产党才能够不断推进中国特色社会主义制度发展完善,不断实现中国特色社会主义制度话语的创新。

其四,中国特色社会主义进入新时代,完善和发展中国特色社会主义制度、推进国家治理体系和治理能力现代化成为全面深化改革开放的主轴主线。

党的十八大报告指出:"全面建成小康社会,必须以更大的政治勇气和智慧,不失时机深化重要领域改革,坚决破除一切妨碍科学发展的思想观念和体制机制弊端,构建系统完备、科学规范、运行有效的制度体系,使各方面制度更加成熟更加定型。"②党的十八大以来,党中央统筹把握中华民族伟大复兴战略全局和世界百年未有之大变局,深刻认识到改革进入攻坚期和深水区,"必须以更大的政治勇气和智慧推进全面深化改革,敢于啃硬骨头,敢于涉险滩,突出制度建设,注重改革关联性和耦合性,真枪真刀推进改革,有效破除各方面体制机制弊端"。③

党的十八届三中全会审议通过《中共中央关于全面深化改革若干重大问

① 《邓小平文选》第3卷,人民出版社1993年版,第372页。
② 《十八大以来重要文献选编》(上),中央文献出版社2014年版,第14页。
③ 《中国共产党第十九届中央委员会第六次全体会议文件汇编》,人民出版社2021年版,第61页。

题的决定》,对新时代的经济体制、政治体制、文化体制、社会体制、生态文明体制、国防和军队改革和党的建设制度改革作出部署,确定全面深化改革的总目标、战略重点、优先顺序、主攻方向、工作机制、推进方式和时间表、路线图。党的十八届三中全会深刻指出,"全面深化改革,必须立足于我国长期处于社会主义初级阶段这个最大实际,坚持发展仍是解决我国所有问题的关键这个重大战略判断,以经济建设为中心,发挥经济体制改革牵引作用,推动生产关系同生产力、上层建筑同经济基础相适应,推动经济社会持续健康发展",①并强调到 2020 年,在重要领域和关键环节改革上取得决定性成果,完成党的十八届三中全会所提出的改革任务,形成系统完备、科学规范、运行有效的制度体系,使各方面制度更加成熟更加定型。党的十九大明确,到 2035 年基本实现社会主义现代化的目标时,"各方面制度更加完善,国家治理体系和治理能力现代化基本实现";到 21 世纪中叶,建成富强民主文明和谐美丽的社会主义现代化强国之时,"实现国家治理体系和治理能力现代化"。②

　　透过新时代的制度建设目标,我们可以清晰地看到,完善和发展中国特色社会主义制度、推进国家治理体系和治理能力现代化,成为中国特色社会主义新时代中国共产党人全面深化改革开放进程的主轴主线,也与实现中华民族伟大复兴的时间表和路线图逻辑一致。新时代,党中央以现实问题和人民诉求为话语导向,以制度话语建构为突破点,"推动改革全面发力、多点突破、蹄疾步稳、纵深推进,从夯基垒台、立柱架梁到全面推进、积厚成势,再到系统集成、协同高效,各领域基础性制度框架基本确立,许多领域实现历史性变革、系统性重塑、整体性重构"③。中国特色社会主义制度话语伴随着中国共产党不断推动全面深化改革向广度和深度进军而更深、更广,伴随着中国特色社会主

---

　　①　《全面建成小康社会重要文献选编》(下),人民出版社、新华出版社 2022 年版,第722 页。

　　②　《十九大以来重要文献选编》(上),中央文献出版社 2019 年版,第 20 页。

　　③　《中国共产党第十九届中央委员会第六次全体会议文件汇编》,人民出版社 2021 年版,第 62 页。

义制度更加成熟更加定型而愈发成熟、定型。

二、中国特色社会主义制度话语的基本特征

伴随着中国特色社会主义制度的日益完善,中国特色社会主义制度话语也日益成熟。总结起来,中国特色社会主义制度话语主要彰显出以下几方面的基本特征。

1.凸显独创性,是具有中国特色的制度话语体系

近代以来,面对多种制度选择,历史和人民选择了社会主义制度。在中国共产党的领导之下,社会主义制度在中国呈现出蓬勃生机。正如毛泽东所言:"社会主义制度促进了我国生产力的突飞猛进的发展,这一点,甚至连国外的敌人也不能不承认了。"[①]但是,几十年来,中国共产党人所建构起的这一套制度话语体系,既不同于"苏联模式",也不同于民主社会主义和新自由主义。中国特色社会主义制度话语,是中国共产党人立足中国实际建构起来的,是符合中国国情的制度话语体系。

一是在同"苏联模式"的反思性对话中,彰显中国特色。中国共产党从成立之日起,便十分注重对社会主义制度的学习和探索。借鉴苏联社会主义制度建设的成功经验,并根据中国实际,中国确立了人民民主专政的国体、人民代表大会制度、公有制为基础的经济制度和计划经济体制等。在同"苏联模式"的积极对话中,社会主义基本制度体系逐渐建构起来。20世纪90年代初,苏联解体,东欧剧变,给包括中国在内的世界其他社会主义国家留下了深刻警示。在推动各领域制度改革和制度创新时,时刻保持同"苏联模式"的反思性对话,对照问题,找寻出路,以更好地认识和把握社会主义本质及其制度运行规律,寻求具有中国特色的社会主义制度建设道路。

---

① 《毛泽东文集》第7卷,人民出版社1999年版,第214页。

二是在同民主社会主义模式的差异性对话中,彰显中国特色。民主社会主义虽在其话语概念上仍保留"社会主义"的标识,但究其本质,民主社会主义显然违背了科学社会主义的基本原则,已脱离社会主义的话语范畴。在政治制度方面,中国特色社会主义制度是人民民主专政的制度支撑,凸显人民民主专政国体的鲜明特征。而民主社会主义则将"民主"和"专政"对立了起来,其推崇的"民主"正是马克思所批判的资产阶级民主,是私有制基础上的民主。在经济制度方面,中国特色社会主义制度始终坚持公有制为主体、多种所有制经济共同发展,按劳分配为主体、多种分配方式并存的社会主义市场经济体制等基本经济制度,民主社会主义则主张混合所有制,要求各种经济成分实现其名义上的平衡发展,其倡导的福利国家制度始终没有走出私有制的窠臼。此外,在坚持马克思主义在意识形态领域的指导地位、坚持工人阶级政党的领导等方面,两者的话语表述也存在一些根本区别。

三是在同新自由主义的区别性对话中,彰显中国特色。近年来,一些西方学者在研究中国制度问题时,习惯性地给中国制度模式扣上"新自由主义""国家自由主义""经济自由+政治压制"的帽子,进而将中国特色社会主义制度的理论建构置于资本主义的话语陷阱之中。事实上,作为近现代资本主义社会的主流意识形态,按照新自由主义的构想建立起来的社会制度注定是为资本主义制度服务的。与社会主义市场经济体制不同,新自由主义在经济制度上的市场化主张以私有制为前提,要求政府放松或停止干预资本和金融市场,认为"当集体化的范围扩大了之后,'经济'变得更糟而不是具有更高的'生产率'"①;而社会主义市场经济体制则强调公有制为基础,既发挥政府在经济运行中的宏观调控作用,也要求充分发挥市场对资源配置的决定性作用,与新自由主义的制度话语主张有着本质性区别。

---

① ［美］詹姆斯·布坎南:《财产与自由》,韩旭译,中国社会科学出版社2002年版。

2. 凸显传承性,蕴含历史文化根基和党的百年制度探索经验

"中国特色社会主义制度和国家治理体系不是从天上掉下来的"①,纵观百年来党的制度探索历程,新民主主义革命时期的制度尝试、社会主义革命和建设时期的制度初创、改革开放和社会主义现代化建设新时期的制度建设、新时代制度的健全性完善,其实都是立足中国国情、传承中华文化根基的实践,是一以贯之的。

第一,传承性表现在文化的传承,即中国特色社会主义制度话语具有深厚的历史文化根基。中华民族的五千年文明史同样也是一部制度文明史,"在几千年的历史演进中,中华民族创造了灿烂的古代文明,形成了关于国家制度和国家治理的丰富思想"②。"六合同风、四海一家""等贵贱均贫富、损有余补不足""亲仁善邻、协和万邦"等理念在转化为制度实践的过程中,逐渐成为中华民族的话语印记,在维护民族统一和安定社会秩序方面发挥了积极作用。同时,"自古以来逐步形成了一整套包括朝廷制度、郡县制度、土地制度、税赋制度、科举制度、监察制度、军事制度等各方面制度在内的国家制度和国家治理体系,为周边国家和民族所学习和模仿"。③ 这些优秀的制度文明成果,以及其中蕴含着的制度思想精华,是中华优秀传统文化的重要组成部分,也是中华民族精神的重要内容,是中国在人类发展史上曾长期处于领先地位的关键所在。

科学社会主义的主张,是同"我国传承了几千年的优秀历史文化"和"广大人民日用而不觉的价值观念"相互融通的。百年来,中国共产党人在建构中国特色社会主义制度的过程中,剔除中国古代社会制度中的封建糟粕,充分吸收其中优秀的经验性的关于国家制度和国家治理的丰富思想,并将其与科

---

① 《十九大以来重要文献选编》(中),中央文献出版社2021年版,第300页。
② 《十九大以来重要文献选编》(中),中央文献出版社2021年版,第300页。
③ 《十九大以来重要文献选编》(中),中央文献出版社2021年版,第301页。

学社会主义基本原则相结合。例如,在构想新中国人民民主专政的国体时,毛泽东将其与"大同"社会理想联系在一起,吸收了中国古代思想文化中关于"大同"社会的思想内容,"经过人民共和国到达社会主义和共产主义,到达阶级的消灭和世界的大同"①。毛泽东认为,中国共产党人所寻求"大同"理想路径和之前资产阶级所追求的路径有着本质不同。在《论人民民主专政》中,毛泽东说:"康有为写了《大同书》,他没有也不可能找到一条到达大同的路。资产阶级的共和国,外国有过的,中国不能有,因为中国是受帝国主义压迫的国家。唯一的路是经过工人阶级领导的人民共和国。"②在对具体制度进行设计时,儒家的"仁政""德治"与法家的"法治"思想也得到了创造性转化,中国特色社会主义制度在制度设计中吸收了许多中国古代关于国家治理和社会治理中诸多规章制度的有益营养。

第二,传承性还表现在经验的传承,即中国特色社会主义制度话语凝聚着中国共产党百年制度探索实践的经验积累。中国特色社会主义制度,"是党和人民长期奋斗、接力探索、历尽千辛万苦、付出巨大代价取得的根本成就"③。回顾制度建设历程,中国特色社会主义制度之所以能在当代中国取得巨大成就,离不开中国共产党的百年制度探索,离不开党在探索适合中国国情的社会主义制度过程积累的正反两方面经验教训。一方面,中国共产党从根据地的政权建设开始,探索建立新民主主义经济、政治、文化制度,"为新中国建立人民当家作主的新型国家制度积累了宝贵经验";④夺取全国政权后,党又领导人民确定了国体、政体、国家结构形式,建立了国家政权组织体系;随后,进行社会主义改造,确立社会主义基本制度,"成功实现了中国历史上最深刻最伟大的社会变革,为当代中国一切发展进步奠定了根本政治前提和制

---

① 《建党以来重要文献选编(一九二一——一九四九)》第36册,中央文献出版社2011年版,第504页。

② 《毛泽东选集》第4卷,人民出版社1991年版,第1471页。

③ 《十九大以来重要文献选编》(中),中央文献出版社2021年版,第302页。

④ 《十九大以来重要文献选编》(中),中央文献出版社2021年版,第301页。

度基础"①;改革开放以来,中国特色社会主义制度和国家治理体系不断完善,在实践中不断释放出巨大的治理效能。另一方面,在社会主义制度探索实践中,党也曾遭遇过挫折、交过"学费",但中国共产党人能够很快从挫折中奋起,找到了一条建设符合中国国情的社会主义制度的正确道路,建立起具有强大生命力和巨大治理效能的中国特色社会主义制度和国家治理体系。这些实践以及在实践中形成的制度建设成果,"为当代中国发展进步提供了根本保障,也为新时代推进国家制度和法律制度建设提供了重要经验"②。

第三,这种传承性还表现在对人类文明先进思想的传承,即中国特色社会主义制度话语吸收借鉴了人类制度文明的先进成果。中国共产党人是马克思主义者,在制度建设上秉持着开放包容的心态,尤其是对待有利于本国制度建设的先进经验,中国共产党人都在立足中国国情的基础之上加以吸收运用。例如,在起草"五四宪法"时,毛泽东特地开列了一个关于中外各类宪法的书目,希望"各政治局委员及在京各中央委员从现在起即抽暇阅"③,他自己也广泛阅读和研究了世界上的各类宪法。毛泽东认为:"制定本国宪法,参照别国宪法和中国历史上有过的宪法,是完全必要的。人家好的东西,结合中国国情,加以吸收;不好的甚至是反动的东西,也可以引为鉴戒。"④社会主义革命和建设时期,社会主义政权建设中很多制度话语的建构也借鉴了苏联等社会主义国家的有益经验。改革开放以来,社会主义市场经济体制实现了社会主义基本制度和市场经济的有机结合,体现出的也是对人类制度文明先进成果的传承和运用。正如习近平总书记所说:"我们从来不排斥任何有利于中国发展进步的他国国家治理经验,而是坚持以我为主、为我所用,去其糟粕、取其精华。"⑤

---

① 《十九大以来重要文献选编》(中),中央文献出版社 2021 年版,第 302 页。

② 习近平:《坚持、完善和发展中国特色社会主义国家制度与法律制度》,《求是》2019 年第 23 期。

③ 《毛泽东文集》第 6 卷,人民出版社 1999 年版,第 320 页。

④ 《毛泽东传》第 3 册,中央文献出版社 2011 年版,第 1280 页。

⑤ 《十九大以来重要文献选编》(中),中央文献出版社 2021 年版,第 303 页。

3. 凸显人民性,彰显人民至上的话语立场

我国是人民民主专政的社会主义国家,中国特色社会主义制度是人民民主专政国体的重要支撑。因此,中国特色社会主义制度必然彰显社会主义国家的性质,彰显人民至上的价值立场。中国特色社会主义制度话语同中国特色社会主义制度在价值立场和本质属性上具有一致性。

首先,突出人民在制度建构中的主体地位。人民是历史的创造者,也是制度的主要建构者。中国共产党人在阐述中国特色社会主义制度的建构历程时,在强调党的领导作用的同时,也会同时强调人民的参与。例如,毛泽东在《论人民民主专政》中说:"就是这样,西方资产阶级的文明,资产阶级的民主主义,资产阶级共和国的方案,在中国人民的心目中,一齐破了产。"[1]在这里,毛泽东突出的是中国人民在近代以来各种制度选择中的主体地位。新中国成立后,毛泽东又说:"在这种制度的基础上,我国人民能够发挥其无穷无尽的力量。这种力量,是任何敌人所不能战胜的。"[2]改革开放后,邓小平指出:"我们的党和人民浴血奋斗多年,建立了社会主义制度。"[3]在这里,邓小平强调党的作用的同时,突出了人民的作用。习近平总书记也指出:"始终代表最广大人民根本利益,保证人民当家作主,体现人民共同意志,维护人民合法权益,是我国国家制度和国家治理体系的本质属性,也是我国国家制度和国家治理体系有效运行、充满活力的根本所在。"[4]

其次,突出人民在制度评价中的关键作用。人民是制度的实践者和参与者,更在这一过程中检验制度的实际效能。基于以人民为中心的话语立场,我国人民当家作主的制度体系逐渐健全,人民的各项合法权利拥有坚强的法治

---

① 《毛泽东选集》第4卷,人民出版社1991年版,第1471页。
② 《毛泽东文集》第6卷,人民出版社1999年版,第184页。
③ 《邓小平文选》第2卷,人民出版社1994年版,第337页。
④ 《十九大以来重要文献选编》(中),中央文献出版社2021年版,第303页。

保障,全过程人民民主得到充分实现,人民群众生活水平不断提升、文化权益得到充分保障。中国共产党在制度话语建构过程中,始终将人民的满意程度、人民的受益程度、人民的价值实现等作为阐述制度优势和效能的重要标准。例如,习近平总书记在庆祝全国人民代表大会成立 60 周年大会上提出的"评价一个国家政治制度是不是民主的、有效的"①标准,就包括"全体人民能否依法管理国家事务和社会事务、管理经济和文化事业,人民群众能否畅通表达利益要求"②等。在新中国成立 70 周年前夕,他在中央政治局集体学习时指出:"衡量一个社会制度是否科学、是否先进,主要看是否符合国情、是否有效管用、是否得到人民拥护。"③在党的十九届四中全会上,他强调:"中国特色社会主义制度好不好、优越不优越,中国人民最清楚,也最有发言权。"④其实,"是否符合国情、是否有效管用"最终还是需要取决于人民满不满意、拥不拥护。换言之,中国特色社会主义制度的评价权在广大人民手中,只有经过人民实践检验、人民说好的制度才是真正的好制度。

一百年来,党领导人民在制度实践中积累了丰硕成果,社会主义制度的"应然"优势正逐渐向"实然"转化——"我国国家制度和国家治理体系始终着眼于实现好、维护好、发展好最广大人民根本利益,着力保障和改善民生,使改革发展成果更多更公平惠及全体人民。"⑤这是中国特色社会主义制度话语的最突出的特征、最本质的特点。人民是贯穿中国特色社会主义制度话语的主线。中国特色社会主义制度话语彰显出鲜明的人民立场。

三、推进新时代中国特色社会主义制度话语创新

进入新时代,中国特色社会主义制度话语具有更加宽广的实践基础,更为

---

① 《习近平谈治国理政》第 4 卷,外文出版社 2022 年版,第 258 页。
② 《十八大以来重要文献选编》(中),中央文献出版社 2016 年版,第 60 页。
③ 习近平:《坚持、完善和发展中国特色社会主义国家制度与法律制度》,《求是》2019 年第 23 期。
④ 《十九大以来重要文献选编》(中),中央文献出版社 2021 年版,第 305 页。
⑤ 《十九大以来重要文献选编》(中),中央文献出版社 2021 年版,第 303 页。

深厚的理论资源。讲好中国特色社会主义制度故事,是新时代中国特色社会主义制度话语构建的题中之义。推进新时代中国特色社会主义制度话语创新,是新时代完善和发展中国特色社会主义制度、推进国家治理体系和治理能力现代化的重要一环。

1. 深挖实践资源,不断推进中国特色社会主义制度话语时代化

每一个时代都有每一个时代特定的历史条件,不同时期制度话语的构建和不同时期的历史条件、时代环境紧密相连。中国特色社会主义新时代,国内外形势发生深刻复杂变化,我国发展处于重要战略机遇期,中国特色社会主义制度话语的构建,有着更加宽广的实践基础。推进新时代中国特色社会主义制度话语创新,必须立足新时代的广阔实践,推进制度话语时代化。

一是要深刻把握中国特色社会主义制度与中国特色社会主义新时代的内在逻辑。当前,"我国社会主要矛盾已经转化为人民日益增长的美好生活需要和不平衡不充分的发展之间的矛盾"①"党面临的主要任务是,实现第一个百年奋斗目标,开启实现第二个百年奋斗目标新征程,朝着实现中华民族伟大复兴的宏伟目标继续前进"。② 社会主要矛盾的转化、党所面临的主要任务的变化,对于新时代国家制度和国家治理体系建设提出了全新的要求。特别是进入新时代,相比我国经济社会发展要求,相比人民群众期待,相比当今世界日趋激烈的国际竞争,相比实现国家长治久安,我们在国家治理体系和治理能力方面还有许多不足,有许多亟待改进的地方。因此"我们要更好发挥中国特色社会主义制度的优越性,必须从各个领域推进国家治理体系和治理能力现代化。③"从"制"到"治"的话语转化,体现出中国共产党对于国家治理问题

---

① 《十九大以来重要文献选编》(上),中央文献出版社 2019 年版,第 8 页。
② 《中国共产党第十九届中央委员会第六次全体会议文件汇编》,人民出版社 2021 年版,第 45 页。
③ 《习近平关于社会主义政治建设论述摘编》,中央文献出版社 2017 年版,第 5 页。

的新认识。习近平总书记指出,提出要推进国家治理体系和治理能力现代化,"这是完善和发展中国特色社会主义制度的必然要求,是实现社会主义现代化的应有之义。"①基于此,完善和发展中国特色社会主义制度、推进国家治理体系和治理能力现代化,"适应时代变化,既改革不适应实践发展要求的体制机制、法律法规,又不断构建新的体制机制、法律法规,使各方面制度更加科学、更加完善,实现党、国家、社会各项事务治理制度化、规范化、程序化",就成为贯穿党在新时代奋斗的主线。②

二是善于发现和运用新时代制度实践经验,突出中国特色社会主义制度的治理效能。总体上看,党在全国执政以后,围绕怎样治理社会主义社会这样全新的社会这个问题,进行了多方面的探索,虽然也曾发生曲折,但在国家治理体系和治理能力上积累了丰富经验、取得了重大成果,改革开放以来的进展尤为显著。党的十八大以后的十年时间里,中国特色社会主义制度和国家治理体系已经日渐成熟,在治理实践中也产生了许多显著的治理成果。例如,在决胜全面建成小康社会的进程中,中国特色社会主义制度和国家治理体系集中力量办大事的制度优势充分彰显;在抗击新冠疫情的斗争中,这种制度优势更成为取得抗疫阶段性胜利并进而率先实现经济正增长的重要保障。这些治理成效,是讲好新时代中国特色社会主义制度故事的生动素材。2019年,党的十九届四中全会指出:"新中国成立七十年来,我们党领导人民创造了世所罕见的经济快速发展奇迹和社会长期稳定奇迹,中华民族迎来了从站起来、富起来到强起来的伟大飞跃。"③这"两大奇迹"其实就是我国国家制度和治理体系显著优势的生动证明。推进新时代中国特色社会主义制度话语创新,要善用这些实践资源,不断丰富制度优势、治理效能的"资源库""素材库"。

---

① 《习近平关于全面建成小康社会论述摘编》,中央文献出版社2016年版,第77页。
② 《十八大以来重要文献选编》(上),中央文献出版社2014年版,第549页。
③ 《十九大以来重要文献选编》(中),中央文献出版社2021年版,第270页。

2. 加强研究阐释,扎实推进中国特色社会主义制度话语学理化

怎样治理社会主义社会这样全新的社会的问题,是在世界社会主义发展史上没有能够很好解决的问题。对于这个问题,马克思、恩格斯等经典作家由于没有遇到全面治理一个社会主义国家的实践,因此,提出的很多原理其实也是预测性、猜想性的。列宁对于这个问题也没有深入的探索,苏联虽然在这个问题上有一定的经验,却也犯了错误,导致国家解体、国际共产主义运动进入"低潮"。社会主义制度在中国的成功实践,成为回答这个问题的新路径。推进新时代中国特色社会主义制度话语创新,就需要紧扣这个问题,展开深入的研究和阐释。

一是要深化制度理论研究,构筑中国制度建设理论的学术体系、理论体系、话语体系。理论研究是中国特色社会主义制度话语构建的重要支撑。2019 年 11 月,习近平总书记在中央政治局集体学习时指出:"要加强对中国特色社会主义国家制度和法律制度的理论研究,总结 70 年来我国制度建设的成功经验,构筑中国制度建设理论的学术体系、理论体系、话语体系,为坚定制度自信提供理论支撑。"①构筑学术体系,就要整合相关学科的研究力量,充分发挥马克思主义理论、政治学、社会学、经济学、哲学、历史学等学科在中国特色社会主义制度理论研究中的重要作用,拓展中国特色社会主义制度话语在不同学科当中的学术影响力;构筑理论体系,就是要突出制度理论的学理化,善于将党和人民在新时代的制度实践和治理探索及时上升到理论层面、学术层面,并在实践中不断检验制度理论和实践成果,逐渐形成具有中国特色的制度理论体系;构筑话语体系,就是要精准定位中国特色社会主义制度的话语立场,深入研究中国特色社会主义制度的话语逻辑,为坚定中国特色社会主义制度自信提供学术、理论、话语支撑。

---

① 习近平:《坚持、完善和发展中国特色社会主义国家制度与法律制度》,《求是》2019 年第 23 期。

二是要深化马克思主义中国化视阈下的中国特色社会主义制度研究,开创 21 世纪马克思主义国家学说新境界。"对事物的认识是需要一个过程的,而对社会主义这个我们只搞了几十年的东西,我们的认识和把握也还是非常有限的,还需要在实践中不断深化和发展。"①坚持和发展中国特色社会主义是一篇大文章,坚持和发展中国特色社会主义制度是这篇"大文章"中的重要章节,与马克思主义中国化的理论演进相统一、与中国特色社会主义的时代发展相衔接。习近平总书记指出:"我国国家制度和国家治理体系之所以具有多方面的显著优势,很重要的一点就在于我们党在长期实践探索中,坚持把马克思主义基本原理同中国具体实际相结合,把开拓正确道路、发展科学理论、建设有效制度有机统一起来,用中国化的马克思主义、发展着的马克思主义指导国家制度和国家治理体系建设,不断深化对共产党执政规律、社会主义建设规律、人类社会发展规律的认识,及时把成功的实践经验转化为制度成果,使我国国家制度和国家治理体系既体现了科学社会主义基本原则,又具有鲜明的中国特色、民族特色、时代特色。"②党的十八大以来,以习近平同志为主要代表的中国共产党人围绕在我国国家制度和国家治理体系上应该坚持和巩固什么、完善和发展什么的重大政治问题,提出了一系列战略性、前瞻性的理论观点,"明确全面深化改革总目标是完善和发展中国特色社会主义制度、推进国家治理体系和治理能力现代化"③是习近平新时代中国特色社会主义思想的重要组成部分。推进新时代中国特色社会主义制度话语创新,就必须从马克思主义中国化的视阈出发,从理论维度出发深入研究马克思主义国家学说同新时代中国具体实际相结合、同中华优秀传统文化相结合的过程,以新时代中国的制度探索和治理实践丰富和发展马克思主义国家学说,推进马克

① 《十八大以来重要文献选编》(上),中央文献出版社 2014 年版,第 114 页。
② 《十九大以来重要文献选编》(中),中央文献出版社 2021 年版,第 303 页。
③ 《中国共产党第十九届中央委员会第六次全体会议文件汇编》,人民出版社 2021 年版,第 47 页。

思主义制度理论中国化时代化。

3. 加强宣传教育，有效增强中国特色社会主义制度话语影响力

在实践中，中国特色社会主义制度彰显出巨大优势；将制度优势转化为制度影响力，就必须依靠有效的宣传教育。总的来看，新时代中国特色社会主义制度的宣传教育，主要有两个维度。

一是，要面向全党全国各族人民尤其是青少年开展制度教育，以增强全社会的制度认同、坚定制度自信。我国国家制度和国家治理体系的发展成就和显著优势，是推动全党全国各族人民坚定制度自信的重要素材。增强中国特色社会主义制度话语影响力，首先就是要增强全党全国各族人民尤其是青少年群体对于中国特色社会主义制度话语的深刻认同。要推进中国特色社会主义制度话语进教材、进课堂、进头脑，发挥学校思想政治理论课、各学科课程对于中国特色社会主义制度问题的教育教学作用，"把制度自信教育贯穿国民教育全过程，把制度自信的种子播撒进青少年心灵"，[1]发挥党校、团校以及各类培训对于中国特色社会主义制度问题的宣传作用，确保广大党员干部涉及中国特色社会主义制度的重大政治问题上有定力、有主见。要协调处理好在中国特色社会主义制度宣传教育问题上政治话语、学术话语、大众话语之间的关系，做好三类话语的功能定位和场域转化工作。在内容上，要"引导全党全社会充分认识中国特色社会主义制度的本质特征和优越性，充分认识中国特色社会主义制度和国家治理体系经过长期实践检验，来之不易，必须倍加珍惜；完善和发展我国国家制度和国家治理体系，必须坚持从国情出发、从实际出发，既把握长期形成的历史传承，又把握党和人民在我国国家制度建设和国家治理方面走过的道路、积累的经验、形成的原则，不能照抄照搬他国制度模式"[2]。

---

① 《十九大以来重要文献选编》(中)，中央文献出版社 2021 年版，第 309 页。
② 《十九大以来重要文献选编》(中)，中央文献出版社 2021 年版，第 309 页。

二是,要面向国际社会讲好新时代中国的制度故事,扩大中国制度的影响力、感召力。"制度优势是一个国家的最大优势,制度竞争是国家间最根本的竞争。"①当今世界正经历百年未有之大变局,国家间的较量更加激烈,不同意识形态、不同社会制度之间的竞争也更加激烈。特别是近年来,国际社会关于"中国模式""中国道路""中国之制"问题的讨论和研究逐渐升温,但是诸如"中国崩溃论""社会主义失败论""历史终结论"等一些唱衰中国、唱衰社会主义、唱衰马克思主义的论调也不绝于耳。面对这些质疑和非难,中国特色社会主义制度和国家治理体系所彰显出的"风景这边独好"的景象,国际共产主义运动在新时代中国翻开了新的篇章,"东升西降"成为历史大势。2013 年 1 月 5 日,在新进中央委员会的委员、候补委员学习贯彻党的十八大精神研讨班开班式上的讲话中,习近平总书记就深刻指出:"我们始终认为,各国的发展道路应由各国人民选择。所谓的'中国模式'是中国人民在自己的奋斗实践中创造的中国特色社会主义道路。"②他说:"我们坚信,随着中国特色社会主义不断发展,我们的制度必将越来越成熟,我国社会主义制度的优越性必将进一步显现,我们的道路必将越走越宽广,我国发展道路对世界的影响必将越来越大。"③党的十八大以来,中国特色社会主义制度的生动实践也从事实维度深刻证明了习近平总书记的这一判断。推进新时代中国特色社会主义制度话语创新,就必须从话语体系入手、从传播能力和传播路径入手,在中西制度比较之中、在"环球同此凉热"的国际竞争之中,讲好中国特色社会主义制度好在哪里、优越在哪里,从而在当今世界两种意识形态、两种制度的比较和竞争之中凸显社会主义制度、凸显中国特色社会主义制度的话语优势,提高说服力、感召力,"增进国际社会对我国制度的认识和认同"④。

---

① 《十九大以来重要文献选编》(中),中央文献出版社 2021 年版,第 300 页。
② 《十九大以来重要文献选编》(上),中央文献出版社 2014 年版,第 111 页。
③ 《十八大以来重要文献选编》(上),中央文献出版社 2014 年版,第 111 页。
④ 习近平:《坚持、完善和发展中国特色社会主义国家制度与法律制度》,《求是》2019 年第 23 期。

第十一章　新时代中国特色社会主义制度研究探析

"中国之治"得益于"中国之制"。中国特色社会主义制度是马克思主义国家学说同中国具体实际相结合的制度成果,在实践中展现出显著优势,是中国发展进步的坚强支撑。10多年来,随着我国的综合国力和国际地位不断上升,国际上关于"北京共识""中国模式""中国道路"等议论和研究也多了起来。在国内,学界围绕中国特色社会主义制度展开研究阐释,形成了一大批研究成果。中国特色社会主义制度研究已经成为马克思主义中国化研究领域一个非常重要的议题。"中国特色社会主义制度"概念在党的十八大前提出,但是围绕这一概念的研究阐释主要集中于党的十八大召开后。中国特色社会主义新时代为中国特色社会主义制度研究提供了更为深厚的实践土壤,特别是习近平新时代中国特色社会主义思想的形成,更为中国特色社会主义制度研究的深化提供了理论支撑和方向指引。

一、当代中国发展进步背后的"制度之思"

新中国成立70多年、改革开放40多年,特别是党的十八大以来,当代中国的发展进步举世瞩目。其原因何在? 这是目前国内外学者争论的一个热点问题。有学者认为,中国的高速发展得益于通过改革开放,利用自己的劳动力资源优势,顺利地搭上了经济全球化的便车,实现了自己的发展。也有学者认为,改革开放的实质就是中国全面转向资本主义,由于中国丰厚的资源和巨大的市场,使得资本主义在中国重新迸发了活力,并推动了当代中国的发展进步。还有学者认为,改革开放以来中国的高速发展是利用后发优势的结果。关于当代中国发展进步的原因可谓众说纷纭,莫衷一是。其实,当代中国发展进步的根本原因,在于不断完善的中国特色社会主义制度。正如习近平总书记所说:"新中国成立70年来,中华民族之所以能迎来从站起来、富起来到强起来的伟大飞跃,最根本的是因为党领导人民建立和完善了中国特色社会主义制度,形成和发展了党的领导和经济、政治、文化、社会、生态文明、军事、外事等各方面制度,不断加强和完善国家治理。"①

1."世所罕见的两大奇迹":新中国成立70多年来的"中国之治"

2020年11月,中国832个贫困县全部脱贫摘帽,②实现了现行标准下近1亿农村贫困人口全部脱贫,中国用实际行动提前实现了联合国2030年可持续发展议程的减贫目标。2021年7月1日,习近平总书记庄严宣告:"经过全党全国各族人民持续奋斗,我们实现了第一个百年奋斗目标,在中华大地上全面建成了小康社会,历史性地解决了绝对贫困问题,正在意气风发向着全面建成社会主义现代化强国的第二个百年奋斗目标迈进。"③中国的国家制度和国家治理体系管不管用、有没有效,中国共产党治国理政的实践就是最好的"试金石"。具体来看,新中国成立以来中国共产党领导中国人民取得的发展成就,可以总结为"世所罕见的两大奇迹"——经济快速发展奇迹和社会长期稳定奇迹。

---

① 《十九大以来重要文献选编》(中),中央文献出版社2021年版,第300页。
② 顾仲阳:《我国832个贫困县全部脱贫摘帽》,《人民日报》2020年11月25日。
③ 习近平:《在庆祝中国共产党成立100周年大会上的讲话》,人民出版社2021年版,第2页。

经济快速发展奇迹,是指"我国大踏步赶上时代,用几十年时间走完了发达国家几百年走过的工业化进程,跃升为世界第二大经济体,综合国力、科技实力、国防实力、文化影响力、国际影响力显著提升,人民生活显著改善,中华民族以崭新姿态屹立于世界的东方"①。新中国成立之初,我国的经济基础极为薄弱。数据显示,1952年我国国内生产总值仅为679亿元,人均国内生产总值为119元。到1978年,我国国内生产总值增加到3679亿元,占世界经济的比重为1.8%,居全球第11位。改革开放以来,我国经济快速发展,2010年国内生产总值达到412119亿元,超过日本并稳居世界第二。党的十八大以来,中国的综合国力持续提升,尤其是在百年变局和世纪疫情交织演进的情况下,中国的经济发展和疫情防控保持全球领先地位。2022年国家统计局公布的《中华人民共和国2021年国民经济和社会发展统计公报》显示,全年国内生产总值1143670亿元,比上年增长8.1%,国民总收入1133518亿元,比上年增长7.9%。这些成绩的取得来之不易,离不开中国共产党的坚强领导,离不开中国特色社会主义制度的坚强保障。

社会长期稳定奇迹,是指"我国长期保持社会和谐稳定、人民安居乐业,成为国际社会公认的最有安全感的国家之一"②。2021年底,国家统计局组织开展的全国群众安全感调查结果显示,2021年全国群众安全感为98.62%,近五年持续保持高位,比2020年提升了0.2个百分点。20个省(区、市)群众安全感超过98.5%。③ 2022年全国"两会"期间,习近平总书记在全国政协农业界、社会福利和社会保障界委员联组会上深刻阐明我国发展仍具有的战略性的"五个有利条件",其中一个就包括"有长期稳定的社会环境,人民获得感、幸福感、安全感显著增强,社会治理水平不断提升,续写了社会长期

---

① 《十九大以来重要文献选编》(中),中央文献出版社2021年版,第304页。
② 《十九大以来重要文献选编》(中),中央文献出版社2021年版,第304—305页。
③ 徐婷:《平安中国建设续写奇迹 去年全国群众安全感为98.62%同比提升0.2%》,《人民公安报》2022年3月2日。

稳定的奇迹"。①

这"两大奇迹"的背后离不开中国特色社会主义制度和我国国家治理体系的坚强支撑。"可以说,在人类文明发展史上,除了中国特色社会主义制度和国家治理体系外,没有任何一种国家制度和国家治理体系能够在这样短的历史时期内创造出我国取得的经济快速发展、社会长期稳定这样的奇迹。"②

2."中国奇迹"的海外研究:制度是"中国之治"的深层动因

当代中国发展进步的突出成就,同样引起了一些国外学者对其原因的思考,他们从不同的视角,进行了各自的分析,向国际社会讲述着不同版本的"中国奇迹"和"中国故事"。

有的学者认为,当代中国之所以能够实现如此快速的发展,主要是因为中国作为一个后发国家,在改革开放的过程中,顺利地搭上了全球化的便车,并很好地利用了"后发优势",通过引进外资、模仿技术、学习管理经验等,少走了发达国家曾经走过的许多弯路。耶鲁大学教授陈志武认为,中国的经济成功,"是中国通过'改革'和'开放'充分利用了后发的'优势'部分所致""仅仅'改革'和'开放'是难以取得这些成就的"。在他看来,改革这一"内因",并不是当代中国发展的主要原因,真正原因在于通过改革推动了开放,又通过开放搭上了全球化的便车,进而很好地利用了"后发优势"。他还指出:"客观地讲,中国经济成就至少包括两个主因:已成熟的工业技术和有利于自由贸易的世界秩序。这种发展条件或说机遇来自于世界,具体讲来自西方,而非源自中国。'改革开放'的贡献在于让中国加入了起源于中国之外的世界潮流,让中国搭上了全球化的便车。后发之所以有'优势'也在于这种'便车'

---

① 《习近平在看望参加政协会议的农业界社会福利和社会保障界委员时强调 把提高农业综合生产能力放在更加突出的位置 在推动社会保障事业高质量发展上持续用力》,《人民日报》2022年3月7日。

② 《十九大以来重要文献选编》(中),中央文献出版社2021年版,第305页。

已经存在。"①

也有学者认为,当代中国之所以在改革开放以后实现了快速发展,主要在于改革开放以后放弃了社会主义制度,并全面转向资本主义的结果。美国学者乔纳森·安德森在《走出神话:中国不会改变世界的七个理由》、谢德华在《中国的逻辑:为什么中国的崛起不会威胁西方》等著作中都明确表达了这样的观点。在他们看来,中国在改革开放以后之所以能够迅速发展起来,就是因为中国在经济政治的各个方面,特别是经济方面采取了西方发达国家正在实行的种种制度和体制。谢德华指出:"当前中国的增长更多的是通过内化西方发达工业国家的规则实现的。实现增长的途径是越来越深地与西方融为一体。从本质上说,中国作为一个处于现代化革命高潮的国家,目前正在做历史上从未做过的事情:融入世界体系。"②在这里,所谓的融入世界体系,就是要建立和西方发达国家一样的政治经济制度。他们认为,中国在经过对理想社会主义的痛苦尝试之后,终于重新回到了"正确"的道路上来,中国并没有自己真正的发展逻辑,也不可能成为"历史走向终结"的一个例外,资本主义是中国的唯一选择。

还有一些学者认为,当代中国的发展源于威权主义政治和自由市场经济的有机结合,从而创造出一种有中国特色的发展模式,他们把这种模式称为"有中国特色的新自由主义模式"。这种模式的特点是,既通过改革实现经济的私有化、自由化和市场化来刺激经济的增长,又通过在一些关键领域的控制权保持国家的强大调控能力。大卫·哈维在《新自由主义简史》一书中认为,中国确实是一个新自由主义国家,但它有的时候却像凯恩斯主义国家那样行事。所以,他把中国称作是"有中国特色的新自由主义国家"。哈维还引用布鲁克林法学院一位学者的话说,中国正是因为成功地建立了一种国家操控的

---

① 陈志武:《再谈"后发优势"与"后发劣势"》,《国际金融》2008 年第 4 期。

② [美]谢德华:《中国的逻辑:为什么中国的崛起不会威胁西方》,曹槟、孙豫宁译,中信出版社 2011 年版,第 18 页。

市场经济,才带来了年均 10% 这样惊人的经济增长奇迹,并提高了相当多人民的生活质量。① 而诺贝尔经济学奖获得者斯蒂格利茨也曾把中国称为实行新自由主义的典范。中国把新自由主义的理念和本国的实际结合起来,不是通过"休克疗法",而是以渐进的方式实行了私有化、降低了贸易壁垒,既没有像苏联那样崩溃,而又实现了高速增长、减少了贫困。

国外学者对当代中国发展进步原因的分析,囿于他们各自立场、方法、视角的不同,得出了种种不同的结论,并不能揭示当代中国发展进步的根本原因。其实,通过对当代中国的发展进步进行深入探究就不难发现,当代中国发展进步的根本原因,既不是一些学者所谓的"搭上全球化的便车"那么简单,也不是全面转向资本主义,同样也不存在一个所谓的"有中国特色的新自由主义"发展模式。

对于当代中国来讲,世界上没有免费的"便车"。有的国家也许真的可以利用发达国家经济转型的机会,搭上所谓的"便车",而对于中国这样一个拥有十几亿人口的大国来说,即使有了"便车"的存在,也不是能够"免费"搭乘的,许多发展中国家为此付出了惨痛的代价,把自己的发展寄托在其他国家发展的基础之上,在失去独立自主地位的同时,也大大降低了抵御外部风险的能力。1997 年的东南亚金融危机对泰国、马来西亚等一些国家的冲击,用事实证明,"搭便车"是一种危险的行为,时刻有可能让本国的经济发展陷入停滞甚至倒退。而中国在 1997 年东南亚金融危机和 2008 年的国际金融危机中能够继续保持高速增长,特别是在 2020 年新冠疫情全球大流行以来,依然保持经济社会长期稳定和经济正增长,则用事实证明,中国的发展建立在独立自主而不是"搭便车"的基础之上。

对中国来说,实现经济社会的发展进步并不是所谓"选择资本主义制度"的结果。世界上有众多的发展中国家采取的都是资本主义制度,却并没有实

---

① [美]大卫·哈维:《新自由主义简史》,王钦译,译文出版社 2010 年版,第 163、139 页。

现经济的持续快速增长。特别是当代中国的发展进步不仅仅是经济的增长，更重要的是通过经济的增长推动了社会的全面进步。对于那些走资本主义道路也实现了经济增长的国家来说，要像中国一样实现社会的同步发展，却是不可能的。英国《金融时报》网站 2012 年初一篇文章指出，印度可能是继中国之后经济发展最快的国家。然而，印度农村小学的教育水平排在巴布亚新几内亚和危机不断的阿富汗、也门之后。印度快速的经济增长并未改善其 12 亿人口的基础教育水平。"在诸如寿命预期、婴儿死亡率、平均受教育时间、疫苗接种等一些生活水平最关键的社会指标方面，这两个国家的差距正在扩大，而不是缩小。""印度人的平均受教育时间是 4.4 年，而印度小学的师生比仅及中国的三分之一。"①德国《明镜》周刊一篇文章则指出："印度人早已把卫星送入太空，印度上个星期宣布明年启动其火星探索计划。这是印度的一面——一个正在崛起的世界大国的高技术力量中心，对于这个中心有许多数字可以证明。但印度还有另一面：地球上营养不良的儿童有三分之一生活在这个国家。印度三分之二的居民不得不靠每天不到 2 美元的收入过日子，超过 25% 的居民不会阅读和书写。"②正因为如此，西班牙《起义报》一篇文章在对比中国和印度的不同发展状况时指出，将经济的发展转化为贫困现象的减少，并非是一件容易的事情，这需要依靠社会和政治因素。在中国，这种社会和政治因素显然非常有利。而出现这种现象的原因则主要在于中国选择了社会主义的发展模式，而印度选择的是资本主义道路。③

　　所谓"有中国特色的新自由主义"的观点，似乎揭示了当代中国发展进步的客观原因。因为改革开放以来中国所采取的国有企业改革、发展市场经济、鼓励对外贸易等措施，在一些学者看来是采取新自由主义政策的结

---

① ［英］詹姆斯·拉蒙特：《印度学校没有跟上经济发展的步伐》，《参考消息》2012 年 2 月 2 日。

② ［德］埃里希·弗拉特：《在甘地和盖茨之间》，《参考消息》2012 年 9 月 10 日。

③ ［西］马克·班德比特：《中国和印度：那种发展模式更成功？》，《参考消息》2005 年 2 月 19 日。

果。这些改革措施确实给经济发展带来活力,促进了经济的增长,但并不能因此说明新自由主义是推动当代中国发展进步的根源。新自由主义曾经是一些拉美国家、东欧国家以及苏联改革的指导思想,但拉美"失去的十年"、苏联的解体、东欧国家转型的困境等都证明了新自由主义的失败。如果中国也采取新自由主义的政策,同样也不会有持续 30 多年的快速发展进步。鼓励、支持、引导非公有制经济的发展,也就是一些学者所谓的新自由主义因素,但这些因素不仅没有动摇公有制的主体地位,而且是为了服务于社会主义经济。

党的十八大以来,随着中国特色社会主义制度和我国国家治理体系日益成熟完善,一些国外学者更加关注到当代中国发展进步背后的制度动因。例如,党的十九届四中全会召开之后,乌克兰基辅国立语言大学高级研究员丹尼斯·梅兹柳克就认为:"新中国成立 70 年来的巨大成就证明了中国坚持中国特色社会主义制度是正确选择。"[1]2021 年第一季度我国国内生产总值同比增长 18.3%,面对这一成绩,巴西经济学家埃利亚斯·雅布尔表示:"中国经济取得的成绩非同寻常,是中国特色社会主义制度优势的体现。"[2]西班牙东亚问题专家圣地亚哥·卡斯蒂约曾多次到访中国,见证了中国的脱贫攻坚成就,他指出:"中国共产党把脱贫攻坚摆在治国理政突出位置,汇聚各方力量,取得显著成就,充分体现了中国特色社会主义制度的优越性。"[3]巴西圣保罗大学经济学教授、巴西全球南方研究所所长亚历山大·菲格雷多认为,改革开放后,中国走上一条"空前的现代化发展道路"。他指出:"中国人民的创造力、市场的体量、政策的科学有效等都是经济发展的重要因素,这些因素能够

---

① 陈怡、张继业、车宏亮等:《谋划长远未来 贡献世界发展——海外专家学者热议中共十九届四中全会》,《人民日报》2019 年 11 月 4 日。

② 俞懿春、方莹馨、马菲等:《为全球经济复苏注入强劲动力——国际社会积极评价中国一季度经济数据》,《人民日报》2021 年 4 月 27 日。

③ 车斌、于洋、李志伟等:《国际社会高度评价中国共产党以人民为中心的发展思想》,《人民日报》2022 年 3 月 17 日。

充分发挥作用的关键在于制度优势,即中国共产党的领导。"①

国外学者的各种观点,虽然不一定能够真实、客观地揭示当代中国经济社会发展的真正原因,但却给予我们一个非常重要的启示,即他们非常注重从制度视角探讨发展动因,注重以制度作为解释发展进步成就的根本原因。需要指出的是,尽管一些国外学者在主观上有意无意地忽视或否定中国特色社会主义制度,但"中国之治"的事实,却生动地体现在中国特色社会主义制度的框架之内;当代中国发展进步之谜,寓于以根本制度、基本制度、重要制度为"四梁八柱"的中国特色社会主义制度体系之中。正如习近平总书记所说:"当今世界正面临百年未有之大变局,国与国的竞争日益激烈,归根结底是国家制度的竞争。中国发展呈现出'风景这边独好'的局面,这其中很重要的原因就是我国国家制度和法律制度具有显著优越性和强大生命力。这是我们坚定'四个自信'的一个基本依据。"②

3. 中国特色社会主义制度是"中国模式"和"中国道路"的制度之维

20世纪80年代末期,随着世界社会主义阵营发生剧变,一些西方学者喊出了"历史终结"的口号,③提出自由民主制度是"人类意识形态发展的终点"和"人类最后一种统治形式"的论断。④ 但是,中国特色社会主义的发展成就证明,历史并未"终结",社会主义也并没有"崩溃",反而以一种全

---

① 亚历山大·菲格雷多:《科学理念引领经济行稳致远》,《中国持续成为世界经济引擎——外国专家学者看好中国经济发展前景》,《人民日报》2022年3月2日。

② 习近平:《坚持、完善和发展中国特色社会主义国家制度与法律制度》,《求是》2019年第23期。

③ "历史终结论"由日裔美籍学者弗朗西斯·福山于1989年在美国《国家利益》杂志提出。几年后,福山在这篇文章的基础上撰写并出版了《历史的终结及最后之人》一书,在学界引起轰动。

④ [美]弗朗西斯·福山:《历史的终结及最后之人》,黄胜强、许铭原译,中国社会科学出版社2003年版,第1页。

新的发展形态呈现在世人面前。于是,有人便将中国的发展道路称之为"中国模式",也引发了世界范围内有关"中国模式"和"中国道路"的热烈讨论。

"中国模式"的研究始于 2004 年 5 月乔舒亚·库珀·雷默发表的题为《北京共识》(*The Beijing Consensus*)一文,该文提出了"北京共识"的概念。① 此后,国内外学界纷纷开始关注、探讨"中国模式"问题。但是对于什么是"中国模式",学界提出了多种观点。

其中,赞成这一提法的学者多从"中国模式"的优势入手,论证"中国模式"的意义与价值。潘维将"中国模式"分解为经济模式、政治模式、社会模式三个"子模式",提出三个"子模式"之间实现了社稷、民本、国民的"三位一体"。② 郑永年认为,中国模式对于西方发达国家、其他发展中国家以及中国自身来说都具有不同的意义,他认为:"对很多第三世界发展中国家来说,中国模式的意义在于其到底能否成为有别于从前其他所有模式的一个替代模式。"③"中国模式"的热议背后,是中国的崛起与快速发展。但是,在一些西方学者眼中,"中国模式"却是对形成已久的"西方模式"及其内在价值的竞争与挑战,因此"中国模式威胁论"也有一定的市场。例如,西方自由主义代表学者弗兰西斯·福山就认为,"中国模式"有政治和经济两层意义,在政治上"中国模式"是指威权主义国家,在经济上"中国模式"则是指一种出口导向性的经济增长模式,福山认为这两种模式都不可能持久促进中国的发展。④

许多中国学者则对"中国模式"这一概念持质疑与批评的态度,有学者认为,中国模式的提法不符合中国的发展实际,同时"模式"的概念容易给人一

---

① Joshua Cooper Ramo, *The Beijing Consensus*, The Foreign Policy Centre, May 2004.

② 潘维:《中国模式:解读人民共和国的 60 年》,中央编译出版社 2009 年版,第 6 页。

③ 郑永年:《中国模式:经验与挑战》,中信出版集团 2016 年版,第 24 页。

④ 《福山:中国模式——高增长与双刃的威权主义》,2011 年 10 月 11 日,见 http://www.aisixiang.com/data/44947.html。

种定型、可模仿的感觉,并不科学。① 有学者提出,所谓"中国模式"是对中国特色社会主义的一种认识误导,从社会主义初级阶段的现实条件、"模式"概念的基本属性以及"苏联模式"的教训等方面看,应当慎提或不提"中国模式"。② 因此,在这场讨论中,更多学者提出应该使用"中国道路"而不是"中国模式"来概括中国的发展经验,这些学者认为,使用"中国道路"一词更能准确形容中国的独特发展之路,更能解析中国繁荣发展背后的内在逻辑。例如,甘阳认为,中国在经济发展模式问题上没有什么特点和独特性,而"中国道路"这一概念可以容纳很多具体的发展模式,具有开放性和实验性,同时中国的问题其实是"中国文明和西方文明整体性的不同道路问题"。③ 也有学者提出,"模式"总是倾向于制度层面的具体表述,都带有相对静止、单一、平面等特点,而"道路"概念则更强调"对社会历史进程的宏观分析","一般还涉及发展特征及特征背后的深层社会结构变化和由此所引起的文明变迁",因而使用"中国道路"概念,更有利于恰当分析中国以往的发展经验与本质,也有利于反观新形势下理论和实践的新发展。④

从"中国模式"到"中国道路",这两个被学界所热议的概念本身已经说明当代中国的发展引起了世界各国的广泛关注,也体现了国际社会对中国共产党领导的现代化建设成就的肯定。邓小平曾经指出:"所有别人的东西都可以参考,但也只是参考。世界上的问题不可能都用一个模式解决。中国有中国自己的模式。"⑤改革开放以来,中国领导人已经认识到,中国的发展不能走别人的道路,而要走中国特色的发展道路。需要指出的是,目前学界关于"中国模式"的讨论大多还是将其置于西方政治的话语体系下,面对或是"捧场"

---

① 李士坤:《对模式和"中国模式"的思考——兼论中国特色社会主义发展道路》,《毛泽东邓小平理论研究》2010 年第 3 期。

② 包心鉴:《"中国模式"的辨析和中国道路的思考》,《学习论坛》2011 年第 2 期。

③ 甘阳:《中国道路还是"中国模式"?》,《文化纵横》2011 年第 5 期。

④ 韦定广:《创造与贡献:世界体系视域中的"中国道路"》,《社会科学》2010 年第 6 期。

⑤ 《邓小平文选》第 3 卷,人民出版社 1993 年版,第 261 页。

或是"棒杀"的热议,我们理应构建立足中国实际的话语体系,直面西方的话语挑战;如果一味排斥或否定这一提法,则会逐步丧失在这一问题上的话语权。2019 年 4 月出版的《求是》杂志发表了习近平总书记 2013 年 1 月 5 日在新进中央委员会的委员、候补委员学习贯彻党的十八大精神研讨班开班式上的讲话。在这次讲话中,习近平总书记针对"中国模式"的概念提出:"所谓的'中国模式'是中国人民在自己的奋斗实践中创造的中国特色社会主义道路。"①这一表述实际上也为在此之前学界关于"中国模式"的争论提供了一个权威规范的论断。

中国特色社会主义道路,即"中国道路",是马克思主义中国化语境下关于"中国模式"的话语表达;相对于西方政治语境下的"中国模式","中国道路"这一提法更加符合中国的发展实际,也有利于建构关于解读当代中国发展的马克思主义话语体系。作为"中国道路"的重要组成部分,也是中国共产党百年奋斗的重要成就之一,中国特色社会主义制度在"中国道路"的探索过程中发挥着重要的支撑作用、坚强的保障作用。换言之,"中国之制"和"中国道路"之间是相辅相成、相互支撑、互为统一的。研究中国特色社会主义制度问题,既是在探讨"中国特色社会主义为什么好"的制度动因,思考"中国模式""中国道路"的制度之维,也是在建构一套具有中国特色的制度表达理论体系。

二、中国特色社会主义制度研究的进展

虽然"中国特色社会主义制度"概念的提出距今只有不过 10 多年的时间,但是由于这一概念对于研究阐释中国特色社会主义的意义重大。因此,在这 10 多年的时间里,围绕中国特色社会主义制度问题的研究和阐释,成为国内学界、理论界关注的重要议题。在 10 多年的时间里,中国特色社会主义制

---

① 《十八大以来重要文献选编》(上),中央文献出版社 2014 年版,第 111 页。

度不断发展完善并日益成熟定型,而中国特色社会主义制度的研究,则经历了从概念的生发到理论框架的建立,并日益走向成熟完善的过程。党在中国特色社会主义新时代的制度探索之路和理论之思,为中国特色社会主义制度研究不断深化提供了深厚的实践土壤和坚强的理论支撑。

1. 新时代国内学界中国特色社会主义制度研究的整体情况

党的十八大召开之后至 2022 年是中国特色社会主义制度研究的主要发展期。党的十八大以来,国内学界关于中国特色社会主义制度研究的高质量成果层出不穷,中国特色社会主义制度研究逐渐成为体系化、理论化的研究领域。

在学术期刊论文方面,以"中国特色社会主义制度"为"关键词"检索中国知网期刊全文数据库,有相关学术论文 3827 篇,其中 CSSCI 来源期刊和中文核心期刊 1194 篇;若以"中国特色社会主义制度"为篇名检索,则有相关学术论文 921 篇,其中 CSSCI 来源期刊和中文核心期刊 356 篇。总的来看,党的十八大以来,中国特色社会主义制度研究成果丰硕。

从学术期刊论文数量的年份变化上看,党的十八大以来中国特色社会主义制度研究热度持续。以"中国特色社会主义制度"为"关键词"在中国知网期刊全文数据库检索 2011 年以来,即"中国特色社会主义制度"概念提出以来每一年的研究成果数量,可以发现 2012 年党的十八大以来,中国特色社会主义制度研究的相关学术成果整体上呈上升趋势,相关学术成果的数量分别在党的十八大召开之后特别是党的十八届三中全会召开之后,以及党的十九届四中全会召开之后分别迎来"峰值"。(图 11-1)

在学术专著出版方面,以"中国特色社会主义制度"在"所有字段"搜索中国国家图书馆馆藏目录和"读秀"学术搜索数据库,经过数据整理、合并,2012年至今中国特色社会主义制度研究相关专著共 50 部。

在硕博学位论文方面,以"中国特色社会主义制度"为"关键词"检索中国

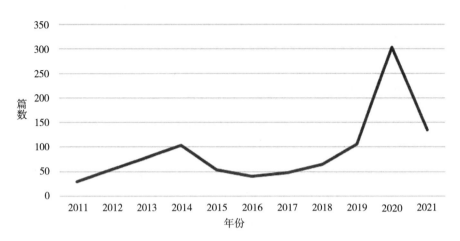

图 11-1 中国特色社会主义制度研究学术期刊成果数量变化趋势图(2011—2021)

数据来源:中国知网。

知网期刊全文数据库,2012 年至 2021 年近 10 年间,相关硕博学位论文 73 篇,其中硕士学位论文 61 篇,博士学位论文 12 篇。①

　　虽然由于不同数据库的局限,部分成果可能会有所遗漏。但是,从现有数据来看,2011 年"中国特色社会主义制度"概念提出以来特别是党的十八大以来,伴随着新时代中国共产党人对于中国特色社会主义制度认识的不断深化,中国特色社会主义制度的学术研究和理论阐释也在不断拓展。国内学界关于中国特色社会主义制度研究的不断深化,为新时代中国特色社会主义制度的创新发展提供了源源不断的学理支持,为全党全社会坚定中国特色社会主义制度自信提供了坚强的理论支撑。

　　2. 新时代国内学界中国特色社会主义制度研究的主要论题

　　中国特色社会主义制度研究是一个涵盖多学科研究内容和研究方法的学术领域。新时代以来,围绕中国特色社会主义制度这一主题,国内学界主要从

----

　　①　因为数据库收录原因,可能部分高校学位论文库的论文没有收录进来。因此,此处统计的数据仅作为参考。

以下几个方面入手展开研究探讨。

（1）中国特色社会主义制度的历史逻辑研究

习近平总书记指出："中国特色社会主义制度和国家治理体系不是从天上掉下来的，而是在中国的社会土壤中生长起来的，是经过革命、建设、改革长期实践形成的。"①党的十八大以来，围绕中国特色社会主义制度的历史逻辑问题，学界形成了许多高质量的研究成果。

一是对中国共产党建构中国特色社会主义制度历程的历史考察。例如，穆兆勇系统梳理了中国特色社会主义制度从新中国成立之初到中国特色社会主义新时代不断走向成熟定型的历史过程。② 李婧、田克勤从制度与宪法相互关联的研究视角，对中国特色社会主义制度的历史演进作了系统的分析和思考，认为"五四宪法"奠定了中国特色社会主义制度形成发展的宪法基础，"七五宪法"和"七八宪法"折射了中国特色社会主义制度曲折发展的历程，而"八二宪法"及其修正案则确认并彰显了中国特色社会主义制度的创新发展。③ 石文龙以党的十二大以来的全国党代会报告为基础，考察分析了"中国特色社会主义制度"概念的形成过程。④ 秦刚则将中国特色社会主义制度形成和发展中的显著特点总结为"在承接的基础上持续发展""在改革开放中实现革新""在总结经验教训中深化认识""在事业布局的开拓中发展延伸""在传承和吸纳中不断超越""在一以贯之的坚持中进一步完善""在深化改革中走向成熟定型"七个方面。⑤

---

① 《十九大以来重要文献选编》（中），中央文献出版社 2021 年版，第 300 页。

② 穆兆勇：《走向成熟定型：中国特色社会主义制度发展历程与成就》，《马克思主义与现实》2020 年第 2 期。

③ 李婧、田克勤：《中国特色社会主义制度的历史由来和创新发展——以宪法及其修正案为分析视角的思考》，《马克思主义研究》2013 年第 8 期。

④ 石文龙：《"中国特色社会主义制度"概念的形成过程——以十二大以来全国党代会的报告为分析依据》，《理论与改革》2015 年第 4 期。

⑤ 秦刚：《中国特色社会主义制度形成和发展中的显著特点》，《当代世界与社会主义》2020 年第 5 期。

二是对中国特色社会主义制度建构历史经验的系统总结。例如,朱佳木考察了新中国 70 年来中国特色社会主义制度逐步成熟定型的历史过程,认为无论是在最初建立还是在后来完善的过程中,都有一个共同特点,即坚持从本国国情出发的原则和坚持社会主义的原则。① 袁银传、白云华将中国特色社会主义制度建设的历史经验总结为:"坚持把核心与中心的良性互动作为中国特色社会主义制度建设的基本遵循""坚持在理论与实践双向互动中推动中国特色社会主义制度改革创新""在守本传承与借鉴创新中丰富中国特色社会主义制度内涵""在民主与集中的张力系统中发展和完善中国特色社会主义制度"等。② 除此之外,还有部分学者考察了不同制度的形成过程及其经验启示,如邹升平、张林忆考察了中国特色社会主义基本经济制度的形成历程,并分析了其中的内在逻辑和基本经验③,等等。

三是分析党和国家领导人对中国特色社会主义制度形成和发展的贡献。关于毛泽东与中国特色社会主义制度形成和发展的成果较为丰富。例如,张纯的专著《毛泽东与中国特色社会主义制度建立研究》(黑龙江人民出版社,2019 年版)就详细考察了毛泽东从理论和实践层面建构中国社会主义制度的历史过程;阎树群分析了毛泽东对中国特色社会主义制度自我完善自我发展的理论探索过程④;清华大学于江涛博士的学位论文《毛泽东与中国社会主义基本制度确立研究》,聚焦毛泽东与中国社会主义基本制度确立过程,详细考察了毛泽东如何确立社会主义理想、如何构想中国社会主义基本制度、如何领

① 朱佳木:《从新中国 70 年历史看中国特色社会主义制度的逐步成熟和定型——学习党的十九届四中全会精神的一点体会》,《当代中国史研究》2020 年第 1 期。
② 袁银传、白云华:《论中国特色社会主义制度建设的基本经验》,《马克思主义理论学科研究》2020 年第 6 期。
③ 邹升平、张林忆:《中国特色社会主义基本经济制度的形成及其基本经验》,《思想理论教育》2020 年第 8 期。
④ 阎树群:《毛泽东对中国特色社会主义制度自我完善和发展的理论探索》,《马克思主义研究》2014 年第 6 期。

导创建中国社会主义基本制度等问题。① 同样的，还有不少学者关注到邓小平对中国特色社会主义制度的贡献。例如，石仲泉就认为，邓小平实际上提出了"中国特色社会主义制度"问题，同时他关于中国特色社会主义制度有着一系列的思想②；黄一兵③、刘武根④等考察了邓小平对中国特色社会主义制度的创建和发展的贡献；等等。

除此之外，还有部分对中国特色社会主义制度历史文化根基的深刻剖析。例如，欧阳军喜、夏清深刻分析了中国特色社会主义政治制度的历史文化根基，认为中国特色社会主义政治制度是近代以来中国社会历史发展的产物，其思想根基是马克思主义、中华优秀传统文化，⑤等等。

综合来看，国内学界对于中国特色社会主义制度历史逻辑的探讨，对于拓展中国特色社会主义制度研究的历史纵深和时空视域意义重大，有利于在理论上不断增强我们对中国特色社会主义制度"从哪里来、到哪里去"的认识，对于新时代坚持和发展中国特色社会主义制度提供了丰富的实践经验和历史借鉴。

（2）中国特色社会主义制度的理论逻辑研究

中国特色社会主义制度是一个内涵丰富的理论体系。党的十八大以来，许多学者在探讨中国特色社会主义制度理论逻辑的同时，拓展了中国特色社会主义制度的理论深度，构建起新时代中国特色社会主义制度理论的基本

---

① 于江涛：《毛泽东与中国社会主义基本制度确立研究》，博士学位论文，清华大学，2016 年。

② 石仲泉：《邓小平与中国特色社会主义制度的建立》，《毛泽东邓小平理论研究》2014 年第 6 期。

③ 黄一兵：《邓小平与中国特色社会主义制度的创建和发展》，《中共党史研究》2014 年第 8 期。

④ 刘武根：《邓小平创建和发展中国特色社会主义制度论》，《科学社会主义》2016 年第 1 期。

⑤ 欧阳军喜、夏清：《论中国特色社会主义政治制度的历史文化根源》，《南京师大学报（社会科学版）》2015 年第 6 期。

框架。

一是关于中国特色社会主义制度本质属性的研究。党的十八大以来,对于中国特色社会主义制度的本质属性问题的探讨逐渐深入。例如,有学者关注到中国特色社会主义制度的本质特征问题,认为中国特色社会主义制度具有相对的稳定性和较强的持续性,是中国道路的"固态化呈现"、中国理论的"制度化表达"、中国文化的"正式化沉淀",因而是"辨识中国特色社会主义最直接的标志和最鲜明的特征"。① 有学者认为,中国特色社会主义制度是一种社会形态,包含着多层次的内容,是一个十分严密的制度体系,是"切合中国国情的社会制度,具有鲜明的特点和独特的优势",同时是"尚待进一步完善的社会制度"。② 也有学者认为中国特色社会主义制度的鲜明特征主要表现在体系特色、属性特色和国情特色三个层面上。③ 还有学者从国家治理体系和国家治理能力现代化视域着手,认为"制度优势与治理效能的内在统一,赋予了深化党和国家机构改革以新时代的内涵"。④ 同时有学者以"韧性"来总结中国特色社会主义制度的显著特征,主要包括原则性和边界性、灵敏性和适应性、抗压性和耐挫性等。⑤

二是关于中国特色社会主义制度的历史地位及历史意义的论证。例如,有学者认为,中国特色社会主义制度是理论创新、实践创新、制度创新相统一的成果,是"人类制度文明史上的伟大创造"。⑥ 有学者认为,中国特色社会主义制度开创了"人类制度文明的崭新发展阶段",以"马克思主义国家学说的

---

① 康晓强:《论中国特色社会主义制度的本质特征》,《浙江大学学报(人文社会科学版)》2021 年第 1 期。

② 秦宣:《中国特色社会主义制度的多层次解读》,《教学与研究》2013 年第 1 期。

③ 张雷声:《论中国特色社会主义制度》,《甘肃社会科学》2016 年第 1 期。

④ 齐卫平:《制度优势与治理效能的高度统一——新时代中国国家治理体系本质特征研究》,《人民论坛・学术前沿》2018 年第 6 期。

⑤ 田旭明:《韧性:中国特色社会主义制度显著特质》,《求索》2022 年第 2 期。

⑥ 田心铭:《中国特色社会主义制度是人类制度文明史上的伟大创造》,《马克思主义研究》2020 年第 4 期。

成功实践样本""社会主义制度的当代中国形态""人类通往现代化的全新制度选择""当代中国发展进步的根本制度保障""中国共产党治国理政的'成套制度设备'""保证人民当家作主的根本制度安排"等多个定义,全面概括了中国特色社会主义制度的伟大意义。①

　　三是关于中国特色社会主义制度建构逻辑的研究。例如,有学者探讨了中国特色社会主义制度的内在规律,即"坚持基本原则与具体实际的有机统一""坚持制度的民主本质与民主实现形式的有机统一""坚持'不变'与'变'的有机统一""坚持社会差距的客观性与社会公正的必然性的有机统一""坚持主体选择与对外开放的有机统一"等。② 有学者立足新时代中国特色社会主义制度建设的实践,分析了新时代中国特色社会主义制度建构的逻辑前提、逻辑起点、逻辑框架,深刻阐释了新时代中国共产党的制度建构逻辑。③ 还有学者对中国共产党制度创新的基本特征作了分析和探讨,认为"中国特色社会主义制度创新过程是弃旧图新、与时俱进、不断超越的开放过程",具体呈现为"路径"依赖与创新发展的统一、整体演进与有序展开的统一、顶层设计与基层推动的统一、实践基点与以人为本的统一、国内经验与国际经验的统一等五个方面。④ 还有学者提出,中国特色社会主义制度的形成,反映了中国共产党执政规律、社会主义建设规律、人类社会发展规律,同时以尊重和维护人民主体地位为根本立场、以实现社会公平正义为核心价值取向、以实现中华民族伟大复兴为根本目的,凸显出"合规律性与合目的性的统一"的内在逻辑。⑤

---

① 陈曙光:《中国特色社会主义制度的伟大意义》,《马克思主义研究》2020 年第 12 期。
② 包心鉴:《论中国特色社会主义制度的内在规律》,《科学社会主义》2012 年第 5 期。
③ 阎树群、张帆:《新时代中国特色社会主义制度体系建构的理论逻辑》,《人文杂志》2020 年第 9 期。
④ 贾绘泽:《中国特色社会主义制度创新的基本特征》,《探索》2016 年第 1 期。
⑤ 郑士鹏:《中国特色社会主义制度的内在逻辑——合规律性与合目的性的统一》,《山东社会科学》2021 年第 5 期。

四是对于中国特色社会主义制度结构体系的逻辑问题研究。早在党的十八大召开前后,部分学者就对这一问题曾有过学理学术层面的探讨与研究。①党的十八大以来,这一问题依然是学界关注的热点、难点。特别是党的十九届四中全会提出"突出坚持和完善支撑中国特色社会主义制度的根本制度、基本制度、重要制度"②这一重大命题以来,关于以根本制度、基本制度、重要制度为"四梁八柱"的中国特色社会主义制度体系的相关问题讨论十分热烈,国内学界许多学者围绕中国特色社会主义制度的结构体系问题进行了深入的探讨和阐述。③

五是从当代中国马克思主义、21 世纪马克思主义的视角认识新时代中国特色社会主义制度理论创新。例如,有学者从制度自觉、制度自信、制度创新等维度梳理了习近平总书记关于完善和发展中国特色社会主义制度的重要论述。④ 有学者从"为什么要完善和发展""从哪些方面完善和发展""怎样完善和发展"⑤三个维度系统阐释了习近平总书记在完善和发展中国特色社会主义制度方面的理论创新。有学者探讨了习近平总书记关于制度自信重要论述的基本内容,认为这些重要论述,"构成习近平新时代中国特色社会主义思想的重要内容,为新时代坚持和完善中国特色社会主义制度、更好坚定制度自信

---

① 肖贵清、刘玉芝:《中国特色社会主义制度体系的逻辑分析》,《马克思主义研究》2012 年第 8 期。

② 《十九大以来重要文献选编》(中),中央文献出版社 2021 年版,第 272 页。

③ 相关成果有,姜辉:《中国特色社会主义制度的结构体系和显著优势》,《治理研究》2020 年第 5 期;祝奉明、徐静:《深入理解根本制度、基本制度、重要制度的辩证关系》,《科学社会主义》2020 年第 2 期;齐卫平:《中国特色社会主义制度体系:框架建构和结构层次——兼论根本制度、基本制度、重要制度的关系》,《思想理论教育》2020 年第 3 期;张传鹤:《中国特色社会主义制度体系及内在层级结构探讨》,《理论视野》2020 年第 10 期;肖贵清、车宗凯:《中国特色社会主义根本制度、基本制度、重要制度理析》,《政治学研究》2021 年第 6 期;辛世俊、刘艳芳:《试论中国特色社会主义的根本制度、基本制度、重要制度》,《学习论坛》2020 年第 2 期;等等。详见本书第四章第一节的相关内容。

④ 秦宣:《制度自觉、制度自信和制度创新——学习习近平总书记关于完善和发展中国特色社会主义制度的重要论述》,《中国特色社会主义研究》2014 年第 3 期。

⑤ 冯霞:《习近平完善和发展中国特色社会主义制度的理论创新维度》,《马克思主义研究》2017 年第 5 期。

提供了全新视野、理论基础、科学方法和精神动力"。① 同时,还有一些学者从习近平总书记关于某个具体领域的制度出发展开探讨。例如,有学者关注习近平总书记关于完善和发展中国特色社会主义政治制度的重要论述,认为核心内容可以初步概括为政治制度本质论、政治制度设计论、政治制度评价论和政治制度自信论四个部分;②有学者关注到习近平总书记关于新型政党制度的重要论述③;还有学者阐释了习近平总书记关于党内法规制度重要论述的科学内涵和时代价值问题④;等等。这些成果从制度层面进一步深化了习近平新时代中国特色社会主义思想的研究阐释。

(3)中国特色社会主义制度认同和制度自信研究

增强制度认同、坚定制度自信是党的十八大以来党中央推进中国特色社会主义制度宣传教育的主要目的。党的十八大以来,围绕制度认同和制度自信的相关问题,学界进行了深入的探讨和研究。

一是关于制度认同概念及相关问题的理论阐释。制度认同与制度自信既有联系又有区别。有学者认为,制度认同是制度自信的前提,"只有把制度的最高价值内化为自身的政治信仰,从内心产生一种对制度的高度信任和肯定,制度自信才有可能生成"。⑤ 同时,有学者从理论上阐释了中国特色社会主义制度认同的本质,认为"利益是制度认同的本质体现",中国特色社会主义制度之所以能被认同,"从根本上而言在于其对多数人利益的确认、维护和保障"。⑥

---

① 阎树群:《习近平关于制度自信重要论述的基本内容与理论贡献》,《马克思主义研究》2021 年第 2 期。

② 王怀强:《论习近平政治制度理论及其时代价值》,《马克思主义研究》2018 年第 3 期。

③ 孙信:《马克思主义多党合作理论中国化最新成果——学习习近平总书记关于新型政党制度的论述》,《人民论坛·学术前沿》2018 年第 7 期。

④ 陈忠禹:《习近平关于党内法规制度建设论述的科学内涵与理论价值》,《马克思主义研究》2018 年第 10 期。

⑤ 董海军:《关于中国特色社会主义制度认同的思考》,《科学社会主义》2014 年第 5 期。

⑥ 郭莉、骆郁廷:《中国特色社会主义制度认同的本质》,《马克思主义研究》2015 年第 11 期。

同时,还有学者从基层协商民主的角度切入探讨制度认同问题,认为制度认同,有助于基层协商民主基本功能的发挥,有助于降低基层协商民主的运行成本,有助于基层协商民主健康、稳定、持续发展。①

二是关于制度自信概念及相关问题的理论阐释。近年来,关于制度自信的理论研究成果丰富。关于中国特色社会主义制度自信研究的基本问题,有学者认为,其主要包括"制度自信的逻辑与历史的辩证统一""制度自信的重要基础和依据""国际比较视野中的制度自信""制度自信与道路自信、理论自信的关系""制度自信存在的问题及解决路径"等,这些基本问题构成了制度自信研究的基本框架。② 部分学者也从学理层面对制度自信的学理基础作了分析和研究。③ 林尚立从制度建设的百年历史出发提出:"中国的制度自信分别来自其制度建构的自主性、制度性质的民主性以及制度运行的有效性。制度自信的背后是理论的坚定性与发展的有效性,而其现实根基就是全社会对制度的合理性与有效性所形成的基本认同。"他认为,中国共产党明确形成的党的领导、人民当家作主与依法治国有机统一的中国民主政治建设道路,为制度自信提供了三个"至关重要的支撑点":党的领导能力、人民民主的水平以及依法治国的质量。④ 还有学者分析了制度自信的依据问题,即"中国之治"的事实构成客观依据、制度的比较优势构成基本依据、制度的文明内涵构成价值依据等。⑤ 也有学者认为,制度自信的依据不仅要从中国视野中探寻,也要重视从国际视野分析制度自信,即国际借鉴、比较优势和世界意义等维度。⑥

---

① 许开轶、朱晨晨:《基层协商民主的制度认同论析》,《政治学研究》2018 年第 4 期。
② 贾绘泽:《中国特色社会主义制度自信研究框架分析》,《理论探讨》2014 年第 2 期。
③ 肖贵清、周昭成:《中国特色社会主义制度自信的学理分析》,《马克思主义与现实》2013 年第 4 期。
④ 林尚立:《制度与发展:中国制度自信的政治逻辑》,《中共中央党校学报》2016 年第 2 期。
⑤ 程竹汝:《论坚定中国特色社会主义制度自信的若干依据》,《中共中央党校(国家行政学院)学报》2020 年第 1 期。
⑥ 贾绘泽:《国际视野中的中国特色社会主义制度自信》,《当代世界与社会主义》2013 年第 6 期。

同时,还有学者从社会心理的角度对制度自信进行了分析,探讨了中国特色社会主义制度自信生成的社会心理逻辑。①

不少学者从制度自信与道路自信、理论自信、文化自信的辩证关系视角展开研究探讨。在文化自信概念提出之前,部分学者着重论述了制度自信和道路自信、理论自信的辩证关系。有学者指出,制度自信是"指中国共产党对自身制度设计及其优越性的充分肯定","对中国特色社会主义制度的自信,就是对科学社会主义一般制度规定与中国社会主义建设特殊制度规定相结合的自信","三个自信"统一于对中国特色社会主义的实践和对马克思主义与中国实际相结合的高度自信。② 在文化自信提出之后,部分学者从"四个自信"角度论述了坚定制度自信的理论内涵和重要意义。有学者就认为,制度自信,"包含理论自信的精神颜色、道路自信的实践本色、文化自信的价值底色",因此是"四个自信"的骨架。③

同时,还有部分学者从制度自信与国家治理体系和治理能力现代化的关系角度进行了学理探讨。例如,有学者认为,坚定制度自信是推进中国国家治理体系和治理能力现代化的前提,而国家治理体系和治理能力现代化是增强制度自信的现实途径,而国家治理体系和治理能力现代化中的"中国特色"是制度自信的内在要求。④ 有学者认为:"制度自信能为推进国家治理现代化创造条件,推进国家治理现代化能强化人民群众的制度认同和制度自信。"⑤还有学者提出,新时代党从发展生产力的制度优势到促进国家治理现代化的思

---

①　屠静芬、岳奎:《中国特色社会主义制度自信的社会心理分析》,《马克思主义与现实》2014 年第 3 期。

②　田克勤、张泽强:《论中国特色社会主义的道路自信、理论自信、制度自信》,《思想理论教育》2013 年第 5 期。

③　刘仓:《论"四个自信"的内在逻辑》,《兰州学刊》2018 年第 5 期。

④　柏维春:《制度自信与推进国家治理体系和治理能力现代化》,《政治学研究》2014 年第 2 期。

⑤　陈金龙、杨亮:《论制度自信与国家治理现代化的互动关系》,《思想理论教育》2020 年第 1 期。

想认识发展,"中国特色社会主义制度自信因时代赋予的新内涵而指向了新的追求"①。

三是从实践层面探讨增强制度认同、坚定制度自信的路径。关于制度自信的宣传教育问题,有学者认为,加强宣传教育、坚定制度自信,就要用"可以感触到的物质事实"形成对制度自信的感性认识,用"清晰的形象"增进对制度自信的理性认同,用"不可抗拒的必然性"坚定对制度自信的信仰信念,从而实现制度自信的由浅入深、循序渐进。② 有学者从制度自信教育的整体角度出发,认为中国特色社会主义制度自信教育是中国特色社会主义教育的"根"和"魂",其根本目的在于"服务中国特色社会主义制度的巩固和发展",直接目标在于"引导人们认识中国特色社会主义制度的本质特征和优越性"③。在增强制度认同、坚定制度自信的具体举措和思想资源方面,有学者认为,制度绩效是提升中国特色社会主义制度自信的核心要素,二者是"一种相互推进的双维互动关系"④。有学者认为,中华优秀传统文化是中国共产党制度自信的深厚根基,因此优秀传统文化的弘扬,助推着中国共产党制度自信"由话语切中现实""由表层转至核心""由自觉走向自强"的层次跃迁,⑤等等。这些研究成果对于新时代增强制度认同、坚定制度自信的实践提供了重要的学理支撑和方法论参考。

(4)中国特色社会主义制度优势研究

制度优势是制度自信的基本依据,制度优势问题是中国特色社会主义制

---

① 齐卫平:《推进国家治理现代化的中国特色社会主义制度自信》,《思想理论教育》2020年第1期。
② 李忠军、刘怡彤:《制度自信的生成逻辑与宣传教育路径》,《思想理论教育》2020年第4期。
③ 宇文利:《中国特色社会主义制度自信教育的基本定位与实践要求》,《思想理论教育》2020年第12期。
④ 张明军、易承志:《制度绩效:提升中国特色社会主义制度自信的核心要素》,《当代世界与社会主义》2013年第6期。
⑤ 张士海、孙道壮:《优秀传统文化是中国共产党制度自信的深厚根基》,《西北大学学报(哲学社会科学版)》2018年第1期。

度研究的一个重要问题。中国共产党对中国特色社会主义制度优势的认识经历了一个由浅入深的过程。党的十八大以来，中国特色社会主义制度和我国国家治理体系在新时代的实践中经受住了各种风险挑战的考验，彰显出巨大的优越性。国内学界围绕中国特色社会主义制度优势问题，形成了一系列高质量的研究成果。

一是探讨制度优势的基本内涵。什么是制度优势？对于制度优势的概念问题，有学者提出要从比较视野看，即"制度优势是指一种制度所具有的超出其他类别制度的某一方面的优越性，这种优越性源于这一制度的本质属性，因而成为其根本性和决定性的优势"①。那么，中国特色社会主义制度优势何在？有哪些显著的优越性？对于这些问题，部分学者从历史和现实结合的层面进行了探讨。例如，部分学者梳理了党和国家领导人关于制度优势的重要论述。其中，陈金龙、邹芬梳理了毛泽东关于制度优势的重要论述，特别是阐述了毛泽东对新中国"制度优势话语"的建构，认为"新中国制度优势话语发展了马克思主义关于社会主义社会的构想，推动了社会主义实践的发展，促进了人民的新中国制度认同，赢得国际社会对新中国制度优势的认可"②；郑云天考察了邓小平关于制度优势的重要论述③，李雅兴、韩贤胜梳理了邓小平与中国特色社会主义政党制度优势的论述④；等等。这些研究成果，对于把握中国共产党对于制度优势的认识和阐释逻辑具有重要意义。对于制度优势的内涵问题，包心鉴认为，中国特色社会主义制度深蕴着"党性"与"人民性"、"改革性"与"定型化"、"传承性"与"时代性"的有机统一。⑤ 王虎学将制度优势高度凝练、概括为三个"本质性维度"，即"指导思想之维""领导主体之维"

---

① 孟鑫：《中国特色社会主义制度的比较优势》，《思想理论教育》2020 年第 8 期。

② 陈金龙、邹芬：《毛泽东与新中国制度优势话语的建构》，《现代哲学》2020 年第 2 期。

③ 郑云天：《邓小平论中国特色社会主义制度优势》，《社会主义研究》2013 年第 4 期。

④ 李雅兴、韩贤胜：《邓小平论中国特色社会主义政党制度的优势》，《思想理论教育导刊》2016 年第 1 期。

⑤ 包心鉴：《中国制度的内在逻辑和独特优势》，《社会科学研究》2019 年第 5 期。

"实践效果之维"①。

同时，中国特色社会主义制度的"最大优势"——中国共产党的领导，也得到许多学者的关注。其中，唐亚林认为，研究中国共产党领导的制度优势，不能只从"集中力量办大事"的单一角度讲述，因而他提出包括"以组织力为核心，集中一切方面图大治，体现了组织的先进性""以生产力为导向，集中一切精力图大业，体现了战略的前瞻性""以创造力为中心，集中一切智慧谋大略，体现了决策的科学性""以执行力为保障，集中一切力量办大事，体现了治理的绩效性""以发展力为基石，集中一切合力求大同，体现了发展的和平性"五个方面在内的阐述思路，他认为中国共产党所构建的"使命型政治"获得了超越性、引领性和发展性的特征，进而获得了"引领国家、社会与世界发展的持续性内生动力"，这是中国共产党领导的制度优势所在。② 陈金龙、魏银立还探讨了制度优势多维功能，认为制度优势具有支撑制度自信、转化为国家治理效能、建构国家形象、提升国际竞争力等方面的功能。③

二是探讨制度优势的内在逻辑。围绕中国特色社会主义制度优势的基本逻辑问题，部分学者进行了重点探讨。其中，商志晓基于党的十九届四中全会提出的 13 个方面显著优势，指出中国特色社会主义制度优势是"系统化、体系化的""相互作用、互为补充的""未穷尽的、有待发展的"，他认为中国特色社会主义制度优势有深厚的基础，其中既有"坚实的民意支撑"，也有中华优秀传统文化的"历史底蕴"，还有中国特色社会主义制度的实践成就的"坚实根基"④。孙正聿则重点考察了制度优势的理论根基，他认为，中国特色社会

① 王虎学：《论中国特色社会主义制度优势的三个本质性维度》，《中国青年社会科学》2020 年第 4 期。

② 唐亚林：《新中国成立以来中国共产党领导的制度优势与成功之道》，《复旦学报（社会科学版）》2019 年第 5 期。

③ 陈金龙、魏银立：《论我国制度优势的多维功能》，《马克思主义理论学科研究》2020 年第 1 期。

④ 商志晓：《中国特色社会主义制度优势及其深厚基础》，《当代世界与社会主义》2020 年第 1 期。

主义制度优势,"从根本上说,是因为中国特色社会主义制度建立在对马克思主义所揭示的社会发展规律的深刻把握和具体运用之上,建立在对我国社会发展阶段的清醒认识和经验总结之上,建立在理论创新、实践创新、制度创新相统一的基础之上,建立在实现中华民族伟大复兴和实现人的全面发展的社会理想和价值目标之上"①。对于制度优势从何而来的问题,陈金龙等学者重点围绕中国共产党建构新中国制度优势话语这一线索进行了考察和梳理,认为制度优势话语的建构过程,"促进了制度优势话语向制度优势现实的转化,推动了国家形象和政党形象建构,赢得了国际社会对中国制度优势的认可,对于新中国历史发展产生了深远影响"②。陈金龙认为,"新中国成立以来制度优势话语建构的实践,为新时代制度优势话语体系建构奠定了重要基础。中共十八大以来,建构制度优势话语体系的条件日渐成熟,国内形势发展和国际格局变化对制度优势话语体系建构提出了明确的诉求",进而探讨了新时代制度话语构建的演进、方法和意义。③

三是围绕制度优势转化为治理效能问题展开研究。习近平总书记指出:"要强化制度执行力,加强制度执行的监督,切实把我国制度优势转化为治理效能。"④围绕制度优势和治理效能的相互关系问题,许多学者提出了自己的观点。例如,林毅提出"制治互治"的概念,并围绕这一问题发表了多篇文章,他认为:"制治互治指的是特定制度与善治目标间的契合状态及其合理化论证。"中国特色社会主义制度的成功实践重建了中国本土的制治互治逻辑,有

---

①　孙正聿:《制度优势的理论根基》,《马克思主义理论学科研究》2021 年第 1 期。

②　陈金龙、董海军:《新中国制度优势话语建构的历史演进》,《马克思主义研究》2020 年第 6 期。

③　陈金龙:《新时代中国特色社会主义制度优势话语体系的建构》,《中共党史研究》2020 年第 4 期。

④　习近平:《坚持、完善和发展中国特色社会主义国家制度与法律制度》,《求是》2019 年第 23 期。

效回应了西方困境。① 在另一篇文章中,他认为,中国的"制治互洽"逻辑,不是建立在"抽象的理论演绎"基础上的,而是以中国制度中人民立场的政治性理念与治理现代化的政策实践过程间的内在统一为支撑的。②

对于制度优势如何转化为治理效能的问题,许多学者提出了自己的观点。燕继荣认为,治理效能是检验制度优势的标准,"能够有效解决现实社会问题,是检验国家制度和治理体系及其能力的根本标准",因此,"国家治理能力实则是一个国家的人们(尤其是执掌国家政权的政党、权力机关)运用国家制度解决现实问题的能力"。他指出,我国国家治理体系的优势集中体现在集中性、协调性、连续性和高效性四个方面,而要将制度优势转化为现实的治理效能,"不管是坚持优势,完善体系,还是补短强弱,转化效能,改革创新是唯一路径","扬长避短,完善治理体系,提高制度执行力,强化制度体系解决现实问题的实际效能,将会成为中国政府未来制度建设的方向"③。虞崇胜则认为,制度优势是"相对的","要想保持制度优势和发展制度优势,就必须实现创造性转换,即将制度优势转化为治理效能",而实现这一转化就需要借助"中介",即首先要将制度优势转化为"制度优性",通过制度变革,将制度效能转化为"制度性能","使制度本身具有优秀的品质(制度禀赋)"。④ 齐卫平、陈冬冬则认为,实现制度优势向治理效能的转化,"必须充分发挥政党推动的作用",即发挥中国共产党的领导作用。⑤ 欧阳康认为,要实现这种转化,要实

① 林毅:《制治互洽逻辑的西方困境与中国重建:试论中国特色社会主义制度优势的理论阐释》,《江苏行政学院学报》2021 年第 4 期。
② 林毅:《"制治互洽"逻辑的重建:中国特色社会主义制度优势阐释的理论与实践之维》,《求索》2020 年第 1 期。
③ 燕继荣:《制度、政策与效能:国家治理探源——兼论中国制度优势及效能转化》,《政治学研究》2020 年第 2 期。
④ 虞崇胜:《将制度优势转化为治理效能——国家治理现代化的关键环节》,《理论探讨》2020 年第 1 期。
⑤ 齐卫平、陈冬冬:《制度优势转化为治理效能的政党推动》,《江西师范大学学报(哲学社会科学版)》2020 年第 4 期。

现"五个化",即"治理的理念一定要时代化""治理的目标一定要合理化""治理的体系一定要科学化""治理的手段一定要智能化""治理的功能一定要实效化"。① 胡洪彬则将中国特色社会主义制度优势转化为国家治理效能的模式总结为"执政党作为根本性支持主体的'主导推动型'转化模式""民众作为参与性支持主体的'参与推动型'转化模式""执政党同民众作为联合性支持主体的'协作推动型'转化模式"三个方面,他从政治系统论的视角出发,从"输入""处理""输出"三个方面对制度优势向治理效能的转化路径问题进行了分析,他认为"搭建制度优势切实转化为国家治理效能的本土化政治系统理论模型,并以中国制度多重优势因素的整合输入、系统处理与实践输出等为切入点来展开动态分析,不失为一条新的研究路径"②。

还有一些学者围绕某一具体制度优势转化为治理效能的问题展开了探讨。例如,围绕基层协商民主制度优势转化为治理效能问题,王炳权、岳林琳提出,要"坚持党对基层协商民主的领导""加强基层协商民主制度建设""加强基层协商民主制度自信宣传教育""建设高素质基层协商人才队伍"等思路;③浦兴祖从国家治理体系的角度探讨了人民代表大会制度优势如何转化为国家治理效能的问题;④符平、卢飞从组织动员的视角,揭示了我国在贫困治理领域制度优势转化为治理效能提升的过程和机制;⑤等等。

四是从制度比较入手探讨中国特色社会主义制度的显著优势。实际上,"制度优势"的概念本身就蕴含着比较的意味。因此,很多学者对于中国特色社会主义制度优势的研究阐释,也运用了比较的方法。例如,胡运锋从历史视

---

① 欧阳康:《制度优势转化为治理效能的内在机理》,《河南社会科学》2021 年第 7 期。

② 胡洪彬:《制度优势转化为国家治理效能的政治系统分析》,《政治学研究》2021 年第 3 期。

③ 王炳权、岳林琳:《基层协商民主的制度优势转化为治理效能的现实路径》,《理论与改革》2020 年第 1 期。

④ 浦兴祖:《人大制度优势与国家治理效能》,《探索与争鸣》2019 年第 12 期。

⑤ 符平、卢飞:《制度优势与治理效能:脱贫攻坚的组织动员》,《社会学研究》2021 年第 3 期。

角分析了中国特色社会主义制度和苏联社会主义制度的关联,重点分析了苏联社会主义制度对中国社会主义制度确立的影响以及中国特色社会主义制度对苏联社会主义制度的突破和超越。① 邝艳湘提出了中国特色社会主义制度国际比较的几个维度的评判标准,包括生产力标准、公正标准、民主标准、稳定性标准、国际贡献标准等五个方面。② 孟鑫认为,中国特色社会主义制度的比较优势,主要体现在以先进的政党为领导、以先进的理论为指导、以先进的理念为引领、科学的决策运行机制、强大的自我完善能力五个方面。③ 在制度比较中,我们能够更清晰地看到中国特色社会主义制度的优势所在。

五是探讨重大风险挑战面前制度优势的彰显问题。中国特色社会主义制度在各种风险和挑战中日渐成熟,更具有化危为机的显著优势。近年来,许多学者围绕中国特色社会主义制度在各种风险挑战中彰显制度优势的问题进行了深入研究。韩庆祥认为,必须从强大的制度优势和治理效能入手,即以强大的制度优势和治理效能来有效应对"新时代""大变局"背景下的各种风险挑战,"尤其是应对一些国家及地区对中国道路、中国理论、中国制度、中国文化的挑战,这叫作'以中国之治应对时代之变'"。④ 2020 年以来,面对新冠疫情全球大流行的严峻形势,中国特色社会主义制度和我国国家治理体系彰显出巨大的优势。"突如其来的新冠肺炎疫情,考验的是一个国家的制度安排,考验的是一个国家人民的团结程度,考验的是一个社会的治理能力。与此同时,也是发现制度短板、总结经验教训的一次机会。"⑤王易认为,伟

---

① 胡运锋:《中国特色社会主义制度与苏联社会主义制度的历史关联》,《科学社会主义》2014 年第 6 期。
② 邝艳湘:《中国特色社会主义制度的显著优势及国际比较》,《马克思主义研究》2020 年第 6 期。
③ 孟鑫:《中国特色社会主义制度的比较优势》,《思想理论教育》2020 年第 8 期。
④ 韩庆祥:《以"制度优势""治理效能"应对"新时代""大变局"》,《马克思主义与现实》2020 年第 1 期。
⑤ 肖贵清、车宗凯:《"大考"彰显中国特色社会主义制度优势——学习习近平总书记关于防控新冠肺炎疫情系列重要讲话精神》,《马克思主义研究》2020 年第 5 期。

大抗疫精神是新时代中国精神的集中体现,在抗击新冠疫情的过程中,"党对疫情防控的集中统一领导""以人民为中心的疫情防控理念""集中力量抗击疫情的制度特色"等充分彰显了中国特色社会主义制度的显著优势,①等等。

(5)中国特色社会主义制度和国家治理体系、治理能力现代化的内在逻辑研究

党的十八大以来,党中央提出推进国家治理体系和国家治理能力现代化的重大时代命题,探讨中国特色社会主义制度与国家治理体系、治理能力现代化的内在逻辑,成为学界关注的焦点。

一是探讨国家治理体系和治理能力的基本内涵。"治理"的概念是"舶来品",伴随着国家治理体系和治理能力概念的提出,许多学者围绕这两个概念展开了研究阐释。薛澜、张帆、武沐瑶等学者认为:"国家治理是一种实现公共事务有效治理的活动与过程,它涉及治理权威、治理形式、治理规则、治理机制和治理水平等内容,而正是与这些内容密切相关的所有主体、资源以及各种正式与非正式的制度关系,构成了国家治理体系。"而国家治理能力"本质上是国家拥有的治理资源及对其进行合理配置和有效使用的能力"。② 俞可平认为,中国现实政治语境中的国家治理体系,是指"规范社会权力运行和维护公共秩序的一系列制度和程序",包括规范行政行为、市场行为和社会行为的一系列制度和程序,"更进一步说,国家治理体系是一个制度体系,分别包括国家的行政体制、经济体制和社会体制"。③ 刘建军则构建了一个理解现代国家治理体系的"三重属性"框架,即从一般属性、国别属性和任务属性来理解

---

① 王易:《弘扬伟大抗疫精神　彰显中国特色社会主义制度优势》,《教学与研究》2020 年第 12 期。

② 薛澜、张帆、武沐瑶:《国家治理体系与治理能力研究:回顾与前瞻》,《公共管理学报》2015 年第 3 期。

③ 俞可平:《国家治理的中国特色和普遍趋势》,《公共管理评论》2019 年第 3 期。

现代国家治理体系所具有的"通约性"和"差别性"。① 辛向阳认为,国家治理体系是指"按照一定的治理理念确立起来,使国家能够顺利运行的体制机制",而国家治理能力则是指"国家统筹各个领域治理主体、处理各种主体关系,实现经济社会发展进步的水平与质量"。② 通过学界的探讨,国家治理体系和治理能力的概念逐渐清晰。杨光斌认为,党中央提出的"国家治理体系和治理能力现代化"这一"新概念",真实地反映了国家政治的方方面面,是中国人战略性务实主义的深刻洞见,"用'国家治理'与西方鼓吹的自由民主对话,不但能使国际社会更容易理解中国,也更能彰显中国发展的优势所在"。③

二是围绕国家治理体系的结构层次问题展开研究。对于这一问题,许耀桐、刘祺认为,国家治理体系在构成上可以分解为系统、结构、层次三个方面,"国家治理体系是由政治权力系统、社会组织系统、市场经济系统、宪法法律系统、思想文化系统等系统构成的一个有机整体",而这些系统本身都具有结构性质,作为系统的结构,治理的结构主要可以划分为治理理念、治理制度、治理组织和治理方式四个层次。④ 张树华、王阳亮认为:"国家治理体系和治理能力现代化是一项超大规模的社会系统工程",其以社会主义为根本和特质,制度、体制、机制运行为一体,具有整体性、协同性、层次性、关联性等系统性特征,同时包含了经济、政治、思想文化、社会治理和生态文明五个方面组成的"子系统"。⑤

三是探讨"制度"与"治理"的相互关系。作为和中国特色社会主义制度

---

① 刘建军:《和而不同:现代国家治理体系的三重属性》,《复旦学报(社会科学版)》2014年第3期。

② 辛向阳:《推进国家治理体系和治理能力现代化的三个基本问题》,《理论探讨》2014年第2期。

③ 杨光斌:《"国家治理体系和治理能力现代化"的世界政治意义》,《政治学研究》2014年第2期。

④ 许耀桐、刘祺:《当代中国国家治理体系分析》,《理论探索》2014年第1期。

⑤ 张树华、王阳亮:《制度、体制与机制:对国家治理体系的系统分析》,《管理世界》2022年第1期。

相辅相成的概念,许多学者将关注点放在中国特色社会主义制度和国家治理体系的关系问题上。丁志刚指出:"对任何类型的国家治理都是由治理主体、治理客体、治理目标、治理方式等要素构成的完整体系",这个"完整体系"就是国家治理体系。他认为,国家制度体系只是国家治理体系的机制和方式,是国家治理体系中的一个环节或者一项内容,而没有包括国家治理体系的全部。因此他认为,不能简单地把制度体系等同于治理体系。① 学界大多数学者都认为,制度体系和治理体系二者的关系是辩证统一的。例如,包心鉴认为:"国家治理现代化的实质是制度现代化。"②赵宇峰、林尚立提出:"中国共产党提出的推进国家治理体系和治理能力现代化,既是一种制度自信的体现,同时也是将制度建设全面展开:一是巩固既有的制度体系;二是使既有的制度体系能够发挥更有效的作用,全面提高国家治理水平。"他们认为,国家制度体系和国家治理体系是两个层面、相互依存,"建构国家制度体系是国家建设的第一个历史行动,而完善国家治理体系则是第二个历史行动,前者是根本性的,后者是决定性的",而成功实现国家制度巩固的国家都得益于国家治理体系建设的成功。从使命与定位来把握二者的层次性,制度体系决定的是社会生产方式、国家组织形态、国家权力结构以及国家运行形式;而治理体系则是社会制度及其决定的国家制度体系为履行使命、运行功能,推进社会进步与国家发展而孕育出来的体制和机制。从功能与形态来把握二者的层次性,制度体系是围绕着组织国家、建构制度、协调人与自然、人与国家、人与社会以及人与人的基本关系展开的;而治理体系则是围绕着运行权力、建构秩序和创造治理展开的,前者体现为"国家制度体系的内在协调与统一",后者体现为"各治理主体合作与共治"。国家治理体系在现代国家建设中推进"治理主体的自我成长与完善",推进"治理所需要的基础制度充实与完善",进而促进整个国

---

① 丁志刚:《如何理解国家治理与国家治理体系》,《学术界》2014 年第 2 期。
② 包心鉴:《制度现代化:国家治理现代化的实质与指向》,《社会科学研究》2015 年第 2 期。

家制度体系的成长。① 陈锡喜、董玥认为，中国特色社会主义制度规定了国家治理现代化的根本方向，这是由历史的、实践的和价值的逻辑所决定的；同时，推进国家治理现代化是使中国特色社会主义制度更加巩固、优越性充分展现的必然要求。②

四是从实践维度探讨如何推进国家治理体系和治理能力现代化。围绕推进国家治理体系和治理能力现代化的路径问题，许多学者提出了自己的观点。例如，辛向阳认为，推进国家治理体系和治理能力现代化有"三大路径"，即以"定型和强体为主线""以统筹和协调重大关系为前提""以法治和核心价值观为依托"。③ 许多学者认为，制度建设是推进国家治理体系和治理能力现代化的关键所在。例如，张贤明认为，国家治理体系和治理能力现代化意味着"国家制度体系和制度执行力的现代化"，因此他提出，要"进一步完善和发展制度，提升制度体系的认同度和整合力""实现制度的法治化、规范化、程序化，充分保障其权威性与执行力""优化制度体系的内部结构、提升制度结构的科学性与运行效能""增强制度自信，凝聚共识并坚守社会主义核心价值观""通过循序渐进变革的过程""适应时代变化与实践发展不断创新体制机制"等，推进国家治理体系和国家治理能力的现代化。④ 燕继荣也探讨了推进国家治理体系和治理能力现代化所需要的"制度条件"，他认为制度建设是一项系统工程，其中，基础制度要突出"耐久性"，基本制度要突出"稳定性"，具体制度要突出"适应性"，"国家制度建设的目的在于寻求合理的制度安排，将国家送入长治久安、繁荣发展的轨道，使之不至于因为领袖变更、政权更替而陷入混乱"⑤。唐

---

① 赵宇峰、林尚立：《国家制度与国家治理：中国的逻辑》，《中国行政管理》2015 年第 5 期。

② 陈锡喜、董玥：《科学把握中国特色社会主义制度和国家治理现代化的关系》，《马克思主义理论学科研究》2020 年第 2 期。

③ 辛向阳：《推进国家治理体系和治理能力现代化的三大路径》，《江西社会科学》2014 年第 2 期。

④ 张贤明：《以完善和发展制度推进国家治理体系和治理能力现代化》，《政治学研究》2014 年第 2 期。

⑤ 燕继荣：《现代国家治理与制度建设》，《中国行政管理》2014 年第 5 期。

皇凤指出,"制度现代化是国家治理现代化的基础和前提,制度建设则是国家治理现代化的有效路径和根本保障",因此要完善国家治理现代化的"制度支撑"。① 在制度建设中,法治建设得到许多学者的关注。应松年、常保国、莫纪宏等认为,"法治建设是促进国家治理体系和治理能力现代化的必然选择"②,"法治建设是推进国家治理体系和治理能力现代化的应有之义"③,"'国家治理体系和治理能力现代化'的重要标准首先是'国家治理体系法治化'"④。宋世明认为,"法治是制度之治最基本最稳定最可靠的保障",因此要坚持在法治轨道上推进国家治理体系和治理能力现代化。⑤

(6)中国特色社会主义制度价值研究

作为中国共产党制度探索的重要成果,中国特色社会主义制度蕴含着中国共产党人的初心和使命,具有鲜明的价值内核。对于制度价值问题,许多学者提出了自己的观点。

部分学者从多个维度系统考察了中国特色社会主义制度的价值彰显。周昭成考察了社会主义核心价值观与中国特色社会主义制度价值认同具有内在逻辑,指出社会主义核心价值观在国家层面所倡导的"富强、民主、文明、和谐"是中国特色社会主义制度的价值目标,在社会层面所倡导的"自由、平等、公正、法治"是中国特色社会主义制度的核心价值理念,在公民层面所倡导的"爱国、敬业、诚信、友善"是中国特色社会主义制度下的公民道德准则。⑥ 程竹汝提出,人民民主的政治价值、公平正义的社会价值、共同富

---

① 唐皇凤:《国家治理体系和治理能力现代化的制度支撑》,《中共党史研究》2019 年第 12 期。
② 应松年:《加快法治建设促进国家治理体系和治理能力现代化》,《中国法学》2014 年第 6 期。
③ 常保国:《法治建设与国家治理体系和治理能力现代化》,《政治学研究》2014 年第 2 期。
④ 莫纪宏:《国家治理体系和治理能力现代化与法治化》,《法学杂志》2014 年第 4 期。
⑤ 宋世明:《坚持在法治轨道上推进国家治理体系和治理能力现代化》,《中国政法大学学报》2021 年第 3 期。
⑥ 周昭成:《社会主义核心价值观与中国特色社会主义制度价值认同的内在逻辑》,《当代世界与社会主义》2013 年第 4 期。

裕的经济价值、社会和谐的综合价值构成了中国特色社会主义制度的基本价值。①

还有部分学者从"根本价值"入手,认为中国特色社会主义制度和我国国家治理体系彰显出以人民为中心的根本价值取向。例如,徐斌、巩永丹系统论述了中国特色社会主义制度的人民主体性,认为人民是中国特色社会主义制度的创新主体、价值指向和评价主体;②黄海认为,"中国特色社会主义制度以贯彻人民性为其主要价值目标",具体体现在"以追求共同富裕为价值理念进行制度保障""以倡导公平正义为价值导向来进行制度创新""以实现人的全面发展为价值旨归来进行制度安排";③刘洁认为,中国特色社会主义制度源于人民、为了人民、依靠人民、由人民评判,因此"人民至上是中国特色社会主义制度的根本价值所在"。④ 由此可见,对于中国特色社会主义制度以人民为中心的制度价值,学界的观点较为一致。

除了上述议题外,新时代国内学界的中国特色社会主义制度研究还在具体的方法论、制度话语、国外中国特色社会主义制度研究等方面形成了许多高质量的研究成果。并且,伴随着新时代中国共产党人对中国特色社会主义制度和我国国家治理体系、治理能力现代化问题认识的不断深化,对于制度建设和治理体系建设规律的更准确把握,中国特色社会主义制度研究的视域还在不断丰富、议题还在不断拓展,越来越多的学者关注并深入研究中国特色社会主义制度和国家治理体系、治理能力问题,为新时代完善和发展中国特色社会主义制度、推进国家治理体系和治理能力现代化提供了源源不断的学理支撑与智力支持。

---

① 程竹汝:《论中国特色社会主义制度的基本价值》,《晋阳学刊》2014 年第 1 期。

② 徐斌、巩永丹:《论中国特色社会主义制度的人民主体性》,《思想理论教育导刊》2017 年第 3 期。

③ 黄海:《中国特色社会主义制度自信:基本依据·价值意蕴·实现路径》,《吉首大学学报(社会科学版)》2020 年第 1 期。

④ 刘洁:《中国特色社会主义制度的根本价值》,《马克思主义研究》2020 年第 12 期。

3.新时代国内学界中国特色社会主义制度研究的基本特点

通过上述分析,我们可以看出,党的十八大以来,国内学界中国特色社会主义制度研究主要呈现出以下几个特点。

一是研究视角多样、涵盖学科多元。从上述成果看,党的十八大以来,围绕中国特色社会主义制度展开研究探讨的学者不仅从马克思主义理论出发,还融合了包括政治学、历史学、社会学、经济学等学科的研究方法,实现多学科交叉融合,为中国特色社会主义制度研究的多维研究准备了更坚实的研究基础和科学方法。

二是立足现实问题,突出学理阐释。中国特色社会主义制度是一个历史问题,也是一个理论问题,但更是一个现实问题。作为一个不断动态调整、发展变化的制度体系,中国特色社会主义制度和我国国家治理体系在实践中不断产生新问题、新领域、新概念、新方法。因此,新时代的中国特色社会主义制度研究为研究阐释现实制度和治理问题提供了重要的学理基础。

三是中国特色社会主义制度研究成为中国特色社会主义研究的重要领域。总的来看,经过党的十八大以来的理论创新,国内学界关于中国特色社会主义制度的研究已经从初创日益走向成熟化、体系化,越来越多的细分领域、创新的视域开始出现。中国特色社会主义制度研究已经成为中国特色社会主义研究的重要领域,更成为研究人类制度文明史不可绕过的关键论题。

三、深化新时代中国特色社会主义制度研究

近10多年来,"中国特色社会主义制度"概念的提出、使用、发展,不仅表明在中国特色社会主义的实践中,我们确立并完善了中国特色社会主义制度和我国国家治理体系,同时向学术界和理论界提出了开展和加强中国特色社会主义制度研究的重要任务。加强对中国特色社会主义制度的研究,需要进一步明确中国特色社会主义制度研究的意义、主要内容、研究方法等基本问题。

1. 加强中国特色社会主义制度研究是新时代的必然要求

近年来,由于"中国模式""中国道路"广受关注,随着"中国之治""中国之制"等概念的频繁使用,中国特色社会主义制度也逐渐成为学术界研究热点。新中国成立 70 周年前夕,习近平总书记在十九届中央政治局第十七次集体学习时指出:"要加强对中国特色社会主义国家制度和法律制度的理论研究,总结 70 年来我国制度建设的成功经验,构筑中国制度建设理论的学术体系、理论体系、话语体系,为坚定制度自信提供理论支撑。"①

(1)这是新时代凝聚制度共识、深化制度认同、增强制度自信的必然要求

制度是经济社会发展的保障,也是"发展的媒介"。中国特色社会主义制度的发展和当代中国经济社会发展进步是一个同步和统一的过程:中国特色社会主义制度越完善、国家治理体系越健全,经济社会发展速度较快,反之则较慢。然而,现实中一个比较矛盾的问题是,虽然广大人民群众都能感受到当代中国的发展进步,但仍然有一部分人民群众对于中国特色社会主义制度和我国国家治理体系缺乏充分的认同和共识,其中,既有割裂中国特色社会主义制度与中国经济社会发展关系的观点,也有把现实中存在的问题与不足全部归咎于中国特色社会主义制度的误区,甚至还有夹带着意识形态色彩的偏见,最终对中国特色社会主义制度和我国国家治理体系、治理能力缺乏自信。

一方面,我们要认识到,由于中国特色社会主义制度和我国国家治理体系并不是"完美无缺"的,还处在动态发展完善的过程中,在这一过程中不可避免地产生了收入差距拉大、道德水平滑坡、社会诚信缺失等较为突出的社会问题;另一方面,我们也要看到中国特色社会主义制度和我国国家治理体系在促进经济发展、激发社会活力、保障社会秩序等方面的突出贡献。而且,这些问题是中国从计划经济向以市场在资源配置中起决定性作用的社会主义市场经

---

① 习近平:《坚持、完善和发展中国特色社会主义国家制度与法律制度》,《求是》2019 年第 23 期。

济体制转轨过程中必然出现的"阵痛",彻底解决这些问题需要不断完善和发展中国特色社会主义制度、推进国家治理体系和治理能力现代化,而不是选择抛弃和背离原有的制度轨道。

凝聚制度共识和增强制度自信是一个系统工程。因此,加强中国特色社会主义制度研究、推动中国特色社会主义制度理论创新显得尤为重要。对于学界而言,我们要通过深入细致、理论联系实际的研究,让广大人民群众切实认识到,当代中国之所以能够取得如此巨大的发展成就,其根本原因在于中国特色社会主义制度的保障。同时,还要通过当前制度体系和治理体系中存在的现实问题以及短板和弱项进行学理分析,尤其是要让广大人民群众认识到,制度本身并不是产生这些问题的根源,这些问题的存在恰恰是制度建设还不够完善、不够成熟所致,随着中国特色社会主义制度的日臻成熟、随着我国国家治理体系和治理能力日益实现现代化,这些社会问题也将从根本上得到解决。

(2)这是新时代持续提升党的执政权威和政府公信力的必然要求

制度问题关乎党的执政权威和国家治理能力。习近平总书记指出:"必须适应国家现代化总进程,提高党科学执政、民主执政、依法执政水平,提高国家机构履职能力,提高人民群众依法管理国家事务、经济社会文化事务、自身事务的能力,实现党、国家、社会各项事务治理制度化、规范化、程序化,不断提高运用中国特色社会主义制度有效治理国家的能力。"[①]

改革开放以来,由于中国经济社会的发展进步,党的执政能力和执政水平得到了人民群众的广泛认同。中国特色社会主义进入新时代,面对世界百年未有之大变局和中华民族伟大复兴的战略全局,党的执政能力也面临着新的考验,尤其是党领导下的政府管理体制、政府公信力等问题面临着严峻的考验。一些地方党委和政府在制定政策时存在缺乏全局意识和长远眼光、公共

---

① 《习近平谈治国理政》第1卷,外文出版社2018年版,第104页。

政策的价值取向与民众意愿相违背、部门利益经济化和经济利益部门化等现象；一些地方的党和政府机关工作人员的法治意识不强、不能严格依法办事依法行政、重视地方性法规和地方政府规章的制定而忽视法律制度的执行等。同时，在越来越多具有新的历史特点的伟大斗争中，制度体系和治理体系的作用显得愈发重要。

因此，学术界更要从制度体系和治理体系层面对党的领导方式、执政方式，对政府的行政方式展开深入研究，以制度建设为抓手不断提高党的科学执政水平、提高政府的行政效率。其中依法治国是党领导人民群众治理国家的基本方略，依法执政是党执政方式的重要创新，依法行政是政府行政的必然要求，只有严格做到依法治国、依法执政、依法行政，才能使中国特色社会主义制度适应时代发展要求，广泛凝聚社会共识，也才能真正提高党的执政权威和执政能力，提高政府的执政效率和公信力。

（3）这是新时代持续巩固和发挥制度优势、提升国家软实力的必然要求

自 20 世纪 90 年代初美国哈佛大学教授约瑟夫·奈提出"软实力"概念以来①，"软实力"越来越受到人们的重视，并被认为是一个国家综合国力的重要标志。一般认为，软实力包括制度吸引力、文化感召力、外交影响力、国民亲和力等内容，其中文化软实力是核心。党的十八大报告提出，全面建成小康社会和全面深化改革开放的目标之一，就是"文化软实力显著增强"②。党的十八大以来，习近平总书记也多次强调要提升文化软实力，他指出："提高国家文化软实力，关系'两个一百年'奋斗目标和中华民族伟大复兴中国梦的实现。"③

中国特色社会主义制度和我国国家治理体系作为"中国模式""中国道

① ［美］约瑟夫·S.奈：《美国注定领导世界？——美国权力性质的变迁》，刘华译，中国人民大学出版社 2012 年版，第 28 页。

② 《十八大以来重要文献选编》（上），中央文献出版社 2014 年版，第 14 页。

③ 《习近平谈治国理政》第 1 卷，外文出版社 2018 年版，第 160 页。

路"的制度形态,对中国文化软实力的影响具有双重意义:一方面,制度在广义上属于文化的范畴,制度内在于文化软实力之中,构成文化软实力的有机部分。制度的价值理念、制度的特点和优势、制度的影响力和渗透力本身就是文化软实力,中国特色社会主义制度实质上就是中国形象的表达。另一方面,制度为文化软实力提供政治基础、思想来源,没有哪一个国家的文化传播不包含着对本国制度价值和理念的宣传,制度优势是文化自信的重要基础。

作为世界上"软实力"最为强大的美国,但其文化产品始终都在宣扬和输入其所谓的"美国梦",其背后宣扬的是所谓"自由民主"的资本主义制度价值。在党的十九届四中全会上,习近平总书记强调:"要积极创新话语体系、提升传播能力,面向海内外讲好中国制度的故事,不断增强我国国家制度和国家治理体系的说服力和感召力。"①增强我国国家制度和国家治理体系的说服力和感召力,实质上就是提升中国特色社会主义制度价值蕴含着的"文化软实力"。

(4)这是以"彻底的理论"消除对"中国之制"误解和偏见的必然要求

"理论只要彻底,就能说服人。所谓彻底,就是抓住事物的根本。"②中国特色社会主义制度的相关理论同样如此。改革开放以来,我们在看到国内外对于中国特色社会主义制度和我国国家治理体系的赞扬声的同时,也听到看到了一些对中国特色社会主义制度的误解、质疑和偏见。总的看,主要有以下几类。

一是认可中国已经取得的发展成就,但质疑中国特色社会主义制度框架下中国发展的持续性,或者否认中国发展与中国特色社会主义制度的内在关联;认为中国的发展与中国特色社会主义制度无关,或者认为中国特色社会主义制度无法解决中国日益严峻的社会问题,最终只能导致社会崩溃。二是认可中国在经济发展和经济体制改革方面的成就,但否认中国在政治体制改革

---

① 《十九大以来重要文献选编》(中),中央文献出版社 2021 年版,第 309 页。
② 《马克思恩格斯选集》第 1 卷,人民出版社 2012 年版,第 10 页。

方面的进步；认为中国政治体制改革严重滞后，妄图把中国政治体制改革引导到西方"三权分立"、多党竞争的制度模式上去。三是否定中国特色社会主义制度的社会主义性质；认为改革开放以来中国逐渐允许非公有制经济和市场经济存在和发展，背离了科学社会主义的基本原则，中国特色社会主义制度实际上是资本主义"复辟"的体现。四是承认中国特色社会主义制度对经济发展的推动作用，但对中国特色社会主义制度的发展担忧；认为最终会导致中国走向霸权主义、强权政治的道路。

这些观点既包含着对中国特色社会主义制度性质的否定，也包含着对中国特色社会主义制度优势的质疑，甚至在根本上否定中国特色社会主义制度的存在，是片面的、错误的。要消除这些误解和偏见，就必须加强对中国特色社会主义制度的深入分析和研究，以具有中国特色的制度理论、治理逻辑、话语体系回应质疑、厘清迷雾、解答困惑，将"中国之治"背后的制度逻辑以学理方式展现出来。

2. 新时代中国特色社会主义制度研究的几个重点问题

"坚持和完善中国特色社会主义制度、推进国家治理体系和治理能力现代化，是关系党和国家事业兴旺发达、国家长治久安、人民幸福安康的重大问题。"①中国特色社会主义进入新时代，世界正经历百年未有之大变局，实现中华民族伟大复兴也正处在关键时期。新时代的改革开放制度建设分量更重、对国家治理能力水平的要求更高，改革更多面对的是深层次的体制机制问题，对改革顶层设计的要求更高，对改革的系统性、整体性、协同性要求更强，相应地建章立制、构建体系的任务更重，这同样对新时代的中国特色社会主义制度研究提出了新的要求。总的看，主要有几个方面要重点把握。

（1）系统总结新时代中国特色社会主义制度的理论和实践成果

党的十八大以来的这10多年时间，是中国特色社会主义制度不断完善发

---

① 《十九大以来重要文献选编》（中），中央文献出版社2021年版，第299页。

展、我国国家治理体系和治理能力不断迈向现代化的历史阶段。在党中央坚强领导下,在完善和发展中国特色社会主义制度、推进国家治理体系和治理能力现代化的总目标指引下,全面深化改革持续推进,"重要领域和关键环节改革成效显著,主要领域基础性制度体系基本形成,为推进国家治理体系和治理能力现代化打下了坚实基础"①。对于这一成就,要从理论和实践两个维度去把握。

一是要从理论维度上把握。新时代中国特色社会主义制度和国家治理体系、治理能力建设的成就,是在党中央领导下取得的,是习近平新时代中国特色社会主义思想这一当代中国马克思主义、21 世纪马克思主义在国家制度和国家治理能力建设方面的生动实践。特别是在这一实践中形成的新时代中国共产党关于国家制度和国家治理的基本思路是习近平新时代中国特色社会主义思想的重要内容,是马克思主义国家学说同新时代中国具体实际相结合的理论成果。学界应充分重视对于这一理论成果的研究阐释,特别是要注重从马克思主义发展史和马克思主义中国化的角度,深刻把握这一理论成果的继承性、发展性、创新性、科学性,从学理层面进一步深化理论内涵,为马克思主义国家学说中国化提供理论支持。

二是要从实践维度上把握。党的十八大以来,中国特色社会主义制度和国家治理体系、治理能力不断完善,以根本制度、基本制度、重要制度为"四梁八柱"的中国特色社会主义制度体系逐渐成熟定型。《中共中央关于党的百年奋斗重大成就和历史经验的决议》深刻总结新时代党推进全面深化改革的伟大成就:"党坚持改革正确方向,以促进社会公平正义、增进人民福祉为出发点和落脚点,突出问题导向,聚焦进一步解放思想、解放和发展社会生产力、解放和增强社会活力,加强顶层设计和整体谋划,增强改革的系统性、整体性、协同性,激发人民首创精神,推动重要领域和关键环节改革走实走深。党推动

---

① 《十九大以来重要文献选编》(中),中央文献出版社 2021 年版,第 263 页。

改革全面发力、多点突破、蹄疾步稳、纵深推进,从夯基垒台、立柱架梁到全面推进、积厚成势,再到系统集成、协同高效,各领域基础性制度框架基本确立,许多领域实现历史性变革、系统性重塑、整体性重构。""党的十八大以来,党不断推动全面深化改革向广度和深度进军,中国特色社会主义制度更加成熟更加定型,国家治理体系和治理能力现代化水平不断提高,党和国家事业焕发出新的生机活力。"①对于这一实践成果,学界既要深刻认识到这是党中央领导下取得的制度建设成就,还要善于从世界社会主义发展史、人类制度文明史的维度,深刻认识这一制度建设成就的历史地位,尤其是要认识到新时代中国特色社会主义制度的成就是同实现全面建设社会主义现代化国家、进而全面建成社会主义现代化强国的目标相互衔接的。

(2)深刻把握历史逻辑,研究阐释中国特色社会主义制度和我国国家治理体系的历史底蕴和主要经验

中国特色社会主义制度和我国国家治理体系不是从天上掉下来的,而是在中国的社会土壤中生长起来的,是经过革命、建设、改革长期实践形成的。深化新时代中国特色社会主义制度研究,就要深刻认识中国特色社会主义制度"从何而来"这一问题。其中,要重点把握以下几个方面。

一是中国特色社会主义制度和我国国家治理体系的历史底蕴。中国特色社会主义制度和我国国家治理体系并不是"飞来峰",也不是"无源之水""无本之木",其根植于中华五千年制度文明的发展历程中。在思想资源方面,中华民族在几千年的历史演进中创造了灿烂的古代文明,形成了关于国家制度和国家治理的丰富思想,其中,包括大道之行、天下为公的大同理想,六合同风、四海一家的大一统传统,德主刑辅、以德化人的德治主张,民贵君轻、政在养民的民本思想,等贵贱均贫富、损有余补不足的平等观念,法不阿贵、绳不挠曲的正义追求,孝悌忠信、礼义廉耻的道德操守,任人唯贤、选贤与能的用人标

---

① 《中国共产党第十九届中央委员会第六次全体会议文件汇编》,人民出版社 2021 年版,第 62、63 页。

准,周虽旧邦、其命维新的改革精神,亲仁善邻、协和万邦的外交之道,以和为贵、好战必亡的和平理念,等等。"这些思想中的精华是中华优秀传统文化的重要组成部分,也是中华民族精神的重要内容。"①在制度成果方面,中国自古以来就形成了一整套包括朝廷制度、郡县制度、土地制度、税赋制度、科举制度、监察制度、军事制度等各方面制度在内的国家制度和国家治理体系,一度走在人类文明发展史的前列,得到周边国家的效仿和学习。这些思想资源和制度成果,是中国特色社会主义制度和我国国家治理体系形成完善的历史文化根基。研究探讨"中国之制"的历史底蕴,有利于更全面地理解中国特色社会主义制度和我国国家治理体系的历史文化内核,也有助于从历史文化中汲取制度建设、国家治理的宝贵经验。

二是中国共产党领导构建中国特色社会主义制度的历史进程。近代以来,面对日益深重的政治危机和民族危机,无数仁人志士为改变中国前途命运,开始探寻新的国家制度和国家治理体系,尝试了君主立宪制、议会制、多党制、总统制等各种制度模式,但都以失败而告终。建立人民民主专政的社会主义制度,是历史和人民的选择,更是中国共产党带领中国人民长期奋斗、接力探索、历尽千辛万苦、付出巨大代价取得的根本成就。研究中国共产党的制度建构历程,一方面,要突出中国共产党在制度建构中的主体地位,明确中国特色社会主义制度是社会主义制度而不是其他什么制度,中国特色社会主义制度的建构主体是中国共产党和中国人民而不是其他什么国内外的政治力量,我们绝不能忽视党在制度建构中的主体地位和领导作用,不能将制度建设的进程和党的奋斗进程人为割裂成两条"平行线";另一方面,因为中国共产党自成立之日起就致力于建设人民当家作主的新社会,提出了关于未来国家制度的主张,并领导人民为之进行斗争,因而要以党的百年历史作为探讨的主要历史视域,而不能仅仅将制度建构的视野限定在新中国成立 70 多年来或改革

---

① 《十九大以来重要文献选编》(中),中央文献出版社 2021 年版,第 300—301 页。

开放 40 多年的历史进程中。换言之,中国特色社会主义制度和我国国家治理体系,是中国共产党百年奋斗的重要成就之一;没有中国共产党,就没有"中国之制"和"中国之治"。

三是中国特色社会主义制度和我国国家治理体系建立、完善的历史经验。中国特色社会主义制度和我国国家治理体系的建立和完善并不是一蹴而就的,而是经历了循序渐进的历史过程。在建立和完善中国特色社会主义制度和我国国家治理体系的过程中,党和人民积累了许多宝贵的历史经验。研究这些历史经验,对于继续完善和发展国家制度和国家治理体系具有十分重要的意义。与此同时,我们也要认识到,在研究历史经验时,不仅要主动去系统总结、全面梳理党领导人民进行制度建设和国家治理的成功经验,更要秉持实事求是的态度去客观分析、理性探讨那些在制度建设上走过的"弯路"、交过的"学费",从中吸取历史教训。只有从正反两方面认识制度建设和国家治理的主要经验,才能更好地为当前和下一阶段的国家制度建设和国家治理实践提供有益的借鉴。

(3)深刻把握理论逻辑,研究阐释中国特色社会主义制度和我国国家治理体系的内在机理和理论内涵

中国特色社会主义制度和我国国家治理体系,是马克思主义基本原理同中国具体实际相结合的产物,具有深刻的理论逻辑和内在机理。深化中国特色社会主义制度研究,需要深刻认识到中国特色社会主义制度"是什么""为什么""怎么样"等一系列理论问题。

一是要深入辨析内涵和概念问题。中国特色社会主义制度是社会主义制度而不是其他什么制度,要"牢牢把握中国特色社会主义这个定性"①。对于中国特色社会主义制度的内涵和概念问题,近年来学界的探讨十分热烈。总的来看,首先是要从马克思主义中国化的视角来探讨中国特色社会主义制度

---

① 《习近平在海南考察时强调 解放思想开拓创新团结奋斗攻坚克难 加快建设具有世界影响力的中国特色自由贸易港》,《人民日报》2022 年 4 月 14 日。

的概念问题。中国特色社会主义制度的概念,既是理论问题,同时是现实问题。把握中国特色社会主义制度的概念,就要深刻把握中国共产党开拓正确道路、发展科学理论、建设有效制度的历史进程,特别是把握马克思主义国家学说同中国具体实际相结合的进程,深刻理解中国特色社会主义制度这一概念所蕴含的内在机理和历史纵深。其次,要善于从多学科的视角出发,运用马克思主义理论、政治学、经济学、社会学、历史学等学科的研究方法,探讨中国特色社会主义制度和我国国家治理体系的内涵和概念问题,形成多学科交叉融合、多视角交汇融通的中国制度研究范式。同时,要在深刻阐述中国特色社会主义制度的内涵和概念过程中,逐步形成中国特色社会主义制度话语,建立一套中国特色社会主义制度的学术体系、理论体系、话语体系。

二是要深入理析结构和层次问题。近年来,关于中国特色社会主义制度的逻辑层次问题,还有一些问题没有说得很清楚。这些问题之所以存在,恰恰说明中国特色社会主义制度和我国国家治理体系作为中国共产党和中国人民原创的制度模式,是动态发展的并不是一成不变的。因此,对于国家制度体系和治理体系的问题,应该在发展的过程中不断加深认识进而加以解决。其中,有几个问题值得深入探讨。第一,要进一步厘清人民民主专政国体和中国特色社会主义制度的相互关系。近年来,虽然中国特色社会主义制度和我国国家治理体系在理论和实践层面都得到了不同程度的拓展,但是,其与人民民主专政国体之间的关系,学界还不是说得很清楚,很多问题还没有形成共识,值得进一步深入探讨。其次,要进一步理析中国特色社会主义制度体系的结构层次问题,尤其是中国特色社会主义根本制度、基本制度、重要制度这一"四梁八柱"的内在关系问题。要从学术学理层面深刻把握中国特色社会主义根本制度、基本制度、重要制度的结构层次,从制度建设和国家治理层面理解中国特色社会主义制度结构体系的设计安排,深刻探究根本制度、基本制度、重要制度的深刻内涵。

三是要深入探析特征和优势问题。实践充分证明,中国特色社会主义制度和我国国家治理体系具有显著优势。近年来,学界对于制度优势的研究比较充分,从历史、理论、实践等维度对中国特色社会主义制度和我国国家治理体系的显著优势作了深入探讨。但是,还有一些维度可以进一步深化。一方面,中国特色社会主义制度和我国国家治理体系的基本特征和原创价值还具有一定的研究空间。实际上,把握制度优势问题,必须建立在对制度的基本特征和原创价值的深刻理解之上。中国特色社会主义制度和我国国家治理体系是中国共产党和中国人民的原创性制度成果,和资本主义制度具有根本不同,和苏联等社会主义国家的制度同样也有区别,不是简单延续我国传统制度模式的母版,不是简单套用马克思主义经典作家制度设想的模板,不是其他国家社会主义制度实践的再版,也不是国外任何一种制度模式的翻版。另一方,中国特色社会主义制度和我国国家治理体系的显著优势以及评价制度优劣的标准问题还有进一步深化的空间。党的十九届四中全会提出的 13 个方面制度优势,体现出党中央对我国国家制度和国家治理体系的深刻认识。我国国家制度和国家治理体系并不是一成不变的,制度优势同样也不是一成不变的。对于制度优势的认识,学界还需要根据制度运行的实践在学理学术层面作进一步的概括凝练,总结形成具有中国特色的制度评价体系和评价标准。

(4)深刻把握实践逻辑,研究阐释构建系统完备、科学规范、运行有效的制度体系的时代要求和科学路径

"制度更加成熟更加定型是一个动态过程,治理能力现代化也是一个动态过程,不可能一蹴而就,也不可能一劳永逸。"[1]对此,毛泽东曾有深刻的认识:"中共二十八年,再加二十九年、三十年两年,完成全国革命任务,这是铲地基,花了三十年。但是起房子,这个任务要几十年工夫。"[2]改革开放之后,邓小平也曾预见性地指出:"恐怕再有三十年的时间,我们才会在各方面形成

---

[1] 《十九大以来重要文献选编》(中),中央文献出版社 2021 年版,第 307 页。
[2] 《毛泽东文集》第 5 卷,人民出版社 1996 年版,第 236 页。

一整套更加成熟、更加定型的制度。"①在建立和完善的过程中,中国特色社会主义制度和国家治理体系从来不排斥任何有利于中国发展进步的他国国家治理经验,而是坚持以我为主、为我所用,去其糟粕、取其精华,中国特色社会主义制度和国家治理体系在革除体制机制弊端的过程中不断走向成熟。习近平总书记深刻指出:"随着中国特色社会主义进入新时代,我国发展处于新的历史方位,我国社会主要矛盾已经转化为人民日益增长的美好生活需要和不平衡不充分的发展之间的矛盾,我国国家治理面临许多新任务新要求,必然要求中国特色社会主义制度和国家治理体系更加完善、不断发展。"②

　　一是要从"坚持和巩固什么"入手,探讨根本制度、基本制度、重要制度问题。中国特色社会主义制度是一个严密完整的科学制度体系,其中根本制度、基本制度、重要制度起着"四梁八柱"作用。如果将中国特色社会主义制度体系看作一棵"参天大树",那么根本制度就是"树根",对基本制度、重要制度以及其他具体制度起到决定性、统领性的作用,具有根本性的地位;基本制度就是"树干",遵循根本制度,对于重要制度以及其他具体制度起到支撑性的作用,具有基础性的地位;重要制度就是"枝叶",是根本制度、基本制度的延展,但在不同具体的领域中都有相对重要的作用。作为对党和国家各方面事业作出的制度安排,中国特色社会主义根本制度、基本制度、重要制度必须毫不动摇的坚持和巩固,"无论是编制发展规划、推进法治建设、制定政策措施,还是部署各项工作,都要遵照这些制度,不能有任何偏差"。③ 特别是党的领导制度,在根本制度、基本制度、重要制度中起着统领性的作用,是我国的根本领导制度。因此,学界要从理论和实践相结合的层面,深入阐释这些制度的根本性、基础性、延展性作用,始终坚持科学社会主义基本原则,明确新时代"坚持和巩固什么"的制度建设要求。

---

① 《邓小平文选》第3卷,人民出版社1993年版,第372页。
② 《十九大以来重要文献选编》(中),中央文献出版社2021年版,第307页。
③ 《十九大以来重要文献选编》(中),中央文献出版社2021年版,第306页。

二是要从"完善和发展什么"入手,探讨重要制度和具体制度的与时俱进问题。中国特色社会主义根本制度和基本制度规定了重要制度和具体制度的核心原则和基本框架,但是重要制度和其他具体制度相比根本制度和基本制度而言更具有灵活性和可调整性,必须与时俱进地完善和发展。对于"完善和发展什么"的问题,学界需要通过系统的学理研究,突出鲜明的问题导向和强烈的现实关怀,从制度的内在肌理、制度的运行效果出发,从"空白点""薄弱点"入手,着力固根基、扬优势、补短板、强弱项,不断完善和发展中国特色社会主义制度和我国国家治理体系。特别是要对于党中央明确的国家治理急需的制度、满足人民对美好生活新期待必备的制度进行深入研究;要保持"眼睛向下",从基层大胆创新、大胆探索的实践中,及时发现、总结、提炼基层创造的行之有效的治理理念、治理方式、治理手段,并上升到学理学术层面,不断推动各方面制度完善和发展。需要指出的是,强调重视重要制度和其他具体制度的完善和发展,并不是说根本制度和基本制度就是一成不变的。事实上,根本制度和基本制度虽然具有相对稳定性,作为上层建筑的组成部分,同样可以在实践中根据经济基础的情况作出适应性调整,只不过因为其根本性、基础性的定性,在调整的幅度和频次上不如重要制度和其他具体制度。

三是要从"怎么遵守和执行"入手,探讨制度执行力、制度执行监督的问题。"制度的生命力在于执行。"[1]在制度执行的过程中,难免会出现对制度缺乏敬畏、不按制度行事、随意更改制度、钻制度空子或漏洞、打擦边球、逃避制度约束和监管等现象。因此,对于如何强化制度执行力、加强制度执行的监督问题的研究,具有强烈的现实意义。其中,主要包括两个方面:一是主观的制度意识层面,要深入探讨新形势下如何增强各级党委政府以及广大领导干部的制度意识、做执行制度的表率,深入探讨如何在全社会层面增强制度意识,让社会各界自觉维护国家制度的权威,确保党和国家重大决策部署、重大工作

---

① 《十九大以来重要文献选编》(中),中央文献出版社 2021 年版,第 308 页。

安排都按照制度要求落到实处,切实防止各自为政、标准不一、宽严失度等问题的发生;二是在客观的制度执行监督层面,要深入探讨如何构建全覆盖的制度执行监督机制,纳入国家治理体系框架中,把制度执行和监督贯穿区域治理、部门治理、行业治理、基层治理、单位治理的全过程,坚决杜绝制度执行上做选择、搞变通、打折扣的现象,严肃查处有令不行、有禁不止、阳奉阴违的行为,确保制度时时生威、处处有效,锻造制度治党、依法执政、依法行政的有力抓手。

(5)深入思考新时代中国特色社会主义制度宣传教育要求,为增强制度认同、制度自信提供学理支撑、智力支持

"讲好中国制度故事,扩大中国制度的影响力和感召力,增进国际社会对我国制度的认识和认同"①,是新时代完善和发展中国特色社会主义制度、推进国家治理体系和治理能力现代化的应有之义,是世界百年未有之大变局历史背景下增强制度竞争力的应有之义。

一是要从"谁来讲"入手,思考制度宣传教育的主体责任问题。习近平总书记强调:"各级党组织特别是党委宣传部门要组织开展中国特色社会主义制度宣传教育。"②在这里,习近平总书记明确各级党组织特别是党委宣传部门要承担起制度宣传教育的主体责任,在国家制度和国家治理体系的宣传教育当中发挥主要作用。做好制度的宣传教育是一个系统工程,除了党委宣传部门之外,还需要党委组织部门、理论研究部门以及国家教育部门等多个主体参与。对于不同主体在制度宣传教育当中发挥着什么样的作用,还需要学界从理论层面进一步理清。

二是要从"讲什么"入手,思考制度宣传教育的内容体系问题。中国特色社会主义制度的宣传教育关键在内容。学界关于中国特色社会主义制度和我

---

① 习近平:《坚持、完善和发展中国特色社会主义国家制度与法律制度》,《求是》2019 年第23 期。

② 《十九大以来重要文献选编》(中),中央文献出版社 2021 年版,第309 页。

国国家治理体系的最新研究成果,要及时转化为宣传教育资源,形成学界与党的宣传部门、理论部门以及国家各级教育部门协同发力的制度宣传教育机制,及时将学界对于制度优势的研究、对于制度本质特征的认识、制度建设经验的总结,融入国民教育和宣传工作当中,"引导人们充分认识我们已经走出了建设中国特色社会主义制度的成功之路,只要我们沿着这条道路继续前进,就一定能够实现国家治理体系和治理能力现代化"①,引导全党全社会树立起高度的制度自信。

三是要从"怎么讲"入手,思考制度宣传教育的形式方法问题。制度的宣传教育,重点在党员干部和青少年。学界要深入研究面向不同群体的宣传教育方式,研究针对不同群体特点开展制度宣传教育具体形式。习近平总书记指出:"要把提高治理能力作为新时代干部队伍建设的重大任务,引导广大干部提高运用制度干事创业能力,严格按照制度履行职责、行使权力、开展工作。"②要将制度宣传教育融入党校、团校等各级党员领导干部的培训体系中,引导党员干部深刻认识中国特色社会主义制度和我国国家治理体系的基本逻辑,从而"善于在制度的轨道上推进各项事业"③,充分发挥制度指引方向、规范行为、提高效率、维护稳定、防范化解风险的重要作用。"要把制度自信教育贯穿国民教育全过程"④,积极参与到制度自信教育的教材编写、课程准备、理论宣讲等过程当中,突出课堂教学主渠道,将制度自信的内容融入教材体系、教学体系当中,让青少年在成长的不同阶段形成对于国家制度和治理体系由浅到深的认识,把制度自信的种子播撒进青少年心灵。

---

① 习近平:《坚持、完善和发展中国特色社会主义国家制度与法律制度》,《求是》2019 年第23 期。

② 《十九大以来重要文献选编》(中),中央文献出版社 2021 年版,第 308—309 页。

③ 习近平:《坚持、完善和发展中国特色社会主义国家制度与法律制度》,《求是》2019 年第23 期。

④ 《十九大以来重要文献选编》(中),中央文献出版社 2021 年版,第 309 页。

3. 新时代中国特色社会主义制度研究的基本方法

坚持和完善中国特色社会主义制度、推进国家治理体系和治理能力现代化既是一项长期战略任务,又是一个重大现实课题——中国特色社会主义制度研究,不单纯是抽象的理论研究,更是立足实际的重大战略研究、现实问题研究。中国特色社会主义制度研究,既要从逻辑与历史相统一的视角,通过梳理各种文献资料,揭示中国特色社会主义制度与新民主主义制度、我国社会主义基本制度的内在联系,还要理论联系实际,突出问题意识,加强比较研究,在分析中国特色社会主义制度特点和优势的同时,探讨中国特色社会主义制度存在的问题及其原因,进而提出合理的对策和建议。

一是逻辑与历史相统一的方法。从纵向的历史发展视角出发,一方面厘清中国特色社会主义制度确立、创新和发展的历史,从中分析和总结中国特色社会主义制度建设和发展的规律。另一方面把中国特色社会主义制度的创新和发展置于中国共产党人探索符合中国特点的社会主义制度建设的整个历史进程之中,厘清新民主主义制度建设、毛泽东对符合中国特点的社会主义制度建设的探索、中国特色社会主义制度创新和发展之间的内在联系。从横向的逻辑关系出发,一方面把中国特色社会主义制度作为一个有机统一的制度体系,研究中国特色社会主义根本制度、基本制度、重要制度以及其他具体制度相互耦合与内在逻辑关系。另一方面从理论基础、价值取向等方面分析改革开放前后党对中国特色社会主义制度探索历程的内在联系,阐明中国特色社会主义制度的性质、特点和优势。

二是理论与实际相统一的方法。当前,中国特色社会主义制度和我国国家治理体系还没有完全成熟定型,与我国当前经济社会发展还存在着不完全适应的情况,还需要在实践中不断调整巩固。研究中国特色社会主义制度要把握科学社会主义基本原则,遵循社会主义制度理论指导,更要面向社会实践,实现理论与实践的有机结合,尤其是要突出问题意识。首先,要从实践中找到制约制度发展、影响治理效能的现实问题,通过对现实问题的分析、研究,探求解决问题的思路和方法,从而实现制度理论创新,再以理论创新推进制度实践。其次,要科学对待制度发展过程中存在的现实问题,这些问题有些是历史遗留问题,有些是新出现的,有些问题带有根本性,有些问题属于细节问题,不能一概而论,要对不同问题作具体分析,找到解决问题的最佳方法。再次,在解决现实问题过程中,要兼顾现实发展要求与中国历史、国情,不能简单地照搬别国模式。正如习近平总书记所指出的:"设计和发展国家政治制度,必须注重历史和现实、理论和实践、形式和内容有机统一。要坚持从国情出发、从实际出发,既要把握长期形成的历史传承,又要把握走过的发展道路、积累的政治经验、形成的政治原则,还要把握现实要求、着眼解决现实问题,不能割断历史,不能想象突然就搬来一座政治制度上的'飞来峰'。"①

三是不同社会制度相互比较的方法。中国特色社会主义制度和我国国家治理体系是人类制度文明史上的伟大创造。只有通过与苏联社会主义制度的比较、与民主社会主义制度的比较以及与新自由主义制度的比较,才能突出体现"中国之制"的特点及优势,厘清中国特色社会主义制度与其他各种社会制度的关系,并深化对我国国家制度本质的认识。通过与苏联社会主义制度的比较,深刻理解社会主义制度只有与本国实际相结合,才能发挥社会主义制度的优势;通过与民主社会主义制度的比较,认清民主社会主义制度的本质,揭示中国特色社会主义制度与民主社会主义制度在本质上的区别;通过与新自由主义制度的比较,深刻认识社会主义初级阶段的所有制结构、分配制度、资源配置方式以及各方面经济体制的变革与新自由主义所主张的私有化、自由化、市场化的本质区别,回应和廓清西方国家对中国特色社会主义制度的各种质疑和误解。总之,只有通过比较研究、通过对比不同社会制度,我们才能更加明确"中国之制"的本质属性和显著优势。

---

① 《十八大以来重要文献选编》(中),中央文献出版社2016年版,第59页。

　　四是增强制度研究的学术对话。当代中国经济社会的快速发展,使"中国模式""中国道路""中国之制"引起国际社会的广泛关注。然而,这种广泛的关注却并没有真正转换为影响力和吸引力,也没有能够使中国特色社会主义制度确立自己的国际话语权。其中一个非常重要的原因,就是中国特色社会主义制度在国际上缺乏一套科学的、具有说服力、能够和国际主流话语接轨的"中国之制"话语体系。甚至从严格意义上来讲,国际社会不存在一个属于中国特色社会主义制度的话语体系。从国外的各种大众媒体、专业期刊、研究报告中,基本上找不到"中国特色社会主义制度"(The system of socialism with Chinese characteristics)这一概念。因此,研究中国特色社会主义制度非常有必要形成自己的话语体系,避免陷入西方国家制度话语体系的陷阱。

　　2013 年 1 月,习近平总书记在新进中央委员会的委员、候补委员学习贯彻党的十八大精神研讨班开班式上的讲话中说:"我们坚信,随着中国特色社会主义不断发展,我们的制度必将越来越成熟,我国社会主义制度的优越性必将进一步显现,我们的道路必将越走越宽广,我国发展道路对世界的影响必将越来越大。"①经过新时代中国共产党人的努力,中国特色社会主义制度和我国国家治理体系不断完善和发展,我国国家制度和国家治理体系的优越性在实践中得到了充分检验,制度优势得到了有效发挥——我国国家制度和国家治理体系在理论和实践层面的创新,为新时代全面深化改革开放提供重要保障,为实现全面建成小康社会进而全面建设社会主义现代化国家、实现中华民族伟大复兴的中国梦提供有力保证。

---

　　①　《十八大以来重要文献选编》(上),中央文献出版社 2014 年版,第 111 页。

后　记

　　"凡将立国,制度不可不察也。"中国特色社会主义新时代,坚持和完善中国特色社会主义制度、推进国家治理体系和治理能力现代化,是关系党和国家事业兴旺发达、国家长治久安、人民幸福安康的重大问题。党的十八大以来,以习近平同志为核心的党中央高度重视国家制度建设、重视国家治理体系和治理能力现代化的问题,中国特色社会主义制度在实践中日益完善和巩固,国家治理体系和治理能力得到显著提高。这是新时代中国特色社会主义伟大成就的重要组成部分。

　　自"中国特色社会主义制度"这一概念提出以来,理论界和学术界进行了诸多探讨,取得了丰硕的研究成果。2011 年以来,我主持的国家社科基金重大项目"中国特色社会主义制度研究"(11&ZD067)和"中国特色社会主义根本制度、基本制度、重要制度研究"(20ZDA010),主持的教育部"党的创新理论引领贯穿中国哲学社会科学知识体系"重大专项课题"中国特色社会主义道路、理论、制度、文化的原创价值"(19JZDZ018)都与中国特色社会主义制度相关。多年来,我们的研究团队以很大的精力投入到中国特色社会主义制度研究课题之中,陆续发表了一些相关研究成果。先后出版了《中国特色社会主义制度基本问题研究》《制度自信:中国特色社会主义制度研究》《道路·理论·制度·文化——中国特色社会主义论》《制度何以自信》等相关著作;在报刊上发表了一些关于中国特色社会主义制度研究的相关论文,部分论文被中国人民大学复印报刊资料、《中国社会科学文摘》等报刊转载;团队成员还围绕中国特色社会主义制度研究主持了多项国家社科基金项目。

目前呈现在读者面前的这本30多万字的著作,是近年来我们关于新时代中国特色社会主义制度相关问题研究的成果,是在以往研究成果基础之上的进一步深化,聚焦的是党的十八大以来中国特色社会主义制度的理论创新和实践创新,集中反映的是中国特色社会主义新时代的制度建设成果。本书的合作者车宗凯是我指导的博士研究生。车宗凯本科就读于中国人民大学中共党史系,2019年进入清华大学马克思主义学院跟我硕博连读。在清华读研究生期间,学习刻苦,品学兼优。他在中国特色社会主义制度研究方面以独作并与我合作的形式发表了多篇学术论文。本书大多内容选自近年来我和车宗凯同学合作或两人独作发表在《政治学研究》《马克思主义研究》《马克思主义与现实》《当代中国史研究》《江海学刊》《社会主义研究》《马克思主义理论学科研究》《思想教育研究》、中央党校《理论动态》等刊物上的文章。

坚持和发展中国特色社会主义是一篇大文章,研究和阐释中国特色社会主义制度同样是一篇大文章。新时代中国特色社会主义制度的创新内容丰富、体系庞大,涉及的领域多、问题多,对于这一问题的研究还需要继续下去。本书只是为学界同仁研究新时代中国特色社会主义制度问题提供了一些我们的思考和体会作为参考。深入研究中国特色社会主义制度,需要来自多学科、多专业的学者在多个层面共同努力。由于作者的知识结构、学科背景的限制,尤其是研究水平和研究能力所限,本书还有一些不完善、不全面的地方,难以谈得上有多深入的研究,甚至还可能存在一些疏漏。恳求学界同仁和读者朋友予以指正。

本书的出版得到清华大学自主科研计划文科专项项目的支持。在本书和系列前期成果的写作过程中,刘仓研究员、贾绘泽教授、刘玉芝教授等团队成员贡献了智慧、提出了宝贵的建议。感谢人民出版社政治编辑一部主任陈光耀对本书出版的关心支持。在此向他们表示衷心的感谢。本书写作与编校之际，正值党的二十大召开，中国人民正意气风发迈上全面建设社会主义现代化国家、全面推进中华民族伟大复兴的新征程。党的二十大擘画了到2035年全面建设社会主义现代化国家的远景目标，其中就包括制度建设的目标。我们相信中国共产党在新时代新征程上会创造新的辉煌，使中国特色社会主义制度不断完善，更加成熟更加定型，实现国家治理体系治理能力现代化，为实现中华民族伟大复兴提供制度保障。

肖贵清

2022年11月于清华大学善斋

责任编辑：陈光耀　王新明

封面设计：汪　阳

图书在版编目（CIP）数据

新时代中国特色社会主义制度创新研究/肖贵清,车宗凯 著. —北京：
　人民出版社,2024.1
ISBN 978－7－01－026202－4

Ⅰ.①新… Ⅱ.①肖…②车… Ⅲ.①中国特色社会主义-研究 Ⅳ.①D616

中国国家版本馆 CIP 数据核字（2024）第 000215 号

新时代中国特色社会主义制度创新研究

XINSHIDAI ZHONGGUO TESE SHEHUIZHUYI ZHIDU CHUANGXIN YANJIU

肖贵清　车宗凯　著

人民出版社 出版发行
（100706　北京市东城区隆福寺街 99 号）

北京汇林印务有限公司印刷　新华书店经销

2024 年 1 月第 1 版　2024 年 1 月北京第 1 次印刷
开本:710 毫米×1000 毫米 1/16　印张:24
字数:330 千字

ISBN 978－7－01－026202－4　定价:98.00 元

邮购地址 100706　北京市东城区隆福寺街 99 号
人民东方图书销售中心　电话（010)65250042　65289539